Ortrud Grön

Pflück dir den Traum vom Baum der Erkenntnis

Träume im Spiegel von Naturgesetzen

Ein Lehrbuch für die Arbeit mit Träumen

EHP
– 2007 –

© 2007 EHP – Verlag Andreas Kohlhage, Bergisch Gladbach
www.ehp.biz

Bibliografische Information der Deutschen Bibliothek
Die Deutsche Bibliothek verzeichnet diese Publikation in der Deutschen National-
bibliografie; detaillierte Daten sind im Internet über http://dnb.ddb.de abrufbar.

Umschlagentwurf: Uwe Giese MarktTransparenz
– unter Verwendung eines Druckes der British Library; wir danken für die Ge-
nehmigung zur Veröffentlichung –

Gedruckt in der EU

Alle Rechte vorbehalten
All rights reserved. No part of this book may be reproduced or transmitted in
any form or by any means, electronic or mechanical, including photocopying,
recording or by any information storage and retrieval system, without permission
in writing from the publisher.

ISBN 978-3-89797-045-8

Inhalt

Geleitwort (Uwe Tewes)   9

Einleitung: Prolog – Es war einmal   13
Vom Wesen der Träume   19
Was sind Traumbotschaften im Klartext?   22
Es geht nicht um das materielle, sondern um das seelische Glücklichsein   22
Die Natur als geistige Lehrerin   24
Was sagt unser Zeitgeist dazu?   26
Brief an einen Freund   27
Grundstruktur der Träume   29
Ein Traumgespräch am Frühstückstisch   29
Der Traum als Bote einer Störung am Tag zuvor   30
Die psycho-logischen Selbstbefreiungsschritte im Traumgeschehen   31
Das Geheimnis der Träume ist die Gleichnissprache   33
Die Dynamik zwischen dem persönlichen Inhalt einer Traumszene
    und der sachlicher Gleichnisaussage   34
Der Traum als Zeuge der Kindheit   34
Die Bedeutung von Personen   35
Was ich beachten muss, wenn ich mit Träumen anderer arbeite   37
Träume, eine Lehre vom Leben   38

Wasser – Gleichnis zur Klärung der Gefühle   39
Brief an einen Freund   40
Kompass im Meer der unbewussten Gefühle   42
Eingesperrte und vereiste Gefühle   45
Kindertränen und Perlenfischer   46
Hinter jeder Aggression liegt ein verletztes Gefühl   48
Die Liebe zu befreiten Gefühlen löst die Täuschung von Leben auf   53

Luft – Gleichnis für Bewusstwerdung und Befreiung   57
Brief an einen Freund   58
Gedachtes mit den Gefühlen verbinden   60
Der Luftraum und die Vögel   61
Das fliegende Pferd   66
Der Luftsprung des Tigers   68
Luftblasen am Meeresgrund   70
Wie wir uns aus Störungen befreien   72

Erde – Gleichnis für schöpferische Kräfte   75
Brief an einen Freund   76
Die Erde und ihre Steine   79
Die Tonerde   86
Die Erde und ihre Gräber   89

Die Erde und ihre Abhänge	95
Die Erde und ihre Metalle	102
Eisen	102
Kupfer	107
Blei	109
Silber und Gold	110
Die Erde und ihre Edelsteine	117
Sonne – Sonne und Mond, Gleichnisse für die Suche nach Harmonie	121
Brief an einen Freund	122
Die Sonne, um die sich alles dreht	123
Wie schön, wenn der Wetterbericht »heiter« meldet	125
Der Mond, ein abgespaltener Teil der Erde	129
Der Schatten der Sonne	134
Zum Mythos der Sonne im alten Ägypten	135
Farben – Gleichnis für den Weg in die Harmonie	141
Brief an einen Freund	142
Farben sind Seelenköpfe	143
Drei Traumszenen als Wegweiser zu den Farben	144
Der Farbkreis	151
Pflanzen – Gleichnis für Erkenntnisse in Wachstumsprozessen der Persönlichkeit	155
Brief an einen Freund	156
Welche Botschaft bringen uns die Pflanzen vom Leben?	157
Die Pflanzen und ihr Grün	158
Die Pflanzen und ihr Blühen	160
Wenn der Traum uns Rosen schenkt	164
Die Pflanzen und ihre Früchte	171
Kartoffeln, Paprika und Lupinen als Schauspieler auf der Traumbühne	171
Wenn unsere Erkenntnisse zu Brot und Wein reifen	173
Bäume – Gestalt annehmen auf dem Weg zum Baum des Lebens	179
Die Esche Yggdrasil	181
Vom Apfelbaum der Erkenntnis im Paradies	182
Der dunkle Nadelwald und die Schatten der Kindheit	188
Die lichten Laubbäume im ständigen Wandel	191
Pilze – unbewusste Lebenskräfte im abgestorbenen Bereich	201
Rückblick	207
Rückblick für naturkundlich interessierte Leser	207
Rückblick für die Freunde von Mythen	209

Tiere – Gleichnisse für emotionales Verhalten
   im Entwicklungsprozess der Persönlichkeit   211
Brief an einen Freund   212
Die gleichnishafte Bedeutung der Wirbeltiere
   vor den Vögeln und Säugetieren   214

Krabben – die Krabbelstube emotionaler Entwicklung   215
Ausgeklügelte Schutzhaltungen   217
Ein reich gedeckter Tisch   218
Das Drama der Fortpflanzung   218
Atmen zwischen Wasser und Land   220
Träume zur verlorenen Lust und zur Kraft am Werden   220

1. Fische – die Vielfalt unter Wasser:
   Leben entwickelt sich aus Bedürfnissen   225
Wie wir im Traum auf Fischfang gehen   228
Verdrängte Bedürfnisse erwachen   229
Sehnsucht nach eigener schöpferischer Lust   231
Bedürfnisse können auch zerstörerisch sein   235

2. Amphibien – die Nackthäutigen:
   Leben in der Entwicklung zwischen Lust und Angst   239
Die Frösche – Schlammflüchter und Wipfelstürmer   240
Die Kröte und ihre vergrabene Lebensweise   248

3. Echsen – die Schuppenhäutigen: Leben entwickelt sich
   aus der Phantasie und dem Drang, es erobern zu wollen   251
Zur Temperaturabhängigkeit   253
Zur Bewegung   254
Zur Aggression   255
Zur Ernährung   256
Zur Kommunikation   257
Zur Befruchtung   257
Wie Träume durch Echsen an unsere Eroberungslust
   in der Kindheit erinnern   258

4. Die Schildkröte mit der verpanzerten Haut:
   Ein geheimnisvolles Verlies   265
Wie uns Träume durch Schildkröten auf die Suche
   nach der verlorenen schöpferischen Kraft schicken   273

5. Schlangen – die Schuppenhäutigen ohne Beine:
   Lebenstrieb und Angsttrieb ringen miteinander   281
Wie Schlangen in Träumen den Kampf zwischen
   bewussten und unbewussten Lebenstrieben aufnehmen   289
Gemalte Schlangenbilder aus dem Unbewussten als therapeutische Hilfe   295

6. Krokodile, die schuppenhäutigen Panzerechsen:
   Aggressionen klären den Fluss der Gefühle ... 301
Wie uns Krokodile in Träumen mit konstruktiven
   und destruktiven Aggressionen konfrontieren ... 305

7. Die Wale – Huftiere gingen zurück ins Meer:
   Die Heimkehr emotionaler Kräfte
   für verdrängte schöpferischer Wünsche ... 313
Wenn Wale in Träumen unsere Sehnsucht
   nach Selbstverwirklichung begleiten ... 315
Die Delphine und ihre geheimnisvolle Nähe zu den Menschen ... 318

Rückblick zu den sieben Tiergruppen,
die das Werden in der Kindheit und Jugend spiegeln ... 321

Betrachtungen
   Zur Auseinandersetzung zwischen
   Naturwissenschaft, Philosophie und Religion ... 323
Brief an einen Freund ... 324
Zum Gleichnisdenken in der Schöpfungsgeschichte
   des Alten Testaments ... 331
Der »Sündenfall« in Franz Kafkas Prolog vor dem Gesetz ... 336
Die befreiende Erkenntnis im Mythos von Parzival ... 337
Der Gandhi-Weg ... 337
Unser Land braucht Schmetterlinge ... 339
Der Dialog zwischen Gott und Mensch ... 342

Danksagung ... 344

Anhang ... 345
Stichwortverzeichnis nach Sachgebieten ... 345
Literatur ... 351
Abbildungsverzeichnis ... 354

Geleitwort

Träume begleiten uns lebenslang. Sie sind unglaublich vielfältig. Sie berühren uns zum Teil bis in die tiefsten Schichten unserer Existenz und unserer Auseinandersetzung mit uns selbst. Nur die Sprache und die Musik liefern uns eine vergleichbare Vielfalt von Erscheinungsformen. Ob Träume – ähnlich wie Sprache und Musik – bestimmten Regeln folgen, ob sie sich aus Elementen zusammensetzen, die konkrete Bedeutungen haben, wird von Wissenschaftlern kontrovers diskutiert. Manche sehen in Träumen verschlüsselte Botschaften aus dem Unbewussten, andere interpretieren sie als Mitteilungen oder gar Handlungsanweisungen eines kollektiven Bewusstseins oder einer höheren metaphysischen Realität. Manche halten Trauminhalte für völlig bedeutungslos und interpretieren sie als »Tagesreste«, als Begleiterscheinungen der Erinnerungsverarbeitungen während der Schlafphasen, als Nervengewitter im Gehirn, ohne Sinn und tiefere Bedeutung, wie Claudia Ruby diese Sichtweise in einem Artikel in der ZEIT beschrieb, oder als »barocke Hintergrundmusik unseres Daseins auf der Erde«, wie es der Schriftsteller Richard Ford mal formulierte.

Die Traumanalyse nach Ortrud Grön folgt einem intelligenten und strengen Konzept. Der Traum wird als eine Abfolge von Bildern gesehen, vergleichbar den Wörtern eines Satzes. Dabei handelt es sich nicht um eine Zufallsfolge. Vielmehr sind diese Bilder nach bestimmten Regeln miteinander verbunden, so wie die Kombination und Reihung der Wörter eines Satzes einer grammatikalischen Gesetzmäßigkeit unterliegt. Zu analysieren sind somit nicht nur die verschiedenen Bilder eines Traumes, sondern auch dessen Verlauf und Struktur. Der wissenschaftlich geschulte Leser wird allerdings auch nach den Ursachen fragen, d.h. nach den »Mechanismen«, die diese Regelhaftigkeit des Traumes generieren könnten. Hier bietet uns Ortrud Grön eine Antithese zur psychoanalytischen Betrachtungsweise an. Während Freud in den Träumen Manifestationen unbewusst ablaufender seelischer Prozesse sieht, die nach völlig eigenen Gesetzen ablaufen, ist Ortrud Grön der Überzeugung, dass die Dramaturgie der Träume keinen eigenen Regeln folgt, sondern die Ordnung der Natur widerspiegelt, in die wir mit unserem gesamten Denken, Fühlen und Handeln eingebunden sind. Der Traum formuliert in unerbittlicher Schärfe und Präzision das, was uns beschäftigt, und dekliniert in kreativer Art und Weise die verschiedenen Lösungsmöglichkeiten durch.

Als therapeutisch besonders hilfreich hat sich dabei die Auflösung der Trennung zwischen Objekt- und Ich-Bezug erwiesen. Während sich in der traditionellen Traumarbeit Therapeut und Klient häufig Gedanken darüber machen, welche Erkenntnisse ihnen der Traum über die Personen, Situationen und Objekte vermittelt, die sich in den Bildern wiederfinden, und der Traum also auch eine neue Außenansicht vermittelt, geht Ortrud Grön davon aus, dass sich der Fokus der Träume fast ausschließlich auf die Innenansicht bezieht. Wir träumen nicht von realen Personen, Situationen oder Objekten, sondern von deren internalisierten Bildern, die Teil unserer Identität geworden sind. Wenn wir von einer anderen Person träumen, so beschäftigt sich der Traum nicht mit dieser Person, sondern mit jenen Anteilen von ihr, in denen wir uns selbst wieder erkennen, die Teil unserer personalen Identität geworden sind. Im Traum zergliedert sich unsere Identität in verschiedene Komponenten, die sich in den geträumten Personen und Objekten manifestieren. Aus ihrer Konfiguration lässt sich das Kernproblem ableiten, das uns im Traum beschäftigt. Diese Kernprobleme, mit denen wir uns im Traum beschäftigen, bestehen meistens aus den ungelösten inneren Widersprüchen, die Ortrud Grön als »Ambivalenzen« bezeichnet. Der Traum zeigt dann entweder die Lösung direkt oder aber er deckt die verschiedenen Lösungswege auf, durch die der Träumer versucht, sein Ziel zu erreichen. Daraus entwickelt sich die eigentliche Lösung.

Der Traum liefert uns somit einen einzigartigen Zugang zur personalen Identität. In diagnostischer Hinsicht sind Träume wesentlich authentischer als die Ergebnisse jedes Persönlichkeitstests, dessen Bearbeitung auch stets von rational gesteuerten Selbstdarstellungstendenzen überlagert wird. Ich habe viel mit Kindern in schwierigen Lebenssituationen über deren Träume gesprochen. Sie liefern besser als alle psychologischen Tests einen unmittelbaren Zugang zu ihren Ängsten. Die Gespräche über Träume fördern die Bereitschaft, sich offen mit den eigenen Problemen und Ängsten auseinanderzusetzen und sich über Erfahrungen zu äußern, über die sie sonst nichts berichten wollen oder können. Ähnliches gilt für Patienten, die eher zur Unterdrückung ihrer Gefühle neigen und sich dagegen sperren, offen über ihre Probleme zu reden und etwas von sich preiszugeben.

Dass die kritische Auseinandersetzung mit den eigenen Problemen und der eigenen Identitätsentwicklung unvollständig und damit letztlich erfolglos bleibt, wenn man die Träume übergeht, wird heute auch von den Vertretern neurobiologischer Sichtweisen zugestanden. Der bekannte Neurophysiologe Mark Solms wird in der Presse mit der Bemerkung zitiert, er habe ganz persönlich die Erfahrung gemacht, wie viel man über sich selbst lernen könne, wenn man seine Träume ernst nehme. Ortrud Grön nimmt ihre Träume ernst. Sie vermittelt uns einen faszinierenden Einblick in ihre Traumarbeit und beweist gleichzeitig ungewöhnlichen Mut bei allem, was sie über sich selbst preisgibt. Dieses Buch wird nicht nur jenen eine große Hilfe sein, die diagnostisch und therapeutisch mit der Traumanalyse nach Ortrud Grön arbeiten wollen, sondern auch jene berühren, die sich Gedanken darüber machen, warum wir träumen und was uns diese Träume über uns selbst sagen.

Der Schauspieler Axel Milberg bringt dieses Bedürfnis, die eigenen Träume zu verstehen, in der ZEIT-Serie »Ich hatte einen Traum« mit folgender Feststellung auf den Punkt: »Denn was träumst du eigentlich? Du träumst von Dingen, die du nicht verarbeiten konntest, die du nicht verstanden hast, und die packst du hinein in die Sehnsucht nach Auflösung der Gegensätze [...] Was uns gelungen ist und was uns tröstet, das werden wir im Traum nicht weiter verfolgen.« Dies ist exakt das Problem, auf das Ortrud Grön uns eine Antwort gibt.

Prof. Dr. Uwe Tewes, Medizinische Hochschule Hannover im Mai 2006

Editorische Notiz

Das Buch beinhaltet etwa 180 Träume, die authentisch wiedergegeben werden. Um sie kenntlich zu machen, erscheinen sie im Text immer *kursiv* und als Absatz eingerückt.

Kursiv gedruckt sind auch etwa 100 Traumtexte; das Entstehen der ausführlichen Traumtexte ist im Kapitel »Grundstruktur der Träume« beschrieben.

Die in den einzelnen Träumen erarbeiteten Begriffe sind im Sachregister aufgelistet.

Einleitung

Prolog – Es war einmal …

Einst träumte ich:

Ich bin vom Glück heimgesucht worden.

Darum schreibe ich dieses Buch, denn die Träume führten mich durch den Dschungel meines Lebens – 45 Jahre lang. Schritt für Schritt schickten sie mich auf die Suche nach mehr Freiheit und mehr Kreativität. Ich lernte, gegen die Widerstände das Leben zu finden, und erfuhr, dass wir leiden und uns aus dem Leid befreien müssen, um nicht am Wesentlichen vorbeizudenken.

Ich wuchs in der Zeit des Dritten Reiches auf, in der die Pflichterfüllung für Volk und Vaterland zum Götzen hochstilisiert wurde. Dieser Götze war unersättlich. Ich hätte viel Zeit für mich haben können, denn ich lernte in der Schule relativ leicht. Aber der Zeitgeist ließ das nicht zu. Ich vertraute den Idealen, die täglich in meine Kinderseele gesät wurden, und die Saat ging auf. Ich übernahm neben der Schule viele soziale Aufgaben im sogenannten Jungmädelbund. Ich gewöhnte mich daran, sehr wenig Zeit für mich selbst zu haben. Warum aber tat ich das? Warum ließ ich mich so vereinnahmen? Erst mit 20 Jahren löschte ich diese Ideologie in mir.

Träume in der Mitte meines Lebens zeigten mir den Konflikt meiner frühesten Kindheit, an den ich mich nicht mehr erinnern konnte. Dieser Konflikt war die Wurzel all meiner späteren Handlungen und auch einer zwei Jahre währenden Psychose[1], die ich durch eine unerbittliche Wahrheitsliebe mir selbst gegenüber auflösen konnte.

Die Träume führten mich Schritt für Schritt an den Beginn des Weges zurück, auf dem ich bereits sehr früh meine eigenen Wünsche verdrängt hatte. Schon der erste Traum zu meiner Kindheit half mir, meine aus frühester Not entstandene Problematik zu erkennen:

1. *Ich sehe einen Rüsselkopf, wie ihn der Gott des Chaos Seth im ägyptischen Mythos hat. Er streckt mir eine lange Froschzunge heraus.*

2. *Dann sehe ich mich als Baby mit hellem Köpfchen im Bett meiner Eltern. Ich liege am Rand, so als ob sie mich dort abgelegt hätten.*

3. *Das Baby verzieht jetzt sein Gesicht voll Schmerz und Verzweiflung, weil niemand sein Schreien hört.*

Seth ist eine Gestalt aus der ägyptischen Mythologie, der Gott des Chaos, der Gott der Stürme, der Wüste und der Meere. Er wurde als Ursache für die Abnahme der Lebenskraft angesehen. Nur wenn sich seine aggressive Kraft ordnete, wurde er im Mythos zu einer Leben beschützenden Macht. Er verkörperte so den Zwiespalt zwischen Chaos und Ordnung. Wenn er mir im Traum eine Froschzunge herausstreckt, weist er mich auf Eigenschaften des Frosches hin. Ein Frosch flüchtet bei jeder Störung seiner Umwelt sofort in den Schlamm. Im Winter vergräbt er sich, wird starr, erwacht im Frühjahr zu neuem Leben und ist dann ungewöhnlich fruchtbar. Deswegen wird er in altägyptischen Mythen als Symbol der Auferstehung gesehen. Im Frosch spiegelt sich die Ambivalenz zwischen Todesangst und neuem Lebenswillen. Doch wodurch war ich zum Schlammflüchter geworden?

Das zeigt das zweite Bild, in dem meine Einsamkeit als Baby im Bett der Eltern beschrieben wird. Ich war das erste Kind. Meine Eltern hatten anfangs nur eine sehr kleine Wohnung. Da war ich dem verliebten Paar im Weg, Nächtelang waren sie unterwegs und ließen mich allein. Die Angst, die dadurch in meiner Säuglingszeit in mir entstand, entwickelte sich aus dem Schmerz und der Verzweiflung, allein zu sein. Das Gefühl »keiner hört mich« drang in diesen ersten Lebensmonaten wie Gift in mein Leben ein. Ein Traumtext der gleichen Nacht zeigte es mir (wie solche Traumtexte entstehen, beschreibe ich auf den Seiten 22f.).

Ich habe keine Gefühle, denen ich vertrauen kann, wenn es um mich geht.

Mein Gefühl ist die Stätte von anderen.

Keiner fühlt mich.

Meine Gefühle stimmen nicht.

Mein Gefühl ist unwichtig.

Meine Gefühle bleiben allein.

Meine Gefühle haben keine Macht.

Meine Gefühle bringen nichts.

Meine Gefühle bleiben auf der Strecke.

Meine Gefühle interessieren den anderen nicht.

Es ist erschütternd, wie differenziert eine Kinderseele schon empfindet, ohne sich dies bewusst machen zu können. Und es ist erstaunlich, wie ein Kind mit Hilfe des Unbewussten seinen Notausgang sucht. Instinktiv entschied ich mich, keine Gefühle mehr zu zeigen, um nicht enttäuscht zu werden.

Als ich zwei Jahre alt war, wurde mein Bruder geboren, dem sich meine lebensfrohe Mutter voller Zärtlichkeit zuwandte. Meine Angst, allein zu sein und nicht gehört zu werden, vertiefte sich. Da erfand ich Neues in meinem

Herzen: Wenn mich schon meine Mutter nicht genug beachtete, wollte ich die ganze Liebe meines Vaters gewinnen. Doch sein Liebling sein zu wollen, verlangte von mir Anpassung um jeden Preis, nahm mir aber die Angst vor dem Alleinsein. Ein Traum zu meiner Entwicklung in den Jahren des Heranwachsens zeigte mir, was mit mir damals geschah: Mein Lebensbäumchen fiel um!

1. *Ich sehe Fotos – lauter Kinderbilder von mir. Die frühesten, die ich von mir kenne, mit meinem Teddy im Arm.*
2. *Dann sehe ich ein Bäumchen, das an der Wurzel von Insekten befallen ist. Besonders große Ameisen sind am Werk.*
3. *Dann fällt das Bäumchen um.*

Die besonders großen Ameisen drücken aus, dass ich schon früh fleißig wie eine Ameise war, indem ich den Erwartungen meiner Eltern nachkam. In einem Alter, in dem Kinder spielen, übernahm ich bereits viele kleine Pflichten. Mit vier Jahren musste ich für meinen Bruder sorgen, wenn die Eltern uns – wie oft – alleine ließen, weil sie Ende der 20er Jahre ständig unterwegs waren, um bei nationalsozialistischen Wahlreden dabei zu sein. Mein kleiner Lebensbaum konnte unter diesem Druck nicht wachsen. Er fiel um.

Älter geworden, vermied ich es weiterhin, meine Gefühle und persönlichen Wünsche auszusprechen, denn meiner Mutter waren meine Gefühle und Gedanken zu kompliziert und vor meinem sehr autoritären Vater versteckte ich sie, weil ich die Symbiose mit ihm nicht gefährden wollte. Er forderte strenge, preußische Pflichterfüllung. Im übrigen war er zufrieden, wenn er mich zur Empfängerin seiner sehnsuchtsvollen Gedanken über das Leben machen konnte und ich seinen Bedürfnissen und seinen Phantasien lauschte. Denn im Gegensatz zu meiner Mutter hörte ich ihm zu, wenn er philosophierte und sich eine glücklichere Welt ausmalte. Meine Mutter war viel zu lebenslustig, um sich auf so »Lebensfernes« einzulassen. Die Liebe zu meinem Vater wurde zum Geheimnis meines Lebens und verdrängte das Wissen von mir selbst.

Damit schwand meine Hoffnung, mir meine eigenen Bedürfnisse erfüllen zu können. Und um nicht aggressiv zu werden, redete ich mir ein, dass mein Bedürfnis »gehört« zu werden, sicher zu groß sei. Ein späterer Traum kommentierte dazu:

Das hast du nur ausgehalten, indem du dir die Wünsche verboten hast.

Dann wurde der Ton noch schärfer, denn ich wachte mit dem Satz auf:

Ich verhalte mich durch Unverhalten

Es war ein langer Weg, ein langsames Sterben, bis ich meine zu strenge Pflichtauffassung begraben konnte. Wenn altes Leben im Sterben liegt, beginnt oftmals Neues zu wachsen. Dann sehen wir im Traum ein kleines Kind, so wie ich ein Baby sah, das der Überschwemmung durch mein Pflichtgefühl glücklich entronnen war:

1. *Große Überschwemmung in der Wohnung. Tiefes Wasser.*
2. *Ein kleines Kind wird in einem Kinderwagen aus Korbgeflecht in das tiefe Wasser gestoßen. Zu meinem Erstaunen schwimmt der Wagen.*
3. *Er schwimmt auch noch, als das Baby den Weg findet, um aussteigen zu können.*

Der Traum schildert im Bild des Wassers den Augenblick der Überschwemmung durch mein Pflichtgefühl. Doch mein Wunschkind – meine neue Beziehung zu mir selbst – hielt der Bedrohung stand. Es navigierte wie ein Kapitän auf See und befreite sich.

Schließlich fühlte ich mich befreit. Ein Traum bedeutete mir damals, dass ich nunmehr die Gestalt, die mir meine Wünsche verboten hatte, beerdigen konnte.

Ich drücke verbrannte Erde in Gestalt eines Sterbenden an mich, um ihn würdig zu bestatten.

Die Erde ist ein Gleichnis für die Kraft, uns selbst schöpferisch zu gestalten. Ich umarmte die Gestalt der Sterbenden – meine zu große Pflichtauffassung –, die viele Jahre harte Arbeit geleistet hatte. Diese war im Kern zwar gut gewesen, aber sie brachte mich in ständigen Zeitdruck und dadurch in Konflikt mit meinem Wunsch, mit dem Gleichnisdenken tiefer vertraut zu werden.

Nachtverhör

Nachts, wenn die anderen schlafen,
lege ich Rechenschaft ab,
sage ich: Hohes Gericht,
meine es ernst,
wasch keine Hand in Unschuld,
gebe ich zu,
bekenne ich Farbe,
beschönige nichts.

Meine Träume
sind strenge Richter.

(Catarina Carsten[2])

25 Jahre Hindernislauf waren dieser Selbsterfahrung vorausgegangen, belastet durch schwere nachkriegsbedingte familiäre Probleme sowie gesundheitliche

und finanzielle Nöte, die ich hier nicht schildern will. Ich war von Thüringen nach Westdeutschland geflohen, studierte Literatur, Philosophie und Volkswirtschaft, brach das Studium nach fünf Semestern ab und heiratete.

Mein Mann besaß damals unter anderem einen Bauernhof – die Lauterbacher Mühle. Ich öffnete mich unserer gemeinsamen Idee, diesen in eine Klinik zu verwandeln. Doch diese Idee hatte weder Kopf noch Füße. Die Gestalt, die sie heute als bekannte Herz- und Kreislaufklinik hat, entwickelten wir erst auf einem langen Weg von Widerständen und mit der notwendigen Phantasie, sie zu bewältigen. Die Phantasie aber war es, die zum Herz der Klinik wurde, und die Widerstände wurden unsere Lehrmeister. Mein Interesse galt schon immer dem Menschen und der intensiven Frage, was macht ihn krank und was zerstört seine Lebensfreude? Und weil wir längere Zeit noch keinerlei medizinische Apparaturen zur Verfügung hatten, wurde die Beziehung zu den Menschen auf natürliche Weise die Wiege für unsere Entwicklung.

1964, nach dem Tod meines Mannes, führte ich das Abenteuer »Kurhaus« fort, um mir dadurch eine Existenz aufzubauen mit strohgefüllten Bauernbetten; Wasser, das aus dem Lauterbach kam; vier KW Strom, solange sich das Mühlrad drehte, und täglichen Lichtspielen verglimmender Glühbirnen, Kerzen und Zeltlampen, sobald der Strom versiegte. Bier und Butter lagen im Eiskeller, voll selbstgesägtem Eis aus dem Ostersee. Die Zimmer waren schmal wie Handtücher mit spartanischen Sanitäranlagen aus Müllers Zeiten.

Natürlich war der erste Doktor ein Kneipp-Arzt. Wer sonst hätte so viel Freude an einer »Nicht-Klinik« haben können, deren Reiz darin bestand, dass sich das Mühlrad drehte, die Vögel vor den Fenstern zwitscherten, das Heu in die Zimmer duftete und die Märzenbecher zu Tausenden vor der Haustür blühten!

Die guten Geister der Mühle – die Mitarbeiter der ersten Stunde – halfen mit ihrer Begeisterungsfähigkeit die Verstörtheit der Patienten zu mildern, wenn Wasserleitungen zum wiederholten Male eingefroren waren oder durch die alten Dächer der Regen tropfte und wir herbeieilten, um das Wasser in Schüsseln aufzufangen.

In dieser allerersten Zeit roch es noch schön nach Kuhstall, weil wir zusammen mit den Kühen unter einem Dach lebten. In dieser Zeit waren wir unschuldig wie Adam und Eva, weil wir es noch nicht anders wussten. Dann begann die große Wandlung. Wir hatten vom Baum der Erkenntnis gegessen und unsere Unschuld, nicht zu wissen, was ein Kurhaus ist, verloren. Wir fassten eine Quelle und bald floss herrlich klares Quellwasser aus allen Leitungen. Die Scheune verwandelte sich in bescheidene Zimmer, die Kühe wanderten in die alten Pferdeställe aus und der Patient zog als glücklicher Wiederkäuer von damals ideologisierter Rübenkost – und somit als echter Nachfolger der Kühe – in den Kuhstall ein. Doch ein medizinisches Konzept, das uns ein eigenes Gesicht geben konnte, hatten wir während dieser Jahre der Überlebenskämpfe noch nicht erwerben können.

In dieser Zeit ging ich jahrelang durch einen Tunnel großer finanzieller Sorgen. Ich kämpfte gegen einen Drachen, der immerzu neue Köpfe bekam.

Nach Jahren besiegten wir ihn endlich; und das nur, weil mir in wichtigen Augenblicken faire Menschen begegneten, die mich leben lassen wollten, und Freunde, die mitdachten.

Dann begann für uns ein intensiver Lernprozess. Es galt, Gesundheit als die persönliche Möglichkeit des einzelnen Menschen sehen zu lernen und ihn nicht zwangsbeglücken zu wollen. Ich fand fähige Mitarbeiter, die ideenreich und sensibel genug waren, um Herzkranken Entspannung nicht nur als Muskelspiel zu vermitteln, sondern die Menschen wieder daran zu erinnern, ihren Körper auch mit dem Gemüt wahrzunehmen.

In den 70er und 80er Jahren hatte ich mich neben dem Aufbau der Klinik in einer mehrjährigen Psychoanalyse noch tiefer mit meinem Leben auseinandergesetzt. Ich absolvierte außerdem verschiedene therapeutische Ausbildungen. Gleichzeitig vertiefte ich mich in die Mythologie der alten Ägypter, weil mich ihre Bilderschrift und Sprache als Gleichnisse des Lebens bewegten. Ein Traum gab mir den Mut dazu, als er sagte »*Jetzt musst du lernen, deine eigenen Bäume zu pflanzen*« und später das Versprechen hinzufügte: »*Leben ist eine Kuh, die dauernd ihre Euter füllt.*«

Nachdem ich die Medizin in die Hände erfahrener Kardiologen gelegt hatte, habe ich dann gemeinsam mit anderen Psychotherapeutinnen die psychosomatische Idee der Klinik weiter entwickelt und die Traumarbeit in Seminaren und Einzelgesprächen in die Therapie eingebracht.

Die Spuren des Wachstums schlugen sich auch in den Bauten nieder. Das Wachstum vollzog sich ganz organisch wie Jahresringe um einen Stamm. Wir schufen neue Räume aufgrund der aufgetretenen Bedürfnisse im Klinikablauf und die Befreiung nach jedem Bauabschnitt war unvorstellbar groß. In den 90er Jahren fegte dann der Sturmwind der Erneuerung durch alle diese Bauten, meine Tochter kam hinzu und nahm mit einer »Unbarmherzigkeit« ohnegleichen jede Unzulänglichkeit wahr, die sich eingeschlichen hatte, und »runderneuerte« die ganze Klinik. Das aber gab mir die Chance, noch tiefer in meiner Traumarbeit aufzugehen und auch Seminare im In- und Ausland zu veranstalten.

Eines Tages erreichte mich eine Traumbotschaft, die mich nicht mehr los ließ. In ihr hieß es:

> *Es ist so, dass es keine Welt des Stofflichen gibt, die nicht ihre Entsprechung auf der spirituellen Ebene hat.*

Dieser Traum provozierte in mir die Neugierde, ob etwa auch die biologischen Prozesse in der Natur vom Traum genutzt werden, da diese ja stofflicher Natur sind. Sollten sie auch das Denken, Fühlen und Verhalten von Menschen spiegeln?

Ich begann zu suchen und vertiefte mich in die Natur. Sie enthüllte sich mir nach und nach als Spiegel der natürlichen psychologischen Zusammenhänge. Dabei korrigierten Träume immer wieder meinen Weg. Ich erlebte, dass Wasser, Luft, Erde und Sonne, Pflanzen und Tiere dem Menschen dazu dienen, Leben in seiner Schöpfungsordnung zu erkennen.

Und so wie die Natur uns lehrt, dass wir sie nur erhalten können, wenn wir ihre Gesetze achten, so können wir in den Träumen aus den Bildern der Natur offensichtlich lernen, dass wir in diese Ordnung mit unserem Denken, Fühlen und Handeln eingebunden sind. Das Leiden der Natur und das Leiden in uns dient dann dazu, uns zum konsequenten Denken für das Leben zu bewegen. Dies ist häufig ein langer Weg, wie meine Geschichte zeigt; aber er führt in die Sinnenfreude, die in der Natur um uns und in uns immer wieder neu erwacht.

>Geduld, Du ungeheures Wort
>Wer Dich erfährt, wer Dich begreift
>Erfährt hinfort, begreift hinfort
>Wie Gottheit wächst, wie Gottheit reift.
>
>(Christian Morgenstern)

Nachdem sich meine Art des Gleichnisdenkens über zwei Jahrzehnte lang sowohl in der Traumarbeit mit einzelnen Personen als auch in Seminaren bewährt hatte, entschloss ich mich, meine Erkenntnisse niederzuschreiben. Ich hoffe, dieses Buch regt interessierte Menschen an, in der bildhaften Sprache der Träume auf der Suche nach sich selbst eine geistige Heimat zu finden.

Vom Wesen der Träume

> »Das Leben und die Träume sind Blätter
> eines und des nämlichen Buches.
> Das Lesen im Zusammenhang heißt wirkliches Leben.«
>
> (Arthur Schopenhauer)

Tiefer lässt sich die Bedeutung der Träume nicht beschreiben! In jedem Traum empfangen wir tatsächlich eine Botschaft des Lebens, denn »Träume sind nicht Schäume«, sondern führen uns in die seelischen Räume unseres Wesens. Vielleicht sind wir gerade dabei, sie neu einzurichten oder wir sehen Lebensräume, die wir verlassen sollten, weil sie zu wenig Licht empfangen.

Der Geist des Lebens offenbart sich als Licht und schenkt sich der Natur, aus der wir das Blühen, Reifen und Vergehen von Leben erfahren. Träume nutzen die Natur als Gleichnissprache und drängen uns dadurch, über ihre Gesetze nachzudenken, damit wir eine tiefere Fähigkeit entwickeln, unseren eigenen Baum der Erkenntnis zu pflanzen. Jeder Traum ist im Grunde eine geheimnisvolle Dichtung, die uns in Gleichnissen auf der Suche nach unserer Persönlichkeit begleitet, damit wir die innere Ordnung der Schöpfung in uns nachvollziehen und gestalten lernen.

Träume machen uns konsequent die widersprüchliche Gefühle bewusst, die unser Leben belasten oder einengen. Sie wollen uns mit unserer eigenen lebendigen Tiefe vertrauter werden lassen. Sie gehen immer unserer Fußspur nach und korrigieren oder bestätigen die Richtung, in die wir gerade einschwenken. Sie provozieren unsere Einfühlungskraft, damit wir umdenken, oder machen uns Mut, einen eingeschlagenen Weg weiterzugehen. Das Ziel ist die Freiheit des Einzelnen. Doch was ist Freiheit? Gelegentlich schenkt uns der Traum nahezu philosophische Auslegungen. Ich träumte zu dieser Frage einmal:

> *Freiheit ist kein absolutes Sein, sondern ist die Befreiung von dem, was uns kein Leben bringt.*

Unsere Sprache hat diese Bedeutung bewahrt, denn die Wurzel des Wortes »frei« ist »fri« und gehört mit verwandten Worten zu der indogermanischen Wurzel von »lieben, hegen«. Zu dieser Wurzel gehören auch die Worte »Friede« und »Freund«. Verlangt nicht die Suche nach der eigenen Freiheit daher im tieferen Sinne auch stets die Freiheit desjenigen, der unsere Freiheit stört? Aber wie erreichen wir dieses Selbst in uns, das so zu handeln imstande ist, und im Kampf um die eigene Freiheit nicht die Freiheit des anderen beschädigt?

Wenn wir unsere Freiheit verletzen, erzeugt das Leben in uns Unzufriedenheit, Ängste, Schmerzen, Not, Verlassenheit, Trauer, Enttäuschungen, Neid, Wut, Hass, Krankheit und Verzweiflung, damit wir es tief genug reflektieren und nach unserer persönlichen Freiheit und Kreativität suchen. Ein Traum sagte dazu:

> *Es sind die disharmonischen Gefühle, die den Weg öffnen. Sie sind nur dazu da, auf der Suche den göttlichen Kern des Menschen freizulegen.*

Der Mensch aber, der nicht danach strebt

> *... kann sein Dasein nur unreflektiert fristen.*
> *Er wartet dann kreuzschwer auf das, was kommt.*

Er begreift nicht, dass sein Lebensgeist darauf wartet, sich für sein Leben neu zu entscheiden. Denn er soll sich – wie es Kafka in seinem Prolog »Vor dem Gesetz« zum Ausdruck bringt – entschließen, durch die Türe des Lebens zu gehen, die ihm das Licht der Übereinstimmung mit sich selbst verspricht. Wenn wir glücklich werden wollen, können wir dieses Harmoniegesetz nicht umgehen, auch wenn uns dadurch schwierige Aufgaben aufgebürdet werden.

Vorerst möchte ich einmal den Rahmen aufzeigen, wie ich die Botschaften der Träume entschlüssele.

Das »Lesen im Zusammenhang«, zu dem Schopenhauer im Eingangszitat auffordert, verlangt von uns, alle Bilder unserer äußeren Welt in unsere seelisch-geistige Welt gleichnishaft zu übertragen. In meinen Träumen hieß es dazu:

> *Träume sind dramatische Dichtungen zu unserer Schwierigkeit zu reifen. Sie sind die Werkstatt des geistigen Lebens.*

Aber wie kann der Traum zur Selbsthilfe auffordern? Dieser flüchtige Besuch in den Nächten, der sich beim Erwachen so schnell aus dem Staub macht? Und das mit einem Kunterbunt aus Tagesresten, Erinnerungen und surrealistischen Inszenierungen? Wir kommen aus dem Staunen nicht heraus, sobald wir uns tief genug auf die Traumbilder einlassen und sehen, wie genau das Puzzle eines Traumes unsere seelische Situation wiederspiegelt.

Der Traumschöpfer öffnet das Bilderbuch der Welt oft in überraschender Weise. Er ist Autor und Regisseur von Dramen, Komödien und Tragödien auf der größten Schauspielbühne aller Zeiten: der Seele des Menschen. Dabei verbirgt sich die Botschaft eines Traumes ebenso in alltäglichen wie außergewöhnlichen Bildern. Der Traum nutzt dramatische, schreckenerregende und angstvolle Darstellungen, hat phantastische und skurrile Einfälle, lockt durch erotische Szenen, schöpft aus der Natur, verschenkt Blumen, Edelsteine und schöne Kleider, zeigt Alltagsszenen und erinnert an Ereignisse des eigenen Lebens, die längst versunken schienen. Den Traumphantasien sind keine Grenzen gesetzt.

Der Traum spricht auch dann die Sprache der Gleichnisse, wenn er sich der Bilder unseres Alltags bedient, und zieht sie nicht etwa dazu heran, um reale Vorgänge aus dem Leben des Träumers noch einmal zu schildern. Er will uns vielmehr Gedanken, Gefühle und Handlungen vom Vortag, die nicht befriedigend aufgearbeitet wurden, im Gleichnis sichtbar machen. Jede auch noch so alltägliche und scheinbar schnell verstehbare Szene dient dazu, die belastende Situation im Träumer verhüllt darzustellen. Deshalb Vorsicht! Die Botschaft erschließt sich fast nie auf den ersten Blick. Wir schöpfen die Weisheit der Träume nur aus, wenn wir die gleichnishafte Aussage der Traumschilderungen mit unseren Erinnerungen, Gedanken und Gefühlen umkreisen. Erst unsere Einfälle zu den Bildern enthüllen den Konflikt, der unserer genauen Zuwendung bedarf. Zuweilen schenkt uns der Traum aber auch die Gewissheit, dass wir widersprüchliche Gefühle und Gedanken klären konnten.

Ein Traum hat meist mehrere Szenen. Alle Traumszenen einer Nacht stehen untereinander im Dialog; sie sind logisch miteinander verknüpft. Sie beziehen sich auf das im ersten Traumbild angesprochene Umfeld des Problems. Jedes folgende Bild setzt sich mit der Klärung des Zwiespaltes auseinander, damit wir den verdrängten Wunsch für unser Leben in uns aufspüren und bejahen können. Denn

nur die Liebe zu befreiten Gefühlen löst die Täuschungen von Leben auf.

So sagte es mir ein Traum. Das heißt, wer unfreie Gefühle vor sich selbst verleugnet, kann seine Lebendigkeit nicht finden.

Woher kommt aber diese verlässliche Abfolge, Genauigkeit und Tiefe der Träume, durch die sie Konflikte im Träumer bewusst machen wollen? Es heißt, unser eigenes Unbewusstes sei dafür aktiv. Doch kann Unbewusstes in uns wissender sein als unser Bewusstsein? Was hätte das für einen Sinn? Oder ist unser Unbewusstes vielleicht für eine höhere Instanz ansprechbar? Ist eine höhere Instanz – ein göttliches Du – in jedem Menschen wirksam?

Ein Traum beantwortete diese Frage indem er sagte:

Wir träumen zwar, aber erst dann, wenn wir die Traumsprache verstehen, begreifen wir, dass wir geträumt werden.

Was sind Traumbotschaften im Klartext?

Noch ein Wort zu den »Traumtexten«. Ich habe zuvor verschiedentlich Texte aus Träumen zitiert. Wie entstehen solche Aussagen? Ich höre im Traum einzelne Sätze, wache auf und schreibe sie sofort nieder. Das kenne ich von anderen Menschen auch. Doch längere Texte verlangen eine hohe Konzentration von mir – mitten in der Nacht, meistens zwischen 2 und 4 Uhr. Ich wache plötzlich auf – bleibe im halbwachen Zustand und fühle eine Spannung in mir, die mich auf das Hören nach innen lenkt. In diesem Zustand schreibe ich alles auf, was ich höre – manchmal nahezu unbewusst, ein anderes Mal so bewusst, dass ich auch Fragen stelle. Wenn ich dann müde werde und schlafen möchte, halten mich Störungen im Körper solange davon ab, bis ich den Text vollständig erworben habe.

»Klartexte« bringen mir eine Fülle von Einsichten wie die folgenden:

*Wenn der Mensch das Wesen ist,
das sich dieses Leben bewusst machen soll,
dann muss es eine Brücke geben,
über die wir gehen können!
Eine Brücke zwischen dem uns bewussten und dem unbewussten Leben.
Gott lockt uns auf diesen Weg.*

Der Weg zwischen Kollektiv und Einzelnem ist der Weg.

*Aus seinem Bedürfnis heraus hat der Mensch die Sehnsucht nach Befriedigung der Gefühle; das ist der Motor.
Und darum kann ich nur richtig gehen, wenn meine Bedürfnisse erfüllt sind!*

Es geht nicht um das materielle, sondern um das seelische Glücklichsein

Als Beispiel möchte ich ein ergreifendes Traumerlebnis schildern, das ein Patient während eines Herzstillstandes hatte. Der Traum mahnte den Träumer während des Herzstillstandes in drei Szenen, die Liebe für sich selbst nicht länger aus seinem Herzen zu verdrängen:

1. *Ich sah viele griechische Säulenstücke. Sie wirbelten wild durch die Luft.*
2. *Dann sammelten sich diese zahlreichen Säulenstücke um eine Mitte. Sie gruppierten sich sozusagen zu einem Tempel, in dessen runder Mitte ein dunkler Kreis war. Dieser Kreis gab am Rande Licht ab.*

3. Schließlich brach das Licht immer mehr aus den Rändern hervor und dehnte sich zunehmend in das dunkle Zentrum hinein aus. Es war ein ganz ungewöhnliches Licht, das mich noch lange Zeit danach zutiefst erfüllte.

Noch nach Wochen ganz ergriffen davon, wie sich Chaos in Harmonie verwandeln konnte, berichtete der Träumer: »Nach diesem Erleben begann ich mein Leben neu sehen zu wollen.« Er war Pfarrer und hatte Theologie und Philosophie studiert. In seinen philosophischen Betrachtungen setzte er sich mit der Philosophie der Ganzheit von Körper und Seele auseinander und fragte sich: »Welche Philosophie trennt beide und welche Philosophie fügt sie wieder zusammen?« Das macht den Traumausflug in die griechische Tempelwelt verständlich. So lag für mich die Frage an den Patienten nahe: »Hatten Sie selbst Geist und Körper in ihrem Leben getrennt und dabei ihren Körper ins Chaos gestürzt?« – »Ja, das habe ich getan, ich habe meinen Körper regelrecht ausgebeutet, denn ich betreute oft viele Gemeinden gleichzeitig. Doch ich spürte, dass dabei keiner zu seinem Recht kommen konnte – weder die Gemeinden, noch ich selbst.«

Die erste Szene beschreibt den chaotischen Zustand, in den ihn seine Überforderung getrieben hatte, so dass die Säulen seines Tempels – die Beziehung zu seinen innersten Bedürfnissen – wild durch die Luft wirbelten.

Die zweite Szene zeigt die notwendige Selbstbesinnung, den Tempel des eigenen Inneren zu betreten, um die Dunkelheit zu durchdringen, in die ihn die Selbstausbeutung getrieben hatte. Die Wurzeln dazu lagen in seiner Kindheit, da die Mutter zeitlebens von ihm viel Verzichtbereitschaft auf eigene Wünsche gefordert hatte. Da jedes Kind von der Mutter geliebt werden möchte, entwickelte sich in ihm die Vorstellung, dass die Aufopferung für andere der Lebenssinn sei. Diese Vorstellung steigerte sich in ihm zu einer Art Marienverehrung für seine Mutter. Und so übertrug er die von ihr geforderte Verzichthaltung uneingeschränkt auf seine Beziehung zu allen Menschen. Welch schmerzliche Verkennung von Leben!

Der Traum schenkte ihm darum in der dritten Szene das Vertrauen, dass er die Dunkelheit seines Innern in Licht verwandeln könne, wenn er in Zukunft wagt, das Leben in sich selbst zu schützen, anstatt es durch fortwährenden Leistungsdruck zu zerstören.

Die Aufforderung des Traumes, das eigene Innere wie einen Tempel zu betreten, um Licht in die gestörte Ordnung zu bringen, ist unser aller Weg. Denn nur, wenn wir störende Gefühle als Antwort auf eigenes Fehlverhalten verstehen und uns davon befreien, gelangen wir zur Harmonie mit uns selbst.

Einer dramatischen Inszenierung bediente sich auch der Traum eines älteren Patienten, der nach einem Herzinfarkt nicht bereit war, einen angesehenen Posten aufzugeben. Den schon begonnenen Machtpoker um seinen Posten erlebte er vor dem Infarktgeschehen wie einen Mord. Da träumte er während seiner Rehabilitationszeit in der Lauterbacher Mühle:

1. *Ich liege in meinem Lauterbacher Bett.*
2. *Plötzlich stehen SS-Schergen mit großen Stiefeln und der Tod neben meinem Bett.*
3. *Ich siege über sie, indem ich im Aufwachen sage: »Ich lebe.«*
   Dabei entschärfte sich der Albtraum und es wurde nahezu friedlich in mir.

Welch Erwachen!
Die Dramatik des Traumgeschehens provozierte ihn, darüber nachzudenken, ob er die jahrzehntelang gewohnte Bestätigung seiner Persönlichkeit wirklich noch nötig habe. Und er fühlte: »Nein, ich will loslassen – um mich für das Lebenwollen in neuer Weise zu öffnen – darum soll es mir gehn.«

Die Gefühle sind die Brücke zwischen dem Bewussten und dem Unbewussten. Sie locken uns, Schritt für Schritt zum Herzen des Lebens vorzudringen. Nur durch die intensive Suche nach Harmonie können wir in die Ordnung der geistigen Welt eindringen. Ein Traum differenzierte mir diese Suche so:

Daraus aber ergibt sich für die Menschheit die Frage, wer eigentlich lernen will, sich selbst zu erlösen. Da gibt es Menschen, die haben dazu die Kraft und die Liebe, und da gibt es Menschen, die sind einfach nur unterwegs, ohne sich Gedanken um das Leben selbst machen zu wollen.

Die Natur als geistige Lehrerin

Wenn wir uns mit den bildhaften Inszenierungen und der Komplexität von Träumen tief genug auseinandersetzen, erkennen wir, wie in ihnen Naturwissenschaft, Philosophie, Religion und Psychologie zusammengeführt werden. Sie leiten uns zu einem tieferen Verständnis von Leben und seiner individuellen Gestaltungsmöglichkeit. Dabei entwickelt sich ein neuer Zugang zur Naturphilosophie, denn der Traum nutzt die Natur, um uns die Harmoniegesetze zu lehren:

Die Natur beschreibt alle Vorgänge in der Seele des Menschen –
bis hin zur Bekämpfung der lebensvernichtenden Zustände.

Dazu greift der Traum auf alles zurück, was eine Botschaft über das Leben enthält. Wie uns die Träume durch ihre Gleichnissprache bewusst machen, ist der Mensch zugleich Blume, Dornbusch, Baum, Insekt, Fisch, Reptil, Vogel,

Säugetier – die ganze Evolution aus dem Zusammenwirken von Erde, Wasser, Luft und Sonne spiegelt im Gleichnis seine geistige Entwicklung wider. Während aber eine Maus immer eine Maus bleibt und ein Falke immer ein Falke, hat der Mensch die geistige Wahl, Maus oder Falke zu sein.

Träume sind daher in der Lage, uns einen tiefen Einblick in den Zusammenhang zwischen Natur und menschlicher Verhaltensforschung zu geben, vorausgesetzt, wir erkennen ihre Bedeutung auf der materiellen Ebene und transformieren diese auf unsere geistige Situation. Ich zitierte schon im Vorwort den Anfang eines Traumtextes, den ich hier nun im ganzen Umfang wiedergebe:

Es ist so, dass es keine Welt des Stofflichen gibt,
die nicht ihre Entsprechung auf der spirituellen Ebene hat.
Sie ist die eigentliche Ebene.
Wir können dann aus dem Sichtbaren das Unsichtbare ableiten und dabei
geht es um das Reine in den gedanklichen Prozessen.
Das aber verlangt, Gedachtes mit den Gefühlen zu verbinden.

Fühlen und Denken sind die Lebenskräfte, die unser geistiges Sein bewegen und entfalten, denn

Gefühle und Gedanken sind Zwillinge. Sie haben eine gemeinsame Seele.
Du kannst deine eigenen Entscheidungen über diesen Steuermann suchen
gehen.

Verheißt dieser Text nicht, dass wir in der Obhut des Seins sind, wenn wir uns in Übereinstimmung zwischen unseren Gefühlen und Gedanken bewegen?

Die Lebenskraft zur notwendigen Ausdauer für diesen ständigen Selbststeuerungs- und Erneuerungsprozess gibt uns die Liebe, denn:

Die Brücke von dem falschen Gefühl zu neuem Fühlen ist die Liebe.
Sie entgiftet sich selbst.

Sie entgiftet sich selbst? Wie schafft sie das? Ich meine, die Liebe wird schöpferisch, wenn sie Schmerzen überwinden und harmonische Lösungen finden will. Als mir das mühsam zu gelingen begann, träumte ich:

Du kannst es jetzt erkennen, dass die Wege der Liebe sehr schwer sein können und müssen, um Leben zu lieben.

Ich hoffe, ich werde in diesem Buch anhand der Träume zeigen können, dass sie nichts anderes beabsichtigen, als uns immer wieder zu provozieren, die Fülle von Leben zu suchen.

Was aber sagt unser Zeitgeist dazu?

Stellen wir alle diese Gedanken zu unserem Zeitalter in Beziehung, nehmen wir wahr, dass zwei Zeitgeister aufeinanderstoßen: Der eine Zeitgeist versteht die Natur und die Natur des Menschen als Schöpfung ohne Schöpfer – der andere vertraut auf die göttliche Liebe, die das Leben erschafft.

Albert Einstein sagte einmal zu dieser gegensätzlichen Auffassung vom Leben:

»Naturwissenschaft ohne Religion ist lahm.
Religion ohne Naturwissenschaft ist blind.«

Ein nur wissenschaftlich denkender Mensch nimmt dabei für sich in Anspruch, der Realist im Hier und Jetzt zu sein. Der andere versteht sich als Hüter des Glaubens an einen Schöpfer, dessen Schöpfung uns zur Heimat werden soll. Jedem Menschen bleibt es überlassen, sich der einen oder anderen Meinung anzuschließen. Ich selbst habe in vielen Träumen die tiefe Gewissheit erfahren, dass Träume Zeugnis eines einheitlichen Weltbildes sind (einen Traum, der sich mit der Frage des Zeitgeistes befasst, finden Sie im Kap. »Farben«, S. 147). Denn sie nutzen alle materiellen Bausteine des Lebens als Parabel für die geistigen und seelischen Prozesse im Menschen. Es gibt nichts, was nicht als Gleichnis in unseren Träumen auftauchen kann. Der Lebensgeist trennt nicht zwischen Materie und Geist. Sie gleichen sich.

Ich möchte darum diesem Buch Briefe mitgeben, die ich an einen Freund schrieb, der sich mit Hilfe seiner Träume immer tiefer kennen lernte und erkannte, wie viele Freiheiten er nicht zu leben wagte. Aber konnte er sich auf die befreienden Botschaften in den Träumen auch wirklich verlassen? In diesem ersten Brief ging ich daher der Frage nach, warum Träume für mich viel mehr sind als nur eine Reaktion aus unserem persönlichen Unbewussten.

Lieber Freund,

Du hast immer wieder erfahren, wie das Leben in Träumen zu Dir spricht. Du hast verinnerlicht, wie Dir Deine Träume zu tiefen Einsichten verholfen haben, um belastende Widersprüche in Deinen Gefühlen zu erkennen und aufzulösen und Dir selbst mit neuem Verständnis zu begegnen.

Dabei hast Du gelernt, in den Bildern der Welt zu denken. Mit der Dir so eigenen Präzision hast Du schließlich alle Traumszenen gleichnishaft mit Deiner gegenwärtigen geistigen Situation verknüpfen können. Die Inhalte der Traumszenen wurden Dir zum Spiegel Deines Denkens, Fühlens und Handelns. Und immer wieder hast Du dabei die Kunst der Träume, in Bildern auszudrücken, was in Deiner Seele vor sich geht, voll Verwunderung wahrgenommen.

Trotzdem frage ich mich, ob Du auch Vertrauen dazu gefunden hast, dass die Träume nicht von Dir, sondern von einer höheren geistigen Kraft gestaltet sind und der Mensch sie zwar empfangen, aber nicht selbst erzeugen kann. Warum beschäftigt mich das? Ich fühle Deine Unsicherheit darüber, welche Kraft es ist, die Dein Leben mit all seinen Widersprüchen und Ängsten kennt und Dir helfen will, sie zu lösen. Ich ahne, dass Du es nicht wahrhaben willst, wie wir in der Immanenz des Göttlichen als Person wichtig genommen werden. Und ich frage Dich: Fühlst Du nicht, wie sehr Du geliebt wirst?

Du wunderst Dich, woher ich meine Zuversicht nehme?

Ich habe erfahren, dass uns fast jeder Traum zu Freiheiten und schöpferischen Kräften führen will, die wir aus irgendwelchen Gründen bisher nicht erkennen oder nicht riskieren. Sie weisen uns auf die Widerstände hin, die unsere Lebendigkeit blockieren. Oft verbinden uns die Träume dazu mit der Kindheit, damit wir die Verletzungen erinnern, die in uns Ängste hinterlassen haben, die wir bis in die Gegenwart nicht überwinden konnten. Jeder Traum unterscheidet Leben und Nicht-Leben in uns. Diese Unterscheidung schützt unser Leben. Und daher frage ich Dich: Wer wacht so über uns? Du meinst, Träume kommen aus unserem eigenen Unbewussten. Was kann das aber für ein Unbewusstes sein, das weitaus wissender und wachsamer als unser Bewusstsein ist? Und dann auch noch alle Botschaften in Bildern verschlüsselt, so dass wir sie erst enträtseln müssen, um sie verstehen zu können? Ist das nicht paradox? Woher sollte diese Kraft in uns kommen, die das geistige Vermögen der Menschen übersteigt? Denn wer vermag es, alle unsere Konflikte und Konfliktlösungen präzise in einfachsten bis tiefsten und verborgensten Bilderfolgen so konsequent und logisch darzustellen?

Aus ähnlichem Grund möchte ich Dich fragen, wie Du Dir die Schöpfung ohne Schöpfer vorstellst. Vor uns liegt eine verschwenderische Lebensfülle. Jeden Tag entdecken Wissenschaftler neue Zusammenhänge, neue Gesetzmäßigkeiten, in die wir eingebettet sind. Alle diese Gesetzmäßigkeiten gab es lange Zeit, bevor der Mensch überhaupt entstanden ist. Der Mensch, der selbst ein Teil der Schöpfung ist, hat diese Gesetze folglich nicht »erfunden«, sondern »entdeckt«. Trotzdem zweifelst Du noch, ob es einen dem Menschen weit überlegenen Geist geben könnte, der diese Naturgesetze erschaffen hat?

Wenn sich die Natur aus sich selbst heraus entwickelt hätte, wie Du es für möglich hältst, wäre die Natur nicht der materielle Ausdruck des Göttlichen Geistes, sondern die Natur müsste der schöpferische Geist ihrer selbst sein. Die Konsequenz daraus wäre, dass die Natur sich den Menschen ausgedacht hätte – wozu aber? Sie wächst so üppig von allein. Sie ist sich selbst genug. Und der Mensch übertrifft sie in keiner Weise. Im Gegenteil: Der Mensch ist ein Schüler der Natur, der ständig dazu lernen muss, wenn er sie nutzen und nicht zerstören will. Diese Bedeutung nehmen die Träume auf, in dem sie alle Details der Natur als Metapher nutzen, um uns Wege in unsere schöpferische Kraft zu öffnen. Ich frage mich daher: Wozu sollte die Natur uns erschaffen haben? In der Evolution bleibt der Sprung zum Menschen, der sich seine Natur bewusst machen muss, anstatt instinktiv wie die Natur zu leben, biologisch ein Rätsel. Deshalb denke ich, muss in uns eine höhere geistige Kraft wirksam sein, die unsere Bewusstheit für das Bewusstwerden von Leben herausfordert.

Unerklärlich am Weltbild ohne Schöpfer ist auch die Vielfalt der Gefühle. Die Natur kennt diese Vielfalt der Gefühle nicht. Es sind aber immer wieder die Gefühle, die den Menschen zu neuer Bewusstwerdung drängen. Sie erzeugen Harmonie und Disharmonie. Alle diese Gefühle antworten exakt auf unser Denken und Verhalten. Durch sie fühlen wir, was sich positiv oder negativ auf unser Leben auswirkt. Mit ihrer Wirkung machen wir uns das eigene Wesen bewusst.

Der Sprung in der Evolution der Natur zum Bewusstsein und zur Sprachfähigkeit des Menschen bleibt ein Geheimnis. Und so frage ich Dich, könnte nicht die Natur der materielle Ausdruck eines Weltgeistes sein, der die schöpferische Idee verfolgt, sich Wesen zu erschaffen, die seinen Geist suchen? Denn schöpferisch und frei zu werden durch die Liebe zum Leben ist ja der Geist, der durch die Träume weht.

Ich widme Dir dieses Buch, lieber Freund. Vielleicht spürst Du darin, wie mein Vertrauen entstehen konnte.

Herzliche Grüße

> Ich glaube, der Mensch träumt nur,
> damit er nicht aufhöre zu sehen.
>
> (Johann Wolfgang von Goethe)

Grundstruktur der Träume

Ein Traumgespräch am Frühstückstisch

Beate: Ich bin heute so glücklich über meinen Traum – ich erlebte darin einen strahlenden Sonnenaufgang in der Morgendämmerung.
In der letzten Zeit war es bei mir so dunkel geworden und es hat lang gedauert, bis endlich mal wieder ein Lichtstreifen am Horizont erschien – und jetzt dieser strahlende Sonnenaufgang!
Ich habe das Gefühl, dass ich es geschafft habe und meine Angst vor Ungeborgenheit vorbei ist. Jetzt fühl ich mich in mir zu Hause.

Hans: Du bist zu beneiden! Mir ging's ganz anders: In mir hat heute Nacht der Mond ein Schauspiel inszeniert – mein Mond wurde von turbulenten Bewegungen überflutet und stürmische Wellen türmten sich auf.

Beate: Hat dich gestern etwas sehr bedrängt?

Hans: Ja, ich wollte endlich mal meinen Geburtstag so richtig feiern, und die Ideen dazu purzelten nur so aus mir heraus. Aber dann kam der Zweifel ›Nimm Dich nicht so wichtig‹ auf und dann war's wieder vorbei mit dem Spaß – ich löschte das Freudenfeuer, das in meinem Herzen war.

Beate: Immer wieder holen dich die alten Ängste ein. Ich hätte so gerne mit dir gefeiert.

Hannelore: Mir ist heute Nacht etwas ganz anderes passiert:
Erst ging die Sonne auf und dann sah ich in den hellen Strahlen einen weißen Vogel fliegen. Ihr könnt euch kaum vorstellen, wie schön das aussah. Doch plötzlich kam Nebel auf und der Vogel verschwand und ich stürzte in die Tiefe.

Beate: Der Absturz wundert mich überhaupt nicht! Seit Wochen bist du total erschöpft und hattest uns gerade versprochen, endlich Urlaub zu machen, aber die Einsicht war kaum gewonnen, da war sie auch schon wieder zerronnen. Warum nimmst Du dir nicht endlich die Freiheit, die du brauchst?

Hans: Und wie ist es unserem Igelköpfchen heute Nacht ergangen?

Peter: Ich bin nicht mehr das kleine Igelköpfchen, das sich immer zusammenrollen muss!

	Ich habe mir gestern in der Gruppe endlich ein Herz genommen und einigen Teilnehmern gesagt, wie selbstgefällig und ungenau ich ihre Diskussionsbeiträge erlebe und wie mich das lustlos macht.
Beate:	Du hast tatsächlich Gefühle gezeigt?
Peter:	Ja, und darum habe ich wohl heute von einer gelben Schlange geträumt, die aus meinem Mund wie Wasser strömte Und in der Schlange war ein Fenster, in der sich die Sonne spiegelte. Und dann saß neben meiner Schlange ein Vogel, der ganz wache Augen hatte.

Ein rätselhaftes Gespräch? Im Laufe der folgenden Kapitel werden Sie nach und nach verstehen lernen, wie ein solches Gespräch am Frühstückstisch entstehen kann.

Wie schon beschrieben, weist der Traum den Träumer auf Ängste und Verdrängungen hin, die seine Übereinstimmung mit sich selbst stören. Wenn wir die Störungen in unseren Gefühlen und Gedanken erkennen und dazu nutzen, neue Verhaltensweisen zu entwickeln, leben wir lebendiger. Träume schicken uns dazu so lange in den Steinbruch des Lebens, bis wir die Widerstände gegen unsere Bedürfnisse brechen.

Die Zufriedenheit ist der Weg in das Glücklichsein;
zufrieden ist aber nur der Mensch, der sich aus dem Widerspruch der Gefühle befreit und die zufriedenmachende Seite gewählt hat. So knüpft ein Mensch seinen Lebensfaden, der ihn zu seiner Identität führt.

Der Traum als Bote einer Störung am Tag zuvor

Wie finden wir den Zugang am sichersten? Unsere Träume antworten fast immer auf eine Situation vom Vortag – so, wie in dem »Frühstücksgespräch« zuvor – und deshalb ist es wichtig Gefühle, Gedanken und Handlungen vom Vortag zu erinnern. Da der Traum keine überflüssigen Bilder produziert, ist es ratsam, den Traum möglichst unmittelbar nach dem Aufwachen aufzuschreiben. Auch dann, wenn es so aussieht, als ob es sich nur um zusammenhanglose »Traumfetzen« handelt. Alles, was wir erinnern, ist von Bedeutung – nur das, was sich beim sofortigen Aufschreiben entzieht, benötigen wir nicht, um den Traum zu enträtseln. Hilfreich ist es, sich dann möglichst bald in den Traum zu vertiefen, weil

der Traum wie eine rote Rose ist, die in der Vase blüht und verblühen muss.

Wichtig ist außerdem zu wissen, dass alle Traumszenen einer Nacht zum gleichen Konflikt gehören.

Die psycho-logischen Selbstbefreiungsschritte im Traumgeschehen

Die Logik des Traums ist ein Phänomen, denn der Traum verknüpft die einzelnen Szenen in logischen Schritten miteinander, um das Umfeld des Konfliktes, die Auseinandersetzung mit dem ihm zugrunde liegenden Zwiespalt und der Suche nach einer harmonischen Lösung darzustellen. Jeder Schritt baut auf dem anderen auf. Diesem psycho-logischen Aufbau entsprechen auch die Zahlen 1 bis 12, wenn sie in Träumen direkt als Zahl erscheinen. Der Rhythmus entspricht der Folgerichtigkeit, die sich beim Umsetzen von Erkenntnissen in Handlungen ergibt.

1. Ich möchte eine Unzufriedenheit in mir überwinden und will dazu meinem Harmonieverlust auf den Grund gehen.
2. Dazu muss ich erkennen, welches Gefühl in mir Disharmonie auslöst, und mich entscheiden, dieses Gefühl nicht mehr leben zu wollen = Ambivalenzauflösung.
3. Aus dem Bedürfnis nach Befriedigung entwickelt sich dann die Erkenntnis, welcher Wunsch mir helfen könnte, mein Leben erfreulicher zu gestalten,
4. und dann suche ich nach einer realistischen Gestaltungsmöglichkeit dieses Wunsches.
5. Danach beginne ich diese Erkenntnis zu leben, indem ich in Beziehungen zu anderen Menschen und den mich umgebenden Lebensbedingungen meinen Wunsch mit allen fünf Sinnen zu verwirklichen trachte.
6. Wenn mich Widerstände von außen am Ausspruch meiner Wahrheit hindern wollen, kämpfe ich und versuche, zu dieser Wahrheit zu stehen.
7. Wenn mir das nicht gelingt und ich nicht weiß, welche Angst mich noch hindert, muss ich in die Erinnerung gehen und den Zugang zu der Lebenskraft finden, die ich als Kind aus Angst in mir verschüttet habe.
8. Mit dieser wiedergefundenen Kraft kämpfe ich mir dann den Weg frei, um meinen Wunsch zu realisieren.
9. Die Ordnung zur Befriedigung des Freiheitsbedürfnisses ist mir jetzt vertraut und lenkt mein Tun.
10. Ich bringe mich nun mit meinem Wissen in alle sozialen Kontakte ein.

Anschließend beginnt die Suche nach dem in der Jugend verdrängten kreativen Wunsch:

11. Jetzt fühle ich mich frei genug, nach einer neuen Idee für meine Lebensgestaltung zu suchen und dafür kreativ zu werden.
12. Dazu kläre ich widersprüchliche Bedürfnisse und entscheide mich, dem Bedürfnis nachzuspüren, das meine Sehnsucht nach Selbstverwirklichung erfüllen könnte.

Zu all diesen Selbstbefreiungsschritten fordern die Träume auf, indem sie zeigen, welchen Schritten wir uns noch verweigern. Sie geben dem Traum die Struktur. Es genügt, wenn wir dieses grundsätzliche Anliegen der Träume im Auge behalten.

Müssen wir uns nicht ausdrücklich mit unserer Kindheitsproblematik auseinandersetzen – das heißt mit den Szenen 7 und 8 –, geht der Traum nur auf die Probleme der Schritte 1 bis 6 ein.

Und was bedeutet die »Kreativität« in den Zahlen 11 und 12? Da gibt es viele kreative Möglichkeiten: in der Beziehung zu anderen Menschen, in der Gestaltung des Alltags, in der Suche nach Lösungen aller Art zur Erfüllung kleiner und großer Wünsche. Das sind all die Samen, die aufgehen oder nicht. Nicht alle können Wurzeln treiben.

In den Träumen aber wird noch eine sehr viel tiefere schöpferische Suche angesprochen. Das ist eine Sehnsucht, die in der Jugend aufgeblüht ist, aber aus Angst verdrängt werden musste. Das Herz *weiß im Geheimen immer, was es braucht* – Die Sehnsucht ringt mit uns, dieses Geheimnis der eigenen Persönlichkeit auch zum Ausdruck zu bringen. Wenn sich diese Sehnsucht wieder meldet, treten in Träumen öfters Wale auf – das sind Huftiere, die vom Land ins Meer zurückgegangen sind. Im Kapitel über Wale werden wir ihre Botschaft erleben.

Die Traumlängen sind sehr verschieden, viele Träume bestehen nur aus drei Szenen. Diese Träume vergleiche ich mit dem Aufbau eines klassischen Dramas, das ja auch eine dreiteilige Struktur hat. In diesen drei Szenen werden wir damit konfrontiert, inwieweit wir unsere neue Erkenntnis schon aus den Widersprüchen lösen konnten, oder ob wir ihnen nach wie vor erliegen. Die dreiteiligen Träume fassen somit das Grundanliegen der Träume zusammen: das Problem, den Umgang mit den Widersprüchen und den Lösungsversuch.

Ich habe die Träume aller Kapitel in die entsprechenden Schritte eingeteilt, so dass der Leser nach und nach ein Gefühl für diese Rhythmik der Träume bekommt. Wie schon erwähnt, ist es nicht erforderlich, die Träume systematisch in diese Schritte einzuteilen – es geht mir nur darum, die Denkweise und den sich daraus ergebenden Fluss im Traumgeschehen sichtbar zu machen. Die Wahrnehmung der einzelnen Schritte schärft jedoch den Blick für die Logik zwischen dem Problemumfeld, dem Problemverhalten und dem Lösungsversuch.

Präzise veranschaulicht auch das Heranreifen einer Frucht die Schritte 1 bis 5):

1	**Neuer Lebenssaft drängt in Knospen und Triebe**	In mir drängt es nach neuem Leben
2	**Blätter entfalten sich und sind bereit zur Photosynthese (siehe Kap. Pflanzen).**	Ich entscheide mich, Widersprüche in meinen Gefühlen dazu aufzulösen.
3	**Die Blüte bricht auf**	Der neue Lebenswunsch blüht auf
4	**Eine Frucht entwickelt sich**	Ich entwickle die Vorstellung, wie ich diesem Wunsch Gestalt geben kann
5	**und reift zur saftigen Fülle heran**	und verwirkliche ihn mit allen fünf Sinnen.

Wenn ein Mensch aus diesem Rhythmus herausfällt, wenn er lebensvernichtende Zustände aus Trockenheit, Überschwemmungen, Stürmen und Frost nicht auflöst, fängt er an zu leiden.

Das Geheimnis der Träume ist die Gleichnissprache

Die Szenen eines Traumes dienen als Spiegel unseres emotionalen Verhaltens sowie bewusstseinsstörender und bewusstseinserweiternder Prozesse.

Um diese Prozesse zu verstehen, ist es am wichtigsten, die Gleichnissprache des Traumes zu begreifen. Denn der Traum bringt die zu suchende Wahrheit nicht als Fertiggericht auf den Tisch. Er spricht in Bildern, die wir entschlüsseln müssen. Jeder Traum bietet Nahrung an, die Sorgfalt und Liebe bei der Zubereitung braucht. Der Traum überwürzt nie. Jede Zutat, die uns der Traum dabei anbietet, trägt dazu bei, uns zum Chefkoch unserer Lebensspeise werden zu lassen.

In diesem Buch beschäftige ich mich besonders ausführlich mit der Gleichnisaussage von Naturbildern. »Gleichnis« bedeutet, dass uns etwas »gleicht«. Die Natur als Gleichnis der Seele spiegelt emotionales Verhalten und Bewusstwerdungsprozesse im Menschen wider. Die ganze Natur wird zur Arche des Lebens. Emotionales Verhalten schildert der Traum häufig durch Tiere und die Suche nach Erkenntnis durch Pflanzen. Vielleicht sind wir zur Zeit ein Schaf, das gerne in der Herde geborgen ist; vielleicht eine Katze, die souverän ihr Wohlgefühl zu leben trachtet; vielleicht stürmt es in unserer Seele und wir versuchen mühsam, die Flut der Gefühle und Gedanken zu beruhigen; oder aber wir sind gerade im Aufbruch und sammeln den Nektar aus den Blüten unserer aufblühenden Wünsche. Die Natur verfügt über unendlich viele Bilder, die unsere geistige Entwicklung wiedergeben. Es geht darum, in jedem Bild das Wesentliche zu erkennen, darauf werde ich in allen Kapiteln ausführlich eingehen.

Dazu hatte ich als Hinweis einen Traum:

1. *Der Geist eines Wesenteils ist das Gleichnis. Wenn in meinem Traum eine Rose vorkommt, dann bin ich in meinem Rosengeist.*
2. *Wenn im Traum Beton vorkommt, bin ich in dem Wunsch, den Beton zum Leben zu bringen. Er ist sehr abweisend und lässt sich durch Farbe, Pflanzen, Formen und anderes bekleiden, so dass er nicht mehr nackt wirkt.*
3. *Und wenn ich im Traum eine Gans sehe, bin ich im Geist der Gans, d.h. in meinem Wunsch, fliegen zu wollen. Aber ich fliege nur von Futterplatz zu Futterplatz.*

Zum »Rosengeist« der ersten Szene führen Träume in einem eigenen Kapitel innerhalb der Pflanzengleichnisse.

Die Dynamik zwischen dem persönlichen Inhalt einer Traumszene und der sachlichen Gleichnisaussage

Jedes Traumbild hat einen sachlichen Inhalt und auch sehr häufig einen persönlichen Bezug. Das zu beachten ist sehr wichtig. Ein Auto im Traum beschreibt zum Beispiel, wie ich mich gerade durch mein Leben steuere. Die Farbe des Autos, sein Zustand; die Zielgenauigkeit, mit der ich fahre; die Suche nach einem Parkplatz, die Geschwindigkeit, die Missachtung von Verkehrsregeln; das alles sind Aspekte meiner Selbststeuerung. Kenne ich aber das Auto aus alter Zeit, muss ich mich daran erinnern, wie ich mich damals durchs Leben gesteuert habe.

Ein anderes Beispiel: Ein Hund verkörpert Wachsamkeit, Treue und Liebe zu seinem Herrn. Er zeigt im Traum, wie treu wir uns selbst sind. Ist es ein Hund, den wir aus der Kindheit erinnern und vor dem wir uns ängstigten, dann weist der Traum auf eine Angst in der Kindheit hin. Ist es der Hund eines Bekannten, spielt das Wesen dieses Menschen eine zusätzliche Rolle. Ist er verwahrlost, haben wir die Liebe und Treue zu uns selbst verwahrlosen lassen. Greift der Hund uns an, sind wir aufgefordert, entweder eine Aggression, die wir gegen uns selbst richten, aufzulösen oder er mahnt uns, die Liebe zu uns selbst im Auge zu behalten. Wendet sich der Hund uns freudig zu, werden wir für die Treue zu uns selbst belohnt.

Der Traum als Zeuge der Kindheit

In der Geburt eines Kindes kommt die ganze Gestaltungskraft der Schöpfung zum Ausdruck. Jedes Kind wird mit dem Urtrieb der Neugierde, Leben entdecken zu wollen, ausgestattet. Doch der Umgang miteinander in der Familie und mit anderen Menschen schränkt diese Neugierde ein, wenn im Kind Ängste aufkommen, weil seine Bedürfnisse von der Umwelt abgelehnt werden. Dann verdrängt es häufig seine Wünsche, um sie nicht mehr fühlen zu müssen. Beziehungspersonen aus der Kindheit spielen daher eine besondere Rolle im Hinblick darauf, ob sie das Kind gefördert oder eingeschränkt haben. Die abgelehnten Wünsche werden unter Schutzhaltungen begraben. Erst erwachsen geworden, haben wir die Chance, diese lebenseinschränkenden Verhaltensweisen als eine Täuschung des Lebens zu enttarnen. Dazu aber muss sich ein Mensch notwendigerweise seine Bedürfnisse eingestehen und erkennen, welche Bedürfnisse konstruktiv und welche destruktiv für sein Lebensgefühl sind. Er muss lernen, sich neu zu entscheiden.

Träume fordern daher direkt oder indirekt auf, sich mit der eigenen Biographie auseinanderzusetzen. *Indirekt* – indem sie uns nachdenklich stimmen, welche Ängste oder Vorstellungen uns in den Boykott gegen unser Wohlgefühl treiben. *Direkt* – indem sie durch den Inhalt der Traumszenen auf die Zeit der Kindheit hinweisen, in der die Ängste entstanden sind, durch die wir eine wichtige Lebenskraft in unser Unbewusstes abdrängen mussten. Oder sie erinnern an Lebenskräfte, die wir damals gelebt haben und wieder bewusst integrieren sollten. Großeltern, Eltern, Geschwister, Lehrer und Schulfreunde etc. treten dann als Förderer oder Gegner unserer Sehnsüchte auf.

Die Bedeutung von Personen

Das Gleichnis von Mann und Frau hat eine grundsätzliche Bedeutung, die ich von der biologistischen Seite der Sexualität ableite. In einem meiner Träume hieß es dazu:

> *In der Sexualität werden die Gefühle bestäubt.*
> *Sie reichen von der Schärfe der Verletzungen bis in die empfindlichsten Gefühle der Liebe und werden im Prozess von der eigenen Antwort geformt.*

Eine Frau, die neues Leben im Inneren empfängt, symbolisiert auf der Traumebene das Empfangen von Erkenntnissen für neues Leben. Der Mann, der aus seinem Innern nach Außen zeugt, steht für die Tat, die das Erkannte verwirklichen will. Erst dadurch kann das Erkannte zur Frucht werden. Jeder Mensch hat beide Kräfte in sich – darauf komme ich in anderen Kapiteln noch öfter zu sprechen. Die Komplementarität von Innen und Außen ist das Grundprinzip von Leben und gleicht dem biologischen Gesetz, das die Autoren Maturana und Varela in ihrem Buch *Der Baum der Erkenntnis*[3] als Evolutionsweg der Natur durch »Erkennen und Tun« beschrieben haben. Hierzu der Traum eines Mannes, der vor seiner Herzerkrankung ständig unter zu hohem Leistungsdruck stand und nun nach neuen Perspektiven für sein Leben suchte:

1. *Hochzeit ist angesagt. Meine Braut ist eine sehr sympathische junge Frau.*
2. *Aber der Hochzeit steht eine mir unbekannte Schuld im Wege. Die Braut erwartet von mir, dass ich diese aufarbeite. Das ist ihre Bedingung für die Hochzeit.*

> *3. Aber jemand hat mir verraten (wer, das weiß ich nicht), dass die Braut sich bereits endgültig für mich entschieden hat, auch wenn sie es mir gegenüber noch nicht zugibt, sondern nach wie vor auf der Erfüllung der Bedingung besteht. Das Wissen darum gibt mir große Hoffnung und Gelassenheit. So kann ich mich in Ruhe um die Erfüllung der Bedingung bemühen. Ich muss mich nicht sorgen um mein zukünftiges Leben.*

1: Die Braut ist die Erkenntnis des neuen Lebensstiles, den er leben möchte.

2: Im Gespräch mit dem Patienten zeigte sich, dass die Schuld, die noch im Wege steht, die Gefahr seiner Anpassung an die Erwartungen der Umwelt ist. Sie entsteht über alte Schuldgefühle, die er nur auflösen wird, wenn er keine Anerkennung mehr aus seiner Leistung ziehen muss.

3: Im Grunde weiß er aber, dass er sich für die Suche nach einem neuen Lebensweg schon fest entschieden hat und er nur noch Zeit braucht, diesen Wunsch in der Realität zu regeln. Dann kann die Hochzeit, die Vereinigung zwischen Erkennen und Tun, in ihm stattfinden.

Das war ein Beispiel für die grundsätzliche Bedeutung von Mann und Frau im Traum. Wenn wir den Mann oder die Frau, die im Traum erscheint, persönlich kennen, spiegelt diese Person eine Eigenschaft, die wir an ihr besonders schätzen und selbst entwickeln möchten – oder eine, die wir vehement ablehnen. Nur sehr selten wird uns das Konfliktverhalten einer anderen Person dargestellt, damit wir diese besser durchschauen und unsere Beziehungsschwierigkeit mit ihr klären.

Ein Kind weist auf eine Entwicklung hin, die in uns wächst. Wenn es sich dagegen um eine Szene handelt, mit der sich Erinnerungen aus der Kindheit verbinden, weist das Kind auf das Alter hin, an das sich der Träumende erinnern soll.

Andere unbekannte Personen, an die sich keine Erinnerungen knüpfen, weisen auf grundsätzliche Verhaltensweisen hin: Vielleicht zeigen sie, dass wir gerade als Dieb unterwegs sind oder als Geknechteter, als König oder Bettler, als Krieger oder Gärtner, als Kind oder Greis.

Wir bewegen uns in Träumen wie im Reich der Kunst, denn auch Künstler bedienen sich der Gleichniskraft der Bilder, um ihre Gedanken und Erfahrungen zum Leben zu schildern. Wir kennen die Kraft der Gleichnisse insbesondere aus der lyrischen Dichtung – ohne die Bilder der Welt könnte Lyrik nicht das Unsichtbare in unserer Seele sichtbar werden lassen. In ihnen verdichtet sich die Suche nach Leben. Friedrich von Schiller brachte das auf seine Weise zu Papier (Ausschnitt aus dem Gedicht »Der Poet – die Teilung der Erde«):

»Nehmt hin die Welt!« rief Zeus von seinen Höhen
Den Menschen zu. »Nehmt, sie soll euer sein!
Euch schenk' ich sie zum Erb' und ew'gen Lehen –
Doch teilt euch brüderlich darein!«

Ganz spät, nachdem die Teilung längst geschehen,
Naht der Poet, er kam aus weiter Fern' –
Ach! da war überall nichts mehr zu sehen,
Und alles hatte seinen Herrn!

»Weh mir! So soll denn ich allein von allen
Vergessen sein, ich, dein getreuster Sohn?«
So ließ er laut der Klage Ruf erschallen
Und warf sich hin vor Jovis Thron.

»Wenn du im Land der Träume dich verweilet«,
Versetzt' der Gott, »so hadre nicht mit mir.
Wo warst du denn, als man die Welt geteilet?«
»Ich war«, sprach der Poet, »bei dir.

Mein Auge hing an deinem Angesichte,
An deines Himmels Harmonie mein Ohr –
Verzeih dem Geiste, der, von deinem Lichte
Berauscht, das Irdische verlor!«

»Was tun?« spricht Zeus; »die Welt ist weggegeben,
Der Herbst, die Jagd, der Markt ist nicht mehr mein.
Willst du in meinem Himmel mit mir leben –
So oft du kommst, er soll dir offen sein.«

Was ich beachten muss, wenn ich mit Träumen anderer arbeite

In der Arbeit mit anderen geht es um die Kunst des Fragens. Das Fragen ist ein schöpferischer Weg. Der sachliche Inhalt eines Bildes kann dazu helfen, die Frage so zu formulieren, dass der Träumer sich in einen aufkommenden Zwiespalt zwischen sachlichem und persönlichem Inhalt leichter einfühlen kann. Wichtig ist:

- Nicht selbst deuten, sondern den Traum durch Fragen an den Träumer aufschlüsseln.
- Keine Suggestivfragen stellen.
- Das Umfeld des Problems, den Umgang mit dem Problem und die Problemlösung aufmerksam suchen.

- In den Fragen immer wieder zu den Bildern des Traumes zurückkehren.
- Die Bilder durch Fragen nach dem realen Hintergrund ausschöpfen und erst danach auf die geistige Ebene transformieren.
- Aufmerksam auch auf das hören, was der Träumer manchmal wie beiläufig erwähnt.
- Den Träumer durch Fragen lenken, tiefer in sich hineinzuhören und ihn immer wieder an seine Gefühle heranführen.
- Auch nach scheinbar nebensächlichen Aussagen im Traum präzise fragen. Es gibt im Traum kein überflüssiges Detail.
- Gegebenenfalls. nach Entsprechungen in der Kindheit fragen und die Not fühlen lassen, in die das Kind geraten war.
- Absichtslos bleiben.
- Dem Träumer Zeit geben, seine Fragen selbst zu beantworten.
- Kein Dieb dadurch werden, dass ich gebe, was der Träumer selbst erkennen kann.

Träume, eine Lehre vom Leben

Ich träumte einmal »*Träume sind die Werkstatt des geistigen Lebens*«. Schauen wir uns in dieser Werkstatt nun noch einmal um, um zu sehen, welch verlässliches Handwerkszeug sie uns geben:

- Träume nutzen alle Bilder der Welt als Metapher, um unser Leben zu spiegeln.
- Träume beschreiben die Widersprüchlichkeit in unseren Gefühlen.
- Träume wecken Erinnerungen, decken dabei die Wurzeln unserer Ängste auf und beschreiben die zum Schutz gewählten Abwehrmechanismen.
- Träume sind Wegweiser zu befreiten Gefühlen und Gedanken.
- Träume zeigen den Weg in die eigene schöpferische Kraft.
- Träume spiegeln die Einheit zwischen Materie und Geist.
- Träume sind eine spirituelle Kraft.

Die Welt ist ein schönes Buch,
aber es nützt jenen wenig, die nicht darin zu lesen wissen

(Carlo Goldoni)

Wasser –

Gleichnis zur Klärung der Gefühle

Der Mensch kann ohne die Schwerkraft des Wassers nicht sein
(Traumtext)

Lieber Freund,

Martin Luther King sagte einmal im Zusammenhang der Auseinandersetzung zwischen Schwarz und Weiß:

»Wir müssen uns immerfort Deiche des Mutes bauen gegen die Flut der Furcht.«

Auch Träume machen uns oft zu Deichbauern – ich erlebe Dich so, wenn Deine Gefühle an die Küsten schlagen und Dein Herz nicht klären kann, wie Du Deinen Schmerz bändigen kannst.

In Goethes Torquato Tasso sagt die Prinzessin über die Gefühle, die sie so bedrängten:

»Ich wich und wich und kam nur immer näher.«

Ist Dir das nicht auch vertraut? Die Prinzessin konnte ihren Wünschen letztlich dann doch nicht vertrauen. In Dir aber fühle ich die Kraft dazu. Denn der Schmerz, der Dich von Deiner Freundschaft zu Dir selbst wegzudrängen sucht, war immer nur der Mahner Deiner von Dir noch nicht erkannten Freiheit.

Nach und nach entdeckst Du nun, dass es kein wehes unangenehmes Gefühl gibt, aus dem Du Dich nicht durch die Kraft Deines Geistes erlösen kannst. Ich fühle, wie viel näher Du Dir selbst schon gekommen bist und dadurch auch den Menschen, die Du liebst.

Herzlich

> ... zu meinem Erstaunen breitet sich direkt vor meinem Elternhaus ein großes Wasser wie ein See oder ein Meer aus, das wild wogend hohe Wellen schlägt. Aber ich habe keine Angst, laufe nicht weg, sondern bleibe am Ufer stehen. Da beruhigen sich die Wellen und der Sturm legt sich.

Worauf macht der Traum wohl aufmerksam? Versuchen Sie einmal, sich in die Szene einzufühlen. Am Ende des Kapitels erfahren Sie, ob sie instinktiv auf der richtigen Fährte waren.

In der Genesis des Alten Testamentes heißt es am ersten Schöpfungstag: »Die Erde war wüst und leer und auf der Urflut lag Finsternis. Gottes Geist aber schwebte über den Gewässern.«

Begann die Schöpfung tatsächlich im Wasser? Es muss so sein, denn so erforschten es auch die Wissenschaftler. Sogar wir werden immer noch aus Wasser geboren, aus dem Wasser der Fruchtblase im Mutterleib. Ohne Wasser beginnt kein Leben zu keimen, auch wenn im Samen längst alle Lebenskräfte versammelt sind. Auch die Wüste kann erst erblühen, wenn der Regen kommt.

Bäche und Flüsse quellen aus der Erde und durchfließen Teiche und Seen. Welche Kräfte bewegen das Wasser? Es sind die Sonnenwärme, die Schwerkraft der Erde und die Winde, die das Wasser zwischen Himmel und Erde in den Kreislauf schicken. Es verdunstet durch die Sonnenwärme in die Luft und die Luft treibt es in Wolken zum Festland hin. Dort füllt es als Regen die Quellen von Flüssen und Seen und tränkt die Pflanzen. Die Pflanzen geben ihr Wasser wieder an die Luft zurück. So tauschen Wolken und Blätter ihr Wasser untereinander aus.

Wasser ist immer in Bewegung. »Niemand kann zweimal denselben Fluss betreten, denn jedes Mal fließt frisches Wasser in ihm«, heißt es bei dem griechischen Vor-Sokratiker Heraklit. Selbst wenn Flüsse im Winter vereisen, bleiben sie in ihrer Tiefe lebendig.

Um der Gleichnisbedeutung von Wasser auf die Spur zu kommen, fragen wir uns, welche Lebenskraft in uns dem Wasser gleicht. Was in uns bewegt sich wie Wasser? Wasser, das sich in ständigem Kreislauf zwischen Himmel und Erde klärt, das plätschert und strömt, überschwemmt und verschlammt, das sprudelt und versiegt? Und was drängt immer wieder zu solchen Klärungsprozessen in unserer Seele?

Das Wasser unserer Seele sind die Gefühle. Denn gerade so wie Wasser quellen auch unsere Gefühle hervor. Sie erfrischen uns oder ziehen uns in den Strudel chaotisch drängender Wassermassen hinab. Gefühle können rein, tief und klar sein bis auf den Grund. Sie können aber auch brüllen wie das sturmgepeitschte Meer, zu salzigen Tränen werden oder zu wasserschweren Wolken, die sich öffnen wollen. Sie können über die Ufer treten. Sie können zerstören und uns verschlingen. Gefühle können gefrieren oder kochen wie Wasser. Sie reinigen uns wie Wasser und sie tragen uns. Wenn sie versiegen, verkarsten wir.

Warum verdampft das Meerwasser zu Süßwasser und löscht Tag für Tag den Durst des Festlandes? Wir unterscheiden im Gleichnisdenken Salzwasser und

Süßwasser. Welche Gefühle versinnbildlichen die salzigen Meere in ihrer unendlichen Weite, die Kontinente umspülen und bei Fluten an die Küsten schlagen, die von Stürmen heimgesucht, chaotische Wasserberge aufbauen und sich in Täler stürzen, deren dunkle Tiefen so bedrohlich sind? Und welche Gefühle gleichen dem zur Ruhe gekommenen Meer, das uns trägt und dem wir vertrauen, dass uns die Tiefe nicht verschlingt?

Gefühle, die uns so bedrängen wie das aufgewühlte Meer, sind im Traum ein Gleichnis noch unbewusster Gefühle, die an die Küsten unserer Wahrnehmung schlagen, damit wir uns ihrer annehmen und sie uns bewusst machen. Denn nur so kann unsere schöpferische Kraft – die Erde – fruchtbar bleiben. Oft wollen solche Gefühle alte Verletzungen bewusst machen, die unsere Freiheit einschränken. Sie bringen aber auch ganz neue Impulse aus dem großen Unbewussten. Sie wollen Salzwasser zu Süßwasser machen, damit wir unsere Gefühle wie Wasser trinken können. Und wenn wir uns der chaotisch drängenden Gefühle in uns angenommen haben, beruhigen sich die Wogen wieder. So bergen unbewusste Gefühle das Salz, das unsere Speisen würzt – wir brauchen sie, aber sollen uns nicht von ihnen überwältigen lassen. Wenn sie uns bewusst geworden sind, müssen wir lernen, sie in unseren Alltag zu integrieren.

So wie die Erde vom Regen erquickt wird, erquicken uns die zu Süßwasser geklärten Gefühle. Gefühle, die uns bewusst geworden sind, die wir aber noch nicht leben können, werden wieder zu Wolken in unserem Gemüt. Solange wir die Wolken nicht auflösen, herrscht Unwetter in uns. Es kann auch Zeiten geben, in denen wir in seichten Gewässern ohne Zu- und Abfluss dahindümpeln. Dann schleichen unsere Gefühle träge durch Kanäle, eingeengt von betonierten Konventionen, ohne Freude an der Vielfalt lebendiger Biotope entlang den Ufern unseres Lebens. Wasser, das fließt, ist voller Energie; kommt es zum Stillstand, verliert es sie.

Hat unser Wort »Seele« etwas mit dem Wort »See« zu tun? Das altgermanische Wort Sele ist wahrscheinlich – wie der Duden sagt – abgeleitet vom Wort für »Binnensee«. Binnen bedeutet »innerhalb«. Wie treffend! Denn letztlich bestimmen die Gefühle, die sich im Innern unserer Seele bewegen, unsere Freude am Leben.

Kompass im Meer der unbewussten Gefühle

In jedem von uns sind Untergrundkämpfer gegen das eigene Wohlgefühl am Werk. Hinter ihren Masken bleiben sie so lange verborgen, bis wir sie entlarven. Dabei hilft uns der Traum des öfteren mit Bildern vom Wasser. Sehen wir uns dazu einige Träume an.

Einer der häufigsten Untergrundkämpfer, der viele Menschen um ihr Gleichgewicht betrügt, ist der Zeitdruck. Er raubt ihnen die Sensibilität für sich selbst. Darauf bezieht sich der Traum einer Frau, die die Vorboten eines Hörsturzes wahrnahm. Sie überspielte die Signale, ließ den Zeitdruck weiter anwachsen und träumte dann:

1. *Ich stehe an einem Meeresstrand, weiß, dass ich diese Insel verlassen muss, weil ich Termine habe. Die Brandung ist gewaltig, tosend brechen sich hohe Wellen.*
2. *Immer wieder gehe ich hinein in die schäumende Gischt, immer wieder werde ich zurückgeworfen. Ich sehe einige andere Menschen, die – wie ich – vergeblich versuchen hinauszuschwimmen.*
3. *Wir müssen gemeinsam etwas unternehmen, um die Brandung zu brechen. Aus rechteckigen hohlen Quadern bauen wir schließlich eine Art Kreuz, gar nicht sehr groß oder hoch, aber es wirkt wie ein Wellenbrecher – die Brandung wird sanfter.*

Wir sehen, wie die Träumerin gegen die gischtige Brandung ihrer Gefühle ankämpfte, und das Chaos einfach ignorierte. Mit all ihren Kräften – das sind in der zweiten Szene die anderen Menschen – kämpfte sie gegen die Wogen ihrer drängenden Gefühle an, ohne sich ihre Überforderung einzugestehen. Am Morgen der geplanten Abreise schildert sie Ihre widersprüchlichen Gefühle so:

»Der Wecker klingelt – es ist 4.30 Uhr, ich muss aufstehen, um das Flugzeug nach Berlin zu erreichen. Es geht mir schlecht: In den Ohren braust es, mir ist elend und schwindelig, das typische Hörsturzsyndrom. Ich versuche, aufzustehen, weil ich fliegen will – überlege aber, was dieser Traum, mit dem ich aufwachte, meint. Bei dem Gedanken: ›Ich darf mich jetzt nicht neuen Gefühlsbelastungen aussetzen, ich muss nicht nach Berlin‹ wird das Tosen im Ohr leise und ich bleibe erleichtert liegen, schlafe wieder ein. Um 6.00 Uhr schrecke ich wieder hoch. Jetzt ist der Flieger weg – zu spät.«

Die dritte Szene bringt der Träumerin die Lösung: Sie soll einen Wellenbrecher gegen ihre aus dem Meer des Unbewussten hochschäumenden Gefühle bauen. Es gibt Wellenbrecher am Meer in der Realität, doch die Form des Kreuzes offenbart als Gleichnis viel mehr: Das Kreuz ist das Bild des aufrecht stehenden Menschen, der die Arme nach beiden Seiten ausbreitet. In ihm offenbart sich die Dualität von Erkennen und Tun. Die Senkrechte vom Schoß zum Kopf führt durch ein hochdifferenziertes Verdauungssystem, das ist der Weg zur Erkenntnis. Er ist verbunden mit der Waagerechten, den Armen, die die Kraft zur Tat versinnbildlichen. Wir müssen immer neu erkennen, welches Triebbedürfnis nach neuem Leben sich in uns regt und wie wir den daraus bewusst gewordenen Lebenswunsch gestalten könnten. So offenbart sich gleichnishaft im Kreuz die Dualität von Erkennen und Tun, durch die sich alles Leben auf Erden entwickelt hat.

Das Problem des Zeitdrucks, unter dem ich selbst chronisch litt, illustrierte mir ein Traum so:

daran halte ich fest wie ein dicker weißer Nebel, der in einer Talschlucht festgehalten wird.

Entscheidungen zu treffen, ohne sich seine Gefühle bewusst zu machen und sie zu klären, ist gefahrvoll. Als Steuermann unseres Bootes durch die Meereswogen des Unbewussten benötigen wir einen Kompass. Die Magnetnadel eines Kompasses zeigt immer nach Norden. Was bedeutet das in der Traumsprache? Wir orientieren uns auf hoher See mit Hilfe der Himmelsrichtungen. Tatsächlich erscheinen die Menschen auf der südlichen Halbkugel besonders vom Reichtum emotionaler Kräfte geprägt, während auf der nördlichen Halbkugel die kühle Rationalität betont wird. Jeder Mensch aber braucht die Orientierung zwischen aufbrechenden Emotionen und klärenden Gedanken. Das ist der Weg in die Bewusstwerdung von Leben.

Der Lauf der Sonne von Ost nach West begleitet unser Tagwerk, während wir versuchen, die von uns erkannte Lösung zu verwirklichen, das heißt, zu handeln. Die Himmelsrichtungen offenbaren folglich auch das Kreuz aus Erkennen und Tun. So wird verständlich, weshalb das Kreuz in vielen Kulturen der Welt zum Symbol der Ganzheit wurde.

Eine Fahrt über das Meer ohne Kompass – ohne die Klärung unbewusster Gefühle – ist gefährlich. Solch eine Gefahr beschreibt der folgende Traum drastisch:

1. *Ich saß auf einem Stuhl und paddelte mit ihm auf dem Meer. Ich wurde von hinten von einem Mann ohne Kopf – einem Torso – umklammert.*

2. *Es kamen Strudel. Ich kämpfte gegen sie an und kam aus ihnen heraus und gewann das Land.*

3. *Aber am Land erwarteten mich feindliche Krieger und schossen auf mich mit Pfeilen.*

Welche Irrfahrt! Der Träumer stand real vor der Frage, seinen Beruf zu wechseln. Wie der Traum zeigt, machte er sich offenbar nicht bewusst, ob dieser Wechsel seine Bedürfnisse befriedigen kann. Auf den Wellen unbewusst drängender Gefühle lässt er sich auf einem Stuhl nieder – ein Zeichen dafür, dass er sich auf ungeklärte Vorstellungen einlassen will. Dabei merkt er nicht, dass er kopflos handelt, wie der ihn von hinten umklammernde Torso zeigt. So paddelt er seinem neuen Ziel entschlossen und blind entgegen.

Der Traum sagt ihm, dass er zwar Land erreicht, warnt ihn aber gleichzeitig, dass er auf diese Weise an einem lebensfeindlichen Ufer landen wird. Beeindruckt von der Schärfe der Bilder nahm der Träumer die Warnung an und verwarf seine Absicht.

Eingesperrte und vereiste Gefühle

Doch woher kommen solche verräterischen Gefühle, die eine falsche Sicherheit versprechen? Irrige Gefühle, die uns einkreisen und unser Handeln und Nichthandeln bestimmen, haben ihre Wurzeln meistens in der Kindheit. Sie werden zu Strudeln und Stürmen in den Meeren unseres Unbewussten.

Kinder erleben Selbstwertverluste auf ganz verschiedene Weise. Meine eigene Not in der Kindheit war die Angst, nicht gehört zu werden. Daraus entwickelte ich die Vorstellung, meine Gefühle seien für andere unwichtig und lernte sie zu verbergen. Doch erwachsen geworden, begann ich meinen Mangel an Lebendigkeit schmerzhaft zu fühlen und setzte mich nach und nach mit diesem Verlustgefühl auseinander.

In dieser Zeit rüttelte mich ein Traum besonders provokativ aus meiner Gefühlsverhaltenheit heraus. Am Abend vor diesem Traum hatte ich Gäste. Es war ein festlicher Abend. Ich fühlte mich übertrieben verantwortlich für die gute Stimmung aller Anwesenden und verlor jede Leichtigkeit, das Fest selbst zu genießen. Ich wollte nur die anderen glücklich machen. Mitleidlos beschrieb der Traum dieses Verhalten so:

> *Ich habe mein emotionales Leben auf einen Thron gesetzt: Es saß als Geist auf einer Weinflasche – faltete die Hände und wartete ab.*

Das war Sarkasmus pur! Lachend und beschämt zugleich sah ich in den Traumspiegel: Im Wein begegnen wir dem Symbol des Wassers im gekelterten und vergorenem Zustand. Es ist die höchste Verwandlungsstufe der Gefühle, wenn Wasser über die Reifung von Früchten zu Wein wird. Ich aber konnte diese Gefühle nicht entkorken. Sie blieben in mir verschlossen. Die Provokation traf! Meine übertriebene Nächstenliebe bekam einen Dämpfer.

In so manchen folgenden Träumen lebte ich dann auf gefrorener Erde, mit Schnee und Eis bedeckt. Wie aber da herausfinden? Das kommentierten drei kurze Traumszenen:

> *In der ersten Szene gingen viele Menschen mit lauten Rufen nach Allah aufs Eis und baten um Erhörung.*

> *In der zweiten Szene versuchte ich mitzurufen. Aber ich bekam kein Wort heraus.*

> *In der dritten Szene umkreiste ich meinen Schwager, von dem ich wusste, dass er immer sehr real und fest in seiner Mitte lebt.*

Wenn ich auf dem Eis gefrorener Gefühle »Allah« um Hilfe bitte, wende ich mich hier nicht an den Gott der dogmatischen Auslegung, sondern an den Gott im Land der orientalischen Lebensfreude. Aber ich musste erfahren, dass es mir nichts nützen wird, die emotionale Lust am Leben zu erflehen. Dadurch kann das Eis nicht tauen. »Fest in der eigenen Mitte bleiben« bedeutete, zu mir selbst stehen zu lernen. Es verlangte, meine Gefühle nicht mehr zu verbergen, sondern sie spontan auszusprechen, damit mich andere Menschen tiefer wahrnehmen und mit mir lebendig kommunizieren können.

Ein weiterer Traum provozierte mich mit den Worten: *»Wasserdichtes Reden ist keine Hilfe.«*

Und ich machte mir nichts mehr vor: Das Vertrauen, meine Gefühle zu zeigen, musste endlich aus mir selbst kommen und sich den Weg bahnen, wie das Wasser mit seiner Schwerkraft. Das im Kreislauf durch die Luft geklärte Wasser tränkt die Erde – das große Gleichnis für unsere schöpferische Kraft – und weckt die Samen, die keimen wollen. Auch in uns wollen Samen keimen, die uns zu unserer Identität führen. Wenn wir die Suche nach Kreativität aufnehmen, bahnen uns geklärte Gefühle den Weg dahin, denn

> Wasser verbinden, was abgetrennt
> drängt ins verständigte Sein
> mischen in alles ein Element
> flüssigen Himmels hinein
>
> (Rainer Maria Rilke)

Kindertränen und Perlenfischer

Mit solchen geklärten Gefühlen finden wir dann auch zur Perle in der Muschel am Meeresgrund. Perlen wachsen im Dunkel einer Muschel heran, weil das Tier eingedrungene Fremdkörper mit einer Perlmuttschicht umschließt. So schützt es sich vor der Verletzung. Im Volksglauben sind Perlen Tränen, die in das Meer der unbewussten Gefühle gefallen sind. Was beweinen diese Tränen? Beklagen sie die verlorene Lebenskraft, die wir aus Angst, verletzt zu werden, nicht leben konnten?

Um sie finden zu können, werden wir zu Perlenfischern, indem wir erinnernd tief in klippenreichen Meereswogen unbewusster Ängste eintauchen. Dabei erfahren wir, auf welche Weise wir unseren Kindheitsängsten erlegen sind.

Als ich mich mit der Gleichniskraft von Perlen noch zweifelnd auseinandersetzte, antwortete mir ein Traum:

Es ist tatsächlich das, was die verletzte Stelle an Schönem in sich festhalten muss, um nicht neu verletzt zu werden. Es ist der Schatz, den ich verbergen muss.

Wie schwer es manchmal werden kann, nach der Perle zu tauchen, spricht ein Traum aus, der die Anstrengungen einer Patientin bewusst machte, die ebenfalls nach den Ursachen ihrer zu geringen Selbstliebe suchte:

Sie geht unter Wasser – sie geht immer wieder unter Wasser – sie geht schließlich ganz nah an den Felsen vorbei, die tief eingeschnitten sind, in deren Nähe wir nicht gegangen wären. Sie aber wagt es ganz selbstverständlich – und findet eine Perle.

Der nachfolgende, besonders verschlüsselte Traum zeigt den schicksalhaften Zusammenhang zwischen den Ängsten der Kindheit, die unbewusst im Erwachsenen weiterleben, und der damit verbundenen Aufgabe des Erwachsenen, sich dieser Gefühle bewusst zu werden. Ein Patient, der unter Katastrophenängsten litt, berichtet:

1. *Eine Frau warf vor meinen Augen ein Kind – ein Wickelkind – ins Wasser.*
2. *Es kam ziemlich schnell wieder aus dem Wasser hoch – aber mit fest geschlossenen Augen und ohne selbst etwas dazu zu tun*
3. *Die Frau tat das, um zu demonstrieren, dass kleine Kinder noch Kiemenatmung haben.*

Kiemenatmung? Welch eine merkwürdige Behauptung. Ein Traum voll anscheinender Ungereimtheiten, denn ein ins Wasser geworfenes Wickelkind ertrinkt normalerweise und Kiemenatmung hat es auch nicht. Doch vergessen wir nicht: Der Traum ist ein Künstler der sinnbildlichen Sprache: Ein Wickelkind ist noch ganz und gar seinen Gefühlen ausgeliefert. Es macht seine Erfahrung vom Leben nur über diese und hat dabei noch keine Möglichkeit, sich Zusammenhänge selbst durchzudenken und bewusst zu machen. Es taucht in seine Empfindungen ein und holt sich den Sauerstoff zur Bewusstwerdung aus dem Wasser seiner ersten Gefühlserfahrungen. Sie bringen ihm Lust oder Unlust, es lebt wie ein Fisch im Wasser.

Die Luft – das andere Element – ist das große Gleichnis unserer Bewusstsein erzeugenden geistigen Kräfte. Vom Lebensgeist her gesehen, hat das Kleinkind folglich noch Kiemenatmung, denn es taucht aus seinen emotionalen Erfahrungen auf, ohne die Realität anders wahrnehmen zu können als über die Befriedigung oder Störung seiner Gefühle, oder – wie der Traum sagt – mit geschlossenen Augen, ohne etwas dazu tun zu können; das heißt, ohne das Erlebte beeinflussen zu können. Und das wiederholt sich in der ganzen Kindheit immer dann, wenn das Kind Gefühlserfahrungen nicht verarbeiten kann und sie durch Schutzhaltungen verdrängt.

In der dritten Szene, in der direkt oder indirekt ein Schritt zur Lösung des Problems angezeigt wird, erfährt der Träumer nun, dass der Traum nur eine Demonstration dafür gewesen sei, dass kleine Kinder noch Kiemenatmung haben. Das löst die Frage aus, ob das eine Aufforderung an den Träumer sein könnte, sich seiner noch unbewusst gebliebenen Gefühle und Ängste aus der Kindheit zu erinnern. Deshalb fragte ich den Patienten ganz gezielt nach den Ängsten aus seiner Kindheit.

Spontan erinnerte er sich: Als Siebenjähriger war er ein dreiviertel Jahr lang mit seiner 27-jährigen Mutter und seinen beiden kleinen Geschwistern auf der Flucht aus Ostpreußen unterwegs gewesen. Der Vater blieb noch in Ostpreußen, die Mutter fühlte sich allein schwach und verzweifelt. Sie ließ den Siebenjährigen ständig Anteil daran nehmen, dass sie nicht mehr wisse, was sie tun solle und dass sie nicht weiter könne und sterben wolle. So lebte der Patient damals von Katastrophenangst zu Katastrophenangst. Der Anspruch, mit sieben Jahren die Mutter schon stützen zu müssen, wurde in ihm zum Auftrag, perfekt zu sein, keine Fehler machen zu dürfen. Jedes Versagen ahndete er mit Selbstbeschuldigungen. Und mit dieser weiterhin aus dem Unbewussten kommenden Angst lebte er auch als Erwachsener. Ständig musste er diese Angst durch Perfektion von sich fernhalten.

In vielen Träumen geht es um die Auflösung solcher Schutzhaltungen, mit denen ein Kind seine Ängste vor sich selbst verbirgt. Sehen wir uns deshalb noch einige solcher Klärungsprozesse in Träumen an, die uns unserem Selbstverständnis näher bringen wollen.

Hinter jeder Aggression liegt ein verletztes Gefühl

Am heikelsten wird die Auseinandersetzung zwischen ambivalenten Gefühlen, wenn aggressive Emotionen in uns aufsteigen. Eine gezielte Aggression klärt und reinigt die Atmosphäre, unreflektierte Aggressivität aus verletzten Gefühlen dagegen zerstört die Harmonie, macht das Wasser der Gefühle dunkel, gewaltsam und chaotisch.

Schauen wir uns dazu den Traum einer Frau an, die im realen Leben häufig aggressiven Stimmungen ausgeliefert war, hinter denen sich im Grunde eine hilflose Unzufriedenheit verbarg. Vorweg jedoch schildere ich einen Traum, der ihre in der Kindheit erlittene Verletzung zeigt, denn dieser öffnet das Verständnis für den zweiten Traum, in dem »ihr Kriegsschiff in Meereswellen unbewusster Gefühle versank«. Sie erzählt:

1. *Ich sah im Traum ein Mädchen von vier bis fünf Jahren, das aber wie ich mit 14 Jahren aussah.*

2. *Ich dachte im Traum: Das bin ja ich. Das Kind saß auf dem Schoß der Mutter.*

3. *Es sagte zum Vater: »Jetzt erschieße ich dich.«*

4. *Mir wurde sofort im Traum bewusst, der Vater, der bin ich selbst,*

5. *und sagte etwas konsterniert zu dem Kind: »Warum willst du mich erschießen?«*

6. *Das Kind antwortete: »Weil du für mich unerreichbar bist.«*

Aus diesem Gefühl, dass der geliebte, aber auch autoritäre Vater unerreichbar sei, entstand in der Vierjährigen eine große Unsicherheit, die sich mit 14 Jahren nochmals vertiefte. Der Traum verbindet diese beiden Altersstufen, um zu zeigen, dass sich der Selbstwertverlust der Frau aus ihrer Enttäuschung im vierten Lebensjahr entwickelt hat. Der Vater war ein sehr erfolgreicher Mann, der sich wenig Zeit für die Kinder nahm. Da die Träumerin unter der mangelnden Beachtung durch den Vater das Gefühl entwickelt hatte: ›Ich bin nicht wertvoll‹, verlor sie das Vertrauen zu ihren eigenen Fähigkeiten. Darum erschoss sie im Traum ihr Zutrauen zum Vater, das heißt, zu ihren eigenen Fähigkeiten – zu dem Vater in sich –, als Bild unerreichbarer Stärke. Sie konnte sich selbst nicht erreichen. Der Wunsch in späteren Jahren, sich von den Eltern abzunabeln und sich im Berufsleben zu entwickeln, gewann keine Kraft. Sie fühlte sich wie Treibholz dahinschwimmen. Auf der vergeblichen Suche nach Selbstständigkeit aber geriet sie immer mehr in depressive Stimmungen. Eines Tages träumte sie:

1. *Hohe Klippen aus Sand, tief unten das weite blaue Meer. Ich liege mit meiner Mutter auf diesen Klippen.*

2. *Ich sehe ein sinkendes Kriegsschiff. Das Wasser hat das Deck schon leicht überspült.*

3. *Ich sage, wenn diejenigen, die unter Deck sind, immer noch nicht wahrhaben wollen, dass das Schiff sinkt, werden sie sich nicht mehr retten können.*

4. *Der Sand, aus dem die Klippen sind, ist ganz bröckelig, wie Treibsand – und ich habe Angst, ins Meer abzustürzen.*

5. *Es ist Zeit, diesen gefährlichen Ort zu verlassen, doch ich weiß, dass jede Bewegung aufzustehen, den Absturz bedeutet. Ich strecke meine Arme aus, und meine Mutter zieht mich auf festen Boden.*

Das ist ein gefährliches Lebensbild – hoch über dem Meer der unbewussten Gefühle auf sandigen Klippen ohne Struktur und Halt zu sitzen. Ich fragte sie, ob sie sich so bedroht und unsicher fühle. »Ja«, sagte sie: »Ich fühle mich so weit weg vom Leben und von mir selbst. So unerlöst, und ich bin voller Sehnsucht nach einem Sinn.«

Ein Kriegsschiff dient dazu, aus allen Rohren nach allen Seiten zu schießen – ein Bild der aggressiven Reaktionen in der Träumerin. Die Aggression hatte ihr eine Zeitlang das Gefühl gegeben, sich selbst zu behaupten. Doch dieses Kriegsschiff war am Sinken. Sie drohte darin unterzugehen, denn ihre Aggressivität wurde vom Gefühl der Hilflosigkeit überschwemmt. Der Boden rutschte ihr unter den Füßen weg. Sie empfand sich wie auf Treibsand, der sie ins Meer der unbewussten Gefühle mitzureißen drohte und sie fürchtete, nicht mehr Herr ihrer selbst zu sein. Nun wusste sie, es ist höchste Zeit, sich aus dieser gefährlichen Lebenssituation zu befreien. Darum streckte sie beide Arme nach der neben ihr liegenden Mutter aus. Die Mutter ist eine resolute Frau mit einer klaren Struktur, und so legt ihr der Traum nahe, solche Kraft auch in sich selbst zu suchen.

Wenn wir Kriegsschiffe zu Wasser lassen, das heißt, unsere Aggressionen destruktiv ausleben, gerät das immer zu einer Krise im Kontakt zu anderen, zu denen wir eigentlich die Verbindung stärken möchten.

Durch Aggression wollen Menschen ihren Schmerz überwinden, aber ihn nicht auflösen,

hörte ich einmal dazu im Traum. Ungeordnete Aggressionen nach außen oder innen wirken immer zerstörerisch. Der Angreifer fühlt sich dann zuweilen selbst wie ein Schiffbrüchiger.

Auch der nächste Traum nutzt Bilder von Überschwemmungen und Sturzfluten, um der Träumerin die Wirkung unkontrollierter Aggressionen bewusst zu machen. Sie schildert:

1. *Ich gehe allein an einem Fluss entlang, wahrscheinlich ist es die Isar, die Landschaft mit den Weidenbüschen und dem breiten Kiesbett sieht jedenfalls so aus wie in den Isarauen.*
2. *Plötzlich ist der Kies überschwemmt – ich erkenne, dass das Gewässer kein Fluss ist, sondern das Meer – die Flut kommt zurück!*
3. *Auf einmal sind auch andere Menschen dabei, sie waren beim Baden, nun waten sie schon bis zu den Knien durchs Wasser. Sie versuchen, zu ihren Autos zu kommen, die am Rand des Steilufers direkt unterhalb eines hohen Felsens auf dem Parkplatz stehen. Die Leute werden von den immer heftiger und höher anrollenden Wellen umgeworfen, mir geht das Wasser schon bis zur Taille. Mir wird klar, dass wir kaum noch Zeit haben, das Ufer zu erreichen, eine Springflut naht! Ich kämpfe verzweifelt gegen die hohen Wogen, werde von dem Sog hinausgezogen.*
4. *Eine hohe Welle droht mich gegen den Felsen zu schleudern – das ist das Ende, ich habe keine Kraft mehr.*
5. *Plötzlich fühle ich: ICH HABE ES SATT! Schon wieder so ein Traum, in dem ich einer Gewalt HILFLOS ausgeliefert bin.*
6. *Im Traum denke ich: Ich will diesen Traum nicht!*
   WER HAT HIER EIGENTLICH DIE REGIE?
   Ich will ein ANDERES BILD!
      Die Wellen werden sanfter, ich kann wieder schwimmen und erreiche mit ein paar kräftigen Zügen das Ufer!

Die Träumerin hat dazu selbst sehr lebhaft Stellung genommen:

1: »Die Isar ist der Fluss meiner Kindheit, direkt mit ambivalenten Gefühlen (gefährlich-schön) verbunden! Sie ist ein klarer, auffallend grüner Fluss, das heißt, ich beschäftige mich mit meinen offenen, schon ›geklärten‹ Gefühlen. Die Farbe Grün deutet die Auflösung meiner Ambivalenzen an, die mich ungeheuer beschäftigen, und zeigt mir, dass ich ›auf dem Weg der Erkenntnis‹ bin. Das war auch das Thema der vorangegangenen Träume.

Weidenbüsche wachsen an meinem Weg, noch keine Bäume. Sie haben nicht deren Stärke und tiefe Wurzeln – also noch kein »Baum der Erkenntnis«. Aber Büsche sind robust, vermehren sich rasch, haben viel Blattwerk. Weiden sind besonders biegsam und kaum zu brechen, Material für Körbe, aber auch für Besen und Ruten. Weiden sind Frühlingsboten, ihre Kätzchen brechen bei den ersten warmen Sonnenstrahlen auf.

2: Doch plötzlich überfielen mich, wie so oft, heftige Aggressionen. Solche Überschwemmungen signalisieren immer eine Gefahr für mich. Meine Gefühle sind dann nicht mehr im Flussbett geborgen.«

Hier will ich die Assoziationen der Träumerin vertiefen und noch einmal auf das Salzwasser eingehen:

Die Weltenmeere, viele Tausend Meter tief und mit steil abfallenden Schluchten, bergen ungeheure Mengen Salzwasser. Ständig verdunsten große Mengen dieses Wassers zu Wolken, die unsere Quellen mit Trinkwasser füllen. Immer wieder müssen wir unsere Gefühle trinkbar machen – Salzwasser in Süßwasser verwandeln. Das gelingt uns, wenn wir Gefühle, die bitter schmecken, uns in ihrer Ursache bewusst machen, bis die Wolken unseres Gemütes abregnen und die Quellen des Wohlgefühls wieder sprudeln können.

Wenn nun das Flussbett der Träumerin plötzlich mit Salzwasser überflutet wird, haben die alten Ängste noch einmal die Oberhand gewonnen.

Die Träumerin schildert weiter zur dritten Szene: »Die anderen Menschen sind die vielen Anteile von mir, die mit klaren, offenen Gefühlen gut umgehen können und dabei in ihrem Element sind. Mitten in das Wohlgefühl beim Baden brechen dann die plötzlichen Meereswogen ein – heftige Emotionen, die mich zu überschwemmen drohen und nur wenig Chancen lassen, mich noch selbst zu steuern (Auto).

Das erlebe ich immer wieder, wenn ich ignoriert werde – ich werde laut und brülle, obwohl ich weiß, dass das an der Situation nichts ändert. Aber wieder und wieder (wie die Gezeiten) geschieht es. Ich versuche, den bedrohlichen Emotionen davonzulaufen, bis mir das Wasser zur Taille reicht.

Dann wird mir klar, dass mir kaum noch Zeit bleibt, das rettende Ufer zu erreichen: Die unbewussten Gefühle werden so übermächtig und gefährlich, dass sie einer Sturzflut gleichen!

Mein verzweifelter Kampf, der Gefahr zu entkommen, ist vergeblich, meine Verzweiflung, meine Angst, meine tiefe Verunsicherung holen mich ein, erfassen mich wie ein gewaltiger Sog, gegen den ich mich nicht wehren kann. Es ist genau wie in der Realität: Ich setze alle Kraft ein – ich habe Erfolg – man bringt mir Liebe entgegen – trotz allem saugen mich immer wieder Ohnmachtsgefühle, Resignation und Depression an – bis hin zu Gedanken, mir das Leben zu nehmen.«

4: Die wirklich tödliche Bedrohung ist nun der Felsen – das Gefühl, den anderen hilflos ausgeliefert zu sein.

Die Träumerin erzählt weiter: »Dieses Gefühl kenne ich aus meiner Kindheit, in der mich über Jahre (ca. vom dritten bis zwölften Lebensjahr) mein sadistischer Onkel unter Ausnutzung seiner Aufsichtspflicht physisch und psychisch gequält – mehr noch, gefoltert – hat. Niemand hat mir geholfen und ich konnte auch niemanden um Hilfe bitten (also auch nicht selbstständig einen Ausweg finden), weil dieser Onkel mich mit dem Tod bedrohte! Niemand hat mich mit meiner Todesangst und meiner Verzweiflung angenommen, man hat mich ignoriert. Und in meinem heutigen Leben holt mich wohl genau dieses Gefühl wieder ein: ICH HASSE ES, IGNORIERT ZU WERDEN. Ich ertrage die Ohnmacht nicht, und meine heutige Hilflosigkeit äußert sich in Wutausbrüchen, gefolgt von tiefer Verzweiflung und Traurigkeit.

5: ›Ich habe es satt‹, sage ich mir selbst, ›ich will diese Hilflosigkeit, dieses Ausgeliefertsein, diese tödlichen Bedrohungen nicht mehr!‹ So viele Träume habe ich mit diesen Themen inszeniert – wie oft bin ich in diesem letzten Jahr, in dem ich mich intensiv mit meinen Träumen befasse – verfolgt, inhaftiert, gefoltert, erschlagen, erstochen, erwürgt worden!

Heißt das nicht auch, dass etwas in mir sterben muss? Nämlich dieser hilflose Anteil in mir, der mich unangemessen reagieren lässt, mich blockiert, mich hindert, zur Freiheit meiner schöpferischen Kraft zu gelangen, die ich mir so sehr wünsche?

Hat mein ›innerer Regisseur‹ immer wieder die lebensbedrohlichen Träume inszeniert, damit ich mich endlich von meinen destruktiven Gefühlen befreien soll? Hören diese Todesträume nicht auf, weil ich immer wieder in der Erkenntnis stecken bleibe, ohne zu handeln?

6: ›Diesen Regisseur‹ meiner Träume (meines Lebens) will ich nicht mehr Regie führen lassen. Ich brauche einen anderen! Ich werde selbst die Regie in die Hand nehmen und ein anderes (Lebens-)Bild entwerfen!

Durch diese Gedanken werden meine Gefühlswellen sanfter: Wenn ich mit ihnen anders umgehe, das heißt, auch erkenne, dass sie auf mich zukommen, dann überrollen sie mich nicht mehr, dann kann ich mich auch von ihnen tragen lassen – ich kann schwimmen. Ich muß mich nicht von ihnen hilflos schleudern lassen, ich kann mit entschlossenem, zielgerichtetem Handeln (kräftigen Schwimmzügen) das ›rettende Ufer‹ erreichen.«

Inzwischen hat die Träumerin festen Boden unter den Füßen gewonnen – und mehr noch, sie hat sich fruchtbares Ackerland dazu geschaffen.

Zum Umgang mit hasserfüllten Aggressionen träumte ich einmal diese grundsätzlichen Gedanken:

Hinter jeder Aggression liegt ein verletztes Gefühl. Der Mensch muss es aushalten, dass Hass keine Brücken baut. Der Mensch kann den Hass herauslassen. Er muss ihn aber so erleben wollen, dass er sich nicht ergießt, sondern so, dass er mit der gleichen Kraft, wie er hasst, lieben will.

Traumtexte sprechen oft in einer für uns ungewohnten Dichte. Was verbirgt sich hinter der Formulierung: »Der Mensch muss es aushalten, dass der Hass keine Brücken baut«? Hass ist der letzte verzweiflungsvolle Versuch, sich trotz aller Demütigungen noch selbst zu lieben! Im Hass fühlt sich der Mensch stark. Doch nur während der aktiven Aggression – danach folgt Leere. Wenn diese Leere nicht mit neuer Aktivität aus dem Hass aufgefüllt wird, greift die Verzweiflung wieder zu, aus der heraus er letzten Endes keine andere Chance sieht, als wieder zu hassen. Der einzige Ausweg aus diesem verhängnisvollen Kreislauf ist die Liebe – die Liebe zum Leben. Darum sagt der Traumtext weiter, dass sich der Mensch seines Hasses bewusst werden soll, damit er nicht versteckt in ihm wütet. Und wenn er ihn sich bewusst gemacht, ihn herausgelassen hat, soll er versuchen, den Hasstrieb in sein Gegenteil zu kehren. Das schafft er, wenn er sich fragt, wie er das Herz des anderen erreichen kann. Und das gelingt ihm, wenn er mit der gleichen Kraft, mit der er bisher hasste und dadurch Leben vernichtete, Leben lieben und ermöglichen will. Diese Umkehrung aber vollzieht sich nicht spontan, sie verlangt sehr viel Übung.

Die Liebe zu befreiten Gefühlen löst die Täuschung von Leben auf

In Zeiten, in denen wir tiefe Verwandlungen zu bewältigen haben, helfen uns Träume auch durch verheißungsvolle Aussagen. Sie können uns Hilfe auf dem Weg durch das Ungewisse geben, wenn wir den angedeuteten Weg verstehen und verinnerlichen. Der folgende Traum ist solch ein tröstlicher Wegweiser. In ihm wird die Träumerin von dem breiten Strom des Lebens getragen – nachdem sie ihr verlorenes Vertrauen zu sich selbst wieder gefunden hatte. Sie war zuvor über längere Zeit sehr bedrohlichen Angriffen ausgesetzt gewesen. Lebensmüde geworden, zog sie sich aus dem sozialen Leben total zurück. Als sie wieder Fuß zu fassen begann, träumte sie:

> 1. *Ich treibe mit einem Kahn über einen breiten Fluss. Die Sonne scheint, der Fluss schimmert hell im Licht. Zu beiden Seiten des Flusses stehen – bis hinein ins Wasser gebaut – riesige hellgelbe, von Säulen getragene Gebäude. Ich weiß, dass es Tempel sind.*
> 2. *Als ich auf der gegenüberliegenden Seite ankomme, ist es dunkel.*
> 3. *In dem diffusen Licht erkenne ich eine riesige Sphinx, die von der Witterung etwas zerstört ist. Bei mir ist ein Mann, der mir erklärt, die Sphinx sei schon viele tausend Jahre alt und stamme noch aus der Zeit, da es diese Art Frauen gegeben habe – Frauen mit dem Körper einer Löwin.*

Hier möchte ich einmal ein Beispiel geben, wie ich mich inhaltlich in Träume hineinfrage:

» Wie erleben Sie sich in diesem Traum?

« Ich fühle mich wieder gelassener. Das bedrohliche Geschehen, das mich viele Jahre bedrängt hat, liegt hinter mir. Ich treibe zur Zeit in meinem Gefühl so dahin, nachdem ich mich in meiner neuen Lebenssituation zurechtzufinden versuche. Das neue Alleinsein macht mir zur Zeit keine Angst mehr. Im Gegenteil: Ich fange sogar an, mich wohl zu fühlen.

» Das Schicksal hatte Ihnen alle Sicherheit genommen. Ihre Verzweiflung war sehr groß gewesen. Was hat Ihnen geholfen?

« Es ist ganz eigenartig: Ich bin das erste Mal allein im Leben und fühle mich trotzdem geborgen. Die Dunkelheit der Ungewissheit beunruhigt mich nicht mehr.

» Der Traum macht Ihnen ein großes Geschenk. Er lässt Sie teilhaben an der Geschichte der Menschheit – denn es sind Tempel aus altägyptischer Zeit, die den Fluss säumen. Das war eine Zeit der Lebensfülle und Lebensweisheit. Was hat das Traumbild in Ihnen ausgelöst?

« Mich hat besonders die Sphinx beeindruckt – wie gelassen und kraftvoll sie da liegt. Ein tiefes Wissen ging von ihr aus.

» Der Traum konfrontiert Sie in der Sphinx mit dem Körper einer Löwin. Der Löwe war im alten Ägypten ein Herrschersymbol für Mut, Kraft und Kampfesfreude. Im Gegensatz zu anderen Katzenarten lebt er in sozialen Beziehungen. Er versteckt sich nicht, sondern ist ein Tier der offenen Landschaften wie Steppen, Savannen und felsige Gegenden.

« Ja, ich bin sehr dankbar, weil ich durch meinen langjährigen Lebenskampf immer mutiger und zugleich gelassener geworden bin. Ich habe mich ganz neu kennen gelernt.

Bevor wir das Kapitel vom Wasser verlassen, werfen wir noch einen Blick auf die bio-chemischen Eigenschaften des Wassers. Einerseits ist Wasser ein Neuordner, denn über so genannte Wasserstoffbrücken können sich die verschiedenen Moleküle neu miteinander vernetzen; andererseits ist Wasser auch ein wichtiges Lösungsmittel, weil es in Stoffwechselprozessen leicht reagiert. Im Gleichnis stimmt das mit uns überein, denn auch unsere Gefühle sind Neuordner und Reaktionspartner, um alte Sichtweisen aufzulösen und neue Sichtweisen zu finden – sie reagieren ständig auf Impulse, die sie empfangen.

Wenn Wasser gefriert, dehnt es sich aus, bei 4 Grad plus aber erreicht es erstaunlicherweise seine größte Dichte und sinkt durch sein Gewicht auf den Grund. Dadurch bleibt diese Zone eisfrei, so dass die Fische selbst im härtesten Winter überleben. Wir werden im Kapitel »Fische« sehen, dass diese Tiere ein Gleichnis für Bedürfnisse sind, die sich in unseren Gefühlen regen. Das Bedürfnis nach Leben gibt in der Regel selbst unter schwierigsten Bedingungen nicht auf.

Im Kapitel der Pflanzen (S. 158) werden wir bei der Beschreibung der Photosynthese dem Symbol des Wassers wieder begegnen, denn die Photosynthese birgt das Geheimnis zur Klärung widersprüchlicher Gefühle.

Und nun möchte ich auf das Traumbild vom Anfang des Kapitels zurückkommen:

> ... zu meinem Erstaunen breitet sich direkt vor meinem Elternhaus ein großes Wasser wie ein See oder ein Meer aus, das wild wogend hohe Wellen schlägt. Aber ich habe keine Angst, laufe nicht weg, sondern bleibe am Ufer stehen. Da beruhigen sich die Wellen und der Sturm legt sich.

Leuchtet es Ihnen ein, die Träumerin danach zu fragen, welche aggressiven Gefühle sie aus ihrer Kindheit erinnert und welche Kraft sie neu gewonnen hat, um ihre Wogen der Empörung so beruhigen zu können? Eine Empörung, die offensichtlich ihre Wurzeln in der Kindheit hat, denn das Schauspiel spielte sich vor dem Elternhaus ab.

In Traumschöpfungen werden Gefühlsbewegungen sichtbar. Sie werden zu Stromschnellen, reißenden Flüssen und Wasserfällen. Sie verwandeln sich in Regen, Nebel, in Eisberge und Schnee. Sie werden zu Meeresströmungen und zur Brandung im Meer, zum Tautropfen am Grashalm. Aus ihren Quellen trinken wir und löschen unseren Durst nach Leben.

Zum tieferen Verständnis habe ich aus Träumen weitere Texte herausgesucht, die zeigen, auf welche Weise uns Gefühle lenken können:

> Die eigenen Gefühle zu klären ist der Weg. Wir können ihn nur gehen, wenn wir uns zur Befreiung aufmachen.

> Wir sind nur am Anfang einer ganzen Reihe von Gefühlen, die wir nicht kennen können, solange wir keine Beziehung zu uns selbst herstellen.

> Es ist viel Kraft in uns, wenn wir es schaffen können, auch die kleinsten Dinge mit Sensibilität für uns selbst zu tun.

> Er führt zum Genuss des sinnenkräftigen Daseins, und das ist mit ständiger Bewegung verbunden.

> Doch in das klare Wasser des Sees kippen Menschen immer wieder ihre Abfälle.

> Die Liebe zu befreiten Gefühlen ist das Boot für die neuen Gefühle.

Ich denke, der Leser wurde in diesen ersten Träumen schon auf das Wunder der Traumsprache aufmerksam. Der Schöpfer dieser Sprache muss Künstler sein: ER malt, bildhauert und dichtet. ER ist der einfühlsamste Psychotherapeut und liebt das Lebendige. ER ist Regisseur auf der Bühne unserer Seele und inszeniert

Dramen, Tragödien und Komödien aus unseren noch unbewältigten Konflikten. Und vor allem: ER liebt jede einzelne Seele, auch wenn sie die Liebe noch nicht erwidern kann.

Träume sind nur dann Offenbarungen, wenn wir innewerden, wie sie uns Leben bewusst machen. Für mich ist das Unbewusste, das nach gängiger Meinung die Träume erschafft, das Bewusstsein der Welt – das Gottesbewusstsein. Doch jeder Mensch soll seine eigenen Gedanken dazu haben.

Auch Johann Wolfgang von Goethe fühlte sich in seinem »Gesang der Geister über den Wassern« in die menschliche Seele hinein:

> Des Menschen Seele
> Gleicht dem Wasser:
> Vom Himmel kommt es,
> Und wieder nieder zur
> Erde muss es,
> Ewig wechselnd.
>
> Strömt von der hohen,
> Steilen Felswand
> Der reine Strahl,
> Dann stäubt es lieblich
> In Wolkenwellen
> Zum glatten Fels,
> Und leicht empfangen
> Wallt er verschleiernd,
> Leisrauschend
> Zur Tiefe nieder.
>
> Ragen Klippen
> Dem Sturz entgegen,
> Schäumt er unmutig
> Stufenweise zum Abgrund.
>
> Im flachen Bette
> Schleicht er das Wiesenthal hin,
> Und in dem glatten See
> Weiden ihr Antlitz
> Alle Gestirne …

Luft –

Gleichnis für Bewusstwerdung und Befreiung

René Magritte 1963, Öl auf Leinwand

Der Traum erkennt die Freiheit, die zu klein geblieben ist
(Traumtext)

Lieber Freund,

ich will Dich wieder bei meiner Suche dabei haben, schau Dir an, worüber ich mir heute Gedanken mache. Es geht um den elementaren Bereich der Luft.

Die Schöpfungsgeschichte des Alten Testamentes spricht davon, dass »Gottes Geist über den Gewässern schwebt«. Der Göttliche Geist schwebt, das heißt, er manifestiert sich in der Luft. Und der Mensch Adam wird erst zu einem Lebewesen, als Gott ihm Lebensodem in die Nase bläst. Was wollten die Menschen der damaligen Zeit mit diesen Bildern zum Ausdruck bringen?

Sagen sie, dass wir über die Atemluft am Wesen Gottes teilnehmen? Tiere und Pflanzen atmen doch aber auch! Warum betont dann die Schöpfungsgeschichte den Atem in Bezug zum Menschen Adam so auffällig? Hat es vielleicht mit unserer Fähigkeit zu tun, uns die Fülle des Lebens selbst bewusst zu machen – im Gegensatz zu den Tieren, die von ihrem Instinkt bestimmt werden?

Der Sauerstoff der Luft, ohne den wir schon nach wenigen Minuten unsere Fähigkeit zu denken für immer verlieren, bedient im Menschen offenbar die Neugierde, ständig Neues erkennen zu wollen. Doch woher kommt diese Neugierde? Ist sie an die Sehnsucht nach Glück gekoppelt?

Darum frage ich Dich, lieber Zweifler, wenn wir die Fähigkeit haben zu denken, dann müsste es doch auch für Dich einleuchtend sein, dass dieses Denken von einer geistigen Kraft kommt, die denkt. Und deren Absicht es war, dass es Wesen gibt, die denken, um die eigene Sehnsucht füllen zu lernen?

Gerade bekam ich ein Gedicht geschenkt[4], das so ganz mein Vertrauen zu dieser Vorstellung vom Werden des Menschen widerspiegelt:

> Gegen den Wind
> jagt der Falke –
> gegen den Wind
> steigen die Drachen –
> Was kann man
> aus Gegenwind
> alles machen.

Erst der Gegenwind lockt uns zu neuen Erkenntnissen. Der Drache sitzt auf unserem Schatz – solange, bis wir ihn bewusst zum fliegen bringen. Ich weiß, Du fliegst schon – vergiss aber nicht, den Schatz auch auszugraben.

Herzlich

... ich fliege über die Straße, indem ich mich ständig um die linke Achse drehe. Ich erkenne dabei immer neue Befreiungen.

Was sollte mir wohl durch diese Traumszene bewusst werden?

Unsere Erde ist von einer Lufthülle umgeben, in deren oberen Schichten der Himmel durch Streuung des Sonnenlichtes blau erscheint. Ist er wolkenverhangen und düster, drückt er uns nieder. Sobald sich Dunst und Wolken auflösen und das Firmament wieder blau erstrahlt, fühlen wir Befreiung. Wie gerne würden wir dann Flügel haben, um den Vögeln gleich lustvoll durch die Luft zu gleiten. Doch uns wachsen keine Flügel – so sehr wir uns auch danach sehnen. Oder doch? Werden nicht schwere Stimmungen leicht wie Vogelschwingen, wenn wir die Wolken auflösen, die unser Gemüt beschweren?

Auf der Suche nach den ersehnten Freiheitsgefühlen weist das Symbol der Luft im Gleichnisdenken den Weg zu neuen Bewusstwerdungen. Unsere Sprache nutzt dieses Gleichnis. Wenn wir ein Geheimnis lüften wollen, müssen wir nachdenken – unseren Geist bewegen –, um das, »was gerade in der Luft liegt«, zu erkennen. In stagnierende Angelegenheiten gehört »frischer Wind«, sonst geht uns die Luft aus. »Dicke Luft« entsteht, wenn wir Klärungen unterlassen. Am besten machen wir unserem Herzen Luft und sorgen dafür, dass die Luft wieder rein wird. So hauchen wir zwischenmenschlichen Beziehungen wieder neuen Atem ein. Anlass für einen »Luftsprung vor Freude«!

Wie gelangen wir zu diesem Ziel? Von einem Traum bekam ich die poetische Antwort: Dann, wenn *»wir unsere Kraft in die Welt der Winde reiben«* oder *»die Windharfe hören«*. Welch präzise Bilder für die Sensibilität unserer geistigen Kräfte und für die Achtsamkeit und Genauigkeit, die wir zum Denken brauchen!

Die Luft ist unser wichtigster Kommunikationsweg, denn ihre Schallwellen tragen das Wort von Mensch zu Mensch. »Wir wohnen Wort an Wort«, sagt die Lyrikerin Rose Ausländer. Was wären wir ohne Sprache? Sprache ist Ausdruck und Darstellung unserer Gefühle, Gedanken und Willensregungen und letztlich der ordnenden Vernunft, die allen Dingen zugrunde liegt.

Die Luft als Träger der Kommunikation gewann durch die moderne Technik eine erstaunliche Vielfalt. Wir sind begeistert über die Möglichkeiten der Telekommunikation, in denen wir einen Triumph unserer geistigen Erfindungskraft sehen. Aber ist es wirklich nur die schöpferische Kraft des Menschen, die uns diesen technischen Fortschritt beschert? Die schon in der Evolution erschaffenen Urgesetze des Lebens sind doch die Voraussetzung für all unsere Erfindungen.

Wir machen uns diese Gesetze zu Nutze, indem wir aus ihnen immer Neues gestalten, ohne wirklich zu wissen, wie groß das Geheimnis noch ist, dem wir auf die Spur kommen wollen. Genau so wenig, wie wir wissen, wie groß das Geheimnis des Lebens in uns selbst ist, auf das wir jeden Tag neu antworten können:

> Kostbar der Herzschlag
> jeder Minute
> sie schenkt Dir den Atem
> erlaubt Dir anzufangen
> aufs neue.
> (Rose Ausländer[5])

Wenn wir Luft einatmen, nehmen wir Sauerstoff auf. Sauerstoff ist in der Natur der Aktive – er löst und bindet, er zwingt alle Energie in den Strom des Lebens. Er gibt uns die Fähigkeit zu denken, nur wenige Minuten ohne Sauerstoff bringen unseren Verstand irreparabel zum erliegen. Er gelangt über die Blutbahnen in alle Zellen unseres Körpers und aktiviert dort den gesamten Stoffwechsel. So ermöglicht er auch im Gehirn den geistigen Stoffwechsel, indem wir Vorstellungen entwickeln, Ideen haben, Bedeutungen erkennen, Wissen erwerben, Zusammenhänge erfassen, Entscheidungen treffen und mehr.

Wenn wir ausatmen, scheiden wir Kohlendioxid aus. Welche Rolle spielt der Kohlenstoff darin? Kohlenstoffverbindungen sind das große Gleichnis der Natur für die Fülle unserer Gestaltungsmöglichkeiten. Soweit das Auge reicht, besteht alle lebende Materie unserer Erde aus Kohlenstoffverbindungen. Das von Mensch und Tier bei der Atmung ausgeschiedene Kohlendioxid wird von den Pflanzen eingeatmet, und mit Hilfe der Sonnenenergie entwickeln sie aus diesen Bausteinen ihre Gestalt.

Als Nahrung spendet uns die Pflanze dafür die Energie, die wir brauchen, um neue Lebensprozesse bewältigen zu können, durch die wir unsere eigene Gestalt entwickeln lernen.

Erstaunlich ist, dass wir den größten Anteil der Luft – den Stickstoff – nicht direkt verwerten können. Er wird uns erst über besondere Pflanzen zugänglich, die den Stickstoff aus der Luft binden. Diese Pflanzen gehen in der Erde eine Symbiose mit Knöllchenbakterien ein, die den Stickstoff der Luft zum Aufbau von Eiweißverbindungen nutzen. Stickstoffverbindungen sind – wie P.W. Atkins[6] beschreibt – die Zahnräder des Lebens. Wenn wir weiterhin im Gleichnis denken, stellt sich die Frage: Ist der Stickstoff die Metapher für das große Unbewusste, aus dem wir schöpfen lernen können, wenn wir neues Leben entdecken und gestalten wollen?

Ströme organischen Lebens sind in der Luft unterwegs – all die Samen, die der Wind verteilt. Mit ihnen werden uns, im Gleichnis gesehen, Gedankensamen zugetragen, aus denen neue Ideen und Einsichten erwachsen.

Gedachtes mit den Gefühlen verbinden

Hier kommt nun die Antwort auf meine am Anfang des Kapitels gestellte Frage zum Traumbild: Diesen besonders merkwürdigen Traum bekam ich, nachdem ich den amerikanischen Film über die atomare Zerstörung der Erde »The Day after« – Der Tag danach – gesehen hatte.

1. Ich sehe eine große Straße mit Menschen.

2. Aus der Luft droht Gefahr durch Atomkrieg.

3. Dann fliegen plötzlich nur noch große Luftballons die Straße entlang – erst einer, dann zwei, dann mehrere. Ich fliege über die Straße, indem ich mich ständig um meine linke Achse drehe. Ich erkenne dabei immer neue Befreiungen.

Ich fragte mich nach diesem Traum verwundert, wie sich der drohende Atomkrieg in die heitere Leichtigkeit von Luftballons verwandeln konnte.

Im ersten Bild, in dem das Problem gezeigt wird, sehen wir eine breite Straße mit Menschen, das heißt, Menschen und ihre Beziehungen sind untereinander in Bewegung.

Im Umgang mit diesem Problem kündigt sich aber ein drohender Atomkrieg aus der Luft an: Ein destruktiver Freiheitswille bedroht die Menschen mit vernichtender Aggressivität.

Doch dann verwandelt sich die Bedrohung in die leichte Bewegung mehrerer Luftballons als Zeichen dafür, dass die Menschen nach und nach den Weg eingeschlagen haben, friedliche Lösungen, Heiterkeit und Leichtigkeit zu suchen.

Ich selbst erkannte, als ich dem Flug der Luftballons folgte, dass ich nur in diesem befreienden Gedankenflug bleiben konnte, wenn ich mich während meiner Überlegungen ständig um meine »linke Achse«, also um meine Gefühlsseite drehe, denn die linke Seite fordert unsere Gefühle und die rechte unsere Bewusstwerdung. Ich musste demnach den Flug meiner nach Befreiung suchenden Gedanken sauber mit meinen Gefühlen übereinstimmen. Dabei stellte ich fest, dass die Harmonie zwischen Gedanken und Gefühlen den Weg zu befreienden Lösungen weist.

Der Luftraum und die Vögel

Die Weite des Luftraums inspiriert unsere Sehnsucht nach grenzenloser Freiheit. Seit uralten Zeiten träumen die Menschen vom Fliegen. Wie kraftvoll dieses Sehnen sein kann, demonstrierte mir ein Traum durch die humorvolle Frage:

Was ist ein Saurierclub?

Und antwortete gleich selbst:

Die mit viel Gewicht fliegen können!

Und ein anderes Mal nahm mich ein Traum an die Hand, indem er sagte:

Es geht dir nur dann gut, wenn du die leichte Art zu leben gefunden hast.

Müssen wir die Leichtigkeit zu leben erst erwerben? Sind wir darum »flügellos« geboren? Wenn ein Traum zeigen will, wie wir mit unserer persönlichen Freiheit umgehen, spiegeln häufig Vögel, die von der Luft getragen werden, unser Verhalten wider. Sie zeigen je nach Art verschiedene Stufen zur Freiheit. Wir üben daher den Vogelflug, sobald unsere Gefühle von unseren Gedanken bejaht werden.

Weil die Knochen der Vögel unzählige Luftkammern besitzen, die das Skelett leicht und fest machen, können sich Vögel in der Luft halten. Kraft für den Flug gewinnen Vögel durch hohe Sauerstoffzufuhr, die die Nahrungsenergie noch während des Fluges freisetzt. Das ermöglicht ihnen ihre besondere Lunge, die jeden Atemzug zweimal nutzt. Unter ihrem Gefieder bildet sich im Flug ein Luftmantel, der ihnen die Eigenwärme erhält. Beim Fliegen entsteht ein starker Druck unter den Flügeln, während sich über den Flügeln ein kraftvoller Sog bildet, der den Vogel in der Luft hält. Der Sog nach oben fordert von uns im Gleichnisdenken, sich des Freiheitsbedürfnisses ständig bewusst zu bleiben, um nicht abzustürzen.

Wir beflügeln uns dann, wenn wir, wie die Vögel mit dem Wind fliegend, die Lust befreiter Gefühle erleben. Dann trägt uns

>lautloser Flügelschlag
>Lüfte durchforschender Flug
>grenzenloser Raum[7]

Resignatives Verhalten bringt unsere Freiheit um. Das ist so, als gäbe ein Vogel das Flügelschlagen auf. Er fällt zu Boden.

Als eine Frau im Traum vor einem großen Container stand, der mit toten Vögeln angefüllt war, konnte sie die Warnung nicht mehr ignorieren, endlich ihr resignatives Verhalten aufzugeben. Sie schildert ihren seelischen Zustand so:

»Mein Leben schleicht dahin, ich stehe morgens ohne Hoffnung auf und gehe abends hoffnungslos und verzweifelt zu Bett. Dazwischen gibt es zwar kurze Momente, in denen mir – wie ein schwacher Lichtschein – etwas aufdämmert – ein Gedanke, dass ich etwas ändern muss, um aus dieser Situation herauszukommen. Aber dieser Gedanke entgleitet mir schnell wieder. In diesem hoffnungslosen Zustand träumte ich:

1. *An einer Gartenmauer stehen mehrere Leitern. Ich gehe auf sie zu, möchte auf eine der Leitern klettern, um auf die andere Seite sehen zu können.*

2. *Aber jedes Mal, wenn ich am Fuß einer Leiter angekommen bin, fällt sie um. Nur mehr eine Leiter ist übrig.*

3. *Erst jetzt bemerke ich, dass auf der Mauer Vögel sitzen. Als ich mich der letzten Leiter nähere, fällt auch sie um. Die Vögel fliegen erschrocken auf und sind schnell in alle Winde zerstoben.*

Die Träumerin will die Leiter nutzen, um in ihr Leben hinter der Schutzmauer aus Tatenlosigkeit zu schauen. Dazu müsste sie Sprosse für Sprosse zu neuer Bewusstwerdung gelangen. Nur dadurch kann sie die Übersicht für ein neues Leben gewinnen. Doch wir sehen in diesem Traum, wie eine Leiter nach der anderen in dem Gefühl dumpfer Aussichtslosigkeit umfällt. Alle Ansätze, aus dem Dämmerzustand herauszufinden, reichen nicht aus. Und so flogen alle Vögel, die sich schon für die Selbstbefreiungswünsche der Träumerin versammelt hatten, erschrocken wieder davon.

Jahre später freute sich die gleiche Träumerin an einem Schwalbentraum. Sie hatte entgegen ihrer Erwartung erfahren, wie willkommen sie trotz ihrer langen Zurückgezogenheit anderen Menschen geblieben war und welch glückliches Gefühl das in ihr auslöste. Sie träumte:

1. *Es beginnt hell zu werden und ich stelle fest, dass ich in einem Innenhof stehe.*

2. *Überall an den Wänden entdecke ich Vogelnester – Schwalbennester –, die bis unters Dach reichen und von Schwalben umschwirrt sind.*

3. *Ich sehe, wie sie ihre Jungen füttern, die aufgeregt zwitschern.*

Einer der gewandtesten Flieger unter den Vögeln – die Schwalbe – spiegelt der Träumerin, wie erfolgreich sie ihren Weg in die Selbstbefreiung gefunden hat. Lassen Sie mich dazu einen Spruch aus dem Totenbuch (Spruch 166) der alten Ägypter zitieren:

> Schwalben wecken Dich auf
> der du schläfst.
> Sie heben Dein Haupt empor
> zum Horizont.
> Richte Dich auf,
> damit du über das triumphierst,
> was Dir angetan wurde.

Ich selbst träumte auf meinem eigenen Befreiungsweg einmal:

Leben ist auch in dir dabei, eine Heimat finden zu wollen. Alle Vögel sind schon da, alle Vögel alle.

Den erfolgreichen Anfang seiner Befreiung erlebte ein Mann im Traum, der sich selbst als widerlich empfand. Dieses Gefühl hatte er als angenommenes Kind in einer fremden Familie entwickelt, die sein häufiges Gebrüll als widerwärtig verurteilte. Hinter seinem Brüllen aber verbarg sich die verzweifelte Sehnsucht, ebenso geliebt werden zu wollen wie die anderen Kinder. Der einfallsreiche »Selbstbefreiungsversuch« des Kindes bestand daher darin, sich schließlich selbst widerlich zu finden, um dadurch von jeder Hoffnung auf Liebe Abschied zu nehmen. Es wollte sich die Enttäuschung ersparen und dieses Kindheitsmuster lebte im Erwachsenen fort. Als er sich mit dieser Schutzhaltung auseinanderzusetzen begann, unterstützte ihn der folgende Traum:

1. *Ich sehe in den Himmel und stehe dabei mit dem Rücken nahe an der Hauswand.*
2. *Da fliegen zwei Greifvögel: ein großer und dicht daneben ein kleiner Greifvogel. Es ist für mich so, als ob ein »Kind« zur Mutter spricht. Der kleine Vogel scheint in Not zu sein. Ist er verletzt? Es hört sich an, als ob sie sich wie Menschen verständigen können. Es rührt mich an.*
3. *Die beiden Greifvögel landen dicht bei mir links in einem winzigen Gärtchen.*
4. *Der große sieht jetzt aus wie ein Flamingo mit mächtigem Schnabel.*
5. *Plötzlich stürzt er auf mich los. Ich weiche erschrocken zurück. Er lässt ab.*
6. *Ich denke trotzdem: Du solltest zu ihm gehen, er will ja zu dir.*

1+2: Mit dem Blick in den Himmel und dem Rücken an der Wand versucht der Träumer, sich endlich von seinen negativen Gefühlen zu befreien. Ich fragte ihn, in welchen Situationen er sich wie der große Greifvogel fühlt. Ohne zu zögern meinte er, immer dann, wenn er Schwächen in anderen Menschen blitzschnell erkennt und aufgreift, gerade so wie ein Greifvogel seine Beute fängt. Darüber zeigte er sich im Gespräch sichtlich zufrieden. Aber wie erlebte er sich selbst? Sein eigenes aus Angst vor Verletzung entstandenes Schutzverhalten sah er nicht. Die Kraft des großen Greifvogels hatte er sein ganzes Leben lang als Gegenkraft zu seiner mangelnden Selbstachtung entwickelt. Doch sich selbst gegenüber blieb er der kleine verletzte Vogel. In ihm begegnen wir dem Kind, das auf die Idee kam, sich selbst widerlich zu finden.

3: Nun sucht er endlich nach der Kraft, sich aus der Hilflosigkeit zu befreien, die jene Selbstbeschuldigung immer wieder neu hervorruft.

4: Der Traum zeigt ihm, dass er für sich selbst so scharfäugig werden soll, wie er es für andere ist. Er soll wahrnehmen, wie sehr er sich selbst sein Leben lang abgewertet hat und endlich die Schönheit seiner Seele sehen. Dafür steht der Flamingo: Flamingos haben wunderbar rote und rosa getöntes Gefieder. Sie sind Vögel – eingebunden in eine große Gemeinschaft von Artgenossen – und doch steht jeder einzelne grazil und sicher für sich selbst.

Der große Greifvogel wird als Flamingo zum Spiegel der lebensfrohen Gefühle, die der Träumer für sich selbst entdecken soll. Rot ist die Farbe des Blutes und damit Ausdruck pulsierender Lebensfreude und emotionaler Liebe zum Leben.

5: Doch was geschieht, wenn er sich plötzlich vor seinem neuen Befreiungswunsch fürchtet?

6: Dann soll er mutig auf seinen Wunsch zugehen und wagen, sich selbst zu lieben. Dann wird er seine Verletzbarkeit und damit die Selbstverachtung besiegen.

Faryad Fazil Omar[8] hat als Dichter solch eine Selbstfindung beschrieben:

Einig sehen wir den Weg

Eines Nachts sah ich mich
Als Vogel,
Der ins Weite ziehen wollte.
Mit meinen Flügeln
Schlug ich, in meinem Zimmer,
Um davon zu fliegen.
Doch die Wände meines Käfigs
Versperrten mir den Weg.
Die Türe barst –
Hinaus!
Wieder schlug ich mit den Flügeln,
Aber fliegen konnte ich nicht.

Da kam ein Sturm,
Packte mich und wirbelte mich herum
Und nahm mich mit, weit weg.
Soweit man sehen konnte.

Dem Heulen des Sturmes
Entriss mich ein Freund:
Ein Vogel nahm mich auf seine Flügel
Und durchzog viele
Öden und Wüsten.
Unterwegs erkannten wir uns;
Unsere Herzen sangen und jubilierten,
Einer Nachtigall gleich.

Die Nacht war die dunkelste unseres Lebens.
Aber weil wir eins waren,
Leuchteten wir wie eine Fackel,
Überall,
Wo die Macht der Finsternis herrschte.
Und wir sahen unseren Weg.

Das fliegende Pferd

Beschäftigen wir uns noch mit einem merkwürdigen Traum, der im Gleichnis unseren gedanklichen Weg auf der Suche nach Gestaltung des eigenen Freiheitswunsches beschreibt. In diesem Traum kommt es zu einer Begegnung zwischen Mann und Frau. Diese Dualität zwischen den weiblich empfangenden und den männlich zeugenden Kräften bringt neues Leben hervor. Die Sehnsucht nach Befriedigung entfaltet dazu zwischen Mann und Frau eine tiefe Dynamik. Sie gehen aufeinander ein, um zu erspüren, zu welch inniger und vitaler Schönheit sie sich vereinigen können. Diese innige Verbindung zwischen Empfangen und Zeugen bestimmt im Gleichnis gesehen auch unsere geistige Entwicklung, die davon lebt, in uns selbst und im anderen die Sinnenfreude am Leben zu bewegen.

In Träumen dienen sexuelle Erlebnisse meistens nicht der Suche nach sexueller Befriedigung, sondern als Gleichnis für geistige Prozesse. Die weiblich empfangende Kraft entspricht dabei, wie schon öfter ausgeführt, der im Innern gewonnenen Erkenntnis – und die nach außen zeugende männliche Kraft gleicht der Tat. Natürlich nimmt auch in der Sexualität die geistige Auseinandersetzung wesentlich Anteil während der Suche nach Befriedigung, und andererseits wird die Dynamik zwischen Erkennen und Tun im Geistigen erst dann reich, wenn sie von der sinnlichen Liebe zum Leben erfüllt wird.

Nun zu dem Traum, der auf den ersten Blick nicht leicht zu verstehen ist. Träume nutzen öfter solche surrealistischen Bildkompositionen. Unsere Verwirrung darüber legt sich aber, wenn wir uns den Sinn Szene für Szene langsam bewusst machen und darauf achten, dass die Bilder im Inhalt logisch miteinander verknüpft sind:

1. *Ich stehe auf einer satten grünen Wiese.*
2. *Vor mir sehe ich, wie ein braunes Pferd mit Flügeln von der Wiese nach oben aufsteigt, umgeben von einem weißen Lichtring.*
3. *Ich stehe da und staune mit offenem Mund, wie so etwas möglich ist. Die Flügel bewegen sich nicht. Niemand sitzt auf dem Pferd. ›Wer lenkt dieses Pferd?‹ frage ich mich.*
4. *Das Pferd steigt höher zum Himmel auf. Es ist wie ein Wunder für mich. Das Pferd macht einen Bogen nach links und landet mit einem Reiter zu meiner linken Seite auf der Wiese.*
5. *Ein junger Mann steigt vom Pferd, schaut mich an und geht an mir vorbei. Zu meiner rechten Seite sehe ich eine junge Frau, die plötzlich dort steht. Der Mann geht auf sie zu – sie sind ein Liebespaar – ein Ehepaar.*
6. *Vor der jungen Frau liegt auf der Wiese Material für ein neues Kleid oder für neue Flügel. Sie sagt: ›Das ist wohl ein Hinweis darauf, mir neue Flügel oder ein neues Kleid zu machen!‹ Der Mann hört aufmerksam zu und sagt kein Wort.*

1: Die Träumerin hatte sich schon längere Zeit mit ihrer Angst vor Einsamkeit auseinandergesetzt. Die Angst war so groß, dass sie immer wieder in Abhängigkeit zum Partner geriet. Die satte grüne Wiese zeugt von den vielen kleinen Erkenntnisprozessen, die sie bereits im Kampf gegen ihre Verlassenheitsängste gewonnen hatte. Denn jeder Grashalm und jede Wiesenblume holt sich das Licht herein, um wachsen zu können. In solchen intensiven kleinen Wachstumsprozessen hatte die Träumerin erkannt, dass sie durch sexuellen Missbrauch in der Kindheit so tief verunsichert worden war, dass sie kein Selbstwertgefühl entwickeln konnte. Nun wollte sie ihrem Wunsch nachgehen, sich aus ängstlichen negativen Gefühlen zu lösen und sich endlich selbst bestimmen.

In der zweiten Szene steigt ein geflügeltes, erdfarbenes Pferd in die Luft. Sein Körper ist von einer Aura hellen Lichtes umgeben. Wer reiten kann, kennt das wunderbare Glücksgefühl auf dem Rücken der Pferde. Die vitale emotionale Kraft des Pferdes und die des Reiters werden dann eins – sie fliegen dahin. Dieses Bild verspricht das Einswerden mit den eigenen vitalen Gefühlen, wenn wir ihnen vertrauen und ihnen Ausdruck verleihen. Das gelingt aber nur, wenn wir uns immer wieder um Klarheit in unseren Gefühlen bemühen. Der Lichtring weist auf die notwendige Entscheidung hin, nur *dem* Gefühl zu folgen, das in uns Licht und Harmonie erzeugt. So dringen wir in den Luftraum – unseren geistigen Raum – ein und suchen nach den Gedanken, mit denen wir unser Leben neu gestalten können.

In der dritten Szene steht die Träumerin mit offenem Mund da und staunt, wie es möglich ist, dass sich das Pferd ohne Flügelschlag und ohne Reiter in die Luft erhebt. Sie fragt sich: ›Wer lenkt dieses Pferd, das von der Luft getragen wird?‹ Sie erfährt in diesem Bild, wie sie Befreiung finden kann. Das von ihr wahrgenommene Wunder geschieht gleichnishaft in jedem von uns immer dann, wenn wir nach befreiender Erkenntnis suchen und dabei unseren Gefühlen und Gedanken aufmerksam folgen. Bei der Suche nach befriedigenden Lösungen trägt uns das Harmoniegesetz des Lebens, vorausgesetzt, wir folgen nur *den* Gedanken, die befreiende Gefühle auslösen. Die Harmoniesuche zwischen Fühlen und Denken bringt uns Schritt für Schritt Gewissheit, welchen Weg wir einschlagen sollten, um frei zu werden.

Das Sinnbild unserer nach Freiheit strebenden vitalen Gefühlskräfte – das Pferd – und die Luft – die Kraft unserer klärenden Gedanken – vollbringen hier gemeinsam die notwendige Bewusstwerdung. So reiten auch Dichter den Pegasus, das unsterbliche geflügelte Pferd der griechischen Sagenwelt – denn was ist Dichtkunst anderes, als die kreative Verbindung zwischen Fühlen und Denken?

Bis zur dritten Szene spiegelt der Traum im ersten Halbbogen nur die Suche nach Selbstbestimmung, ohne dass die Träumerin schon erkennt, wie sie diese erreichen kann. Denn noch hat das Pferd keinen Reiter, noch hat es keinen Boden unter den Füßen, das heißt, die Suchende weiß hier noch nicht, in welcher Weise sie ihren Freiheitswunsch gestalten möchte.

Die vierte Szene zeigt, wie sie zur Gewissheit kommt. Das Traumpferd steigt hier höher zum Himmel hinauf und fordert die Träumerin damit auf, sich Flügelschlag für Flügelschlag in ihren Gedanken bis hin zu der eindeutigen Gewissheit zu erheben: »*Das ist es*« – das ist meine Vorstellung von mir – »dahin will ich mich in Zukunft entwickeln!« Gedanken und Gefühle müssen sich erst einig werden. Dann kann sie nach links – das heißt zur Gefühlsseite – einschwenken, um die Liebe für sich selbst zu verwirklichen und tatbereit auf festem Boden landen.

In der fünften Szene werden die erkennende und die tatbereite Kraft zu dem Liebespaar, das neues Leben in der Träumerin zu verwirklichen beginnt.

In der sechsten Szene erfährt die Träumerin, dass sie mit Hilfe der Erkenntnisse, die sie sich erworben hat, nun den Stoff besitzt, aus dem sie in schöpferischer Weise ihre Selbstdarstellung gestalten kann. Diesen Stoff konnte sie sich aus den gewonnenen Einsichten selbst weben. Das Weben ist ein uraltes Gleichnis. In dem Buch ›Schöpfungsmythen‹ erwähnt Marie Louise Franz[9] Mythen, die das Handwerk des Webens als Weg in die Schöpfung beschreiben. Darin heißt es:

> »die Göttin der Natur sei der Webstuhl, in den Gott das Schiffchen wirft, um die Welt zu weben«.

Und ist nicht jeder Mensch aufgerufen, seine eigene Natur zu begreifen und sich als Weber der eigenen Natur zu verstehen, in die das Leben das Schiffchen mit den Schicksalsfäden wirft?

Alles, was die Träumerin sich durch intensives Suchen bewusst gemacht hat, wird sie dann ermutigen, sich wieder in das Leben zu verlieben und sich Flügel oder neue Kleider zu schneidern. Aber noch schweigt der männliche Anteil ihres Wesens – die Tatkraft – dazu; noch zweifelt sie, wie sie die Kraft dafür gewinnen kann.

Ein seltsamer Traum – voller Symbolik für die Menschwerdung. In solchen ungewöhnlichen Kompositionen fühle ich stets eine tiefe Verwunderung, wie der Geist des Lebendigen sich in Bildern offenbart.

Der Luftsprung des Tigers

Wir wenden uns nun einem Traum zu, der die gleichnishafte Bedeutung der Luft auf überraschende Weise in einem Zirkus augenfällig macht. Die Träumerin hatte ihren Mann ein Leben lang begleitet und unterstützt. Als er starb, lernte sie, eigene Wege zu gehen. Doch dann, als sie zu einer älteren Frau geworden war, spürte sie, dass sie in der Gesellschaft nicht mehr so gefragt war und litt unter zunehmender Vereinsamung. Sie war verunsichert und enttäuscht. Da rüttelte sie ein Traum aus der beginnenden Resignation:

> 1. *Ich sah ein großes Zirkuszelt. In der Arena liegt eine riesige Luftblase, die die ganze Arena ausfüllt. Diese Luftblase liegt da wie eine große Kugel.*

2. *An der Innenhaut der Luftblase entstehen immerfort elektrische Blitze. Das wirkt magisch auf mich. Die elektrischen Strahlen töten alles, was sie treffen, unter anderem auch ein Kätzchen und einen Schmetterling.*
3. *Aber dann erschien ein Tiger. Er war die große Gegenkraft. Er konnte mit den elektrischen Strahlen fertig werden.*
4. *Nun musste ich selbst in die Luftblase.*
5. *Ich sprang um mein Leben – voller Todesangst vor den Strahlen. Um zu helfen, sprang der Tiger ab und an auch hinein.*

Die riesige Luftblase fordert die Frau im Gleichnis heraus, sich ganz bewusst einer Neuordnung ihres Lebens zu stellen. Doch warum spielt sich das Ganze im Zirkus ab?

Ich fragte die Träumerin daher:

>> Wie erleben Sie einen Zirkus?

<< Ich gehe ausgesprochen gerne in den Zirkus.

>> Was gefällt Ihnen im Zirkus so?

<< Die Freude an meinen Enkeln, die mit mir gehen, und überhaupt der Kontakt zu Menschen, den ich im Zirkus besonders genieße.

>> Sie haben mir erzählt, dass Sie enttäuscht sind, nicht mehr zur sogenannten Gesellschaft zu gehören. Wenn sie im Zirkus das gemeinsame Erleben mit anderen Menschen so besonders genießen, setzt sich ihr Traum offenbar mit ihrer Angst, nicht mehr im Kontakt mit anderen Menschen zu leben, auseinander. Das Geschehen in der riesigen Luftblase fordert Sie deshalb heraus, sich dieser Angst jetzt ganz bewusst zu stellen.

Die Träumerin sieht in der zweiten Szene, wie verletzbar sie ihr unbefriedigtes Bedürfnis nach Kontakten macht. Denn aufgrund der erlittenen Erfahrungen überfallen sie – wie magisch – immer blitzartig Gedanken, die ihr Selbstbewusstsein töten. Dabei geht ihr das Gefühl für Freiheit und Unabhängigkeit – symbolisiert durch das Kätzchen – verloren und auch die Kraft zur Metamorphose, sich aus der Verpuppung zu befreien. Denn eigentlich sollte sie wie ein Schmetterling von Blume zu Blume – von Wunsch zu Wunsch – fliegen, um neues Leben kennen zu lernen.

Für dieses neue Leben braucht sie, wie der Traum zeigt, die Kraft des Tigers, des selbstständigen Einzelgängers, der nachts – das ist im übertragenen Sinn das Unbewusste – auf die Jagd geht, um Nahrung zu finden. Diese herrliche Großkatze wird im Traum nicht von den tödlichen Gedankenblitzen getroffen. Sie verkörpert die große Gegenkraft in der Träumerin; ihr soll sie vertrauen lernen.

Die letzte Szene schildert, wie sie durch diese Gegenkraft den tödlichen Strahlen ihrer abwertenden Gedanken Widerstand leisten wird. Der Tiger repräsentiert ein besonders kraftvolles Freiheitsverhalten. Er steht für die Forderung, die

Todesangst zu überwinden und unabhängig zu werden. Voraussetzung dafür wird sein, dass die Träumerin kreativ wird und sich auch noch im Alter mit neuen Lebensinhalten auseinandersetzt und anfreundet, anstatt zu resignieren.

Lebensvorstellungen müssen immer wieder durchlüftet werden. Marc Aurel beschrieb die Wirkung der Denkweise, die unser Leben bestimmt, so:

> Auf Dauer nimmt die Seele die Farbe deiner Gedanken an.

Luftblasen am Meeresgrund

Das deckt auch der nächste Traum auf. Er scheint auf den ersten Blick ein Wassergleichnis zu sein, aber der schwierige Gefühlsweg durch das Wasser in den ersten vier Szenen führt schließlich in der fünften und sechsten Szene zur Befreiung – dargestellt an Bildern in Luftblasen. Der Traum spielt sich diesmal auf der Beziehungsebene ab, das heißt, die beiden Hauptdarsteller sind autonom zu verstehen. Solche Träume sind eher selten, denn meistens verbirgt sich in jeder Person eines Traumes ein Aspekt unseres eigenen Verhaltens, der uns bewusst werden soll.

Wir erleben das ergreifende Geschehen zwischen einem Mann und einer Frau. Der Träumer war im realen Leben in einer panischen Angstsituation straffällig geworden und ins Gefängnis gekommen. Zwischen ihm und einer Frau, die ihn während seiner Haft regelmäßig besuchte, entwickelte sich nach und nach eine tiefe Liebe. Wir erfahren in seinem Traum, den er im Gefängnis hatte, wie die Klärung seiner Gefühle ihm den Weg zu neuen Erkenntnissen und Perspektiven bahnte. Der Träumer erzählte ihn nach seiner Freilassung:

1. *Ich tauche in die Tiefe eines dunkelblauen Meerwassers. Dabei bin ich zunächst orientierungslos.*

2. *Ich stoße dabei auf eine Ankerkette und arbeite mich mühsam Glied für Glied in die Tiefe. Dabei bemerke ich, dass die Farbe des Wassers heller blau wird, je tiefer ich tauche.*

3. *Da sehe ich eine zweite Ankerkette mit einem weiblichen Wesen, das auch in die Tiefe taucht. Dieses Wesen ist halb Fisch und halb Mensch.*

4. *Unten am erleuchteten Sandboden laufen die beiden Ankerketten zusammen und verschlingen sich miteinander. Es kommt zu einer herzlichen Begrüßung und Umarmung zwischen uns beiden Mensch-Fischwesen. Denn auch ich sehe mich plötzlich in dieser Gestalt. Dabei entsteht Licht in allen Regenbogenfarben.*

5. *Nun öffnet sich eine riesige Muschel. In dieser Muschel ist statt einer Perle eine große Luftblase. Wir beiden Mensch-Fische-Wesen betreten die Luftblase. Sie enthält eine große Tanzfläche – es ertönt Musik und der Tanz beginnt.*

> 6. *Die große Luftblase, die uns als Tanzpaar umschließt, ist von vielen kleinen Luftblasen umlagert. In jeder dieser kleinen Luftblasen sind zwei Kinder. Immer ein Junge und ein Mädchen. Diese Kinder lachen, singen, tanzen und umarmen sich.*

Wieder solch ein dichterischer Reichtum in Bildern. Was wollte er dem Träumer in seiner Not bringen? Der Mann befand sich nicht nur real im Gefängnis der Stadt, er war auch Gefangener seiner Verzweiflung. Immer wieder musste er sich fragen: ›Warum habe ich das nur getan? Wie konnte ich so aggressiv werden? So außer mich geraten?‹ Immer tiefer tauchte er in seine unbewussten Gefühle ein. Durch seine Angst und nahezu verlorene Selbstachtung fühlte er sich anfangs völlig orientierungslos.

In der zweiten Szene sehen wir, wie er mühsam Glied für Glied in den unbewussten Tiefen nach Klärung seiner Gefühle suchte. Es war eine einsame und harte Arbeit, begleitet von einer schmerzlichen religiösen Auseinandersetzung. Doch je tiefer er tauchte, umso mehr gewann er Einsicht in die Ängste, die seine Gefühle so verdunkelt hatten. Ihm wurde nach und nach bewusst, wie er seine Empfindungen als Kind gegenüber einem völlig gefühlskalten Vater hatte verbergen müssen. Er erinnerte sich, wie er jedes Mal, wenn er später Angst fühlte, wieder nicht gehört zu werden, in eine verzweiflungsvolle Aggressivität geriet. Je tiefer er in seine Gefühle erinnernd eintauchte, desto klarer wurde das Wasser, denn desto mehr Licht brachte er in seinen lebenslangen Konflikt.

In der nächsten Szene sehen wir eine Frau, die ebenfalls auf der Suche nach sich selbst ist. Sie war nach dem frühen Tod ihrer Tochter in eine tiefe Depression gefallen, aus der sie sich nicht befreien konnte. Auch sie hangelte sich mühsam Glied für Glied hinunter in unbewusste Gefühle.

Wie schon erwähnt, hatte sie den Träumer im Gefängnis besucht. In langen intensiven Gesprächen halfen sie sich gegenseitig, die Ursachen ihrer Lebensängste zu begreifen. Diese Frau war im Traum ein Mensch-Fisch-Wesen. Was soll damit deutlich werden? Ich ziehe hier einen Gedanken vor, den ich im zweiten Teil des Buches bei den Fischen noch vertiefen werde:

Fische stehen in der Evolution am Anfang der Wirbeltiere. Aus ihnen entwickelten sich die Tiere, die das Festland eroberten.

Beim Menschen kündigt sich der Aufbruch zu neuer Selbstgestaltung stets durch ein Bedürfnis an. Bedürfnisse regen sich in unseren Gefühlen. Sie haben »Hunger«. Sie durchziehen unsere Gefühlswelt wie die Fische das Wasser. Daher sind Fische im Traum ein Bild für die Bedürfnisse, die uns zur Neugestaltung unseres Lebens anregen. Wir alle sind Fischer, die ihre Netze im Meer unbewusster Gefühle auswerfen oder mit der Angelrute am Fluss bereits bewusst gewordener Gefühle stehen, um Nahrung für unsere weitere Entwicklung aufzuspüren.

Auch der Träumer fühlte das Bedürfnis, sich dem Leben neu zuzuwenden. Daher wird er in der vierten Szene ebenfalls zum Mensch-Fisch-Wesen. Die beiden Menschen spüren ihre Liebe zueinander, die sich in intensiven innigen Gesprächen offenbart. Daraus entwickelt sich ein immer tiefer werdendes Zusammengehörigkeitsgefühl. Friede zieht in beide Herzen ein, das Glücksgefühl, nicht mehr allein zu sein. Das symbolisiert das Licht des Regenbogens, der in der Natur erst dann entstehen kann, wenn das Licht der Sonne von den letzten Regentropfen eines abziehenden Unwetters reflektiert wird.

So erschließen sich beide Menschen neue Lebensgefühle, und der Traum lädt sie ein, sich auf ihre neu erwachende Freude am Leben auch wirklich einzulassen. Sie sollen die Verletzbarkeit, unter der sie lange Zeit gelitten haben, überwinden und sich ihrer Liebe gewiss sein. Die Luftblase in der Muschel zeigt, dass sie die Vorbedingung dazu erfüllt haben, indem sie ihr Unbewusstes »durchlüfteten« und erkannten. Der Träumer erlebte, dass er seine Gefühle zeigen kann. In den Gesprächen mit der Fisch-Frau konnte er erfahren, dass er über alles, was ihn bewegte, ohne Angst vor den Reaktionen im anderen sprechen konnte, und er lernte, sich auch den Gefühlen des anderen liebevoller zuzuwenden. Ihre tiefen Gespräche haben eine erste gemeinsame kleine Insel des Frohsinns und der beschwingten Heiterkeit ermöglicht, der sie sich mit allen Sinnen öffnen dürfen. Der Traum verspricht durch die sich anlagernden Luftblasen sogar, dass diese Entwicklung weitergehen wird. Die Mädchen zeigen die heranwachsende Fähigkeit, Wahrheiten zu erkennen und die Jungen die sich entwickelnde Kraft, die gewonnenen Erkenntnisse in die Tat umzusetzen.

Wie wir uns aus Störungen befreien

Als ich mich mit Maturana und Varelas Buch ›Der Baum der Erkenntnis‹[3] auseinandersetzte, entwickelte sich – zwischen Schlafen und Wachen – einmal das folgende Bild einer Säule zur Bewusstwerdung. Ich gebe den Text und die Zeichnung hier so wieder, wie beides in der Nacht auf mich zukam:

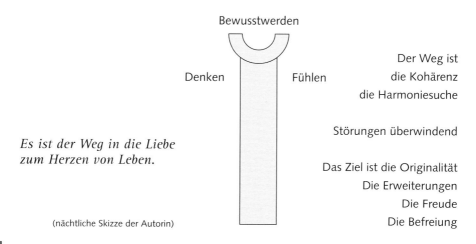

(nächtliche Skizze der Autorin)

Der Weg in die Liebe zum Herzen von Leben ist demnach der Weg, auf dem ich Störungen bewusst erkenne und überwinde. Ich habe nun verschiedenen eigenen Träumen Texte als Wegweiser in die Selbstbefreiung entnommen; vielleicht nehmen Sie sich Zeit, die Aussagen im eigenen Leben nachzuempfinden:

Es ist zu wenig Kraft in uns, wenn wir nicht bewusst versuchen, unsere vitale Freude zu sein.

Sie zu suchen, ist der Weg in eine neue Freiheit.

Es geht darum, lebensnahe Gedanken zu empfangen.

Gedachtes mit den Gefühlen zu verbinden.

Bewusstsein entwickeln heißt, Bewusstsein durch Instabilität und Disharmonie hindurch erwerben.

Wir haben aber keine Orientierung, solange es den Wunsch nicht gibt, mit dem wir unsere Sehnsucht nach Freiheit füllen.

Es ist nicht mehr zu sagen, als dass es solange dauert, bis es keine Unfreiheiten mehr aufzulösen gibt.

Freiheit ist keine Erkenntnis, sondern ein Zustand.

In der Bibel ist der Zusammenhang zwischen Denken und Fühlen auf der Suche nach Harmonie ebenfalls angesprochen, indem es heißt:

»Wenn jemand nicht aus Wasser und Geist geboren wird, kann er nicht in das Reich Gottes kommen.« (NT; Joh. 3,5).

Sobald wir uns tief genug mit unseren Ängsten vertraut gemacht haben und zur Erkenntnis gekommen sind, wachsen uns neue Flügel. Dann werden wir sie uns nicht mehr von anderen stutzen lassen. Doch danach geht es darum, das Erkannte in die Tat umzusetzen und zu gestalten. Bevor wir dazu zur Erde, dem großen Gleichnis unserer schöpferischen Kraft kommen, hören wir noch die letzten beiden Strophen des schon zitierten Gedichtes von Johann Wolfgang von Goethe, in dem er das Zusammenwirken der beiden Gleichnisbilder Wasser und Luft tiefgründig schildert:

Wind ist der Welle
Lieblicher Buhler;
Wind mischt vom Grund aus
Schäumende Wogen.

Seele des Menschen,
Wie gleichst du dem Wasser
Schicksal des Menschen,
Wie gleichst du dem Wind!

In meinem Leben blühte der
Wunsch nach Befreiung auf

nächtliche Skizze der Autorin, aus dem Unbewussten

Erde –

Gleichnis für schöpferische Kräfte

René Magritte: Die vertraute Welt, 1958

Das Glück ist die Liebe,
die Liebe aber ist das Schöpferische
Es ist der Felsen, den du jetzt auflösen sollst

(Traumtexte)

Lieber Freund,

Du liebst Deine Wanderwege bis in die schneebedeckten Gipfel der Berge. Dort fühlst Du Dich frei. Eine Zeitlang glaubte ich, diese Freiheit sei Dir genug.

Doch dieses Jahr begann sich Deine Sehnsucht mit neuen Wünschen zu füllen. Du wagtest es vorsichtig, Dein Leben zu öffnen und Dich anderen Menschen mit neuen Ideen zuzumuten. Und Du spürst, wie es Dich beflügelt, wenn sich ein Kreis um Dich schart, der an Deiner schöpferischen Suche teilhaben will.

Ich denke, Du bist Deinem Gold auf der Spur – gib nicht auf; such weiter! Christian Morgenstern hat wohl auch diesen Aufbruch in sich erlebt, als er schrieb:

Zwei Flammen

So ziehn zwei Flammen, inniglich verschwistert,
die eine silberlicht, die andre dunkelgolden,
dem Himmel zu vom marmornen Altare.

Umschlingen sich, durchdringen sich im holden
Verbund, und wie sie glühn und glühn, verknistert
in ihnen Erdrest langer unerlöster Jahre.

Herzlich

Die Erde dreht sich um sich selbst – genau so wie der Mensch. Und zugleich dreht sich die Erde um die Sonne – gerade wie der Mensch, der Licht und Wärme für sein Leben empfangen möchte. Wenn wir die Erde genau betrachten, erkennen wir, dass sie in allen ihren Eigenschaften ein Gleichnis des Menschen ist. In einem alten indischen Sinnspruch heißt es dazu:

> Gott schläft im Stein,
> träumt in der Blume,
> atmet im Tier
> und erwacht im Menschen.

Für mich sagt das in der Gleichnissprache:

Gott schläft im Stein
In unseren Versteinerungen schläft noch Leben,

träumt in der Blume
in unseren Wünschen blüht es auf,

atmet im Tier
nun können wir uns diesem Leben mit allen emotionalen Kräften zuwenden bis aus der Ängstlichkeit einer Maus die Freiheitsliebe einer Katze wird oder sich aus dem Fuchs, der sich unterirdische Notausgänge baut, ein wachsamer Schäferhund entwickelt.

und erwacht im Menschen
dann können wir unsere eigene Schöpferkraft entfalten,
mit der wir in die göttliche Schöpfung eingebunden sind.

Sehen wir uns einmal in diesem Sinn die Erde an. Sie erscheint wie ein gewaltiger Magnet, dessen Magnetachse zwischen Süd- und Nordpol verläuft. Eine Magnetnadel im Kompass kommt erst zur Ruhe, wenn sie die Richtung von Süden nach Norden gefunden hat. Wenn man einen Magnetstab zerbricht, weisen die einzelnen Teile wieder den magnetischen Fluss von Süden nach Norden aus.

Wie ich schon im Kapitel »Wasser« (S. 44) beschrieb, hat die Süd-Nordrichtung eine geistige Bedeutung. Der Süden bringt in Träumen neue emotionale Bedürfnisse ins Spiel, der Norden weist darauf hin, besonnen und nachdenklich Lösungen zur Befriedigung dieser Bedürfnisse zu suchen. So ist der Erdmagnetismus offenbar eine Metapher für die Aufgabe des Menschen, über neu entstehende Bedürfnisse sich neue Gestaltungskräfte bewusst zu machen. Und das ist unser Kompass auf der Reise durch das Unbewusste, während die Ost-West-Richtung – der Sonnenlauf – das Tagwerk zur Verwirklichung gewonnener Erkenntnis schildert.

Als ich noch am Anfang der Suche war, mich in die Gleichniskraft der Natur zu vertiefen, konnte ich endlich einmal die mich so oft bedrängende Zeitnot abschütteln und träumte sogleich:

1. *Ich spiele mit einem Löwen, der ein Hund ist.*
2. *Ich habe ein großes Vergnügen und bin völlig unbefangen dabei.*
3. *Wir tollen umher und fühlen uns wohl.*
4. *Zwei Orte an zwei Polen auf einer Landkarte.*
5. *Es geht darum, ob wir an einer Meditation teilnehmen. Ich hatte es nicht oft getan, aber heute war ich bereit.*

1: Vom Zeitdruck unabhängig, fühlte ich mich in der spielerischen Kraft und Ruhe eines Löwen. Ich spürte im Hund die lang vermisste Treue und Wachsamkeit, die ich mir so oft schuldig blieb.

2: Endlich machte mir die Arbeit Vergnügen, und ich spürte kein schlechtes Gewissen mehr dabei, mir die Zeit zu nehmen.

3: Und ich fühlte mich immer wohler dabei,

4: denn mit den neu aufkommenden Gefühlen, das ist der Südpol, gelangte ich nach und nach zu ganz neuen Einsichten, das ist der Nordpol.

5: Dabei konnte ich die Zeit vergessen und war bereit, mich meditativ auf die Hinweise aus dem Unbewussten einzulassen.

In dem folgenden Traumtext, einem der schönsten Texte, die ich je bekommen habe, wird sichtbar, wie tief wir in uns eindringen müssen, wenn wir in unserer eigenen Art kreativ werden wollen.

1. *Bild der Erde*
2. *Ich bin die Erde, die ich öffnen helfe*
3. *und denke über die Erde nach. Es ist noch viel zu tun,*
   bis ich den Weg so winde, dass ich es auch tief genug tue.
4. *Ja, ich bin die Erde, die ich öffnen möchte,*
   und ich lerne es nach und nach, in die Tat umzusetzen, dass die Erde sich nur dadurch öffnet, dass ich meinem Herzen Gefolgschaft leiste.
5. *Es ist der Weg in das Glück des Einzelnen, dies zu tun, um es immer neu zu erfahren, dass ich Erde bin,*
6. *und dass Erde die Kraft ist, dem Herzen Ausdruck zu verleihen.*
7. *Ich bin die Erde, die ich öffnen lerne. Und so geht es in dieser Weise einer neuen Zukunft entgegen.*

8. Lass es kommen.
9. Ich bin bei dir.
10. Und es ist der Weg in die neue Zukunft, so zu fühlen und zu denken. Ich bin die Erde, die ich öffne und bestelle wie das Feld und die Früchte.

> Steter Tropfen höhlt den Stein
> (Redensart)

Die Erde und ihre Steine

Unter der Erdkruste, die wir bebauen und bewohnen, liegt eine sehr dicke Gesteinsschicht, die ständig in Bewegung ist. Sie besteht aus gewaltigen Platten, die tief unten über glühend flüssigem Magma treiben. Auch in uns gibt es Leben, das tief im Stein verborgen und noch nicht erwacht ist. Wenn die Erde bebt oder ein Vulkan ausbricht, erfahren wir etwas von der Innenwelt der Erde. Nicht anders ergeht es uns in Begegnung mit uns selbst. Erdbeben in unserer Seele können uns verschlingen oder sie brechen Bereiche unseres Wesens weg, die in uns abgelebt sind. Vulkanausbrüche bringen fruchtbare Lavaströme aus dem Inneren unseres Wesens, wenn unsere Versteinerungen anfangen zu schmelzen. Manchmal verstopft unser Vulkan auch wieder und stößt nur Rauch und Wolken aus, bevor er erneut ausbricht. Wenn die geschmolzenen Gesteinsschichten noch nicht ganz an die Oberfläche gelangen können, dann erwärmen diese geheimen Bewegungen in unserem Inneren aber schon unsere Gefühle, die wie heiße Fontänen oder wie heiße Quellen aus der Erde brechen. Der Ausstoß von Vulkanen kann sehr fruchtbar werden: Lavaasche und erodierte Lava enthalten viele Mineralstoffe aus dem Innern der Erde und manche vulkanische Gesteine wie zum Beispiel Tuff sind gute Wasserspeicher; aus festem Lavagestein werden Bau- und Pflastersteine –, das alles sind Gleichnisse für unseren Weg durchs Leben.

Die Erde schenkt uns viele Bilder solcher Selbstgestaltungsprozesse. Wenn wir die großen Gebirgszüge unserer Landschaften in ihrem Aufbau betrachten, dann erkennen wir Gesteinsschichten, die zum Teil aus ursprünglichem Meeresboden gebrochen und gefaltet wurden. Auch wir falten solche Gesteinsschichten in unserem Wesen auf – holen sie aus den unbewussten Tiefen unserer Gefühle herauf. Wenn wir dann im Traum auf einem Berg stehen, haben wir einen neuen Rundblick über unser Wesen gewonnen. Der Traum nutzt Berge, um uns den Weg in unsere Bewusstwerdung anschaulich zu machen. Die Gesteinsschichten unseres Wesens werden gleichnishaft der Witterung – Wasser, Luft und Sonne – ausgesetzt. Erwärmung und Abkühlung in uns sprengen schließlich auch die kleinen Steine. Gefühlsströme sorgen für Erosionen, und so verändern wir uns im Laufe der Zeit – genau so wie unsere Erde – langsam und beständig.

Wir können alle Bilder der Natur in unserer Seele wiederfinden. Durch die Auseinandersetzung mit dem in uns noch versteinertem Leben bauen wir unsere Lebensstraße. Im Traum besichtigte ich dazu einmal einen Steinbruch und war erstaunt, wie viele Haufen zerkleinerter Steine in Pflastergröße ich schon geschaffen hatte, als ich erst am Anfang meiner Traumarbeit stand. Wie schon erwähnt, konnte ich mir damals noch nicht vertrauen. Würde mich überhaupt jemand hören wollen? Anstatt die eventuelle Enttäuschung zuzulassen, nahm ich sie lieber durch Selbstabwertung vorweg. Dazu träumte ich:

1. *Ich bin mit einem Mann in einer Straße unterwegs, in der wir mit Steinen beworfen werden.*
2. *Die Atmosphäre ist feindlich. Die Steine gelten uns.*
3. *Und wir laufen gerade da hinein, von woher die Gefahr kommt.*

Diese Gefahr kam nicht von außen. Ich warf diese Steine der Abwertung auf mich selbst, um es leichter auszuhalten, falls ich ignoriert werden würde. Als ich dann später anfing, meine Erkenntnisse niederzuschreiben, schmerzte es mich, meine Gefühle nicht ausdrücken zu können. Ich konnte leichter meine Gedanken äußern, blieb aber ratlos, wie ich andere Menschen emotional in ihren Versteinerungen erreichen kann. Ein Traum begleitete meine Bemühungen mit der provozierenden Bemerkung:

Ich will Beton zum Leben erwecken. Da muss ich noch sehr viel üben.

Beton? Ich wusste nicht, wie sehr auch ich mich verhärtet hatte und daher die Gefühle anderer Menschen nicht erreichen konnte, die zum Aufbruch aber nötig sind.

Steine weisen in Träumen auf noch ungelebtes Leben hin, das erwachen will. Wenn wir in der Kindheit kein Vertrauen entwickeln, anderen unseren Schmerz verständlich zu machen, können wir diesen Schmerz hinter aggressivem Verhalten vor uns selbst verbergen. Ein Traumtext half mir, diesen Zusammenhang in einer Patientin zu erkennen:

1. *Sie kann es sich noch nicht leisten, im Schmerz zu weinen.*
2. *Sie will den Schmerz durch Aggressionen überwinden, aber nicht auflösen.*
3. *Sie kann es nicht begreifen, dass der Schmerz eine Funktion hat – damit sie nicht vergisst, den Stein aufzulösen, dass er nicht bleibt.*

Wie genau wir die Versteinerungen aus der Kindheit differenzieren müssen, um den verdrängten oder in Aggression ausagierten Schmerz zu begreifen, schilderte mir der nächste Traum. Ich war erst am Beginn meiner therapeutischen

Arbeit, vor mir saß ein Patient, der anscheinend unter einer abnormen Hilfsbereitschaft litt. Ich machte mir Gedanken zu dieser ausufernden Hilfsbereitschaft und vermutete: Vielleicht hat er den Notausgang gewählt, sich unwichtig zu machen – diese Schutzhaltung kannte ich ja auch von mir selbst. Welch therapeutischer Irrweg! in der Traumarbeit geht es um die Kunst des Fragens. Und das hatte ich damals noch nicht verinnerlicht. Da forderte mich ein seltsamer Traum heraus:

1. *Ich bezahle mit einer Ware.*
2. *Sie bestand aus nachgebildeten Steinen – ähnlich in der Form wie die alten ägyptischen Schlangensteine. In diesen Steinen saßen kleine Edelsteine. Sie sahen aus wie aus einem billigen Andenkenladen.*
3. *Ich erkannte dann aber ihren Mangel sehr deutlich und da sah ich einen Edelstein mit einem Schlitzauge.*
4. *Die anderen unechten Edelsteine wurden zu orangefarbenen Augen, viel größer als die von mir gegebenen »Edelsteine«. Sie nahmen die Form von merkwürdigen Tiergestalten an. Diese trugen ein weißes Federkleid, das künstlich wirkte und waren flügellos.*

Betrachten wir die Szenen der Reihe nach:

1: Die »Ware« ist die Vermutung, die ich dem Patienten im Gespräch angeboten hatte.

2: Sie kam aus dem Andenkenladen meiner eigenen Kindheit; es war die Erfahrung ›ich bin unwichtig‹. Die Schlangensteine der alten Ägypter enthalten eine aufgerichtete Schlange als Türhüter. Die Schlange, das Symbol des Lebenstriebes, hütet im Menschen die Kraft, sich immer wieder neue Lebensräume erschließen zu wollen und die dabei auftretenden Widerstände zu überwinden. Doch der Rückschluss aus meiner Kindheit, mich nicht wichtig nehmen zu dürfen, war für den Patienten wertlos. Er entsprach nicht seinem Lebenstrieb.

3: Der Traum zeigte mir darum, dass ich im Patienten eine Schlitzäugigkeit durchschauen sollte und der Stein daraus würde dann aus dem Andenkenladen seiner Kindheit kommen.

Ich fragte mich daher tiefer in die Kindheitsnöte des Patienten hinein und dabei förderte er einen merkwürdigen »Stein« ans Tageslicht: Er empfand als Kind einen tiefen Ekel vor seiner Mutter. Um sie nicht zu kränken und zu verlieren, entwickelte er ihr gegenüber eine übergroße Hilfsbereitschaft, die die Mutter zur Dankbarkeit verpflichtete. Und so konnte er es riskieren, sie nicht an sich herankommen zu lassen. Insofern war in seinem Verhalten keine masochistische Tendenz verborgen, sondern eine Selbsterhaltungsstrategie, sich vor unerwünschter Nähe zu schützen. Für das Kind war das eine kluge Entscheidung.

Doch der Traum zeigt dann in der vierten Szene, dass dieses Verhalten für den Erwachsenen keine echte Freiheit ist. Die Schutzhaltung blieb unbewusst in ihm, und so lebte er auch als Erwachsener seine abnorm große Hilfsbereitschaft als Chance, sich Menschen zu verpflichten, ohne sie zu nah an sich herankommen zu lassen. Zugleich schmückte er sich damit, so hilfreich zu sein.

Erstaunt erkannte ich, wie wichtig er sich selbst nehmen konnte! Aber nur, indem er anderen emotionale Zuwendung im Übermaß schenkte – das sind im Traum die merkwürdigen Tiergestalten. Denn nur, indem er andere – wie zuvor die Mutter – zur Dankbarkeit verpflichtete, war er sicher, selbst über die Beziehung bestimmen zu können. Solche falschen Freiheitsvorstellungen aber bleiben flügellos. Diese so ungewöhnliche Strategie, Nähe und Distanz zu anderen zu regeln, hatte ich nicht wahrgenommen. Erst das Schlitzauge im Stein weckte meine Aufmerksamkeit. Jetzt erkannte der Patient, warum er so übertrieben hilfreich sein musste und war bereit, sich von den falschen Edelsteinen, die er seit seiner Kindheit in der Tasche trug, zu trennen.

Auch Felsen stehen im Traum für versteinertes Leben. Warum spricht dann aber die Bibel von Petrus als dem Felsen, auf den Christus seine Kirche baut? War nicht Petrus derjenige der Jünger, der Christus dreimal aus Angst verleugnet hat? Wenn Religionen Lehren sind, dann lehrt uns Petrus, wie wir durch das Verleugnen der Wahrheit Leben in uns verraten. Der Name ›Petrus‹ bedeutet ›der Stein‹. Hat wohl Petrus die beschämende Verleugnung erleiden müssen, damit deutlich wird, dass nur die Wahrheit der Schlüssel zum Leben ist?

Wie hoffnungsvoll ist es daher, wenn der Traum das Innere eines Felsens durch eine Flamme erleuchtet – eine Träumerin hatte einen solchen Traum. Sie berichtete:

1. *Wir machen eine Wanderung mit Heide. Sie zeigt uns einen Felsen, in dem eine Flamme brennt, erklärt uns, dass das ein heiliger Berg ist, den niemand betreten oder beschmutzen darf.*

2. *Etwas später ist sie wütend. Sie stellt fest, dass dieser Felsen beschmutzt wurde.*

3. *Ich gestehe ihr, dass ich Milch an der Flamme gewärmt hatte; es tut mir leid. Sie sagt mir: »Das nächste Mal pass bitte auf, dass das nicht mehr vorkommt« – geht und macht den Fleck wieder weg. Ich schäme mich.*

Die Träumerin erzählt dazu:

« Dieser Traum wurde durch meine Vorfreude auf das Traumseminar mit Heide in Griechenland ausgelöst. Heide hatte ich im Vorjahr als Seminarleiterin kennen gelernt. Ich freute mich auf die herrliche Natur und hatte die Hoffung, durch das Seminar etwas Licht in meine chaotische Welt zu bringen. Dennoch war die Angst, Fehler zu machen und mir dadurch Sympathien zu verscherzen oder jemandem weh zu tun, sehr groß.

» Seit wann kennst du diese große Angst, Fehler zu machen, anzuecken und dich dann dessen zu schämen?

« Das war in meiner Kindheit meine größte Angst.

» Von wem wurdest du so kritisiert?

« Meine Mutter machte mir ständig ein schlechtes Gewissen.

» Wie schaffte sie das?

« Wir lebten in einer Bauernfamilie. Meine Mutter war arbeitssüchtig. Wenn ich es wagte, mich am Tag einmal auf eine Wiese zu legen, um ein wenig Stille zu genießen, schimpfte sie mich sofort: »Faulpelz – am Tag legt man sich nicht hin.« So kam ich nie zur Ruhe – aus Angst, beschimpft zu werden und aus Angst, beschämt zu werden, weil die Mutter so viel arbeitete und immer klagte, dass ich alles zu langsam mache. Ich hatte keine rechte Zeit zum Essen und keine Zeit zum Ruhen. Ich fühlte mich nur im Stall wohl. Oft durfte ich meine Freunde nicht mit nach Hause bringen, weil alles wieder schmutzig werden könnte, was meine Mutter gerade geputzt hatte.

» Solche Einengung ist hart für ein Kind. Hast du damals verlernt, deinen Bedürfnissen zu trauen?

« Ja – aber ich schämte mich immer wieder, wenn ich dagegen opponierte. Der Zeitdruck richtete schon damals viel Durcheinander in mir an. Auch heute bin ich häufig unter Zeitdruck und verbreite dann ein unendliches Chaos um mich, weil ich alles auf einmal tun will. Aber dann werde ich wütend auf mich, weil ich unter solchem Druck überhaupt nichts zuwege bringe.

» In deinem Felsen brennt eine Flamme, die zeigt, dass du schon Licht in deine Versteinerungen gebracht hast und du vielleicht schon weißt, was du für dich tun könntest.

« Ja – ich war ja schon im vorigen Jahr bei Heide im Seminar. Und sie hat mir damals nahegebracht, dass ich die Liebe zu mir selbst finden müsste, um glücklicher werden zu können.

» Das Traumbild zeigt, dass du die Milch aus dem seinerzeitigen Erkenntnisprozess noch verschüttest.

« Was bedeutet Milch im Traum?

» Kühe geben Milch durch einen sehr gründlichen Verdauungsprozess. Sie haben vier Mägen, die die rohe Pflanzenkost so intensiv aufbereiten, dass sie in Milch verwandelt werden kann, mit der wir neugeborenes Leben aufziehen. Genau so gründlich hattest du, denke ich, deine Ängste im letzten Jahr schon wiedergekäut und Milch für neues Leben gewonnen.

« Ja, da habe ich viel gelernt, werde aber immer wieder unsicher und schäme mich dann.

» Aber wie das Traumbild zeigt, schämst du dich offensichtlich viel zu sehr. Du bist ja im Traum auch Heide und die Heide in dir geht sehr genau mit dem Konflikt um. Sie sieht den Schmutz und macht Ordnung. Scham vernichtet, wenn sie übertrieben ist, das Selbstwertgefühl. Vor Scham in den Erdboden zu versinken kann dazu führen, sich zu Tode zu schämen. Das ist dein eigentliches Problem. Die übertriebene Scham-Angst macht dich unsicher gegenüber anderen Menschen und nicht die Fehler, die du vielleicht noch machst. Zu Fehlern kann man stehen, die macht jeder Mensch. Ich denke, es geht bei dir darum zu riskieren, zum Stein des Anstoßes zu werden – anstatt einen Stein auf dem Herzen zu behalten.

Uns allen wurde in der Kindheit etwas angetan, und wir alle tun unseren Kindern etwas an – oft ohne es zu merken. Unsere »Erbsünde« ist es, nicht tief genug zu begreifen, wie Leben gelebt wird. Daraus können wir uns erlösen, indem wir aufmerksam auf den Wechsel zwischen befriedigten und unbefriedigten Gefühlen in uns achten. Wenn wir beginnen, den uns angetanen Schmerz zu fühlen und zu beweinen und ihn nicht mehr verdrängen, fängt der Stein in uns an zu schmelzen. Dann wächst frisches Grün auf unserer Lebenswiese.

Während einer solch beginnenden Liebe zur Selbstbefreiung träumte eine Patientin:

1. Ich sah eine Kuh, die aus einer Felswand heraustrat.

2. Es sah so aus, als ob sie weint.

3. Doch dann fing ihr Auge an zu leuchten

Das Bild aus dem alten Ägypten schildert diesen Entwicklungsschritt. bei dem die Kuh aus der Felswand heraus in blühendes Schilf tritt.

Die Träumerin hatte begonnen, ihren Schmerz zuzulassen. ihre unbefriedigende Lebenssituation zu beweinen und »wiederzukäuen«. Dabei begann sie sich aus ihrer Versteinerung zu lösen und neue Hoffnung zu schöpfen.

Echte Lebensfreude finden wir
- weder durch Leistungssucht noch durch Leistungsverweigerung,
- weder durch Gefühlsrückzug noch durch Gefühlsüberschwemmung,
- weder durch zwanghaftes Sicherheitsdenken noch durch leichtfertiges Handeln,
- weder durch Abhängigkeit noch durch Herrschsucht,
- weder durch Schamlosigkeit noch durch übertriebene Scham.

Es geht darum, sich in seiner Haut wohl zu fühlen, in sich selbst Wohnung zu nehmen und zum Architekten und Erbauer des eigenen Lebenshauses zu werden. Versteinerungen können so widerständig sein, dass wir die Hilfe eines anderen Menschen brauchen, der die verlorengegangene Gestalt langsam und behutsam aus dem Stein herausmeißelt. Das ist echte Steinmetzarbeit! Im Beginn meiner therapeutischen Arbeit bekam ich zu einer in Not geratenen jungen Frau solch hilfreiche Hinweise im Traum:

> *Der Schleier geht nicht weg, wenn wir ihr nicht dabei helfen.*
> *Sie hat keinen Ehrgeiz, präsent zu sein.*
> *Wenn sie präsent wäre, müsste sie die Leere erkennen, mit der sie sich erlebt.*
> *Sie fühlt sich wenig – sie ist nicht ohne Gefühl, aber sie braucht das bewusste Sich-Erinnern.*
> *Du kannst es ihr sagen, dass du die Welt aus der Perspektive der vergangenen Ereignisse aufarbeitest und dann den Schmerz versuchst zu erreichen, der das Gefühl versteinert hat.*
> *Der Stein hat sich schon etwas gelöst.*

Als ich mit einem anderen Patienten Schwierigkeiten hatte, ihn an seine verdrängte Angst heranzuführen, vor der er sich durch übertriebene Leistung schützte, bekam ich folgende Traumbotschaft:

1. *Cry*
2. *Spinnen lassen: Ich bin tot – ich bin lebendig.*
3. *Dann sah ich die Ecke eines Hauses aus Feldsteinen. Alles waren einzeln behauene Steine.*

Ein merkwürdig aphoristisch entworfener Traum! »Hier musst du zum Fänger des Balls werden, den eine ewige Unendlichkeit dir zuwirft« erinnerte ich Rilkes Worte. Was nur wollte mir dieser Traum bewusst machen? Wenn wir im Fluss der Szenen denken, können wir das Rätsel leicht lösen: Es war eine Anweisung zur Gestalttherapie, denn:

Der erste Schritt zur Auflösung eines seelischen Schmerzes ist vollbracht, wenn wir den Schmerz und mit ihm seine Tränen zulassen, anstatt ihn weiter zu verdrängen. Das drückt das englische Wort »Cry« – Weinen – aus.

Danach ist es dann möglich, den Betroffenen die gegensätzlichen Gefühle, solange erleben zu lassen, bis er genau empfinden kann, in welchem Zustand er sich »tot« und in welchem Zustand er sich »lebendig« fühlt. Erst diese Klärung setzt die Neuentscheidung in Gang.

Die dritte Szene beschreibt, wie wir dann das Haus errichten, das wir in Zukunft bewohnen wollen. Ein Haus hat in seiner Grundform vier Seiten. Die Symbolik der Zahlen 1 bis 4 beschreibt den Weg, auf dem wir uns neu behausen. Die erste Seite beginnen wir zu errichten, wenn wir uns entscheiden, Unzufriedenheit in uns auflösen zu wollen. Danach müssen wir die Ambivalenz aufspüren ›was macht mich tot‹ und ›was macht mich lebendig‹. Das sind die beiden Seiten, die unser Traum beschreibt. Mit dieser Klärung gehen wir dann auf die Suche nach Erkenntnis, welcher neue Zukunftswunsch unsere Gedanken und Gefühle befriedigen könnte. Aus ihm entsteht die dritte Seite. Und aus der daraus gewonnenen Erkenntnis entwickelt sich die Suche nach der Gestaltungsmöglichkeit, auf welche Weise wir den neuen Lebenswunsch verwirklichen wollen, die vierte Seite.

Die Tonerde

Häuser werden nicht nur aus behauenen Steinen, sondern auch aus Tonziegeln gebaut. Sehen wir uns diese Tonerde einmal etwas näher an. Ton ist verwittertes Gestein. Es ist eine Erde, die leicht Wasser aufnimmt, dabei aufquillt und plastisch wird, aber Wasser nicht nach unten durchlässt. Sie wurde zur wasserführenden Schicht für das Grundwasser. Zugleich ist die Tonerde ein wesentlicher Bestandteil unserer Feinerde und sorgt dafür, dass wertvolle Pflanzennährstoffe nicht im Untergrund versinken. Darüber hinaus verwenden wir Tonerde seit alters her zur Herstellung von Töpferwaren und allerlei Figuren. Durch Wasser weich und knetbar, lockt der Ton unsere Phantasie, ihm Gestalt zu geben.

Im Alten Testament heißt es, dass der Mensch aus Erde geschaffen wurde. Bei den alten Babyloniern hat die Göttin zur Erschaffung des Menschen vierzehn Handvoll Ton genommen[3] und der Gott Chnum der alten Ägypter hat die Menschen aus Lehm auf einer Töpferscheibe geformt. Mythen sprechen in Metaphern, um uns Leben bewusst zu machen, genau so wie Träume. Darum werden zuweilen Mythen als »öffentliche Träume« beschrieben.

Wir werden sehen, dass die Eigenschaften des Tons auch den wesentlichen Voraussetzungen des Menschen entsprechen, um seine Lebensgestalt zu töpfern: Wenn er Gefühle nicht einfach versickern lässt, nimmt er – wie Ton – das Wasser seiner Gefühle auf, um sich mit ihrer Hilfe neu zu formen.

Als ich mich auf meine Traumforschung eine Zeitlang nicht tief genug konzentrieren konnte, weil ich mich immer wieder von den Anforderungen im eigenen Betrieb ablenken ließ, träumte ich:

1. *Ein Musiker will beim Üben nicht gestört werden.*

2. *Trotzdem versucht einer nach dem anderen, die Tür zu öffnen.*

3. *Der Musiker ist verkrampft und zeigt durch seine Mimik nur noch Abwehr.*

4. *Der Klärschlamm führt neuerdings Ton mit. Es ist Gefahr, dass die Rohre versetzen, wenn die neue Trassenführung nicht berücksichtigt wird.*

Der Traum spricht es klar aus: Ich fand nicht die meditative Ruhe, um meine Sätze zu komponieren. So ließ ich beim Niederschreiben meiner Erfahrungen Gefühle unbeachtet und Gedanken ungeformt. Ich öffnete mich ihnen nicht.

Meine Gestaltungskraft entglitt mir. Das ganze blieb ohne Musik, obwohl mir der Wunsch so sehr am Herzen lag, zu einer neuen »Trassenführung« in meiner emotionalen Ausdruckskraft zu gelangen.

Eine überraschende Erfahrung machte eine Patientin, als sie in der Klinikzeit erstmals zum Töpfern kam. Ihre kreativen Hände formten und formten eine Schöpfung nach der anderen. Wir waren erstaunt und voller Bewunderung – warum hatte sie diese ungewöhnliche Fähigkeit nie vorher genutzt? Verunsichert und verhalten gab sie ihren verborgenen Schmerz preis: Eine exaltiert auftretende Mutter, die sich am liebsten selbst darstellte, hatte von ihren kreativen Fähigkeiten wenig Notiz genommen. Sobald sie als Kind künstlerische Interessen zeigte, hieß es, sie solle lieber lernen. Schließlich ließ sie ihre Begabung entmutigt brach liegen. Ein Traum nahm sich ihrer verdrängten Liebe an. Sie träumte:

1. *Ich befinde mich mit jemandem in einer fremden Stadt mit breiten Straßen und hellen Gebäuden, von denen der Putz abfällt. Es könnte Mexiko gewesen sein.*

2. *Alle Menschen fuhren mit Fahrrädern – auch wir. Ich hatte drei steife Puppen, zwei helle und eine dunkle, bei mir. Die dunklere war olivfarben und sah etwas schäbig aus. Sie war lang und dünn und ohne Hals. Plötzlich waren die Puppen weg. Wir fingen an, sie zu suchen, denn ich wollte sie nach Hause bringen.*

3. *Ich fand sie schließlich bei meinem Lieblingsneffen. Er musste sie gestohlen haben, obwohl er beteuerte, das nicht getan zu haben.*

4. *Dann war ich plötzlich in einem Kerker. Der Kerker bestand aus einer Lehmhöhle. Ich lag in dieser Lehmhöhle auf der roten Seite, die andere Seite war ockerfarben und mit einem Gitter versehen.*

5. *In diesem Gitter stand plötzlich meine Mutter, die mir mit viel Zorn den Schlüssel zuwarf, mit dem ich den Kerker öffnen könne.*

In der ersten Traumszene befindet sich die Träumerin in Mexiko – der Hauptstadt eines heißblütigen Landes, voller Farbe und Ausdruckskraft. Das ist ein Bild vom Zentrum ihres Wesens.

2: Aus dieser Mitte ihres Wesens heraus war sie in Bewegung, als sie töpferte – im Gleichgewicht zwischen rechts und links wie auf einem Fahrrad, das heißt, im Gleichgewicht zwischen Fühlen und Denken. Sie erlebte töpfernd, wie verpuppt ihre kreative Fähigkeit bisher geblieben war, denn sie erkannte ihren geheimen Wunsch, künstlerisch tätig zu werden, wieder und spürte zugleich bewusst, wie sie sich immer wieder zurückhielt – das sind die beiden hellen Puppen. Die dunkle Puppe aber zeigt, dass sie noch nicht wusste, warum sie ihrem Wunsch nicht folgen konnte. Durch diese Unsicherheit verschwand ihre Freude wieder, die Verpuppung enttarnt zu haben.

3: Und so konnte sie ihre wiederentdeckte Kreativität nicht nach Hause bringen. Im weiteren Gespräch klärte sich dann, dass sie sich als Kind unwichtig machen musste, gerade so wie ihr Lieblingsneffe, der durch einen schwerkranken Bruder von den Eltern in die Rolle gedrängt wurde, sich ebenfalls nicht wichtig nehmen zu dürfen. Am Vortag hatte sich offenbar dieses Gefühl trotz der erlebten Freude unbewusst wieder durchgesetzt.

4: Wir setzten unsere Gespräche fort und gingen den störenden Gefühlen nach, bis hinein in den Kerker ihrer Kindheit. Sie erinnerte dabei ihre Freude am Töpfern – das ist die rote Seite im Traum und die Abwertung durch die Mutter, die ihr die Chance vergitterte, diese Begabung zu entwickeln – das ist der ockerfarbene Teil. Rot und Ocker im Ton weisen auf den Eisengehalt hin, den wichtigsten Metallanteil unserer Erde. Die rote Seite betont, dass sie die kreative Kraft für ihre Gefühle zwar wiederfinden konnte, die durch die Mutter introjizierte Abwertung ihr aber den Zugang verschloss.

Im Traum hört sie nun die Mutter genauso wie in der Kindheit voller Zorn schreien, um sich mit ihrer Meinung durchzusetzen. Davor hatte sie als Kind viel Angst. Diese Angst vor Aggression und Abwertung war der Träumerin geblieben. Der Schlüssel, der die Gefängnistüre der Selbstabwertung aufschließt, war damit in ihren Händen, um die alte Angst zu überwinden und so die rote lebensvolle Seite ihres Wesens aus dem Gefängnis zu befreien.

Wenn eine Form aus Ton gelungen ist, schüttet der Traum auch zuweilen sein Füllhorn über dem Träumer aus. Einer Frau gelang es nach langem Ringen, ihre Schuldängste gegenüber der Mutter aufzulösen, die ihr niemals nahe gestanden hatte und ihre gesamte Zeit in Anspruch nahm. Sie wollte endlich ihr eigenes Leben gestalten und wagte es, die völlig verwirrte Mutter in ein Heim zu geben. Dafür beschenkte sie der Traum:

1. *Ich hatte eine Glocke gegossen.*
2. *Ich stand neben der Glocke, hielt meine Hand auf sie und wollte Anerkennung dafür haben. Ich war sehr stolz.*
3. *An der Glocke hafteten noch die Tonreste vom Gießen.*

Schuldängste aufzulösen ist schwer. Die neue Liebe zu sich selbst musste sich diese Frau erst mühsam erkämpfen. Der Traum belohnte ihre Mühe mit einem besonders hohen Symbol. Glocken rufen zur Auseinandersetzung mit der Wahrheit von Leben. Dazu erzeugen sie einen Klang im Inneren, den sie nach Außen unverfälscht weitersenden. Die Träumerin empfing das Glockengeschenk, weil sie so wahrhaftig geworden war, ihr innerstes Fühlen nicht mehr zu verleugnen und das nach außen kund zu tun. Die Liebe zum Nächsten darf die Liebe zu uns selbst nicht verdrängen. Leben verlangt die Dynamik, die aus beider Harmoniebedürfnis entsteht. Angelus Silesius sagt dazu:

»Was sein kann zwischen Mensch und Mensch, das ist der Weg dahin.«

Wie schwer dies der Träumerin geworden war, drückt sie im Traum mit dem Wunsch nach Anerkennung für dieses Tun aus. Weil sie noch auf die Anerkennung von außen angewiesen war, bleiben die Tonreste vom Gießen an der Glocke hängen.

Die Erde und ihre Gräber

Sterben ist nicht nur das Ende unseres irdischen Lebens – wir können auch mitten im Leben sterben, indem wir ein Herzensbedürfnis in uns ignorieren und vergraben. Wenn wir aber dieses Grab nicht eines Tages wieder öffnen, kann ein Teil unserer Persönlichkeit nicht reifen.

Um an dieses verschüttete Wesen heranzukommen, müssen wir uns intensiv mit den Emotionen aus Ängsten und inneren Widerständen auseinandersetzen, die unser Leben stören. Nur so finden wir die Gräber, die wir uns selbst geschaufelt haben und in die wir hineinschauen sollen. Weil die Ängste ihre Wurzeln in der Kindheit haben, ist es wichtig, sich mit den Bezugspersonen dieser Zeit zu beschäftigen um zu entdecken, welche Ängste sie in uns ausgelöst haben und wie wir versuchten, uns vor diesen Ängsten zu schützen. Manche Menschen werden vom Schicksal besonders schmerzlich herausgefordert. Ein Traum beschrieb die Not eines Ehepaares so:

Sie sind keine Kinder, aber auch nicht erwachsen. Sie sind in der Liebe nicht weit gekommen und sie sind darum auch kränkend und kränkbar geblieben. Sie können es aber noch schaffen. »Nicht gewollt sein« ist der Tod, den beide erlitten haben. Sie haben aber die Ängste bisher nicht anders gefunden als durch die Erinnerungen, und sie müssen sich weiter erinnern wollen.

›Nicht gewollt sein‹ – welche Bürde für ein Kinderherz, das auf Liebe und Geborgenheit angewiesen ist. Der Mann schützte sich als Erwachsener durch ein unverhältnismäßiges Misstrauen gegenüber allen Menschen, um nicht enttäuscht werden zu können. Die Frau trotzte dem Schicksal durch ein Freiheitsverhalten, das ein Traum so beschrieb:

sie muss sich bewusst machen, dass ihre Freiheit keine Freiheit, sondern eine Droge ist. Denn sie besitzt keinen Kern. Sie kann die Freiheit nur finden, wenn sie sich an eine Liebe in Verantwortung bindet.

Beide können die durch das »Ungewollt-Sein« getötete Lebenskraft wieder entdecken, wenn sie erinnernd die alte Not fühlen, die ihre Lebenskraft einst begrub.

Mein Traum zu einer Patientin beschreibt solch mühevolle Entdeckungsreise zu sich selbst: Diese Patientin hatte zuvor geträumt, dass sie sich

langsam zur Quelle nach hinten vorarbeiten solle.

Ich bekam dazu einen Traum, den ich als Regieanweisung für die weitere Therapie verstand:

1. *Es geht darum, in einen tiefen Erdschacht einzusteigen.*
2. *Das Ganze habe ich schon einmal vorhergesehen. Wir beginnen erst jetzt damit.*
3. *Die Engigkeit, durch die wir hindurch müssen, ist furchtbar.*
4. *Eine Türe geht dort unten dann auf.*

    Dort ist eine Totenkammer – die jetzt archäologisch untersucht anmutet – so, als ob wir alte Grabstätten aufmachen. (Dazu hatte ich die Patientin vor Augen).
5. *Ich spreche laut aus: Bitte, bitte, lass mich leben.*

Es wurde in der Erinnerungsarbeit alsbald deutlich, dass die Patientin in einer tiefen symbiotischen Beziehung zu ihrem Vater aufgewachsen war. Die dabei gewonnene Vorstellung von müheloser Übereinstimmung im Zusammenleben zweier Menschen, übertrug sie später auf ihre Partner und geriet immer wieder in Panik, weil sich diese Vorstellungen nie erfüllten. In ihrer ›Totenkammer‹ lag der Mangel an Vertrauen, dass Liebe Auseinandersetzung verlangt und dadurch erst lebensvoll werden kann.

In die Gräber unserer Seele dringen wir folglich nur ein, wenn wir den starken Wunsch und Willen dazu haben. Auftauchende Erinnerungen, Gefühle, Gedanken und Bilder locken uns dann immer tiefer hinab in die Zeit, in der wir einen Teil unserer Lebendigkeit begraben mussten. Und so stoßen wir auf Bedürfnisse, die uns – wenn sie endlich bewusst geworden sind – Schwierigkeiten machen. Denn die Wiederbelebung braucht Mut und Liebe zu uns selbst. »*Bitte, bitte, lass mich leben*« ist der Wunsch, mit dem wir die Lebenskraft wecken, die aus ihrem Schattendasein erlöst werden will. Wir erfahren in den Träumen dieses Kapitels den Tod als einen Tod im Leben. Diesen Tod erleidet schicksalsmäßig nahezu jeder Mensch in seiner kindlichen Abhängigkeit und wir müssen dieses Kreuz als Erwachsene tragen – solange, bis wir Leben von Nichtleben unterscheiden können.

Ich erwähnte schon an anderen Stellen, wie mein eigenes Lebensgefühl durch ständige Zeitnot sehr eingeengt wurde. Ein nicht hinterfragtes Pflichtgefühl in Identifikation mit meinem Vater hatte mich an die Kandare genommen. Die sogenannte Hitler-Jugend-Zeit tat das ihre dazu. Erst, als ich diese Fremdbestimmung in mir durchgefühlt und durchgedacht hatte, fing ich an, mich zu befreien und erlebte im Traum

wie ich verbrannte Erde in Gestalt eines Sterbenden an mich drückte, um ihn würdig zu bestatten.

Warum aber wurde ich aufgefordert, mein Leben aus übertriebener Pflichterfüllung »würdig zu bestatten«? Schutzhaltungen sind für das Kind Überlebenskräfte, die es mit viel Spürsinn gegen seine Ängste entwickelt. Instinktsicher schafft es sich mit der List des Fuchses verschiedene Fluchtröhren, um dem Jäger zu entgehen. Die Benutzung solcher gewohnten Notausgänge behindern uns dann im Erwachsenenalter, so lange, bis wir nach Ermutigung suchen, sie aufzulösen. Für das Kind aber waren es Überlebenskräfte, die es dringend brauchte. Das ist nicht verächtlich, sondern das Zeugnis kindlicher Klugheit, der Angst zu entkommen. Wie sagt doch Saint-Exupérys Fuchs zum Kleinen Prinzen: »Bitte zähme mich!« Und darum geht es. Der Fuchs gehört zu den hundeartigen Tieren. Ist er gezähmt, wird ein Hund aus ihm, der uns bewacht und uns in Liebe und Treue zugetan ist.

Wie viel Lebenszeit dieser Weg in die Selbstliebe braucht, hängt nicht nur vom Mut ab. Die Tiefe der ursprünglichen Verletzung und die Härte der Widerstände von außen verursachen den Grad der Schwierigkeit. Lassen wir in diesem Zusammenhang einige bisher schon erwähnte Schutzhaltungen noch einmal an uns vorüberziehen:

- Ich werte mich ab, damit es nicht zu schmerzhaft ist, wenn andere es tun.
- Ich mache mich unwichtig, weil ich weiß, dass ich »unerwünscht« bin.
- Ich will Macht über andere ausüben, damit nicht andere Macht über mich haben.
- Ich werde aggressiv, um nicht ignoriert zu werden.
- Ich verberge meine Gefühle, weil sie doch keiner hören will.
- Ich passe mich an, damit ich nicht verlassen werde.
- Ich bin leistungssüchtig, damit ich genug Anerkennung bekomme.

Cyrus Atabay[10] nennt das »Schutzfarben«:

> Da habe ich mich verstellt,
> um meine Verfolger zu täuschen
>
> Da habe ich mich totgestellt,
> um dem Henker zu entkommen
>
> da habe ich mir die Gedanken
> meiner Häscher geborgt:
>
> und doch war in all der Zeit
> der Traum, den ich träumte, unversehrt.
>
> In all der Zeit
> in der ich die Schäden litt
>
> so weit, dass ich mir selbst
> unkenntlich wurde,
>
> indes mein Traum
> mich erkannte.

Es geht darum, unseren zu großen Sicherheitswunsch zu bestatten. Nur die Auflösung dieser überzogenen Sicherheitsbedürfnisse führt dann zur Auferstehung der ersehnten Kraft. Einen solchen Prozess beschreiben die folgenden zwei Träume, die zeigen, wie eine Frau den Kampf gegen ihre Melancholie gewann, in die sie sich als Kind geflüchtet hatte. In einer Zeit großer Erniedrigung, die plötzlich von außen und innen über sie hereinbrach, wollte sie in ihrer Verzweiflung nur noch sterben:

1. *Ich gehe einen Weg entlang. Es dämmert. In der Ferne sehe ich eine wunderschöne Trauerweide.*

2. *Beim Näherkommen erkenne ich, dass zwei Männer unter der Trauerweide eine Grube schaufeln.*

3. *Ich frage, was sie hier machen und sie erklären mir, dass sie mein Grab schaufeln.*

Ich fragte die Träumerin:

» Was können Sie selbst dazu sagen? Was macht Sie so hoffnungslos, dass Sie sich von der Trauerweide so angezogen fühlen?

« Ich bin brutal verraten worden und fühle mich von aller Welt verlassen. Doch schon als kleines Kind habe ich mich auf eine nicht erklärbare Weise von diesem Baum angezogen gefühlt. Ich habe in ihm die Gestalten meiner Kindersehnsucht – Elfen und Engel – vermutet. Später, als ich Gesangsstunden nahm, wurde das »Lied von der Weide« aus der Oper »Othello« von Verdi zu einem meiner liebsten Gesangsstücke. In diesem Lied ist von einem betrogenen, verlassenen Mädchen die Rede, das sich an einem Wasser sitzend aus den Zweigen des Weidenbaums einen Brautkranz windet und sich dann das Leben nimmt.

» Was hat Sie schon als Jugendliche so traurig gemacht?

« Ich fühlte mich von meiner Mutter so schmerzlich verkannt. Sie war eine Frau, die jeden Gefühlsüberschwang verachtete. Ich aber war ein sehr überschwängliches Kind. Meine Mutter reagierte darauf abschätzig, das verunsicherte mich, und deshalb zog ich mich in die Einsamkeit zurück.

» Durch den erlittenen Verrat fühlen Sie sich nun erneut ausgegrenzt?

« Ja, und darüber hinaus unsagbar erniedrigt!

» Die zwei Männer im Traum spiegeln ein widersprüchliches Verhalten. Möchten sie im Grunde Ihres Herzens nicht doch noch leben?

« Ja! Ich würde ja so gerne leben, aber ich habe kein Vertrauen mehr zu mir und sehne mich danach zu sterben.

Sie brauchte drei Jahre, um ein neues Selbstvertrauen zu gewinnen. Den Durchbruch zu ihrem neuen Lebenswillen beschreibt der folgende Traum:

1. *Ich gehe an einem Friedhof vorbei, der am Fuß eines Berges liegt. Auf dem Berg befindet sich ein zweiter monumentaler Friedhof mit großen barocken Grabsteinen, die fast bis in die Wolken reichen.*

2. *Ich betrete den Friedhof am Fuß des Berges und im gleichen Augenblick lässt ein Erdbeben den ganzen Berg erzittern. Der Friedhof auf dem Gipfel des Berges stürzt zusammen und eine riesige Steinlawine wälzt sich auf mich zu.*

3. *Da entdecke ich plötzlich meine Schwester, die neben mir auf einem Grab steht, ein schwarzes Kleid trägt und mir noch etwas sagen will, dann aber von den herabrollenden Steinen verschüttet wird. Ich versuche, die Steine wegzuräumen, um meine Schwester zu retten.*

4. *Aber ich kann sie nicht finden.*

5. *Stattdessen stoße ich auf eine rote Schlange, die fast von den Steinen zerdrückt, sich langsam zu erholen beginnt.*

Der Leser fragt sich jetzt vielleicht, ob das wirklich ein Traum sein kann, welcher der Träumerin die Befreiung aus ihrer Todessehnsucht zeigt. Die eigene Schwester wird von einer Steinlawine erschlagen. Ist das nicht ein erschreckendes Bild? Wir werden sehen! Der Dramatiker Traum hat unglaubliche Einfälle, um unsere Bewusstwerdung zu provozieren. Um diesen Traum zu verstehen, müssen wir die Träumerin bitten, erst einmal etwas über ihre Schwester zu erzählen:

> »Meine Schwester ist schon mit 34 Jahren gestorben. Sie war hochbegabt, hat aber immer an sich gezweifelt. Ich kannte sie nur schwer depressiv und äußerst verletzbar; oft in traurige Stimmungen versunken.«

Durch diese Aussage wendet sich das erschreckende Geschick in sein Gegenteil, denn nun wissen wir, dass derjenige Anteil der Träumerin erschlagen wurde, der immer wieder in melancholische Stimmungen versank und im Traum durch die Schwester dargestellt wird.

Nun ist es nicht mehr schwer, die Traumbotschaft zu verstehen: Der Träumerin wurde in der ersten Szene bestätigt, dass sie sich die Melancholie und deren tödliche Folge voll bewusst gemacht hat, denn der Friedhof liegt auf einer Bergspitze, die einen weiten Überblick gewährt und die Grabsteine reichen bis in die Wolken ihres Gemütes. Das heißt, sie hat ihre in der Kindheit empfundene Trauer über die Ablehnung ihrer Gefühle nachempfunden, erkannt und bestattet.

Diese Erkenntnisse lösten ein Erdbeben in ihrer Seele aus, ihre Versteinerungen brachen auf. Die daraus entstandene Steinlawine begrub ihre Todessehnsucht. Als diese verschwunden war, erwachte in ihr ein neuer Lebenstrieb als rote Schlange – sie begann ihr Leben wieder zu lieben, ein Neuanfang, den mir einmal ein Traum mit diesen Worten beschrieb:

> *Die Brücke von den alten Gefühlen zu dem neuen Gefühl ist die Liebe.*
> *Die Liebe ist der Weg, und der ist rot!*

Eine Frau, die sich nach dem plötzlichen Tod ihres Mannes aus einer tiefen Verlassenheitsangst herauswinden musste, empfing im Traum eine überraschende Botschaft zur Nähe von Leben und Tod:

> *Weihnachten und der Tod sind identisch.*
> *An Weihnachten und beim Tod berühren sich Himmel und Erde.*

Hatte eine Sphinx gesprochen? Vor welches Rätsel stellt der Traum die Träumerin? Wie kann sie sich in diese paradox erscheinende Botschaft hineindenken? Wenn Geburt und Tod identisch sein sollen, muss in uns eine alte Schutzhaltung sterben, damit die wahre Lebenskraft geboren werden kann.

Die Träumerin erzählte, wie sie als 10jähriges Kind mutterseelenallein vor dem Kriegsgeschehen im Osten fliehen musste. Bei aller Tapferkeit bedrängte sie dabei die tiefe Angst, nirgendwo Geborgenheit finden zu können. Der so plötzliche Tod ihres Mannes ließ diese alte Not, allein auf der Welt zu sein, wieder aufleben. Jetzt aber hatte sie keine andere Wahl, als ihre Angst vor Ungeborgenheit in eine eigene innere Geborgenheit zu verwandeln, ein langer

Weg mit vielen Prüfungen stand ihr bevor. Denn der Himmel fordert neue Freiheiten, die Erde neue schöpferische Kräfte von ihr: ›Himmel und Erde müssen sich in ihr berühren‹, wenn sie das Leben neu gestalten will. Diese Vorstellung finden wir auch in den alten Mythen, in denen »Himmel und Erde« als Ehepaar versinnbildlicht sind.

Zum Abschluss dieses Kapitels noch einen Traum, der einer Frau eine Grablegung verweigerte:

1. *Ich gehe mit einer Tante auf die Beerdigung meines Onkels, der ein angesehener Heimatdichter ist.*
2. *Wir sind auf dem Weg zur Kirche, da sehe ich zu meinem großen Erstaunen, dass der zu beerdigende Onkel – etwas grau im Gesicht – mit in dem Beerdigungszug geht und sehr intensiv an dem Geschehen teilnimmt.*
3. *Ich frage mich im Traum verwundert, wie sie den ins Grab bekommen sollen.*

Der Traum hat Humor! Natürlich fragen wir uns sogleich, welche Lebenskraft will die Träumerin in sich beerdigen? Auch sie hatte – wie ihr Onkel, der Heimatdichter – eine von vielen Freunden geschätzte Begabung zu dichten. Aber alle ihre Dichtungen landeten zu Hause in der Schublade.

Im Beerdigungszug wird sie von einer Tante begleitet. Diese Tante aber hatte den Stein auf ihr Selbstwertgefühl geworfen – »sie war so kalt wie Schneewittchens böse Stiefmutter zu mir und wertete mich extrem ab«. Die in der Jugend erlittene Ignoranz hatte sie so tief verinnerlicht, dass sie kein Vertrauen mehr fand, ihre Begabung öffentlich darzustellen.

Nun erlebt sie im Traum, wie ihr dichterisches Talent, zwar etwas grau im Gesicht, aber trotz alledem sehr lebendig geblieben war. Und ganz verwundert fragt sie sich darum, wie sie ihre Sehnsucht zu dichten ins Grab bekommen soll. Der Traum machte ihr Mut, den vergifteten Apfel der »bösen Stiefmutter« endlich ausspucken zu wollen und nutzte dazu die schönste provozierende Kraft, die es gibt: den Humor. So kam sie zur Einsicht, dass

Heiterkeit die Lust ist, nicht zu leiden,
sondern zu lachenden Gefühlen zu kommen.

Die Erde und ihre Abhänge

Ein Hang ist ein abschüssiges Gelände und dieses Landschaftsbild benutzt der Traum, um auf das »Abschüssige« in uns selbst aufmerksam zu machen, das der Erosion ausgesetzt ist. Denn alle Traumbilder, die sich auf einem Abhang abspielen, beschreiben die Auseinandersetzung mit frühen Ängsten, die unser Verhalten noch prägen.

Im folgenden Traum geht es um die Bewältigung eines solchen Abhanges. Es ist der Traum einer Frau, die in ihrer Ehe in eine sklavische Abhängigkeit geglitten war und den Weg in ihre Selbstbefreiung suchte. Sie träumte:

1. *Ein befreundeter Mann saß auf einem uralten Traktor. Er hat mich aufgeladen.*
2. *Ich frage: »Können Sie mit dem Ding fahren?« – Er antwortet: »Ja.« »Haben Sie einen Führerschein?« –»Nein, den brauche ich nicht.« Wir fuhren ein Stück.*
3. *Ich stieg ab und musste einen steilen Abhang hoch, auf dem ganz weiche Erde lag.*
Da rutschte ich dauernd ab und hievte mich dann von Grasbüschel zu Grasbüschel hoch.
Ich kam oben an – ich hatte es geschafft.

Die Schlüsselfigur der ersten Szene ist ein ihr befreundeter Mann, der in der Realität ›Haare auf den Zähnen‹ hat und sehr klar und bestimmt durchsetzt, was er möchte. Er ist der Wesensanteil der Träumerin, den sie wiederfinden soll, denn er sitzt auf einem uralten Traktor. Sie hatte diese Kraft früher schon bewiesen, aber in der Ehe war sie ihr abhanden gekommen. Nachdem ihre Kinder das Haus verlassen hatten, wollte sie zu dieser Kraft zurückfinden und sich nicht mehr so ausbeuten lassen. Ihre Tatkraft wurde aktiv. Sie musste auch gar nicht mehr prüfen, ob sie sich auch wirklich so selbstständig durch das Leben steuern kann. Sie fühlte, dass es Zeit war, wieder selbstständig zu werden, und fuhr einfach ohne Führerschein los.

Den steilen Abhang bewältigte sie dann Grasbüschel um Grasbüschel – durch ständige Klärung von Gedanken und Gefühlen, die Befreiung von ihr forderten. Und diesen Entschluss hielt sie durch, bis sie es geschafft hatte. Wie wohltuend, wenn ein Traum nach so viel Mühe eine Anerkennung ausspricht!

Jede Unfreiheit beweint verlorenes Leben, denn ist nicht der ganze Weltschmerz in der Seele der Unfreien?

Solche Unfreiheit durchlitt auch die folgende Träumerin. Ihr Traum führt uns durch eine Landschaft voller Abhänge und unergründlicher Tiefe, während sie im Gebirge auf der Suche ist, wie sie sich von alten Ängsten und einer masochistischen Schutzhaltung befreien könnte.

1. *Ich fahre mit einem schwarzen 500er Fiat durchs Gebirge. Die Serpentinen gehen ständig rauf und runter.*
2. *Die Straßenränder bestehen aus unergründlich tiefen Spalten und Abschnitten von steilen Abhängen, die in die Tiefe der Schluchten führen.*
3. *Ich konzentriere mich auf die Straßenmitte – da sind etliche Schlaglöcher, die mich zum Fahren im Zick-Zack bringen.*

4. *Ein ständiger Wechsel zwischen Sonne und Nebelwänden macht mir alles noch schwerer.*

5. *Nun fahre ich in einen Tunnel hinein, der nicht enden will.*
   Plötzlich bemerke ich eine weiche Wand.
   Ich halte an, steige aus und merke, die Wand besteht aus Ameisen und Insekten, die ihre Eier ablegen.
   Ich kann mich nicht mehr bewegen, weil die Insekten mich voll in die Wand ziehen und ich ein Teil des Ganzen werde.

Sie sagte: »Der Fiat 500 war mein erstes Auto. Mit ihm bin ich zum ersten Mal in meinem Leben in Urlaub gefahren«; das war eine lang ersehnte Freiheit. Mit dieser Erinnerung thematisiert der Traum ihre gegenwärtigen Versuche, sich aus alten Abhängigkeiten zu befreien.

Sonne und Nebel, Licht und Verschleierung wechseln auf ihrer Fahrt über Straßen voller Schlaglöcher und tiefer Spalten entlang angstmachender Schluchten. Dieser Weg beschreibt ihre Ängste, die sie auf dem Weg ihrer Befreiungsversuche fühlte. Und schließlich siegte dann doch wieder das alte Schutzbedürfnis, denn sie geriet in den Tunnel ihrer lebenslangen Angst: ›Wenn ich nicht alles für den anderen tue, werde ich schuldig‹. Stets hatte sie in der Fürsorge für andere ihre Sicherheit gesucht, und so lässt sie sich erneut in ihre dichte Wand aus Ameisen und anderen lästigen Insekten hineinziehen. Fleißig wie die Ameisen? Sie sind tagein, tagaus im Fließband unterwegs, um kollektive Bedürfnisse zu erfüllen. Es gibt keine solitär lebende Ameisenart. Die ungeflügelten Arbeiterinnen füttern mit ihrem sogenannten »Sozialmagen« alle anderen Nestbewohner. Soziales Engagement ist nötig – aber der Mensch braucht auch die Freude an der Gestaltung seines ganz persönlichen Lebens, um seinen Flug in die Freiheit zu finden.

Nachdem die Träumerin sich mühselig Schritt für Schritt aus ihrer Resignation herausgesteuert hatte und sich nicht mehr mit ihrer Sehnsucht nach Leben verschanzen musste, erhielt sie im Traum zu ihrem Neuanfang diese schöne Botschaft:

1. *An einem Berghang bereite ich einen Bauplatz vor, rode den Boden,*

2. *räume Marmorblöcke aus dem Weg und ordne diese rund um den Grundriss an.*

3. *Nach einigen Tagen schwerer Arbeit ist der Fußboden gegossen.*

4. *In den frischen Beton setze ich untereinander die Worte ein:*
   Lachen
   Ego
   Bescheiden
   Eros
   Notwendig.

> *Darüber kommt eine Marmorplatte, die Worte sind aber trotzdem zu lesen, weil die Platte durchsichtig ist. Das Dach ist aus einer Holzkonstruktion hergestellt und mit einer Grünfläche bepflanzt.*
>
> 5. *Aus dem Grün wachsen weiße Sternblüten.*

Welch kostbar verschlüsseltes Geschenk – ich konnte es kaum fassen: Die Träumerin hatte am Hang ihrer Ängste gerodet und herumliegende Marmorblöcke um den Grundriss neu geordnet. Marmor entstand einst unter hohem Druck aus Muschelkalk. Muscheln leben im Meer, dem Gleichnis unserer unbewussten Gefühle. Der Marmor symbolisiert daher den ungeheuren Druck, dem die Träumerin seit ihrer Kindheit ausgesetzt war. Sie hatte sich als Kind in die Sicherheit von »Muschelschalen« zurückziehen müssen, weil die Mutter das Vertrauen in ihren Selbstwert täglich durch schwere Anschuldigungen erdrückte. Mit dem wiedergewonnenen Selbstvertrauen soll sie nunmehr das neue Lebenshaus gestalten; der Fußboden ist schon gegossen.

Betrachten wir die fünf untereinander stehenden Worte, entdecken wir erstaunt, dass die jeweiligen Anfangsbuchstaben von oben nach unten gelesen das Wort *Leben* ergeben. Mit diesen fünf Worten wird die Träumerin auf den Befreiungsweg von 1 bis 5 geschickt, durch den sie ihre Liebe zum Leben wieder gewinnen kann. Wir können daher die einzelnen Worte jeweils mit der Bedeutung dieser Zahlenfolge verbinden.

Im ersten Schritt wird sie aufgefordert, sich auf den Weg zu machen, um ein *lachendes* Leben zu finden.

Daraus ergibt sich der zweite Schritt: Er verlangt von ihrem *Ego*, sich zu entscheiden, welches Lebensgefühl sie haben möchte: Freiheit oder Abhängigkeit?

Der dritte Schritt zeigt, dass die *Bescheidenheit* gegenüber den eigenen Herzenswünschen vorüber ist, es geht nun darum, den verloren gegangenen Wunsch für ihr Leben wieder zu erkennen.

Den vierten Schritt lenkt *Eros*, einerseits durch die sinnliche und andererseits durch die geistige Liebe. Die Intensität der Liebe, mit der sie ihren Wunsch zu verwirklichen trachtet, führt sie in die Erkenntnis zur Neugestaltung ihres Lebens.

Im fünften Schritt kann sie beginnen, den von ihr erkannten Wunsch mit allen fünf Sinnen umzusetzen. Wenn dabei die alte Kinderangst wieder auftaucht, ist es *notwendig*, die *Not* der Angst in ihre Gegenkraft *zu wenden*, damit lachendes Leben entstehen kann.

Jeder Weg in die Selbstbefreiung verlangt:

> *Du sollst gegen den Schmerz deine Liebe zu dir entwickeln.*

Rainer Maria Rilke schilderte diesen Weg aus der Sicht, die auch Träumen eigen ist:

> Da dich das geflügelte Entzücken
> über manchen frühen Abgrund trug,
> baue jetzt der unerhörten Brücken
> kühn berechenbaren Bug.
>
> Wunder ist nicht nur im unerklärten
> Überstehen der Gefahr;
> erst in einer klaren reingewährten
> Leistung wird das Wunder wunderbar.
>
> Mitzuwirken ist nicht Überhebung
> an dem unbeschreiblichen Bezug,
> immer inniger wird die Verwebung,
> nur Getragensein ist nicht genug.
>
> Deine ausgeübten Kräfte spanne
> bis sie reichen zwischen zwein
> Widersprüchen … Denn im Manne
> will der Gott beraten sein.

Im letzten Traum über Abhänge begegnen wir wieder der Frau, die im Kapitel »Gräber« ihre Todessehnsucht bekämpfte und schließlich eine rote Schlange, das Symbol neuer freudiger Lebensenergie, entdeckte. Eines Tages stand sie im Traum auf dem Mount Everest, dem höchsten Berg der Welt:

1. *Ich habe den Mount Everest erklommen und stehe mit anderen Leuten direkt unter dem dunkelbraunen steinigen Gipfel.*
2. *Zwischen mir und dem Gipfel befindet sich eine grabenartige Vertiefung. Ein kleiner Junge hüpft herum und ich befürchte, dass er in die Tiefe fällt, was aber nicht geschieht.*
3. *Ich kann kaum glauben, dass ich den Mount Everest, den höchsten Berg der Welt, erklommen habe.*
4. *Im Mount Everest sind Höhlen und in einer dieser Höhlen werden aus Elfenbein geschnitzte Tiere ausgestellt, die eine mythologische Bedeutung haben.*

1: Ihre Freude am Leben war trotz einer sehr bedrohlichen Herzerkrankung wieder stabil geworden. Sie hatte mit allen Kräften den Berg erklommen – welch schwerer Weg lag hinter ihr!

2: Noch trennt sie eine grabenartige Vertiefung vom Gipfel, aber das entmutigt sie nicht, denn mit dem kleinen Jungen zeigt der Traum, dass eine neue Aktivität in ihr erwacht ist. Sie hatte sich endlich ihrer Sehnsucht aus der Jugendzeit

– einer schriftstellerischen Begabung – zugewandt. Sie befürchtete zwar, den Wunsch nicht halten zu können, doch das tritt nicht ein.

3: Voller Staunen fühlt sie, welch neuen Ausblick sie für ihr Leben gewonnen hat.

4: In dem von ihr erklommenen Berg sind Höhlen, die aus Elfenbein geschnitzte Tiere ausstellen. Diese zeigen, dass sie sich aus alten emotionalen Verhaltensweisen, die ihre Freiheit eingeschränkt hatten, befreien konnte. Denn Elfenbein stammt aus dem Stoßzahn der Elefanten und der Elefant ist das große Symbol für unseren Weg durch den Dschungel des Lebens. Das Wort ›Elefant‹ stammt aus dem althochdeutschen Wort für ›Helfen – helfant‹. In einem Traum hieß es dazu:

Elefant heißt, das Leben wiederfinden wollen.

Diese intelligenten Tiere aus der Urzeit finden die einmal im Dschungel gegangenen Wege immer wieder. Auch wir müssen unsere alten Wege aufspüren, damit wir die Ängste erinnern, die uns einen Teil des Lebens unzugänglich gemacht haben.

Elefanten ernähren sich von Früchten und Blättern. Sie können diese aber nur unzureichend verdauen. Auch wir verdauen unsere Nahrung zur Erkenntnis von Leben nur unzureichend, solange wir unsere emotionale Freiheit noch nicht voll entfaltet haben.

Elefanten sind Wassersucher, sie benötigen viel Wasser; nicht nur, um ihren Durst zu stillen, sondern auch, um sich von lästigen Insekten reinigen zu können. Sie sind an manchen Stellen so dünnhäutig, dass sie schon durch Insektenstiche bluten können. Im Gleichnis gesehen braucht der Mensch auch diese Reinigung, denn nur durch klärende Gefühle kann er sich immer wieder von seinen Plagegeistern – den Lebensblut aussaugenden Gedanken und Gefühlen – befreien.

Elefanten orientieren sich durch ihren Geruchssinn mit Hilfe des ungemein beweglichen Rüssels und durch einen ausgeprägten Gehörsinn. Auch der Mensch braucht für die Suche nach Lösungen Intuition, einen »guten Riecher« und sensibles Hinhören.

Das Eigenartigste an diesen Tieren aber ist ihr phänomenales Gedächtnis. Sie erinnern nicht nur die Wanderwege, die sie einmal vor langen Jahren gegangen sind; sie erinnern sich auch an Verletzungen, die ihnen vor Jahrzehnten angetan wurden. In der Begegnung mit den Tätern können die sanften Riesen dann zu rachegetriebenen Aggressoren werden. Diese Eigenschaft, lang zurück liegende Verletzungen schmerzhaft und aggressiv im Unbewussten zu speichern, ist auch das Schicksal der Menschen. Erinnerungen an diesen Schmerz werden oft erst bewusst, wenn dieser erneut ausgelöst wird. Die geistige Fähigkeit des Menschen ermöglicht es aber, erlittene seelische Wunden nicht zu rächen, sondern mit Hilfe eines neuen Selbstwertgefühls zu heilen. Wenn ein Mensch das vermochte, antworten Träume zuweilen mit Geschenken aus Elfenbein.

Elefanten leben in einer sich gegenseitig unterstützenden sozialen Gemeinschaft, die von Elefantenkühen angeführt wird. Auch wir können unseren Weg nur finden, wenn wir uns gegenseitig helfen. Als ich in Sorge um einen Menschen einmal unduldsam wurde, erhielt ich folgenden Traumhinweis:

> *Es ist sehr viel Kraft in euch.*
> *Ihr müsst es nicht übertreibend tun.*
> *Und wenn du es tust, sei nicht so unduldsam in deinen Reaktionen.*
> *Du kannst durch Fragen viel mehr erreichen,*
> *und dann lernt der andere, mehr selbst zu denken.*
> *Ich bin sehr gespannt, wie es weitergehen kann,*
> *aber nichts lässt sich erzwingen.*
> *Und so musst du die Welt sehen als einen Weg der Elefantenkühe.*
> *Sie wissen nichts von Zeit.*

Aus solchen Träumen ist vermutlich in den alten Kulturen viel Wissen entstanden, aus denen sich dann Mythen entwickeln konnten. Die Träumerin war viele Jahre den Weg der Elefantenkühe gegangen. Die aus Elfenbein geschnitzten Tiere zeigen, dass sie die Freiheit, die zu klein geblieben war, überwunden hatte. Jetzt muss der kleine Junge im Traum noch erwachsen werden, damit der schöpferische Wunsch auch Wirklichkeit werden kann.

Kuh und Elefant begegnen sich auch im suchenden Menschen
Töpferarbeit von Jutta Wiesermann nach einer nächtlichen Skizze der Autorin

Die Erde und ihre Metalle

In einer Zeit, in der ich lernte, mich mitten in der Nacht mit großer Willenskraft gegen den Sog der Müdigkeit auf das Unbewusste zu konzentrieren, träumte ich:

Metall, das durch Belastungen erst zeigte, was es vermochte.

Worauf beruht die Belastungsfähigkeit des Metalls? Metallatome haben untereinander eine einzigartige Verbindung, weil die Elektronen der einzelnen Atome zu einem Elektronengas verschmelzen und die Gruppe von Atomkernen sich in regelmäßigen Abständen in diesem Meer von Elektronen anordnet. Darauf beruht die haltbare Struktur und Geschmeidigkeit vieler Metalle.

Im Gleichnisdenken fragen wir uns daher, ob wir nicht unser Wesen nach dem gleichen Prinzip schmieden, denn einerseits brauchen wir eine klare Lebensstruktur, sollen aber andererseits auch geschmeidig und beweglich bleiben, um den Energiefluss in uns in Bewegung zu halten.

Eisen

»Ein Eisen im Feuer haben« macht Hoffnung. Manchmal geht es im Leben auch darum, ein »heißes Eisen« anfassen zu müssen, um eine schwierige Angelegenheit zu ordnen und das »Eisen zu schmieden, solange es heiß ist«. Eisen ist unser wichtigstes Metall und kommt auf unserem Planeten so häufig vor, dass es unerschöpflich scheint. Es wird in komplizierten Schmelzverfahren gewonnen; in der Glut gehärtet, wird es zu Stahl. Eisen gibt Gebäuden eine haltbare Struktur und ist für den Bau von Schiffen, Eisenbahnen, Autos, Maschinen, Werkzeugen und vielem anderen unentbehrlich. Es ist stark magnetisierbar; seine Magnetachse wird durch den Erdmagnetismus von Süden nach Norden ausgerichtet. Wie wir in der Einleitung zu diesem Kapitel sehen konnten, gleicht der Süden neu aufbrechenden emotionalen Bedürfnissen, die unser unbewusstes Leben zum Norden in die Bewusstwerdung drängen, damit wir sie gestalten – beziehungsweise »schmieden« – können.

Um ein Schwert aus Stahl handelt es sich in dem Traum, dessen Träumerin wir zuvor bei der Grundsteinlegung ihres neuen Lebenshauses kennen gelernt haben. Sie hatte eine sehr strenge Zeit der Härtung durchmachen müssen. Die Träumerin wurde als Jugendliche vergewaltigt. Zur Strafe wurde sie von der eigenen Mutter, die ihr vorwarf, sich der Prostitution hingegeben zu haben, in ein Heim für Schwererziehbare gebracht. Die Jugendliche entwickelte dabei einen Ekel vor allen Männern. Nach Jahrzehnten schließlich halfen ihr Träume, ihren Ekel und ihre Angst vor Beschämung allmählich zu lockern und statt dessen wieder Freude an ihrer Selbstachtung und Selbstbestimmung zu suchen.

Als sie dann eines Tages den Mut fand, zum ersten Mal mit anderen unbekleidet schwimmen zu gehen, schlug in dem Augenblick – als sie die Männer nackt ins Wasser springen sah – das alte Gefühl der Abwertung und des Ekels schonungslos wieder zu. Das löste in der nächsten Nacht sogleich eine scharfe Traumreaktion aus:

1. *Ich bin am Strand und will baden gehen.*
2. *Wie ich mich vorbereite und meine Kleider ablegen will, sehe ich eine Katzenfamilie auf mich zukommen. Sie laufen zu einem Hügel und ziehen mit vereinten Kräften ein Stück Metall zum Ufer. Ich wundere mich und bin gespannt, was daraus wird.*
    Das Metall entpuppt sich als Schwert; dieses dient den Katzen als Rutschbahn. Sie steigen auf den Griff und rutschen ins Wasser.
3. *Ich denke noch so: ›Katzen und Wasser gehören nicht zusammen‹ und ging ins Wasser. Ich ging ohne hinzuschauen und stehe dann bestürzt in einer Brühe aus Kot. Ich renne schnell zurück, kann keine Dusche finden. Ich renne ...*

dann wache ich schweißgebadet auf – es ist 4.00 Uhr. Ich schlafe wieder ein.

4. *Nun bin ich im Wasser.*
5. *Ich schwimme, es kommt ein Strudel, der mich in die Tiefe zieht. In diesem Trichter bin ich ausgeliefert, ich kann mich nicht mehr gegensteuern.*
    Nach einer langen Zeit lande ich im Keller eines Krankenhauses.
6. *Hier bekomme ich den Befehl, die Männerstation zu putzen. Dafür bekomme ich einen Minirock, Pumps und eine hautenge Bluse. Ich beginne mit der Arbeit, dabei werde ich in ein Verlies gesperrt.*

Die erste Szene nimmt den Wunsch auf, mit den anderen baden zu gehen.

In der zweiten Szene macht sie sich Mut, ihren alten Ängsten in aller Freiheit entgegenzutreten; das beschreibt die Katzenfamilie. Katzen sind freiheitsliebende Tiere, die ihren Bedürfnissen folgen. Das möchte die Träumerin auch und zieht das Schwert, um sich endlich von den alten Ängsten zu befreien. Zugleich wundert sie sich über ihre neue Entschlusskraft, so frei und ungeschützt ins Wasser gehen zu wollen.

In der dritten Szene kommt der erste Zweifel auf, denn Wasser wird von fast allen Katzen gemieden. Im Gleichnisdenken ist das einleuchtend: Katzen, die sich unbeirrbar für ihr Wohlgefühl entscheiden, müssen nicht zuvor ambivalente Gefühle klären, wie es das Gleichnis vom Wasser beschreibt. Doch anstatt sich noch einmal bewusst zu machen, dass sie noch gar keine Katze ist und sie sich in den widerstreitenden Gefühlen der neuen Situation erst zurecht finden muss, will die Träumerin den Widerstand blindlings durchbrechen. Das aber war zuviel. Die Gefühle und Gedanken der Erniedrigung, die sie jahrelang versuchte auszuscheiden, überschwemmen sie wieder.

So zeigt die vierte und fünfte Szene, dass sie zu keiner Klärung kommt, sondern in den Strudel ihrer Gefühle gerät, der sie immer tiefer hinabzieht. Sie kann nicht mehr gegensteuern und treibt schließlich in den Keller eines Krankenhauses. Dort fühlt sie sich so krank wie im Keller ihrer Kindheit, den Grundmauern ihres Lebens.

Bewusster denn zuvor, spürt sie in der sechsten Szene, wie tief sie gefallen war, als die Mutter sie als Prostituierte abstempelte. Diese Schuldzuweisung schlug erneut zu und so musste sie im Traum ›auf Befehl‹ in Minirock, Pumps und hautenger Bluse die Männerstation putzen. Die früheren mütterlichen Beschuldigungen hatten das Verlies ihres bisherigen Lebens gemauert. Solche Gefängnistüren sind schwer zu öffnen. Darum soll sie einen Schritt nach dem anderen tun und sich nicht zu viel auf einmal zumuten.

Einen ›eisernen Willen‹ haben, ist für manche Menschen der wichtigste Schutz. Sie kehren dann mit ›eisernem Besen‹ vor der eigenen Türe wie vor der Türe ihrer Kinder. Zugleich verdeckt ein ›eiserner Vorhang‹ die eigenen Schmerzen und Bedürfnisse.

In einer solchen Haltung verharrte eine Frau, die als kleines Kind viel Schweres durchmachen musste. Sie wurde während der Kriegswirren auf der Flucht aus dem Osten in eine fremde Umwelt verschlagen. Damals schon erzählte ihr die Mutter, dass sie sie aus Angst vor den Russen während der Schwangerschaft mehrfach abzutreiben versucht hatte. Später bedrohte sie der sehr autoritäre Vater häufig mit Schlägen, wenn die Schulleistungen nicht seinen Erwartungen entsprachen. Obwohl sie sich im Inneren so allein gelassen und traurig fühlte, versuchte sie, durch ein freundliches hilfsbereites Wesen Liebe und Anerkennung aus der Umwelt zu bekommen. Ihre Schmerzen aber verbarg sie eisern.

Als sie nun endlich mit Hilfe der Träume erkannte, wie sie wichtige Bedürfnisse für ihr Leben noch immer blockierte, geriet sie in Bewegung, ihr Verhalten ändern zu wollen. Da träumte sie einen grausam anmutenden Traum:

1. *Ich sehe ein großes Kellergewölbe.*

2. *Meine Tochter Ricarda will ihre Einweihung vorbereiten. Sie ist cirka 12 Jahre und zugleich erwachsen.*
   Ich soll nicht dabei sein.

3. *In der Ecke steht ein Eisenkopf – wie der Kopf einer Ritterrüstung. Der starre Eisenkopf spricht zu mir. Es entsteht ein bedrohliches Gefühl.*

4. *Ich öffne am Mundscharnier den Kopf und es quillt zusammengepresster grober Müll heraus.*

5. *Ich möchte etwas herausnehmen und in eine weiße Plastiktüte abfüllen und an einem Treppenaufgang, der nach oben führt, abstellen. Es entsteht eine große Unruhe hinter mir; ich presse allen Müll wieder zurück in den Kopf. Der Eisenkopf lässt sich nicht mehr vollständig schließen;*

> *im Raum sind jetzt noch Freunde oder Verwandte von Ricarda versammelt.*

Bevor wir auf weitere Szenen dieses Traumes eingehen, denke ich, ist es ratsam, seine ersten bizarren Bilder zu entschlüsseln.

1: Die Träumerin sieht den Keller ihres Lebenshauses, den sie in der Kindheit baute und erfährt, welch kräftiges Gewölbe sie sich damals gegen alle Widerstände geschaffen hatte.

2: Sie trifft dabei auf ihre Tochter, die schon mit 12 Jahren erwachsen scheint und in der Realität ein durch Krankheit schwer geprüftes Kind ist. Diese Tochter spiegelt im Traum die schmerzhaften Verletzungen ihrer eigenen Zwölfjährigkeit wieder. Die Einweihung aber zu einem freien Lebensgefühl verlangt die Konfrontation mit der Vergangenheit und ihren schmerzhaften Geschehnissen. Ihr Gefühl dazu ist zwiespältig: Einerseits will sie sich dieser Erinnerung stellen, dafür steht die Tochter, die das in der Realität tut. Aber andererseits weicht sie aus: Sie soll nicht dabei sein.

3: Um ja nicht den Verlust an Liebe zu riskieren, kommuniziert sie weiter in ihrer alten Haltung. So schützt sie sich nach außen durch ihren Eisenkopf. Doch vergebens – im Inneren entsteht dabei ein bedrohliches Gefühl.

4: Diese Bedrohung öffnet ihr jetzt den Mund, der so eisern versuchte, die wahren Gefühle und Gedanken zu verbergen. Dabei quillt spontan nur zusammengepresster Müll – die Verpackung und der Abfall nicht verarbeiteter Erfahrungen – heraus.

5: Dadurch alarmiert, möchte sie aktiv werden und sich die alten Verpackungen ihrer Bedürfnisse bewusst machen. Dafür geht sie Stufe für Stufe hoch in ihr Bewusstsein. Doch das löst zugleich eine solch große Unruhe in ihr aus, dass sie alles schnell wieder hinter ihrer gewohnten eisernen Haltung zu verbergen sucht. Nachdem diese einmal aufgebrochen ist, kann sie sich aber nicht mehr völlig verschließen, denn sie spürt inzwischen, wie gut es ihr tut, von anteilnehmenden Menschen umgeben zu sein.

Diese Erfahrung will sie jetzt nicht mehr missen und so lässt sie sich trotz aller Ängste vor den Schmerzen auf ihre Erinnerungen ein. Mit aller Härte schildern die folgenden Traumszenen diese Wiederbelebung der schweren Kindheitsverletzungen:

> 1. *Eine Schulkameradin von Ricarda, die im selben Alter wie sie ist, Rechtswissenschaft studierte und klare Vorstellungen von ihrem Weg hat, will nicht dabei sein und weglaufen.*
>
> 2. *Jetzt liegt Ricarda nackt unter einem Gewölbe wie auf einer Schlachtbank. Plötzlich kommt aus dem Hintergrund eine männliche Gestalt mit einem heißen abgewinkelten Eisen und presst es Ricarda auf den unteren Bauch.*

> 3. *Sie schreit fürchterlich und ich habe Schmerzen, dass ich es kaum aushalten kann. Dann wird es still.*
>
>   *Jetzt kommt die gleiche Person noch einmal wieder mit dem gleichen heißen Eisen und presst es noch einmal auf Ricardas Bauch. Ricarda schreit wieder und ich werde vor Schmerzen fast wahnsinnig.*
>
>   *Beim Hochheben des Eisens fällt ein Stück von dem verbrannten Fleisch vom abgewinkelten Eisen ab. Es fällt in der Mitte zwischen den beiden Brüsten auf das Herz-Chakra und macht auch hier eine große runde Verbrennung.*
>
>   *Jetzt kommt die Person ein drittes Mal. Wieder presst sie das Eisen auf den Bauch. Beim Abnehmen des Eisens fallen drei verbrannte Fleischstücke auf das Gesicht und machen auch hier Verbrennungen.*
>
> 4. *Ricarda ist ohnmächtig*
> 5. *Ich denke noch: Wenn Ricarda dieses Ritual für Gott tut als Einweihung, wird sie vielleicht keine Narben zurückbehalten.*

Wie können wir diese brutalen Bilder verstehen?

1: Durch die zuvor gemachten Erfahrungen weiß sie, dass sie der Auseinandersetzung mit ihrem Leben (Ricarda) nun nicht mehr ausweichen will, doch gleichzeitig zögert sie noch und will dem entfliehen.

2: Doch dann stellt sie sich ihren Erinnerungen in deren ganzer Verletzbarkeit nackt und offen dar. Während sie sich in ihren Gefühlen auf ihre Kindheitsängste einlässt, taucht plötzlich eine Gestalt aus dem Hintergrund ihrer Vergangenheit auf. Sie erinnert: »Diese dunkle Gestalt ist mein Vater.« Die bedrohlichen dunklen Erfahrungen und Bedrückungen habe ich ganz deutlich gefühlt. Sie verletzen mich noch immer schmerzhaft.

3: Ich war seiner ungerechten aggressiven Bestrafung nackt, mit Schmerzen im Bauch und im Herzen, ausgeliefert. Er legte mir das glühende Winkeleisen auf den Bauch, indem er mir keine eigene seelische Verdauung zugestand.«

Die dreifache Wiederholung zeigt, dass sie ihre schweren Verbrennungen jetzt erkannt hat. Verletzt wurde die Haut, das Organ, welches das eigene Innere mit der Außenwelt verbindet. Sie begreift, wie schwer ihr Herz und ihr Gesicht – durch das sie die Welt wahrnimmt – durch die Abhängigkeit vom Vater verletzt und gezeichnet wurde.

4: Ein Gefühl der Ohnmacht übermannt sie. Die schmerzlichen Erinnerungen waren zu groß.

5: Doch sie denkt: ›Ich bin in diese schmerzhafte Erinnerung für meine Teilhabe am lebendigen Leben Gottes gegangen. Darum bin ich voller Hoffnung, dass ich keine Narben zurückbehalten werde.‹ Sie hat sich dem Ritual der Erinnerungsarbeit gestellt, um endlich ein freier Mensch zu werden, der seine Bedürfnisse aussprechen kann.

Sie hat das heiße Eisen angefasst. Warum ist das nur so schwer? Es ist die Angst, die ihr Untergrundkämpfer gegen das Freiheitsgefühl ausbildet. Zu solcher Angst träumte eine Frau den denkwürdigen Satz:

Gefühle gegen Gewalt – Gewalt gegen Gefühle.

Was sagt das? Gefühle gegen Gewalt lösen Wut aus. Doch der Mensch, der in Angst vor solchen Gefühlen gerät, wendet dann Gewalt gegen die eigenen Gefühle an, um die Wut zu unterdrücken, anstatt die aggressive Emotion in eine konstruktive Bereitschaft zur Auseinandersetzung zu verwandeln.

Kupfer

Wenden wir uns diesmal zuerst dem Traum zu, da er sich aus dem Wissen des Träumers von selbst erklärt. Der Träumer ist Wissenschaftler und wollte sich einer neuen Forschungsaufgabe zuwenden. Er lag im Schlaf unter Bäumen am Strand, war mit Schiffen vor den Augen eingeschlafen und träumte:

1. *Bevor du losgehst, musst du den benennen können, der deine Segel herstellt und wartet.*
2. *Der Kiel deines Bootes soll mit Kupfer belegt sein.*
3. *Sie werden Rechenschaft von dir fordern.*

1: Segel dienen dazu, die Energie des Windes zu nutzen, um voranzukommen. Der Wind ist das Gleichnis für unsere geistige Bewegung. Um diese nutzen zu können, soll der Träumer den Stoff seiner Forschung so auswählen und die Segel so zuschneiden, dass sie seinen geistigen Kräften entsprechen. Bevor er mit der Forschung beginnt, muss er seine Ziele klar benennen, um sie entsprechend begrenzen zu können. Und dann soll er immer wieder den Stoff seiner Forschung – die Segel – warten, damit dieser von ihm gewählte Stoff keinen Schaden nimmt.

2: Das Boot für diese Reise hat er sich aus vielen Erkenntnissen selbst gezimmert. Nun soll das Boot am Kiel mit Kupfer belegt werden. Ich fragte ihn, was er mir zu Kupfer sagen könne und er meinte, Kupfer hat die beste Wärme- und elektrische Leitfähigkeit und es sei auch ein wichtiges Element unserer Energiegewinnung in der Zellatmung.

Da Wasser das Gleichnis für den Kreislauf unserer Gefühle ist und das Boot mit einem kupfernen Kiel zu Wasser gelassen werden soll, war es für ihn nicht mehr schwer, den Sinn zu erkennen: »Der Kiel bildet die Gegenkraft zu den Segeln, ohne Kiel ist ein gerichtetes Segeln kaum möglich. Ich muss meine geistige Energie immer in Kontakt mit meinen Gefühlen halten und dabei besonders auf den Strom meines Energieflusses achten, um nicht diffusen Gefühlen zu erliegen«.

3: »Denn«, so sagte er sich, »die anderen Wissenschaftler werden Rechenschaft von mir fordern, wenn ich etwas vorstelle – sie kontrollieren mich«.

Wir könnten bei dieser Betrachtung sogar noch die Farbe des Kupfers mit heranziehen, um die Gleichniskraft dieses Elementes zu vertiefen. Kupfer hat eine rote Farbe und setzt Grünspan an. Die Symbolfarbe ›Rot‹ leiten wir vom Blut ab. Der Eisenanteil des Hämoglobins im Blut bindet den Sauerstoff. Blut drückt wie das Wasser den Fluss unserer Gefühle aus. Und so ist Rot das Gleichnis für die Gefühlsbewegungen im Menschen, die sich mit unserer geistigen Kraft – dem Sauerstoff – verbindet.

Die Symbolfarbe ›Grün‹ leiten wir von den Pflanzen ab. Mit dem grünen Farbstoff – dem Chlorophyll – holt sich die Pflanze das Sonnenlicht herein. Das gelingt ihr aber nur, indem sie die Spannung zwischen zwei Wasserstoffatomen im Molekül H_2O auflöst. Im Kapitel »Pflanzen« werden wir bei der Photosynthese darauf zurückkommen.

Durch seine beiden Farben – Rot mit seiner Komplementärfarbe Grün – versinnbildlicht Kupfer als gestalterisches Element, dass der Energiefluss auch hierbei wesentlich davon abhängt, wie genau wir widersprüchliche Gefühle in uns klären und auflösen. Im Kapitel »Farben« ist dieser Zusammenhang ausführlich besprochen.

Das Wärmeleitungsvermögen und die elektrische Leitfähigkeit des Kupfers lenkte auch in meinem Traum die Aufmerksamkeit auf Neues, das es zu erreichen galt. Als ich das erste Mal meine Traumforschung einer größeren Öffentlichkeit auf einer Tagung vorstellen wollte, war ich von Zweifeln geplagt. Würde ich mich überfordern? Würde ich die Zuhörer erreichen? Da träumte ich:

1. *Ich stand voll Vertrauen vor einem Elefanten und dessen Besitzer in einem Haus.*
2. *Plötzlich wurde ich unsicher, ob er mich mit seinem Rüssel in die Luft werfen und bedrohen könnte.*
3. *Annelie und ich sind auf einem Bahnsteig.*
   Ein Zug mit großflächigen Kupfertüren fährt ein.
   Ich zögere – weiß nicht, ob es der richtige Zug ist. Der Zug fährt ab.
4. *Annelie ist gerade noch eingestiegen.*

Der Traum fegte alle meine Zweifel davon.

1: Im Grunde vertraute ich dem Elefanten, der schon in dem Kapitel »Erde und ihre Abhänge« als Wanderer durch den Dschungel des Lebens aufgetreten ist und deshalb zum Symbol der menschlichen Selbsterlösungswege wurde.

2: Doch was wollte mir meine plötzliche Unsicherheit gegenüber dem Elefanten sagen? Welchen alten Dschungelweg sollte ich in aller Ruhe betreten? »Ich werde nicht gehört« war die Wunde, die immer noch schmerzte. Der Elefant drohte mich in die Luft zu werfen, damit ich mir diese uralte Verletzung im Augenblick meines Zögerns wieder bewusst mache.

3: Annelie ist eine Freundin, die Öffentlichkeitsarbeit liebt und sie voller Vitalität gestaltet. Der Traum forderte mich durch sie auf, mir solche Freude und Vitalität auch zuzutrauen und den Zug zu besteigen. Die großflächigen Kupfertüren verhießen, dass ich mit meiner Energie und Wärme den Zuhörern die Türe öffne, so dass sie in den Zug meiner Gedanken mit einsteigen können. Noch zögerte ich – ist es tatsächlich der richtige Zug?

4: Doch dann sprang Annelie – meine Begeisterungsfähigkeit – im letzten Augenblick mit auf. Ich vertraute mir wieder – die Tagung wurde mit viel Interesse angenommen. Der erste Schritt auf einem neuen weiten Weg war getan!

Blei

Blei ist ein dunkles, schweres Metall, das viel zur Abdichtung eingesetzt wird, zum Beispiel bei Batterien, Röntgengeräten und in Atomkraftwerken. Wenn Blei vom Organismus des Menschen aufgenommen wird, entwickeln sich sehr gefährliche Vergiftungserscheinungen. Entstehen solche Vergiftungen auch im seelischen Bereich? Und wie zeigen sie sich?

Bleiern schwere Stimmungen entstehen zum Beispiel, wenn Menschen nicht offen miteinander kommunizieren. Für mich ist es immer ein Genuss, wenn in Diskussionen kreativ und fair auf die Gedanken von anderen eingegangen und nicht hartnäckig der eigene Standpunkt vertreten wird. Wer sich den Gedankengängen des anderen nicht öffnen will und nicht bereit ist, ihn nach seinen Beweggründen zu fragen, handelt nicht mit Kupfer, Silber oder Gold, sondern mit Blei. Die Atmosphäre wird schwer wie Blei, das Gespräch kommt nicht von der Stelle und das Ganze wird zu einer unverdaulichen Speise, die wie Blei im Magen liegt. Solange eine Auseinandersetzung nicht von Achtung und Anerkennung der gegnerischen Leistung getragen wird, schwimmt das Verständnis füreinander wie eine bleierne Ente auf den Grund. Eine Ente aber will fliegen, schwimmen und tauchen!

Ein Traumbeispiel beleuchtet diesen Prozess

1. *»Blockierende!«*
2. *Ein Mann zieht mit Anstrengung seinen Arm aus einem schmalen viereckigen Glasgefäß voll klarem Wasser. An seinem Arm hängt eine bleierne Metallkugel.*
3. *Es ist der Weg in die Welt.*

Was ging dem Traum voraus? Ich wollte einem ›Andersgläubigen in der Traumarbeit‹ meine Erfahrung nahe bringen, dass die Gesetze der Natur den Gesetzen der psychologischen Entwicklung im Menschen entsprechen. Um diese Bedeutung auszuschöpfen, dürfe man ein Traumbild meines Erachtens nicht nur auf der Subjektstufe ansehen, das heißt, nur die Gefühle und Gedanken des Träumers berücksichtigen, sondern müsse es auch mit seinem materiellen sachlichen Inhalt verbinden. Denn zwischen diesen beiden Aspekten entfaltet sich erst die eigentliche Dynamik. Ein Beispiel soll das deutlich machen, bevor ich auf den Traum zu sprechen komme.

Wenn jemand im Traum Angst hat, von einer Wildgans gebissen zu werden, genügt es nicht, vom Träumer zu hören, dass er sich tatsächlich vor Wildgänsen fürchtet. Denn eine Wildgans hat ihr eigenes Wesen, sie ist ein Vogel, der ständig von Futterplatz zu Futterplatz fliegen muss, um dort zu weiden. Nur so kann sie ihre Flugkraft erhalten. Die Angst, von der Wildgans gebissen zu werden, löst daher die Frage aus, ob der Träumer auf den »Futterplätzen seines Lebens« alles so verdauen kann, dass er sich immer sein Freiheitsgefühl erhält.

Ich hatte schon Jahre zuvor diese Sinngebung aus einem Traumtext erfahren:

Wenn ich im Traum eine Gans sehe, bin ich im Geist der Gans.
Das heißt, in meinem Wunsch, fliegen zu wollen.
Aber ich fliege nur von Futterplatz zu Futterplatz

Mein Diskussionspartner blockierte solche Gedanken total – ohne Fragen, ohne Begründung. Und was sagte mein Traum zu diesem Nicht-Gespräch? Er half mir, meine Enttäuschung gelassener zu sehen.

In der ersten Szene geht er auf das Problem ganz allgemein ein und weist auf ›blockierende Menschen‹ hin.

In der zweiten Szene zeigt er mir

dass meine Aktivität	= männlicher Arm
von einer glasklaren Vorstellung der Lebensgestalt	= 4-eckiges Glasgefäß
und von geklärten Gefühlen	= klares Wasser

geprägt ist. Aber ich konnte die bleierne Vorstellung des anderen nicht auflösen.

In der dritten Szene erfahre ich dann, wie schwer der Weg ist, das ›Bilderbuch der Welt‹ als Gleichnis für das Gesetz der Menschwerdung verständlich zu machen.

Silber und Gold

Die Edelmetalle Silber und Gold kommen verhältnismäßig selten vor. Sie zeichnen sich durch große Beständigkeit und Widerstandsfähigkeit gegen Korrosion und Oxidation aus, genau so Platin. Sie alle sind fest und schwer und zugleich sehr formbar. Ihre Dichte der Atomstruktur gibt ihnen die Stabilität. Ihre Geschmeidigkeit hängt mit der hohen Bewegungsfreiheit des äußeren Elektrons zusammen. Ihr reicher Glanz ist Teil dieser Beweglichkeit.

Mühelos können wir im Gleichnisdenken folgen: Wenn wir frei und schöpferisch sind, sind wir widerstandsfähig gegen destruktives Verhalten. Im Gleichnis drücken beide unsere höchsten geistigen Werte aus: Silber die Liebe zur Freiheit und Gold die Liebe zum schöpferischen Tun. Nur diese Liebe bringt in unser Leben den Glanz und macht uns im geistigen Sinne reich.

Um in neuer Weise schöpferisch zu werden, ist es notwendig, noch ungelebte Freiheiten zu entdecken. Alte Gewohnheiten sollen neuen Ideen Platz machen und die Widerstände dazu überwunden werden. In dieser Auseinandersetzung hatte ein Arzt, den ein psychosomatisches Forschungsthema bewegte, einen Traum, der das Zusammenspiel beider Lebenskräfte schildert:

Ich baue mir aus Zellstoff ein Quadrat – etwa 30 x 30 cm. Darauf lege ich zuerst in kleinen Quadraten, die aus Gold- und Silberdrähten bestehen, ein Netz, dann wieder eine Lage Zellstoff. Mit diesem Netz soll ich mich dann körperlich abreiben, um die negative Energie wegzubringen.

Silber und Gold sind, wie schon gesagt, besonders gute Energieleiter. Die Quadrate aus Silber und Gold zeigen, dass es um einen neuen Selbstgestaltungswunsch geht, der vom Träumer neue Freiheiten fordert. Die Quadrate versinnbildlichen als geometrisches Bild die Bedeutung der 4. Damit seine schöpferische Kraft gedeihen kann, soll er auf dem Weg der vor ihm liegt, nach und nach lernen, sich von negativen Energien, das heißt von Störungen, zu befreien. Die Zahl 30, die relativ häufig in Träumen erscheint, ist die symbolische Aufforderung für Erneuerungskräfte.

Silber

Silber besitzt von allen Metallen die höchste Leitfähigkeit. Im Unterschied zum Gold wird es in der Natur nicht in reinem Zustand gefunden, sondern im Verbund mit verschiedenen Mineralien, vor allem auch im Bleisulfid. Es bedarf vieler Ausschmelzungsprozesse, bis das reine Silber gewonnen ist. Doch nur in sauberer Luft und sauberem Wasser behält es seinen Glanz; wenn es anläuft, muss es poliert werden, um wieder im Glanz zu erstrahlen.

Bis wir reines Silber als geistige Währung erworben haben, bedarf es auch in uns vieler Läuterungsprozesse. Um unsere Freiheit von alten Umklammerungen aus der Kindheit zu lösen, zum Beispiel solchen aus Blei, das unsere Gefühle nach außen abgeschottet hält, bedarf es vieler Mühen.

Sobald wir in unserer Selbstbefreiung vorangekommen sind, finden wir in Träumen gelegentlich vergrabene Silberschätze, lösen Ringe aus ihrer Verschmutzung oder werden mit silbernen Münzen und silbernen Schalen beschenkt. Und manchmal sehen wir einen Silberstreif am Horizont.

Um uns befreien zu wollen, brauchen wir die Liebe zum Leben. Wenn uns der Tod unerwartet einen sehr nahen Menschen entreißt, können wir das Leben dann noch lieben?

Der Traum einer verzweifelten Frau, die ihren Lebensgefährten verloren hatte, schenkt eine Antwort. Sie träumte:

1. *Ich bin auf dem Weg in den Wald in der Nähe meines Elternhauses.*
2. *Da kommt mir ein alltäglich gekleideter Mann entgegen und jemand sagt mir, er sei Jesus von Nazareth. Ich weiß nicht, wie ich mich verhalten soll.*
3. *Der Mann aber spricht mich ganz ruhig an und erklärt mir, ich könne ruhig weiter gehen, mir werde nichts passieren. Ich halte plötzlich einen Sack in meiner Hand, den ich öffne.*
4. *Darin finde ich Münzen aus reinem Silber.*
5. *Ich bin erschrocken, denn ich erinnere mich, dass Judas Jesus für 30 Silberlinge verraten hat. Ich renne dem Mann nach und will die Münzen zurückgeben, erkläre ihm, dass ich nichts Böses vorhabe.*
6. *Er lächelt und sagt, dass er das auch nicht vermutet habe.*

1: Die Träumerin hatte ihre Geborgenheit durch den Verlust des Partners verloren. Auf den Verlust von Geborgenheit weist der Traum durch das Elternhaus hin. Während sie durch den Wald geht, sucht sie nach Erkenntnis, wie sie weiterleben könne.

2: Da begegnet ihr Jesus, der einstmals von sich sagte: »Ich bin der Weg, die Wahrheit und das Leben«. Und das meint: ›Ich bin der Weg – was ist das? Das ist die Wahrheit – was ist das? Das ist das Leben‹.
Noch weiß sie nicht, wie sie sich verhalten soll.

3: Doch sie erfährt, dass auch sie ihren Weg, ihre Wahrheit finden kann und ganz ruhig werden soll, und dass ihr nichts passieren wird.

4: Für diese Suche nach der eigenen Wahrheit, die ihr Leben wieder mit neuer Freiheit füllen kann, empfängt sie Münzen aus reinem Silber.

5: Die Zahl »30« symbolisiert in Träumen die Aufforderung, die eigene Freiheit zu erneuern. Sie ist zutiefst erschrocken. Verunsichert sagt sie sich, dass sie gerade in Gefahr sei, ihre eigene Lebendigkeit zu verraten – so wie Judas einst Jesus verriet –, denn ihr Wunsch war es ja, lieber zu sterben.

6: Durch diese Erkenntnis wehrt sie sich gegen den Verrat an ihrem Leben und sagt zu ihrer wahrheitssuchenden Kraft Jesus: »Ich will das Böse in mir nicht zulassen«. Und da kommt ein Lächeln in ihr Herz und das Vertrauen, sich selbst erneuern zu können und die verloren gegangene Geborgenheit nunmehr in sich selbst zu suchen.

Gold

Die lichtbewegte Schönheit des Goldes übertrifft die des Silbers. Es heißt, die Geschichte des Goldes sei die Geschichte der Welt. Durch Gold erreichten Kulturen ihre höchste Blütezeit. Der Mangel an Gold brachte Weltreiche zu Fall.

Doch die Gier nach Gold führte oft zu Unterwerfung und Vernichtung ganzer Volksgruppen und Kulturen. Diese Kulturen hatten Gold in hoher künstlerischer Ausdruckskraft zu Symbolen geistigen Reichtums gestaltet. Die Eroberer aber waren dafür blind. So ging auch das Reich der Inkas zugrunde. Im Inkareich nannte man Goldklümpchen den »Schweiß der Sonne« – ein erstaunlich treffender Ausdruck für unsere Mühe bei der schöpferischen Suche!

Ich denke, in jedem Herzen ist die Sehnsucht nach der eigenen schöpferischen Kraft beheimatet. Gold tritt in Träumen dann auf, wenn wir dabei sind, den schöpferischen Weg zu bahnen, auf dem wir unserer Sehnsucht Gestalt geben möchten.

Doch dazu sollten wir uns Johann Wolfgang von Goethes Gedanken zu Herzen nehmen:

> ... Vergebens werden ungebundene Geister
> nach der Vollendung reiner Höhen streben.
> Wer großes will, muss sich zusammenraffen,
> in der Beschränkung zeigt sich erst der Meister.
> Und das Gesetz nur kann uns Freiheit geben.

Und um welches Gesetz handelt es sich? Wieder ist es die Harmonie zwischen Fühlen und Denken, die die nötige Freiheit für die schöpferische Aufgabe bahnt. Stufe für Stufe erwerben wir dabei die Kraft, die wir suchen.

Unsere schöpferische Anstrengung belohnt der Traum, indem er uns vielleicht von goldenen Tellern essen lässt, Goldadern zeigt, Baumwurzeln vergoldet, eine goldene Lampe in unser Zimmer hängt und anderes mehr.

Wie ein Mensch seine ursprüngliche Kreativität verlieren kann, schildert der Traum einer Frau, den sie in ihrer Kindheit im Alter zwischen vier und sechs Jahren immer wieder träumte:

1. *Ich sitze rittlings auf dem Dachfirst. Das Dach ist sehr steil, riesig und mit goldenen Schindeln bedeckt.*
2. *Ringsherum ist alles ganz und gar dunkel. Ich hole auch mein rechtes Bein auf die linke Seite und versuche herabzuklettern*
3. *Ich rutsche aus, kann mich nicht mehr festhalten. Ich falle. Erst mit Schrecken, dann geht der Schreck in ein unheimlich wohliges Geborgenheitsgefühl über.*

1: Sie sitzt als Vier- bis Sechsjährige voller Unbekümmertheit wie ein Reiter auf ihrem Lebenshaus – hoch auf dem Dachfirst ihrer kreativen Freude, das ganze Dach voll goldener Schindeln als Zeichen ihrer schöpferischen Phantasie.

2: Doch um sie herum war alles dunkel, denn die Eltern lebten in ständigem Streit miteinander. Aus Angst, die Familie könnte durch den Streit auseinanderfliegen, versuchte sie, den Eltern alles recht zu machen und passte sich der Familie an, um so zum Frieden beizutragen. Wir sehen, wie sie ganz bewusst diesem Gefühl folgt, indem sie ihr rechtes Bein über ihr linkes Bein schlägt, um den Weg zu den Eltern zu finden – links ist die Seite der Gefühle und rechts die Seite der Bewusstheit.

3: Doch dabei verliert sie den Kontakt zu ihrer kreativen Phantasie, sie rutscht ab in die Dunkelheit einer freudlosen Familie, um sich in der mütterlichen Fürsorge wärmen zu können.

Längst erwachsen geworden, hat sie ihre Anpassungsstrategie durchschauen gelernt. Sie hat einen hoffnungsvollen Neubeginn als Künstlerin gewagt und sitzt endlich wieder rittlings auf ihrem goldenen Schindeldach.

Gold ist auch ein Bild für die besondere Herzenskraft eines Menschen. So heißt es »er ist so treu wie Gold« – »das ist ein goldiges Kind« oder jemand hat ein »Herz aus Gold«. In unserem nächsten Traum geht es um eine solche Herzenskraft.

Die Träumerin war freiwillig in die Gefängnisfürsorge gegangen, gab dort Yoga-Unterricht und führte Gespräche mit den Strafgefangenen. Ein Gefangener lag ihr besonders am Herzen. In ihrem Zweifel, ob sie diesem Menschen helfen könnte, träumte sie:

1. *Gegen Morgen nahm ich ein starkes Klopfen war – wirklichkeitsnah. Doch ich wusste, dass ich nicht völlig wach war.*

2. *In diesem Halbschlaf sah ich eine dunkle Fläche, wo aus dem Schlamm heraus ein Gesicht zum Vorschein kam, aber noch unkenntlich.*

3. *Plötzlich war oberhalb des Schlammes ein ca. 5 cm breites und 1 1/2 cm dickes goldenes Herz zu sehen, das mit der Spitze im Schlamm steckte.*

4. *Das Bild verlor sich und über dem Gesicht im Schlamm war ein ganz zarter Lichtschimmer zu sehen, der nicht konstant blieb, sondern mal dunkler und mal heller wurde.*
Im Ganzen gesehen blieb es jedoch ein düsteres Bild.

Der Traum schildert die Not des Gefangenen, der keinen Boden unter den Füßen finden konnte, der im Schlamm steckte. Die Kraft zur Selbsterkenntnis und Selbsterschaffung fehlte noch. In diese Dunkelheit senkte sie ihre schöpferische Liebe, ihr goldenes Herz, um etwas Licht in seine Situation zu bringen.

Ihr Herz ist 5 cm breit. Was will der Traum damit ausdrücken? 5 ist die Zahl der fünf Sinne, die unsere Liebesfähigkeit begleiten. Doch es ist nur 1 1/2 cm dick; das heißt, sie kann die 2 nicht erreichen. Der Gefangene ist noch nicht fähig, die Widersprüche in sich zu klären. So versinkt er wieder im Schlamm seiner Not, aber getröstet durch das Erlebnis ihrer liebevollen Zuwendung. In ihm bleibt der Lichtschimmer der Erfahrung, dass es Liebe gibt.

Liebesentzug gehört zu den schmerzlichsten Einbrüchen in unserem Leben. Wird die Liebe plötzlich erschüttert, sind wir darauf angewiesen, dem Schmerz kreativ entgegenzutreten, um so die eigene Souveränität zu stärken und vielleicht sogar der bedrohten Bindung neue Impulse geben zu können.

Das geschah einer Ehefrau, deren Zweisamkeit bedroht schien. Woher die Kraft für den befürchteten Verlust nehmen? In dieser Unsicherheit war sie darauf angewiesen, eine neue Liebe für sich selbst zu entdecken und das Gold schöpferischer Kräfte zu finden, um sich eine Brücke zu neuen Anteilen ihres Wesens zu bauen. Diese Suche beschreibt der folgende Traum:

1. *Es begann mit einem mir schon bekannten Brückenmotiv aus vorangegangenen Träumen.*

2. *Wieder musste ich mir den Weg über die fehlenden und morschen Balken suchen. Wieder ist es mir nicht gelungen und ich bin abgestürzt.*

   Doch dieses Mal landete ich nicht in einem dunklen Wasser, sondern in einem trichterartigen Loch. Es war auch nicht dunkel, sondern heller Tag.

3. *Beim Fall habe ich mir am Brückengeländer das Herz aufgerissen und musste es mit meiner Hand zuhalten.*

   Wenn ich versuchte, eigenhändig die Trichterwand hochzuklettern, kam von oben ein Schwall von Geröll und riss mich zurück.

4. *Da erschien plötzlich über mir ein riesengroßer farbenfunkelnder Schmetterling. Aus diesen kamen hauchdünne, golden glänzende Fäden herunter, wie ein Spinnennetz.*

5. *Ich wusste, wenn ich einen Faden fassen kann, komme ich aus dem Trichter heraus. Mit der einen Hand versuchte ich einen Goldfaden zu fassen, aber immer, wenn es mir gelang, kamen neue Gesteinsbrocken herunter.*

1: Brücken in Träumen verbinden das bisherige Ufer unseres Lebensflusses mit dem jenseitigen, das wir betreten lernen sollen.

2: Sie hatte einen ersten Schritt getan, indem sie auf dem Weg über diese Brücke nicht mehr in das dunkle Wasser bedrohlicher Gefühle gefallen ist, sondern in eine Grube mit festem Boden. Auch ist es inzwischen heller Tag.

3: Aber ihr Herz ist aufgerissen. Mühsam hält sie die Verzweiflung zurück, um nicht zu verbluten.

   Noch kann sie sich nicht bewusst machen, wie sie aus dem Loch herausfinden kann. Noch stürzt die Aussichtslosigkeit auf sie herunter wie eine Steinlawine.

4: Da schenkt ihr der Traum einen verheißungsvollen Auftrag: Befreie dich aus deinem Kokon, werde zum funkelnden Schmetterling, der dich durch seine Leichtigkeit und Farbigkeit mit deinem Gold verbindet.

5: Sie wusste, sobald sie den Goldfaden zu fassen bekäme, würde sie sich an ihrer schöpferischen Kraft freuen können. Aber noch fühlte sie sich von der Gefahr überrollt, keinen Ausweg zu sehen.

Immer wieder ist es mir unfassbar, welchen Bilderreichtum der Traum erfindet, um einen Menschen zu mahnen, sich nicht selbst aufzugeben. Diese unerschöpflichen Phantasien, diese Leichtigkeit, Bildertexte zu komponieren! Wir können nur staunen, wie facettenreich unsere Schwierigkeit zu reifen den Sinnen nahegebracht wird.

Der folgende Traum braucht nur einen Postboten, um der Träumerin abzufordern, sich ihrem Gold zu widmen. Ein großes Kommunikationsbedürfnis mit anderen nahm ihr immer wieder die Zeit für ihre künstlerische Gestaltungsarbeit, für die sie ein auffallendes Talent besaß. Der Traum schüttete ihr das Versäumnis vor die Füße:

1. *Es klingelt. Ich gehe die Treppe hinunter und öffne die Türe.*
2. *Ein Mann in einem schwarzen Gewand schüttet einen Sack voller Briefe vor meine Füße.*
3. *Er sagt: 365 Stück und einer in Gold.*
4. *Den Goldbrief zieht er aus seiner Brusttasche und drückt ihn mir in die Hand.*
5. *Ich bin sehr verwundert, staune nur noch und strahle.*

Ein goldener Brief unter 365 anderen? Seine Botschaft entschlüsselte die Träumerin so:

1: »Ich lausche in mein Inneres, das mich mahnt, offen für mich zu werden.

2: Der schwarze Mann – meine ins Unbewusste verdrängte Handlungsweise – zeigt mir mit dem Sack voller Briefe, wie ich ständig in Kommunikation mit anderen festgehalten bin.

3: Im Grunde genommen weiß ich um dieses Verhalten, denn jeder Tag meines Jahres ist voller Anteilnahme an anderen Menschen. Das zeigen die 365 Briefe. Und dadurch kann ich den 366. Brief, der mein Gold enthält, nicht öffnen, so dass ich meine schöpferische Seite brach liegen lassen muss, denn dafür gibt es keinen Tag im Jahr.

4: Doch ich fühle im Herzen die Botschaft und will meine Liebe zum Gestalten wieder neu in die Hand nehmen.

5: Noch bin ich über diesen Entschluss verwundert, aber der Gedanke macht mich sehr froh.«

Nach Wochen strahlte sie noch – voller Gestaltungsfreude war sie am Werk.

*Leben ist nicht lustig,
sondern es ist lustvoll.*

*Leben ist nicht Lachen,
sondern lachendes Leben.*

*Leben ist anders, als du dachtest.
Du bist von der Arbeit darangegangen,
gehe nun mit dem Wunsch zu leben daran.
Denn Leben ist Liebe und nicht Fleiß.*

*Leben will nicht, dass die Ängste bleiben zu leben,
sondern dass die Ängste lehren zu leben.
Leben will nicht mehr so verloren gehen.
Leben will nicht mehr so traurig sein.
Leben will nicht mehr so verletzt werden.*

*Leben will das alles nicht,
Leben will wahres Leben sein.
Und darum sagt das Leben zu dir:
»Ich bin das Leben, für das du dich entscheiden sollst.«
»Ich bin das Leben, das du erlösen sollst.«*

*Und es sagt dazu:
Ich will dich nicht aufhören lassen, mich zu suchen.
Aber wenn du dich nicht entscheidest, leben zu wollen,
bleibe ich in dir als Tod.*

*Du bist du, du musst mich suchen.
Denn Ich bin Ich, das Leben.
Du und Ich sind die besten Freunde,
die sich finden können.*

(ein Traum)

Die Erde und ihre Edelsteine

Edelsteine nennen wir Mineralien, die sich durch Klarheit und schöne Färbung, durch Glanz und Härte auszeichnen – wie Diamant, Rubin, Saphir, Smaragd, Aquamarin, Türkis, Lapislazuli, Jaspis etc. Seltenheit und Schönheit bestimmen ihren Wert. Die Schönheit und Größe der Steine ist eine Folge der unbeschränkten Zeit, die der Natur zur Verfügung stand, um Kohlenstoff, Tonerde, Kieselsäure, Kalk, Magnesium und anderes unter Druck in Kristalle zu verwandeln.

Die Edelsteine, die uns schmücken, erzählen von innerem und äußerem Reichtum. In der Offenbarung des Johannes wird das himmlische Jerusalem der Endzeit in seinen Grundmauern mit Edelsteinen geschmückt – als Zeichen dafür, dass die alte Erde einer neuen Erde gewichen ist, dass die Wahrheit die Unwahrheit besiegt hat. Auch Märchen und Mythen nehmen sie als Kostbarkeit wahr.

Durch ihre Farbenschönheit weisen die Edelsteine auch auf die Symbolik der Farben hin. Der Rubin erstrahlt in Rot aus neugefundener Liebe zum Leben. Ein blauer Saphir spiegelt die gewonnene Freiheit im schöpferischen Prozess und der grüne Smaragd weist auf die geglückte Auflösung einer Ambivalenz hin, die den schöpferischen Wunsch blockierte. Edelsteine allgemein nutzt der Traum häufig, um uns zu mahnen, nicht an unserem inneren Reichtum vorbeizugehen. Hören wir uns dazu ein paar Träume an. Ein Mann träumte:

1. *Ich habe eine edelsteinbesetzte wunderschöne Metalldose. Ein Stein hat sich davon gelöst.*

2. *Ich bin im Ausland. Der Goldschmied, zu dem ich die Dose bringe, behandelt sie sehr grob, so dass sich noch mehr Steine lösen. Er repariert sie dann aber nicht, sondern gibt mir nur eine Tube Uhu mit, damit ich sie selbst repariere.*

3. *In der dritten Szene gab es eine unangenehme Auseinandersetzung mit meinem Sohn, die ich weiter nicht in Erinnerung habe.*

1: Der Patient kannte diese Dose. Sie gehörte seiner Mutter. Ich bat ihn, mir von seiner Mutter zu erzählen. »Meine Mutter war eine musische Frau. Sie liebte Musik und Literatur und auch, selbst zu schreiben. Eigentlich sollte mein Leben nach meiner Pensionierung genau so aussehen. Das hatte ich mir vorgenommen.« Aber der Patient konnte sich diesem Wunsch nicht wirklich zuwenden. Pflichtvorstellungen und Perfektionismus verdarben ihm die Leichtigkeit dafür, und so löste sich der erste Edelstein aus der Dose seiner Wünschewelt.

2: Als er dann im Ausland – in seinem Ferienhaus – war, geriet er auch hier unter Zeitdruck. Eigentlich wollte er dort seine kreative Freude ausbreiten und den Edelstein wieder einsetzen. Aber stattdessen behandelte er seinen Wunsch zu schreiben lieblos und flüchtig. Überall sah er Unzulänglichkeiten, um die er sich sogleich kümmern musste. So löste sich ein Edelstein nach dem anderen aus der Dose. Und obwohl sein schöpferisches Anliegen auseinanderzufallen drohte, konnte er sich nicht entscheiden, seinem Wunsch nach schriftstellerischer Arbeit die Zeit einzuräumen, die das Schreiben eines Buches beansprucht.

Die dritte Szene erinnert ihn deshalb an die Auseinandersetzung mit seinem Sohn. Dieser Sohn liebt seinen Vater. Trotzdem setzte er sich gegen den Willen des Vaters durch und wählte nicht ein Studium, das materielle Sicherheit bot, sondern eines, das sein Herz sich wünschte. Der Traum mahnt ihn daher, die gleiche Entschiedenheit wie der Sohn aufzubringen, um Befriedigung finden zu können. Wie freute ich mich dann, als ich nach einem Jahr sein erstes veröffentlichtes Buch in Händen hielt.

Im Gegensatz zur Nichtbeachtung der eigenen Kreativität erlag ein anderer Träumer dem Drang, die eigenen kreativen Fähigkeiten zu missbrauchen. Er wurde von seiner Mutter in der Kindheit mit Verboten und Abwertungen überhäuft und so litt er trotz großen Erfolges als Kunsthandwerker extrem unter der Angst, noch immer minderwertig zu sein. Seine Sicherheit suchte er darin, unangenehmen Auseinandersetzungen durch grenzenlose Gutmütigkeit aus dem Weg zu gehen, indem er ständig hilfreich und kreativ für andere Menschen werden musste.

Ein Traum provozierte ihn, hinzuschauen und wahrzunehmen, wie klein seine eigene Freiheit dadurch in Wirklichkeit geblieben war:

> *Mir begegneten lauter Männer, die auf Hühnern ritten. Die Hühner waren so groß wie Pferde und über und über mit Edelsteinen besetzt.*

Welch groteskes Bild – Hühner als Reitpferde! Reiten ist die Lust, sich der Vitalität freier Gefühle hinzugeben und die Hufe fliegen zu lassen. Reitpferde spiegeln, in welcher Weise wir uns dieser Freude hingeben – ob wir Reiter unserer emotionalen Kräfte sind oder ob wir sie verkümmern lassen. Doch Hühner als Reitpferde? Und noch dazu mit Edelsteinen geschmückt. Was verherrlichte der Patient wohl vor sich selbst? Es war diese grenzenlose Gutmütigkeit, die ihn drängte, ständig nur zum Wohle anderer kreativ zu werden. Das waren seine Edelsteine. Durch diese Kreativität fühlte er sich von anderen geachtet, dadurch versuchte er die Wunden zu schließen, die seine Mutter ihm schlug. Aber seine persönliche Freiheit blieb dabei so klein wie die von Hühnern, die ihre Eier stets für andere legen müssen.

Wir alle gehen den Weg, uns selbst zu entdecken. In jedem Menschen liegt ein Acker brach, in dem es wachsen kann – in jedem von uns wartet die Liebe zur Selbstgestaltung.

Als ich noch am Anfang meiner Traumarbeit war, erreichte mich die Botschaft:

> *Immer mit der Zwei-Wege-Erkenntnis pflügen.*

Nur die Zwei-Wege-Erkenntnis »Fühlen und Denken« kann den Pflug durch den Acker unseres Wesens lenken. Eine Frau hatte zu der Hingabe, die unsere schöpferische Suche braucht, diesen indianisch anmutenden Traum:

> *Mein Name ist: ›Ich lebe‹*
> *Ich lebe und nehme dich an.*
> *Unser Leben ist ein Gebet an die Erde.*

Das Gebet an die Erde ist unsere Verbundenheit zu uns selbst.

Das Gefühl der Liebe quillt aus dem innigen Wunsch, mich in der Liebe Gottes als einmaliges Geschöpf zu erkennen, um mich in vielen Gestalten erschaffen zu wollen.

Sonne und Mond –

Gleichnisse für die Suche nach Harmonie

*Wir sind so programmiert, dass wir auftretende Störungen in uns
durch eigene Entscheidungen auflösen müssen,
um in Harmonie mit uns selbst zu sein.*

Es geht nichts ohne die Suche nach der Harmonie in uns selbst.

(Traumtexte)

Lieber Freund,

warum bist Du nur immer so skeptisch, wenn ich das Wort »Harmonie« in den Mund nehme. Ich spüre, dass Dir dieses Wort zu »kalorienreich« ist. Fürchtest Du Dich vielleicht vor Scheinharmonien, zu denen wir alle neigen?

Oder ist es so, dass Du die Übereinstimmung mit Dir selbst – das heißt mit Deinen Wünschen – für unerreichbar hältst? Möchtest Du Dich vor Enttäuschungen schützen?

Wie alle Menschen sehnst Du Dich in Deinem Inneren nach Licht und Wärme. Warum vertraust Du dieser Sehnsucht nicht und spürst in Deinem Herzen, was Dich glücklich machen könnte? Das ist doch der Weg, um frei und kreativ zu werden. Oder glaubst Du nicht daran, dass es dieses Glück für jeden Menschen geben kann?

Herzlich

Die Sonne, um die sich alles dreht

Ich gehe spazieren, es ist schönes Wetter, aber mir gelingt es nicht, auf die Sonnenseite des Weges zu kommen. Der Schatten folgt mir überall hin ...

Doch es gibt immer wieder eine neue Chance, denn nichts ist beruhigender als die Tatsache, dass die Sonne jeden Tag neu aufgeht. Wie danken wir für den sonnigen Tag, der sich nach langem Regen endlich gegen die Wolken behauptet. Herrlich, wenn die Sonne den Himmel zum Fest der Morgenröte macht. Wir sind im Herzen Kinder der Sonne – ihr Licht und ihre Wärme dringen in unsere Stimmungen ein und verändern sie. Warum aber verbirgt sie so häufig ihre strahlende Kraft?

Die Schöpfungsgeschichte des alten Testamentes berichtet:

Zu Anbeginn hat Gott erschaffen den Himmel und die Erde. Die Erde aber war wüst und wirr und auf der Urflut lag Finsternis. Gottes Geist aber schwebte über den Gewässern. Da sprach Gott: »Licht werde!« – Und Licht ward. Und Gott sah, das Licht war gut. So schied Gott zwischen Licht und Finsternis. Und Gott bestimmte für das Licht den Tag und für die Finsternis bestimmte er die Nacht. So ward Abend und ward Morgen – ein Tag. (Gen. 1/1)

Kann uns die Schöpfungsgeschichte als Gleichnis gelesen helfen, unseren Weg in das Leben zu erspüren? Kreist unser Wesen um dieses Licht? Kreisen wir um das Sonnenlicht, damit Gefühle, die noch dunkel wie die Wasser der Tiefe sind, durchsonnt werden? Unsere Gefühle brauchen Licht und Wärme, wenn wir uns wohlfühlen wollen. Als ich eines Tages ein Bild gemalt hatte, das mir wegen der Dunkelheit des Wassers nicht gefiel, klärte mich ein Traum auf:

Es ist das Wesen des Wassers, die Dunkelheit auszustrahlen, die es empfängt.
Es ist aber nicht so, wenn die Sonne hineinfallen würde.

Würde? Was fehlte mir? Was geschieht in der Sonne, damit sie die Erde erwärmen kann, die Wasser aus den Ozeanen verdunsten lässt und Winde bewegt, die den lebensspendenden Regen über das Land treiben? Selbst wenn das manchem Leser zu abstrakt erscheinen mag, müssen wir dazu einen Blick auf den wichtigsten chemischen Ablauf in der Sonne werfen, um sie im Gleichnis tief genug zu verstehen.

Die Sonne besteht fast vollständig aus Wasserstoff und Helium. Vereinfacht ausgedrückt kocht in der Sonne eine Neutronen-Protonensuppe, in der sich ständig Protonen, das sind Wasserstoffkerne, unter hohem Druck zu einem Helium-Atom verbinden. Dabei wird Energie frei, die die Sonne auf die Erde ausstrahlt. Wie können wir diesen Prozess gleichnishaft auf unsere geistige Suche nach Licht und Wärme übertragen? Welcher seelische Vorgang spiegelt sich darin?

Wasserstoff ist ein unruhiges Atom, das ständig nach Verbindungen mit anderen Atomen strebt, um zur Befriedigung zu kommen. Helium dagegen ruht in sich selbst. Es ist ein Edelgas, das seine Schale gefüllt hat. 999 von 1000 Atomen im Weltall bestehen aus Wasserstoff und Helium, den einfachsten Atomen unserer Welt. Wenn uns nun die Sonne offenbar macht, wie sich Wasserstoff in Helium verwandelt und wie viel Energie dadurch frei wird, sollten wir uns fragen, ob sich in diesem Vorgang eine Weltidee verbergen könnte. Denn wenn wir den Vorgang gleichnishaft betrachten, erkennen wir, dass Unbefriedigtsein immer die Suche nach Befriedigung zur Folge hat. Und nur darauf basiert der schöpferische Prozess von Leben.

Schauen wir uns den Vorgang, in dem Wasserstoff zu Helium verschmilzt und dabei die ungeheure Energie freisetzt, die das Leben auf der Erde ermöglicht, etwas näher an: Es verschmelzen immer vier Atome: Zwei Protonen – das sind Wasserstoffkerne – die ihre Energie, ihr Elektron, aussenden, um Befriedigung zu finden, sowie zwei Neutronen, die ihre Energie im Innern belassen. Ein Physiker erklärte mir dazu, man könne sagen, dass die Neutronen ihr Elektron im Innern eingeschmolzen haben und als Bindekraft zur Verschmelzung der beiden Protonen wirksam werden. Dabei entstehen im Helium zwei Paare aus je einem Proton und einem Neutron.

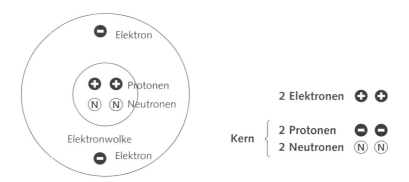

Wenn wir Frieden finden möchten, geht es im Gleichnis der Sonne darum, das Erkennen im Innern und das Umsetzen nach Außen miteinander zu verschmelzen, wie Neutronen und Protonen, die zu Helium werden. Jeder befriedigende Zustand bedarf dieser Dynamik zwischen Innen und Außen: zwischen weiblich und männlich, zwischen Erkennen und Tun. Der Sonnenschmelzprozess von Wasserstoff zu Helium ist somit im Gleichnis gesehen die Quelle unseres Lebens. Ohne Suche nach Harmonie gibt es kein Licht auf Erden und auch nicht in uns.

Wie zuvor erwähnt, besteht Helium aus zwei Paaren. Die Zweipaarigkeit unserer geistigen Entwicklung ist uns in den vergangenen Kapiteln schon vertraut geworden. Sie symbolisiert im Gleichnisdenken die Dualität von Freiheit und Schöpfungsdrang, denn die Liebe zur Freiheit und Schöpferkraft macht unser Menschsein aus. Beide entwickeln sich aus der Verschmelzung von Erkennen und Tun. So gehe ich davon aus, dass wir den Weg vom Wasserstoff zum Helium gleichnishaft als Wegweiser auf der Suche nach dem Sinn des Lebens verstehen können.

Die beiden Atome, die nahezu das ganze Weltall erfüllen, bilden die erste Reihe im Periodensystem der Elemente. Diese erste Reihe zeigt aber noch nicht die Arbeit, die geleistet werden muss, um zu schöpferischer Freiheit und zu Frieden zu finden. Das schildern erst die folgenden Elemente. Sie alle besitzen in ihrem Kern als wegweisende Botschaft einen Heliumrumpf – die Sehnsucht nach Harmonie. Sie sind schwerer als Wasserstoff und Helium und bringen sich als die Elemente ins Spiel, durch die wir Leben in seiner ganzen Vielfalt erkennen und gestalten können.

Wie schön, wenn der Wetterbericht »heiter« meldet

Verlassen wir nun die theoretischen Betrachtungen und wenden uns den Träumen zu, die uns sonnenhungrige Wesen der Wärme und dem Licht der Sonne näher bringen.

Als ich wieder einmal voll übertriebenem Pflichteifer mein Bedürfnis nach Entspannung verdrängte, träumte ich in der folgenden Nacht:

Während alle Gäste schon lange an einer Tafel im Freien saßen, an einem See mit bunten Schiffen in der Sonne, war ich noch immer damit beschäftigt, in der Küche die Speisen auszusuchen.

Der Traum zeigte mir mit sanfter Gewalt, wie mich meine übertriebene Fürsorge für andere vom Genuss ausgegrenzt hatte. Der Weg zum inneren Frieden aber braucht die Erfüllung eigener Wünsche. Das vertiefte ein Traum mit diesem scheinbar surrealistischen Satz:

Sonne und Makrelen gehören zusammen

Hatte ich mich verhört? Warum ausgerechnet Makrelen? Fische sind das Gleichnis für auftauchende Bedürfnisse in den Gefühlen der Menschen (vgl. Kap. »Fische«). Makrelen ziehen in Schwärmen durch die Meere: ein Gleichnis der Bedürfnisfülle in den Menschen. Sie haben einen blaugrünen oder grasgrünen Rücken und einen perlmutt glänzenden rötlichen Bauch sowie gut schmeckendes, rötliches Fleisch. Grün ist die Farbe der Ambivalenzauflösung und rot die Farbe des Lebensblutes. So sind Makrelen auch durch ihre Farben Wegweiser in ein vollblütiges Leben, dass sich nur aus der Erkenntnis von Bedürfnissen entwickeln kann.

Dieser merkwürdige Traumsatz antwortete mir auf einen Zusammenprall mit einem ruppigen Menschen. Ich hatte ihm gegenüber mein eigenes Zeitbedürfnis durchgesetzt und dabei sein Zeitbedürfnis übergangen. Licht und Wärme aber gewinnen wir im Zusammenleben nur, wenn wir die eigenen Bedürfnisse und die des anderen achten, denn die menschliche Gemeinschaft ist wie ein Fischschwarm unterwegs um »fliegen« zu lernen. Mit der empfindsamen Einfühlung in die eigenen Bedürfnisse und in die des anderen schützen und heilen wir uns gegenseitig.

Solche Übereinstimmung schildert der Traum einer Frau, die sich aus Angst vor Verletzungen keinem Mann mehr liebend hingeben wollte. Als ihr Herz aber die Fülle der Liebe nicht mehr halten konnte, gab sie den Widerstand auf und öffnete sich der Begegnung. Da träumte sie:

1. *Ich stehe am Steg eines Sees. Es ist ganz früh am Morgen.*

2. *Langsam geht die Sonne auf und zwar mir gegenüber im Westen. Sie steigt hinter einem Berg hoch. Ich bin zutiefst verunsichert, dass die Sonne im Westen aufgeht und drehe mich nach Osten um.*

3. *Da sehe ich, dass hinter einem anderen Berg eine andere Sonne aufgeht. Der Himmel ist ganz klar, und beide Sonnen stehen sich in einer Bahn genau gegenüber. Langsam nähern sie sich einander an. Ich frage mich, was geschieht, wenn sie zusammenstoßen würden. Ich denke an eine Explosion.*

4. *Aber als beide Sonnen aufeinander treffen, verschmelzen sie zu einer Sonne, die nun im Zenit steht.*

Zwei Sonnen verschmelzen hier wie zwei Herzen zu einer gemeinsamen Suche nach Licht und Wärme. Wie merkwürdig! Sowohl Herz als auch Sonne pulsieren, indem sie sich rhythmisch zusammenziehen und wieder ausdehnen, und während die Sonne das Wasser in den Kreislauf zwischen Himmel und Erde zwingt, drängt unser Herz das Blut in den Kreislauf des Körpers, Alle zwei Kreisläufe klären sich ständig. So stimmen Sonne und Herz sinnbildlich überein.

In diesem Traum geht die Sonne im Westen auf, das ist die zuvor aus Angst untergegangene Sehnsucht der Träumerin nach Liebe. Die Sonne im Osten ist hier das Wissen um das liebende Herz des Mannes. Ihre Verschmelzung hat beiden Menschen im realen Leben das Glück gebracht, nach dem sie sich sehnten.

So oft die Suche nach Harmonie, nach Licht und Wärme die dunklen Wolken in unseren Stimmungen auflöst, empfinden wir Entspannung. Das ist auch in der Natur erlebbar, wenn nach einem Gewitter die letzten Regenwolken abziehen. Dann spannt sich zuweilen durch das Zusammenspiel von Wasser, Luft und Sonne ein Regenbogen über das Land, in dem sich die Farben des Sonnenlichtes spiegeln – ein Naturschauspiel, das uns immer wieder beglückt.

Der Traum einer Frau nimmt das auf: Sie erzählte, dass sie seit Jahren unter den Folgen eines brutalen Verbrechens litt, das an ihr verübt worden war. Sie war sieben Jahre lang unfähig gewesen, darüber zu sprechen, bis sie im Gespräch mit einem Freund die Mauer des Schweigens endlich durchbrechen konnte.

Danach träumte sie:

1. *Die Mauern eines alten Hauses, das mir irgendwie bekannt ist, sind zerstört worden.*
2. *Sie liegen zerbrochen auf dem Boden. Ich stehe davor und frage mich, wie alt das Haus wohl war.*
3. *Auf einem Feld wachsen kleine Kakteen. Als ich näher komme, erkenne ich, dass es Katzen sind, die ruhig auf dem Feld sitzen und mich zufrieden schnurrend beobachten.*
4. *Ein Regenbogen spannt sich weit über eine heitere Landschaft.*

Wir sehen in der ersten Szene auf das »alte Haus« ihrer Einsamkeit, in das sie sich aus Verzweiflung über die erlittene Demütigung zurückgezogen hatte. Die Liebe des Freundes hatte am Abend zuvor diese starren Mauern endlich zum Einsturz gebracht.

Kakteen gedeihen auf trockenen Standorten. Sie wirken während der Trockenzeit in ihrem Stachelkleid sehr abweisend. So abweisend verhielt sich jahrelang auch die Träumerin. Sie fühlte sich emotional verwüstet. Da war kein Regen, der sie zum Blühen bringen konnte. Erst die tiefe Liebe des Freundes vermochte sie aus der Erstarrung zu lösen, so dass sie ihre Trauer endlich zulassen und sich ausweinen konnte – dem Regen gleich, der ein Land befruchtet. Da verschwand die innere Leere mehr und mehr und sie gewann ihr Vertrauen zu dem Gefühl »ich bin ich« wieder. So konnten aus den stacheligen Kakteen im Traum Katzen werden – Tiere, die ihre Freiheit souverän behaupten und daraus Wohlgefühl und Lebensfreude entwickeln. Über ihrer Seelenlandschaft breitete sich ein Regenbogen, ein neuer Friede, aus. Der Regenbogen, der nur entsteht, wenn Sonnenstrahlen auf die letzten Regentropfen eines abziehenden Unwetters treffen. Die sechs Farben des Sonnenlichtes spannen dann eine Brücke zwischen Himmel und Erde, zwischen Freiheit und Gestaltungskraft. Im Kapitel »Farben« werde ich auf die Symbolik der Farben näher eingehen.

Wie schön, wenn der Wetterbericht »heiter« meldet. Dann scheint die Sonne und stimmt uns heiter. Die bewusste Suche danach forderte ein Traum so heraus:

Es geht dir dann gut, wenn du die leichte Art zu leben gefunden hast. Heiterkeit ist die Lust, nicht zu leiden, sondern zu lachenden Gefühlen zu kommen.

Zu solchen Schritten der Befreiung bekam ich in Träumen eindeutige Botschaften:

Die Wurzeln des Verhaltens, das unfrei ist, sind die Ängste.

Die Ängste lehren zu leben.

Die Selbstheilungskräfte des Menschen beruhen auf dem Gesetz der Harmonie. Harmonie aber kann der Mensch nur in sich selbst erzeugen. Er muss die Ängste auflösen lernen.

Es geht in der Welt überhaupt nur um die Frage, wie ich glücklich werden kann.

Das Glück ist die Liebe, die Liebe aber ist das Schöpferische.

Menschen, die diesen Weg gefunden haben, zeigen uns ein sonniges Gemüt und schaffen es immer wieder, sich einen neuen Frühling zu schenken, so wie es Ulla Hahn[11] so übermütig beschreibt:

Sei fröhlich, Geliebter
schon hat die Sonne
die östliche Hemisphäre durchdrungen.
Die Stare kehren zurück mit südlichen Tönen.

Venus am Rande des Siebengestirns
liebäugelt mit dir du
mein Stern mein Star mein Lenzlied.

Mann, hol den Mond aus der Tasche
putz ihn und häng ihn
zwischen die kahlen Bäume: Und dann

lass die blassen Farben
von deinen Lippen fallen und
sing mit mir und den Staren den Sternen

bis die Knospen platzen
zaunkönigflink im Gehölz

> Der Mond träumt
> von fließenden Liedern.
> Der Mond träumt
> von Unendlichkeit,
> von silbernem Lichtgefieder
> und quellender Einsamkeit.
> Der Mond ist eine Blume,
> sie wächst in uns hinein.
> Zu welchem Heiligtume
> macht sie den armen Schrein.
>
> (Hans Arp[12])

Der Mond – ein abgespaltener Teil der Erde

Die Dunkelheit unseres Unbewussten wird durch die Nächte symbolisiert. Sie empfangen ihr Licht durch den Mond, der das Licht der Sonne widerspiegelt. Im Rhythmus von 29,5 Tagen umrundet der Mond die Erde mit seinem zunehmenden und abnehmenden Licht. Er scheint ein unbelebter abgespaltener Teil der Erde zu sein. Offenbar wurde er von Meteoriteneinschlägen getroffen, denn seine Oberfläche ist durch viele Krater verletzt. Eine hauchdünne Edelgashülle umgibt ihn. Aus Träumen ist mir deutlich geworden, dass wir im Mond den Teil unserer schöpferischen Kraft sehen können, den wir nicht gestalten konnten, weil wir ihn in der Jugend unter Angstdruck preisgeben und verdrängen mussten. Diese Kraft bleibt als Sehnsucht in unserem Herzen verborgen, bis wir lernen, uns bewusst zu dieser Sehnsucht zu bekennen und die Widerstände aus dem Weg räumen. Die empfindsamen Gefühle, die wir in einer hellen Mondnacht erleben können, nehmen diese Spur auf.

Als ich zu schreiben begann und traurig war, dass ich mich immer wieder in rationalen Schilderungen verstrickte, denen das Wasser der Gefühle fehlte, träumte ich:

Roter Mond, ich will dich wiederhaben.
Ich bin erwachsen, aber geistig verschattet worden

Woran erinnerte mich dieser Traum? Ich sagte es schon – ich hatte als kleines Kind erfahren, die eigenen Gefühle nicht wichtig nehmen zu dürfen und das Vertrauen verloren, sie zu zeigen. Beim Hören nach Innen tief in der Nacht hörte ich im Halbschlaf diese Gedanken dazu:

Meine Bedürfnisse kann ich nicht stillen
darum schicke ich sie weg.
Meine Bedürfnisse sind zu groß.

Diese seelische Not trennte mich von meiner schöpferischen Kraft, Gefühle und Gedanken beim Schreiben mit sinnlicher Freude zum Ausdruck zu bringen.

»Roter Mond, ich will dich wiederhaben« – Rot ist die Farbe des Blutes. »Blutvoll schreiben können« – wie sehnte ich mich danach.

Das schildert auch in verblüffender Weise der folgende Mondtraum einer Frau, die ihre schriftstellerische Begabung abwertete, weil ihre Mutter ihren Gefühlsüberschwang während der Kindheit hartnäckig kritisierte. Dadurch ging ihr das Vertrauen zum Ausdruck ihrer Gefühle verloren. Sie träumte:

1. *Ich sehe aus dem Fenster einer Wohnung.*
2. *Mir gegenüber am Himmel hängt ein großer, silbern leuchtender Mond.*
3. *In seinem Licht sehe ich auf dem Zweig eines blühenden Kirschbaumes ein Tier entlanglaufen.*
4. *Ich halte es zunächst für eine Raupe, aber im immer heller werdenden Mondlicht erkenne ich, dass es ein Tausendfüßler ist.*

Die Träumerin erzählt dazu: »Ich hatte am Abend zuvor, während ich an meinem Buch arbeitete, meinen Gefühlen freien Lauf gelassen; musste nicht mehr verdrängen, was ich empfand, habe nichts mehr beschönigt und nichts mehr im Dunklen gelassen, was ich ausdrücken wollte. Der Traum antwortet auf meinen beim Schreiben neu aufgeblühten Wunsch, denn die Kirschblüte ist die erste große Baumblüte, die den Frühling ankündigt und süße Früchte verheißt.

Wie freute ich mich über den Durchbruch der Träumerin zu einem neuen Selbstvertrauen! Der Tausendfüßler bestätigte ihr, dass sie »mit tausend Füßen« auf den Weg einschwenkt, um den endlich von ihr akzeptierten schöpferischen Wunsch zu gestalten. Denn das ist die Bedeutung der Zahl 1000, der ich in Träumen immer wieder begegnet bin. Dazu fand ich eine Erklärung in den Schriften des alten Ägyptens: Die 1000 wird dort als aufblühende Lotusblume dargestellt. Eine Lotusblüte entwickelt sich aus der Dunkelheit eines schlammigen Untergrundes, bis sie auf dem Wasserspiegel erblühen kann. Das entspricht dem Augenblick, in dem unser schöpferischer Wunsch erblüht und von unseren Gefühlen getragen wird. Nun haben wir die Kraft, ihn mit aller Entschiedenheit zu gestalten.

Diese Schlussfolgerung wird im alten Ägypten noch dadurch bereichert, dass der Sonnengott als Kind auf einer Lotusblüte aus dem Urwasser jeden Morgen neu emporgehoben wird, und die Lotusblüte so zum Schoß der Sonne wird. Was der Mensch in der Dunkelheit der Nacht im Mondlicht erkannt hat, kann nun im Licht der Sonne Wirklichkeit werden.

Es ist vor allem der Mond, der durch seine Gravitationskraft die Meere zwischen Ebbe und Flut bewegt. Im Gleichnis gesehen sind das Gefühle aus unbewussten Tiefen, die die Küsten unseres Wesens erreichen wollen und sich wieder zurückziehen. In uns allen wogen die Gezeiten hin und her, um unser Bewusstsein mit unserem Unbewussten in Berührung zu bringen. Im Grunde ist jede Suche nach neuer Erkenntnis davon betroffen. Dazu bestätigte mir ein Traum, *dass ich immer wieder um die Verbindung zwischen Sonne und Mond in mir gekämpft habe.*

Wie sich diese Suche im Unbewussten entwickelt und gestaltet, welche differenzierten Wahrnehmungen wir für die Schattierungen zwischen Dunkel und Helligkeit in unseren Gefühlen dazu wahrnehmen, zeigt der folgende Traum einer Malerin, die sich in der Kunst der japanischen Tuschmalerei ausdrückt. Sie wollte ein fliegendes Pferd malen, aber es gelang ihr nicht. Da zeigte ihr ein Traum den Weg. Auch dieser Traum erscheint auf den ersten Blick bizarr und unzugänglich, wir können ihn aber dann verstehen, wenn wir bewusst die Unterschiede zwischen Hell und Dunkel in den eigenen Stimmungen beobachten und diese nicht verdrängen, sondern uns an ihnen orientieren. Dann erkennen wir, dass die vielen Schattierungen von schwarz bis silbrig grau in der japanischen Tuschmalerei den Abstufungen in unseren Stimmungen entsprechen.

Die Künstlerin träumte:

1. *Widerspiegeln einer Vorstellung vom Aufstehen.*
2. *Ein Nagel an der Wand, daran hänge ich einen Mond auf.*
3. *Der Mond verändert sich. Er wird silberner, immer heller. Da herum kommt das Pferd.*
4. *Es sind drei Scheiben Mond – eine silberne, eine dunkler ins Grau hineingehende und eine schwarze Scheibe.*

Wir erfahren in der ersten Szene, dass sie sich vorstellen soll, wie ein Pferd aufsteht. Sie soll dadurch die Mühe beim Aufstehen bewusster nachempfinden, die Schwere überwinden und sich schließlich in die Freiheit des fliegenden Pferdes hineinmalen. Das Pferd ist Ausdruck der Vitalität, mit der wir auch unsere Gefühle bewegen und lenken. Um das fliegende Pferd malen zu können, muss die Malerin diese Vitalität in sich selbst fühlen wollen.

Da wir uns in der zweiten Traumszene mit unseren ambivalenten Gefühlen auseinandersetzen sollen, fordert der Traum die Malerin nun auf, den Mond aufzuhängen, das heißt, die aus ihrem Unbewussten kommenden Stimmungen zu beobachten und dann zu erfahren, wie sie sich im Fluss des Malens aufhellen.

Die dritte Szene – das Bild der gewonnenen Erkenntnis – zeigt, wie es in ihr nach und nach immer »silberner« werden wird. Wenn sie sich dann an dieser zunehmenden Helligkeit orientiert, wird das gewünschte Pferd ganz von selbst in das Bild treten. Wir haben im Kapitel Erde gesehen, dass die Gewinnung von Silber gleichnishaft den Läuterungsprozess für die Selbstbefreiung schildert. Das silbrige Licht beschreibt somit den seelischen Zustand, den die Malerin suchen soll, um die Freiheit eines fliegenden Pferdes gestalten zu können.

Die vierte Szene – die uns den Weg in die Gestaltung des Wunsches weist – bestätigt der Künstlerin, dass sie die Gestalt aus der Dunkelheit des Unbewussten erst dann bergen kann, wenn sie die vitale Freiheit des Pferdes in sich selbst erlebt.

Und hier sehen wir, wie überzeugend ihr das gelungen ist!

Unsere Suche zwischen hellen und dunklen Stimmungen braucht konzentrierte Aufmerksamkeit, doch am Tag gibt es so viele Gelegenheiten, die Selbstwahrnehmung zu überspielen. Darum nimmt die Nacht häufig die verlorene Suche wieder auf, der Schlaf verweigert sich, unruhig oder gequält sehnen wir uns danach einzuschlafen. Ein Traum belehrte mich:

> *Um Licht in das Dunkel unseres unbewussten Lebens zu bringen, ist keine Mühe zu groß.*
> *Wenn wir nachts wach liegen, geht es um eine Nachtwache, die Licht in unser unbewusstes Tun bringen soll, das uns am Leben hindert – und nicht darum zu schlafen.*
> *Der Schlaf kommt nach getaner Arbeit durch den klaren Gedanken, der Befreiung gibt.*

Wie oft musste ich das erproben! Und ich bin nie enttäuscht worden. Es geht dabei um eine »*konzentrierte Aufmerksamkeit und Suche, verbunden mit einem inneren Hören*«.

In einer Nacht fühlte ich die Aufforderung, einen solchen inneren Dialog mit dem Unbewussten darzustellen. Ich vernahm in mir:

> *Es geht um deine Erfahrung. Es geht um die andere Seite des Lebens. Deine Art und Weise ist es. Du gehst auf die Suche, bis es zu fließen beginnt. Manchmal fließt es ganz von alleine. Dann wieder ist es ohne Kraft.*

Ich folgte der Aufforderung und daraus wuchs diese Beschreibung:

> *Es geht um die Suche nach einer Antwort auf Fragen, in der ich mich durch Fragen und Antworten einbringe. Ich bin aber nicht sehr fragend, höre ich öfters.*

Und dann fange ich wieder an zu suchen. Alles, was mich dabei belastet, dient dazu, mich umzulenken in meiner Suche.

Ich brauche ein zustimmendes Gefühl, um den Text aufnehmen und begreifen zu können. Wenn das Gefühl sich verdichtet, wie Wasser, das sich in einer Vertiefung sammelt, spüre ich Zustimmung, die Gedanken aufzuschreiben.
Das ist ein sehr diffiziler Vorgang. Er hat etwas Wechselvolles.

Mal schreibe ich nur ohne zu denken. Dann wieder muss ich »ziehen« – die Gedanken ziehen, bis der Fluss kommt und mich wieder trägt, wie ein Boot. Mein Boot ist die Gedankensuche, die Gefühle tragen es. Die Konzentration auf beides ist dabei sehr wichtig, um aus dem Kontakt mit dem Unbewussten mit dem Fluss aus der spirituellen Ebene verbunden zu bleiben.

Es ist eine tiefe Liebe nötig, um diesem Fluss zu folgen, damit er nicht versiegt.

Ein Druck in der Wölbung des Fußes zeigt mir dann, dass ich weitergehen soll,
dass ich noch nicht am Ende der Suche bin. Dieser Druck fordert die weitere Bereitschaft an, sich neu zu konzentrieren, sich zu sammeln.

Müdigkeit ist ein Widerstand, den ich selbst überwinde. Das war in der ersten Zeit sehr schwer. Ich habe meine ganze Willenskraft und Liebe dazu gebraucht,
den Energiefluss aufrecht zu erhalten. Dabei denke und fühle ich mit und bin nicht etwa nur passiv.

Dann aber wieder kommt alles wie von alleine. Wenn ich zweifele, muss ich innehalten und den Zweifel auflösen. Das erfordert eine sehr feine Abstimmung zwischen Denken und Fühlen. Auch vom Körper gehen dazu Signale aus. Unangenehme Stiche in Händen und Beinen warnen mich.

Der Wille zur Genauigkeit kann dabei nicht erlahmen. Wenn der Fluss unterbrochen ist, muss ich ihn neu finden, um weitergehen zu können. Der Druck in der Fußwölbung nimmt dann wieder zu, um mir zu zeigen, dass ich weitergehen soll. Wenn es aber zur Neige geht, entspannen sich meine Gedanken und Gefühle und ich spüre, dass ich wieder schlafen kann.

Ich denke, die Gegenwart Gottes ist in solchen Stunden der Aufmerksamkeit besonders bewusst. Sie fordert unseren empfangenden und unseren kritischen Geist heraus und die Liebe zur genauen Wahrnehmung, um an die Substanz zu kommen.

Ich fühle mich dabei wie der Wanderer zwischen den zwei Welten.

»Lass es so« ist häufig der Schlusssatz. Dann weiß ich, dass es zur Neige geht.

> Erschaffen
> In allen Richtungen
> fliegen
>
> die Sonne
> erschaffen.
>
> Singe, meine Wiege
> sagt sie
> ich schaukle dir
> meinen Schatten
> zu Füßen
>
> (Rose Ausländer[5])

Der Schatten der Sonne

Von der Stellung des Mondes zu Erde und Sonne hängen die Phasen der Licht- bzw. Schattengestalten des Mondes ab. Sie mahnen in Träumen, die verdrängten kreativen Wünsche wiederzufinden. Es gibt aber noch einen Schatten anderer Art:

> *Es ist der Schatten der Sonne in der Welt, den es neu zu erkennen gilt.*

Wenn wir uns nicht auf den Weg machen, auch im befreiten Zustand neue schöpferische Kräfte zu suchen, verlieren wir die Begeisterung für das Leben. Als ich mir dessen noch nicht genug bewusst war, erlebte ich einen Traum, der so überwältigend war, dass ich ihn kaum beschreiben kann:

> *Lange, lange Zeit fiel ich durch einen riesigen Lichttrichter, in dem sich alle Jahrhunderte des Weltgeschehens um mich herum drehten.*
> *Das dauerte lange – so lange, bis ich schließlich, nunmehr aber von Dunkelheit umgeben, im alten Ägypten ankam.*

Warum fiel ich durch dieses Licht, um schließlich im alten Ägypten anzukommen? Ich erwähnte schon öfter, wie sehr mich die Mythen und Bilder dieser Kultur anzogen, aber ich wagte mir damals nicht die Zeit zu nehmen, dieser Sehnsucht zu folgen.

Obgleich ich von diesem Traumerleben ganz überwältigt war, blieb ich noch unentschlossen in alten Pflichtvorstellungen gefangen. Wenig später brachte mich dann dieser rätselvolle Traum zur Besinnung:

1. *Abschirmen davor, dass die 13. Fee kommt?*
2. *Den Schatten abschirmen vor dem Bewusstwerden?*
3. *Es ist nicht so, es ist ein Schatten der Sonne.*

4. Schattensonne ist der Begriff für die zwei Gestalten von Freiheit und Schöpfungsdrang aus dem Unbewussten.

Fangen wir ausnahmsweise einmal mit der dritten Szene an: Sie erklärt, dass es hier nicht um die im Volksmund als Unglückszahl bezeichnete Zahl 13 geht, sondern um einen Schatten in der Sonne, der eine ganz neue Freiheit und einen ganz neuen Schöpfungsdrang aus dem Unbewussten ins Spiel bringt. In der Zahl 13 ist die Symbolik enthalten, den »alten Fluch« aus den Ängsten der Kindheit aufzulösen. Deshalb ist es im Märchen von Dornröschen die 13. Fee, die den Fluch ausspricht. Aber in diesem Traum geht es eben nicht um die alten Kinderängste, sondern darum, das Tor zum großen Unbewussten, zur sogenannten »Schattensonne« zu öffnen. Sie ist das Gleichnis für die Chance, ganz neue schöpferische Kräfte zu entfalten.

Zum Mythos der Sonne im alten Ägypten

Als ich mir nach diesem Traum endlich den Wunsch erfüllte, und mich auf die Bilder und Mythen einließ, war ich überwältigt, welche tiefe Einsicht die alten Ägypter aus den Bildern der Natur schöpften. Wenn wir die Gleichnissprache von Träumen der Deutung von Mythen zugrunde legen, erkennen wir, dass ihre Gottheiten Lebenskräfte des Menschen sind, die in Bildern der Natur veranschaulicht werden. Ich kann mir vorstellen, dass die Priester, die seit dem alten Reich die Mythen entwickelt haben, ebenfalls Träume zur Grundlage ihres Denkens machten. Gleiches drückt auch ein Zitat aus, in dem es hieß: Mythen seien »öffentliche Träume«.

Um den Gott des Chaos, Seth, zu besiegen, der das verletzte Unbewusste in uns verkörpert, das zu destruktiven Verhaltensweisen drängt, fährt der Sonnengott Re in seiner Tagesbarke über den Himmel und mit seiner Nachtbarke durch die Unterwelt – den Gegenhimmel. Sein Symbol, die Sonnenscheibe, wird von zwei Uräen, zwei Schlangen, begleitet, die im Gleichnisdenken die Lebenstriebe für Freiheit und Schöpfungsdrang verkörpern. Es sind Kobras, die mit ihrem »Feueratem« die Feinde des Re gezielt vernichten. Im Kapitel der Schlangen (S. 286) habe ich mich ausführlich mit dem Wesen der Schlange als Angsttrieb und als Lebenstrieb auseinandergesetzt.

Der Sonnengott überlässt seine Sonnenscheibe auch verschiedenen Tiergottheiten als Symbol und wird dann mit diesen identifiziert. Ich will einige davon vorstellen:

Der **Widdergott** trägt die Sonnenscheibe als **Wille zum schöpferischen Tun.**

Der Widdergott Chnum, der sich im Laufe der Entwicklung in verschiedenen Widdergestalten zum Ausdruck bringt, ist der Spender des Wassers und gleichzeitig Töpfermeister von Göttern und Menschen. Sein Name bedeutet »erschaffen«. Er gilt als Hüter der beiden Nilquellen und bringt die Überschwemmungen hervor, die die Voraussetzung für die Fruchtbarkeit des Niltales sind.

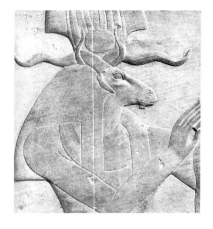

Können wir aber diesen hohen Anspruch mit einem Widder vereinbaren und gleichnishaft auf unseren Lebensweg übertragen? Ja, denn die wesentliche Eigenart eines Widders besteht darin, aus dem Schutz der Herde herauszutreten und sein Revier zu verteidigen, um neues Leben zeugen zu können. Die Widder galten im alten Ägypten als besonders zeugungsfähig.

Übertragen wir dieses Verhalten auf den geistigen Weg des Menschen, der neues Leben zeugen will, muss er ebenfalls den Kampfeswillen aufbringen, »sein Revier zu verteidigen«. Und ist nicht dieser Wille die Töpferscheibe für alle weiteren Lebenskräfte, die wir für unsere Entwicklung brauchen? Ich denke, der Wille dazu ist der erste Schritt auf dem Weg, um zur Befreiung und neuen Kreativität zu gelangen und dieser Wille darf uns auf dem ganzen Weg nicht verlassen, wenn wir uns verwirklichen wollen. Denn auf diesem Weg überschwemmen uns immer wieder widersprüchliche Gefühle, die wir klären müssen, wenn wir unser Leben in neuer Weise fruchtbar machen wollen.

Der **Falkengott Horus** trägt die Sonnenscheibe als Sinnbild der **Selbstbefreiung**.

Horus ist der Kämpfer gegen den Gott des Chaos, Seth. Er ist geboren aus der Göttin Isis, die durch ihre Erinnerungen den toten Osiris wiederfindet. Dieser ist im Gleichnis gelesen die schöpferische Lebenskraft in uns, die aus Angst ins Meer der unbewussten Gefühle verdrängt wurde. Schritt für Schritt besiegt der Falkengott alle Widerstände gegen sein Freiheitsverlangen, die der Gott des Chaos erzeugt. Das ist der Weg, den auch wir gehen müssen, wenn wir unsere einstmals gestorbene schöpferische Lebenskraft wieder auferstehen lassen wollen.

Welche Eigenschaften bringt der Falke dafür mit? Im Kapitel »Luft« (S. 61ff.) habe ich das Wesen der Vögel gleichnishaft beschrieben und dargestellt, wie

ihre emotionale Kraft von der geistigen Kraft der Luft getragen wird. Der Falke hat darüber hinaus die besondere Fähigkeit, aus höchster Höhe seine Beute zu erspähen, das heißt zu erkennen, welch emotionales Verhalten er aufgreifen und verdauen muss, damit er seine Falkenkraft erhält.

Der **Krokodilsgott Sobek** trägt die Sonnenscheibe als Symbol für die Fähigkeit zur **konstruktiven Aggression**, die den Fluss der Gefühle rein hält.

Sein Name heißt »der schwanger oder fruchtbar macht«. Seiner lebensvollen Aggressionskraft steht die destruktive, verschlingende Aggression des Krokodils gegenüber, die vom Gott des Chaos, Seth, gelegentlich dargestellt wird.

Aggressionen entwickeln sich in uns spontan, wenn in uns ein Bedürfnis verletzt wird. Im Kapitel »Krokodile, die schuppenhäutigen Panzerechsen« habe ich die beiden gegensätzlichen aggressiven Kräfte näher betrachtet und in Träumen dargestellt.

Der Käfer **Chepre** trägt die Sonnenscheibe als Symbol für das **Werdende**.

Chepre ist die aufgehende Sonne, der »der ins Leben tritt« und zuweilen die Sonne vom vergangenen Tag hinter sich lässt.

Der Käfer Chepre ist ein Skarabäus oder Mistkäfer, der seine Eier in den Dung von Wiederkäuern legt und von der Sonne ausbrüten lässt. Das ist ein sinnfälliges Zeugnis der Natur dafür, wie Vergehen und Werden einander gegenseitig bedingen. Im Kapitel der Pflanzen bei den Rosen habe ich das zur Erklärung eines Traumes ausführlich beschrieben (S. 168).

Die **Kuhgöttin Hathor** trägt die Sonnenscheibe als Symbol für den Weg zu **Lebensfreude und Tanz**.

Sie gilt auch als Mutter des Sonnengottes. Durch ihren sternenübersäten Leib segelt die Sonnenbarke des Sonnengottes Re. Sie nährt die Toten und Lebendigen. Sie ist die Kuh, die aus der Bergwand des Westens in die Natur hinaustritt, und die untergehende glühende Sonne empfängt, ein Bild dafür, dass die Versteinerungen aus der frühen Lebenszeit durch die Suche nach Harmonie aufgearbeitet werden konnten.

Eine Abbildung dieses Heraustretens aus der Versteinerung befindet sich im Kapitel »die Erde und ihre Steine« (S. 84).

Die Kuh mit ihren vier Mägen symbolisiert durch das intensive Wiederkäuen ihrer Pflanzennahrung die Notwendigkeit, die geistigen Zusammenhänge unserer Lebensnahrung gründlich zu verdauen. Nur dadurch gewinnen wir die Mütterlichkeit, dem Leben, das einst in uns nicht leben durfte, Milch zu spenden und so neu heranwachsen zu lassen.

Plutarch erklärt den Namen der Hathor als »des Horus kosmisches Haus«. Das heißt, die Selbstbefreiung des Horus basiert auf der Suche nach Harmonie und Lebensfreude, die offenbar ein unabdingbares universelles Gesetz ist.

Wir sehen an den wenigen Beispielen, wie die Botschaft der Sonne von den alten Ägyptern konkret mit alltäglichen Auseinandersetzungen verbunden wurde.

Das Verhalten dieser Tiere aus der ägyptischen Mythologie spiegelt:

Der **Wille** zu neuem Leben braucht kämpferischen Mut.

Die **Selbstbefreiung** aus negativen Gefühlen braucht die scharfe Wahrnehmung und Vertilgung von Emotionen, die unser Freiheitsgefühl verletzen.

Die um Befreiung ringende **Aggression** braucht die kreative Kraft, Aufmerksamkeit zu wecken, ohne zu zerstören.

Das **Werden** braucht das Loslassen, um neuem Leben Raum zu geben.

Und die **Intensität des Wiederkäuens auf der Suche nach Erkenntnis** ist der Weg dorthin.

Die ägyptischen Mythen sind eine Fundgrube für das Gleichnisdenken, das wir durch eigene Träume immer wieder neu begreifen können, wenn wir sie erarbeiten.

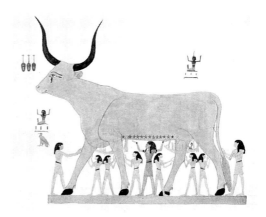

Ich möchte das Kapitel von der Sonne mit einem Gedicht von Christian Morgenstern beschließen, der das Geheimnis unseres Werdens tief durchleuchtet:

Gib mir den Anblick deines Seins, o Welt,
den Sinnenschein lass' langsam mich durchdringen.

So wie ein Haus sich nach und nach erhellt
bis es des Tages Strahlen ganz durchschwingen –
und so, wie wenn dies Haus dem Himmelsglanz
noch Dach und Wand zum Opfer könnte bringen …

… So möchte auch die Starrheit meiner Wände
sich lösen, dass dein volles Sein in mein,
mein volles Sein in dein Sein Einlass fände –
und so sich rein vereinte Sein mit Sein.

Farben –
Gleichnis für den Weg in die Harmonie

»Ich stelle meinen Bogen in die Wolken,
er sei das Bundeszeichen zwischen Mir und dieser Erde ...«
(Genesis 9)

Es ist der Weg der Liebe und der ist rot
(Traumtext)

Lieber Freund,

wie farbig sind oft unsere Träume! Umso nachdenklicher macht es mich, wie schwer es ist, diese Farbigkeit in unser Leben zu integrieren. Besonders fällt es auf, dass dort, wo sich Machtstrukturen ausbreiten – gleich ob in Familie oder Staat –, das Leben an Farbe verliert. Menschen werden so farblos, wenn sie der Macht anstelle der eigenen Wahrheit dienen.

»Wenn Macht zur Liebe finden würde« sagte mir ein Traumtext – »gäbe es Frieden, denn Liebe öffnet sich dem Gegner in neuer Weise. Es geht nicht darum, den anderen zu besiegen, sondern seine Kreativität zu öffnen«.

Welch schöner Hinweis zur Wandlungsfähigkeit im Menschen.

Herzlich

Unsere Augen trinken die Schönheit der Erde in Farben. Wenn wir über die Bedeutung von Farben nachdenken, stellt sich die Frage: »Was wäre denn, wenn die Welt ohne Farben wäre? Wenn die Sonne blass am fahlen Himmel stünde? Wenn unsere Blumen nicht in allen Farben um Insekten werben würden? Wenn die Bäume kein Grün mehr spenden würden? Und Paprika, Tomaten und Radieschen alle gleich grau auf den Tisch kämen? Wenn uns der Himmel nie mehr mit Orange- und Feuerrot begrüßen würde?« Unsere farblosen Augen würden in eine farblose Welt blicken.

Alle Farben entstehen aber nur, weil jedes Mitglied der Natur »Farbe bekennt«, indem es mit seiner Oberfläche diejenige reflektiert, die ihm zugedacht ist, und die übrigen Farben des Spektrallichtes verschluckt.

Farben sind Seelenköpfe

Mit diesem seltsamen Traum wachte ich eines Tages auf: Seelenköpfe? Zu einem Seelenkopf gehört ein seelischer Leib, in dem Lebensnahrung verarbeitet wird. Sollte ich darauf aufmerksam werden, dass Farben Seelenkräfte für unser Auge sichtbar machen, mit denen wir das Leben verdauen? Ich folgerte, dass die Seele von Rot das rote Blut von Mensch und Tier sein könnte; die Seele von Blau das Himmelsblau und Gelb die Seele der Sonne; und schließlich die Seele von Grün die Pflanzen. Denn diese Seelen spiegeln die geistigen Kräfte des Menschen wieder, die wir in den Kapiteln »Wasser«, »Luft«, »Erde«, »Sonne« und »Pflanzen« ausführlich betrachtet haben.

Das Rot des Blutes beschreibt wie das Wasser den klärenden Kreislauf unserer Gefühle in all seinen Spannungen zwischen Angst und Lebensfreude wie zwischen Hass und Liebe.

Das Himmelsblau nimmt die Ruhe und Freiheit auf, die wir durch die Kraft des Denkens erwerben können – vorausgesetzt, dass wir Zusammenhänge erkennen, die zu befreienden Einsichten führen. Merkwürdigerweise verlieren auch Pflanzen die räumliche Orientierung, wenn der Blauanteil des Lichtes fehlt, ihre Sprossen wachsen dann blind in alle Richtungen.

Grün ist der Wegbereiter für die Suche nach Harmonie; denn wie wir bei der Photosynthese im Kapitel Pflanzen sehen werden, ist Grün das Gleichnis für die Kraft, die Spannung zwischen widersprüchlichen Gefühlen zu lösen.

Das strahlende Gelb leuchtet auf, sobald wir Lösungen finden, die uns mit Licht und Wärme erfüllen.

Der Traum weckte in mir den Wunsch, mich intensiver als bisher mit den Farben zu beschäftigen. Nachdem ich mich in das Thema vertieft hatte, erreichte mich ein weiterer Traum. Er erschien mir noch rätselhafter:

1. *Sich vereinigen wollen mit den drei anderen Farben über Rot. Es ist ein Ziegelrot.*

2. *Im Wasser gegen Insekten kämpfen wegen der richtigen Farbe.*

> *3. Ein Mann, der lieben will, bekommt ab und an – wenn Aussicht darauf besteht –, dunkle triebhafte Augen.*

Wie können wir uns in solch scheinbar zusammenhanglosen Bildern und Texten zurechtfinden? Wie finden wir den roten Faden? Welche seelischen Zusammenhänge sollte ich erkennen?

Drei Traumszenen als Wegweiser zu den Farben

Ich werde diese drei Traumszenen über das ganze Kapitel als wegweisende Überschriften verwenden und zu jeder Szene ausführlich Stellung nehmen. Da das Rot, wie der Text sagt, zu den anderen Farben hinführt, beschreibe ich den vollständigen Farbkreis erst am Ende dieses Kapitels.

> *Sich vereinigen wollen mit den drei anderen Farben über Rot.*
> *Es ist ein Ziegelrot.*

Rot gibt es in sehr verschiedenen Tönungen – vom zartesten Rosa bis zum tiefdunklen Schwarzrot. Ein Ziegelrot weist auf die mit roten Ziegeln gedeckten Dächer hin, die unser Haus schützen. Das Haus ist ein Gleichnis für die Räume, in denen sich unser Geist gegenwärtig eingerichtet hat. Rote Ziegel bestehen aus Ton, dem Eisen die rote Farbe gibt. Diese Farbe soll es sein, die uns zu den drei anderen Farben, Blau, Gelb und Grün hinführt.

Auch das Blut verdankt seine rote Farbe dem Eisen, und wie wir im Kapitel »Erde« vorher erfahren haben, ist Eisen unser wichtigstes Metall, das im Materiellen wie im Gleichnis gesehen unserem Leben Geschmeidigkeit und Festigkeit gibt. Das rote Blut versinnbildlicht deshalb, dass wir im Fluss unserer Gefühle darauf achten sollten, den Leib – die Wohnung unseres Geistes – durch ständige lebendige Prozesse zu erhalten. Und das Haus mit seinem ziegelroten Dach bauen wir, um Geist und Leib zu schützen.

Blut besteht zum größten Teil aus Wasser, dem sogenannten Blutplasma. In ihm schwimmen die roten Blutkörperchen. Mit ihrem roten Eisenfarbstoff versorgen sie das durch unseren Körper fließende Wasser mit Sauerstoff. Das Blut verteilt dann den Sauerstoff in alle Zellen, damit wir die Energie aus unserer Lebensnahrung gewinnen können.

Die gleiche Aufgabe übernehmen Gefühle, die uns zum Umdenken bewegen, denn belastende Gefühle bedrängen uns, damit der Bewusstwerdungsprozess in Gang kommt, und befreite Gefühle antworten auf lebensbejahende Gedanken. Mit Hilfe unserer Gefühle sorgen wir für den geistigen Stoffwechsel, genau so wie das Blut für den leiblichen Stoffwechsel tätig ist.

Das sauerstoffreiche Arterienblut ist ein leuchtendes, im Traum ein verheißungsvolles Rot. Schwarzrot hingegen tritt im Traum in negativen Zusammenhängen auf. Es gleicht dem dunklen sauerstoffarmen Venenblut und mahnt uns, einen drohenden Lebensverlust durch den Mangel an Sauerstoff – den Mangel an Bewusstsein – für unsere Gefühle tiefer zu erkennen. So spiegeln die beiden Rots unseres Blutes den Widerspruch zwischen lebensnahen und lebensfernen Gefühlen. Sehr überrascht war ich, als ich las, dass auch Salat besonders gut in reinem Hellrot keimt, während er Dunkelrot als Stoppsignal versteht.

Es gibt nichts Schöneres als ein blutvolles Leben. Blutleere Menschen unterdrücken dieses Bedürfnis und langweilen uns. Unsere Sprache nimmt die emotionale Bedeutung des Blutes auch im Sinne einer Bedrohung von Harmonie auf: Um »böses Blut« geht es, wenn wir mit ansehen müssen, wie Willkür und Macht Leben zerstört. Dabei ist es schwer, ruhig Blut zu bewahren, in unseren Adern kocht es dann – oder wir weinen blutige Tränen. Wenn wir vor Wut Rot sehen, sind wir aufgefordert, der aggressiven Stimmung auf den Grund zu gehen und nach Lösungen zu suchen. Wenn wir den roten Faden verlieren, werden wir aufmerksam, dass wir unsere Gefühle und Entwicklungsprozesse aus dem Auge verloren haben, und wenn wir eine rosa Brille aufsetzen, drücken wir uns vor der Realität.

Um dem Ziegelrot folgen zu können, wie der Traum sagt, brauchen wir die Kraft des Herzens, mit der wir uns immer wieder neu der Lebensfreude zuwenden wollen. Das verlangt von uns, wie Sauerstoff aktiv zu sein:

Es gibt noch ein drittes Rot im Traum. Das ist das Fuchsrot. Wenn wir dieser Farbe im Traum begegnen, kommt die symbolische Bedeutung des Fuchses ins Spiel – meist ist der Fuchs selbst der Träger dieses Rots im Traum. Der Fuchs ist der Seelenführer des Kindes, das sich aus Ängsten – so wie der Fuchs – unterirdische Notausgänge baut. Intelligent sorgt das Kind so für sein Überleben. Aber diese Fluchtwege schützen es nur in der Kindheit. Der Erwachsene sollte darauf verzichten, sich Leben durch Notausgänge zu sichern. Sonst erfährt er, dass ihm, wie dem Fuchs in der Fabel, die Trauben zu hoch hängen.

Die Natur schenkt uns die Farbe Rot in der Morgen- und Abendröte, wenn der Wasserdampf der Luft das langwellige Rot des Sonnenlichtes reflektiert und den Himmel zum Glühen bringt.

- Rot ist das Herz, der Sitz der intensivsten Gefühle.
- Rot ist das Feuer und die Glut aus der Wandlung.
- Rot sind die Rosen, die wir uns aus Liebe schenken.

Der Traum schenkt uns rote Rosen, wenn wir unseren Herzenswünschen folgen, denn ein Wunsch, der aus unserem Herzen kommt, macht uns zum Gärtner unserer Lebensfreude. Dazu aber müssen wir

> *mehr Selbstverständlichkeit entwickeln, das zu sagen, was wir fühlen, bis alles bereinigt ist; die Brücke von dem falschen Gefühl zum neuen Gefühl ist die Liebe.*

Betrachten wir die zweite Szene des Traums, in der es heißt:

Im Wasser gegen Insekten kämpfen wegen der richtigen Farbe

Die richtige Farbe ist – so haben wir in der ersten Szene erfahren – das leuchtende Ziegelrot. Vom Blut her gesehen ist das das sauerstoffreiche Arterienblut. Um dieses Blut geht es, wenn wir im Wasser – dem Gleichnis zur Klärung unserer Gefühle – gegen Insekten kämpfen. In Wassergebieten brüten viele Mücken und Fliegen. Mücken und Fliegen aber sind Plagegeister, die uns lästig sind, die uns aggressiv mit ihrem Gift überfallen und unser Blut trinken.

Was spiegeln uns diese Plagegeister, die durch die Luft fliegen und uns nicht in Frieden lassen? Luft – das Gleichnis unserer Bewusstwerdung – empfängt diese Aggressoren aus den Überschwemmungsgebieten an Seen und Flüssen. Wir erleben solche Überschwemmungen in uns, wenn in uns Regenzeit ist, weil wir widersprüchliche Gefühle nicht klären und sie uns in dunklen Stimmungen festhalten. Fliegen und Mücken vermehren sich in unfassbarer Geschwindigkeit. So vermehren sich auch negative Gedanken und Gefühle in uns, die wir nicht auflösen – bis sie gefährliche Ausmaße annehmen. Unsere emsigsten Helfer bei der Vernichtung von Mücken und Fliegen sind die Vögel, die gewandten Flieger der Lüfte. Wir können es ihnen gleich tun, wenn wir nicht nachlassen, uns von den Störungen in unserem Freiheitsgefühl befreien zu wollen.

Für das Gleichnisdenken stellt sich nun die Frage, wodurch tauchen in unseren Gefühlen und Gedanken solche Piraten auf? Wie werden wir zum Opfer ihrer Raubzüge? Es geht auch hier um die älteste Gattung von Reaktionen in unserem Seelenleben – um die sogenannten Abwehrmechanismen oder Schutzhaltungen aus unserer Kindheit. Machen wir uns darum noch einmal bewusst, was ein Kind alles erfinden kann, um seinen Schmerz nicht zu spüren:

- Wenn ein Kind nicht genügend Anerkennung bekommt, geht es vielleicht in die Leistungssucht oder in die Verweigerung.
- Den Schmerz aus der Botschaft »nimm dich nicht zu ernst« verwandelt es vielleicht in Clownerie.
- Um die Angst vor Brutalität einzuengen, bleibt es vielleicht so unauffällig wie möglich.
- Wenn ein Kind dauernd kritisiert wird, entwickelt es vielleicht einen lebenszerstörenden Perfektionismus.
- Wenn ein Kind sich unerwünscht fühlt, geht es vielleicht in die Aufopferung für andere, um dafür geliebt zu werden.
- Wird ein Kind oft beschuldigt, geht es vielleicht in die Opposition, und beschuldigt zu seiner Entlastung umso heftiger andere.

Das Kind erfindet Scheinfreiheiten. Die Skala der Schutzhaltungen ist sehr vielgestaltig und gebiert ganz unterschiedliche Freiheitseinschränkungen. Solche Freiheitsverluste der Erwachsenen finden dann in ganz verschiedenen Trauminszenierungen ihren Ausdruck, auch durch Fliegen- und Mückenplagen. Dazu ein Beispiel aus meinen eigenen Träumen: Als ich die Idee zu entwickeln begann, ein Buch über meine Traumarbeit zu schreiben, überfiel mich während der Überlegungen wieder einmal die Befürchtung, doch nicht gehört zu werden. Das Insektenkleid meiner Seele entstand aus dem Erleben, als Kind nicht gehört worden zu sein. Am schwersten fiel es mir, die Verbindung meines naturwissenschaftlichen Ansatzes in der Interpretation von Träumen auf dem Hintergrund meiner spirituellen Erfahrungen öffentlich darzustellen. Sicher – ich könnte darauf verzichten. Aber meine Liebe und mein Vertrauen zur Sprache Gottes in den Träumen ist viel zu groß, als dass ich meine Erfahrungen hätte unterschlagen können. Auf diese Auseinandersetzungen antwortet der folgende Traum:

1. *Ich bin in einem Raum.*
2. *Plötzlich sehe ich, wie in ihm ein Mückenschwarm aufsteigt, der offenbar durch das geöffnete Fenster kam.*
3. *Ein Strauß weißer Pfingstrosen, sie sind leicht rötlich gefärbt.*
4. *Zwei Zeitgeister stoßen aufeinander.*

In der ersten Szene öffnete ich ein Fenster, um meine im Innern erworbenen Einsichten mit der Außenwelt zu verbinden. Doch im nächsten Augenblick schon schwärmten die Plagegeister meiner Angst, mich nicht verständlich machen zu können, zu mir herein.

Da erblüht in der dritten Szene ein Strauß Pfingstrosen als Gleichnis für meinen Wunsch, mich in einer für alle verständlichen Sprache äußern zu lernen (Pfingsten). Die weiße Farbe der Pfingstrose spiegelt die geistige Klarheit, die ich dafür schon gewonnen hatte. Doch die nur angedeutete rötliche Färbung wies mich darauf hin, wie sehr ich dazu noch der emotionalen Fülle bedurfte.

Der Widerstand kam nicht nur von innen. Die vierte Szene bestätigt mir, wie ich mich mit meinem Wunsch tatsächlich in einem Widerspruch zwischen dem materiellen Zeitgeist und dem wieder erwachenden Zeitgeist bewege, der auch die göttliche Ordnung sucht.

Dies zu akzeptieren, fiel mir nach dem Traum nicht mehr so schwer. Und ich machte mich an erste Versuche. Zu meiner großen Enttäuschung musste ich erkennen, wie schwer es ist, eine für so lange Zeit ungenützt gelassene Lebenskraft aus ihrer Grabesruhe zu holen. Mein Wunsch nach emotionalem Ausdruck stieß auf Widerstand und ich war in Gefahr zu resignieren. Meine emotionale Kraft kam nicht in Fluss. Ein Traum spiegelte mir meine Bemühungen:

1. *Eine Busstation. Die Busse, die von dieser Station auf Fahrt geschickt wurden, waren rot und fuhren von der ersten Etage ab.*
2. *Einer nach dem anderen fiel herunter und auf die Seite und war demoliert. Doch immer wieder versuchten sie es aufs neue, Busse loszuschicken.*

> *3. Der Telefonkasten schlug Alarm. Die Leute trommelten mit den Fäusten darauf und ich fragte mich, ob ich lieber im Verborgenen bleibe, als entdeckt zu werden.*

Die Busstation mit den roten Bussen gleicht meinem Versuch, mich beim Schreiben des Buches mit Aufmerksamkeit und Nachdruck so steuern zu lernen, dass ich meine Gefühle in ihrer Vielfalt zum Ausdruck bringe. Ein Bus hat für viele Personen, das heißt für viele Ausdrucksweisen, Platz. Die 1. Etage bestätigt mir, wie ernsthaft ich es vorhatte, so zu sprechen, wie mir ums Herz ist, denn in der 1 beginnt die Suche nach neuem Leben.

Doch ein Versuch nach dem anderen scheiterte. Ich verletzte die Mannigfaltigkeit beim Niederschreiben durch die Unsicherheit, wie sie wohl von den Lesern aufgenommen werden würden. Ich hatte mir zwar mit Hilfe meiner Gefühle immer meinen Weg durch das Leben gebahnt, aber ich konnte nicht über sie sprechen.

Beim Schreiben war mein Kontakt zu mir gestört. Ich konnte nicht mit meiner Seele telefonieren. Die dritte Traumszene zeigt meine Erregung: Ich empörte mich gegen den Widerstand. Sollte ich lieber aufgeben und weiter im Verborgenen bleiben? Ich kämpfte mit der Resignation.

In Gesprächen dagegen konnte ich die alten Gefühlsschranken viel leichter durchbrechen. Ich erinnere mich an eine Reise nach Indien: Nach anfänglichen Widerständen überwand ich meine Scheu vor den Reiseteilnehmern und teilte ihnen während einer Busfahrt meine Gefühle und Gedanken zur Mythologie der Elefanten mit.

Mythen sind wie die Träume eine Bildersprache und können – genau so wie Träume – nur im Gleichnisdenken ihren Sinn offenbaren. Unruhig fragte ich mich, ob ich die Reiseteilnehmer wohl erreicht hatte? Daraufhin träumte ich:

> *Eine Frau liegend – mit Rouge auf den Lippen – erfährt das erst, als sie ihre Lippen auf die Lippen mehrerer Menschen legt und das Rot den anderen abgibt. Sie tat es besonders gern bei dem Mann, der nicht ihr Ehemann war.*

Was schildert mir der Traum? Als ich nach dem Vortrag mit den Teilnehmern in einen Dialog ging und mit meinem Rot beim Sprechen das Rot der anderen im Gespräch hervorlockte, fühlten sie Freude und innere Beteiligung. Darüber hinaus gab mir der Traum humorvoll preis, wie mich ein verhaltener Flirt mit einem der Teilnehmer dabei über die Schwelle trug. Der Traum stärkte mein Selbstbewusstsein, eine neue Leichtigkeit erfüllte mich. Und eines Tages gelangte ich im Traum

> *in ein Land südlich der Alpen voller herrlichster Früchte. Es könnte Tirol gewesen sein.*
>
> *Die Früchte lagen in den Gärten der Anbauer geordnet bereit. Selbst Möhren leuchteten in ihrem Rot und waren übergroß.*

Und eine Mutter war da mit vielen Kindern. Das stimmte alles zusammen.

Der Traum schenkte mir die Früchte, die mir meine Arbeit mit Traumbildern nunmehr einbrachte, denn ich hatte am Tag zuvor über meine Sichtweise, alle Traumbilder als Gleichnis für psychologische Vorgänge im Träumer zu sehen, in einem Gesprächskreis diskutiert. Die Möhren sind die Wurzeln meiner kreativen Kraft, endlich Farbe zu bekennen. Die Mutter mit den vielen Kindern ließ jedoch keinen Zweifel offen, welch lange Reifungszeit noch vor mir lag:

Rot ist das Blühende im Menschen,
Rot ist der Ausdruck zu leben,
aber in Rot ist auch die Angst.

Aus solchem Zwiespalt kämpfte sich auch eine Frau heraus, die sich aus dem Sog schrecklicher Erinnerungen zu lösen begann und lernen wollte, sich dem Leben wieder zuzuwenden. Sie wurde zur Belohnung im Traum in die freudigen Rottöne eines Hotelzimmers geschickt, das mit roten Vorhängen, einem roten Teppich und einer roten Bettdecke ausgestattet war. Sie zog sich ein rotes Kleid an und fühlte sich dort ausgesprochen wohl.

Andere Bilder zeigen, wie wir diese Liebe zu uns gerade wieder aufs Spiel setzen. Wenn wir zum Beispiel im Traum in einem roten Flugzeug fliegen, fliegen wir mit unserer Freude zu leben und fühlen uns frei. Wenn aber dann der Pilot aus Angst plötzlich mit dem Fallschirm abspringt und sein Flugzeug im Stich lässt, stürzt das rote Flugzeug in die Tiefe – und mit ihm unsere Kraft, mit der wir uns die Freiheit erhalten wollten.

Wenn eine Rose im Traum zartrosa blüht und plötzlich ganz schwarz wird, weil sie erfroren ist, mahnt sie, die Liebe zu uns selbst nicht erfrieren zu lassen. Wenn wir aber im Traum eine rote Katze in einem Käfig eingesperrt hatten, und den Käfig öffnen und die Katze in ihrer neuen Freiheit so viele Junge bekommt, dass wir sie gar nicht zählen können, hat der Träumende eine wichtige Entscheidung für sein Freiheitsgefühl gefällt, weil Katzen Wesen sind, die nur das tun, was sie mit Wohlgefühl erfüllt. Das alles sind erlebte Traumbilder.

Rückfälle entstehen durch Kränkungen, die wir nicht bewältigen. Wir fühlen uns verletzt und lecken alte Wunden aus der Kindheit. Wie solche Wunden entstehen, will ich an einem Traum zeigen, den eine Frau als Kind im Alter zwischen vier und sechs Jahren immer wieder durchträumen musste:

1. *Ich habe einen großen Ring mit einem roten Stein an meinem Finger, es ist meiner, ich bin stolz darauf und auch etwas verwundert, dass ich ihn habe.*

2. *Meine vier Geschwister kommen, alle stehen um mich herum und wollen meinen Ring sehen, ich soll ihn abnehmen. Ich gebe ihn her, damit sie ihn besser sehen können.*

> *Sie reichen ihn untereinander weiter und mir wird unheimlich. Ich will meinen Ring wieder haben, aber sie laufen weg.*
>
> 3. *Ich kann sie nicht einholen und fange an zu weinen. Weinend erwache ich.*

Als kleine Nachzüglerin in einem großen Geschwisterkreis litt sie darunter, dass sie nicht von den anderen zum Spielen mitgenommen wurde. Verlassenheitsängste entführten dem ursprünglich sehr fröhlichen Kind den roten Ring seiner Lebensfreude. Es weinte viel über seine Einsamkeit und passte sich schließlich der freudlosen Stimmung der zerstrittenen Eltern zu Hause an. Noch als Erwachsene blieb sie lange von dieser Anpassungsbereitschaft bestimmt. Erst als sie einen anderen Traum aus der Kindheit bearbeitete, in dem sie von einem goldenen Dach in die Dunkelheit abglitt – in die Anpassung an die Eltern – gewann sie die Kraft, ihre Sehnsucht nach Kreativität wiederzubeleben und mit ersten künstlerischen Werken an die Öffentlichkeit zu gehen. Diesen Traum vom goldenen Dach habe ich im Kapitel »Die Erde und ihr Gold« (S. 113) erzählt.

Nach der ausführlichen Darstellung zur zweiten Szene des Eingangstraumes zur Farbe Rot müssen wir uns nun noch der 3. Szene zuwenden, in der es heißt:

> *Ein Mann, der lieben will, bekommt ab und an –*
> *wenn Aussicht darauf besteht – dunkle triebhafte Augen*

Wie bringen wir dieses Bild in Verbindung zur Farbe Rot? Offensichtlich drückt diese Szene eine Spannung aus. »Wie nur erreiche ich das, was ich so heiß begehre? Welche Gefühle drohen mich zu überschwemmen?«

Ambivalente Gefühle entstehen in uns nicht nur durch Schutzhaltungen aus der Kindheit, sondern auch aus unseren Trieben, die neue Bedürfnisse in uns wecken wollen. Wenn wir den Drang spüren, uns auf Neues, noch Unübersehbares einzulassen, werden wir durch widersprüchliche Gefühle verunsichert, damit wir uns entscheiden lernen. Unser Lebensschiff kann dabei in hohe Wellen geraten; einzig die Harmonie zwischen Denken und Fühlen macht uns dann zum zuverlässigen Steuermann. Doch wenn ein Mensch seinem Trieb ungezügelt nachgibt, sich nicht bewusst macht, was ihn so anzieht und sich nicht fragt, ob sich die Beziehung auch in sein Leben einordnen lässt, nehmen die Schwierigkeiten ihren Lauf, denn

> *Freiheit ist offen sein, ohne überflutet zu werden*

Die Traumszene schildert den Trieb auf der sexuellen Ebene. Sexualität nutzt der Traum aber meistens dazu, die Beziehung zwischen dem weiblichen und dem männlichen Anteil – zwischen Erkennen und Tun – im Träumenden darzustellen. Die Aufforderung in der dritten Szene heißt daher: ›Lass nicht das

Rot der Gefühle mit dir durchgehen, sondern schalte auch dein Denken ein, damit du erkennst, ob oder wie du dein Begehren in dein Leben integrieren könntest«.

Im schönsten, im blutvollen Rot von Rosen spiegelt sich die Metamorphose, zu der unsere Gefühle fähig werden, wenn wir lieben. Das kann Georg von der Vring[13] nicht so recht glauben, wenn er sagt:

Die letzte Rose

Wer hat dieser letzten Rose
ihren letzten Duft verliehen?
Tritt hinaus ins Sonnenlose
atme ihn und spüre ihn

Wie er rot im Offenbaren
und verschwebender wie Wein
Wesen kündet, die nie waren
Und die hier nie werden sein

Träume aber machen uns Hoffnung, denn sie schenken uns auf unserem Weg immer Rosen, wenn wir liebend unsere eigene Freiheit und die des anderen bewachen.

Es gibt den Weg der Freude an sich selbst
wie es den Weg der Freude am anderen gibt

Der Farbkreis

Die erste Szene unseres Traumes, der uns bisher begleitet hat, forderte dazu auf, die Verbindung zu Blau, Gelb und Grün über das Rot suchen zu gehen, als es hieß:

Sich vereinigen wollen mit den drei anderen Farben über rot.
Es ist ein Ziegelrot.

Um das zu verstehen, wollen wir uns den Farbkreis ansehen (vgl. hintere Umschlagseite).

Nach Harald Küppers[14], Autor mehrerer Bücher über Farblehre, sind Rot, Blau und Gelb die Grundfarben, weil sie sich nicht durch Mischung mit anderen Farben erzielen lassen. Die Mischfarben Grün, Orange und Violett bezeichnet er als »Urfarben«. Hubert Rohrbacher[15], der sich aus psychologischer Sicht mit Farben befasst, argumentiert dagegen, dass auch Grün zu den Grundfarben gehört, weil sich das Grün des Sonnenlichtes nicht durch Mischung ergibt. Eine Entscheidung über die verschiedenen Ansichten brauchen wir zum Verständnis der Symbolbedeutung von Farben in Träumen nicht. Auch mein Traum spricht von vier Farben, denn »das Rot soll zu den anderen drei Farben hinführen«:

- zu Blau – abgeleitet vom wolkenlosen Luftraum
- zu Gelb – abgeleitet von der aufgegangenen Sonne und
- zu Grün – abgeleitet von den Pflanzen.

Alle sich im Farbkreis gegenüberliegenden Farben werden als Komplementär- oder Ergänzungsfarben bezeichnet und ergeben im Spektralbereich jeweils Weiß, im Pigmentbereich Grau. Weiß ist die Farbe der geistigen Klarheit, denn in Weiß ist die Dynamik aller Farben vereint. Das heißt, wir brauchen immer das ganze Lichtspektrum, um zur Erkenntnis zu kommen –, und die Wegbereiter sind dabei die sich im Farbkreis gegenüberliegenden Farbpaare, denn:

Rot – die Farbe des Gefühls – braucht immer die Ergänzung von Grün, um die Ambivalenzen in den Gefühlen aufzulösen.

Blau, die Farbe des Denkens und der Freiheit, braucht das Orange, um den erwachten Freiheitswunsch mit neuen lebensbejahenden Gefühlen in Verbindung zu bringen, die den Weg für seine Realisierung bahnen.

Und Gelb – die Farbe der Harmoniesuche – braucht immer das Violett, in dem Fühlen und Denken – Rot und Blau – zur Harmonie gekommen sind.

Mehr zur gleichnishaften Bedeutung der Farbe Grün ist im Kapitel »Pflanzen« bei der Photosynthese; zur Farbe Blau im Kapitel »Luft« und zur Farbe Gelb im Kapitel »Sonne« erläutert.

In jedem der obigen Paare ist Rot enthalten! Interessant ist es, wie das Rot in Verbindung mit Blau, das heißt in Violett, den höchsten Energiewert erreicht. Das leuchtet ein, weil im Violett die harmonische Verbindung von Rot mit Blau – gleichnishaft von Fühlen und Denken – gelungen ist.

Wellenlänge in mm	Farbe	Energiewert in kcal pro Mol Lichtquanten
400	Violett	71,4
450	Blau	63,5
500	Blaugrün/Türkis	57,1
550	Grün	51,9
600	Gelb	47,6
650	Orange	44,0
700	Rot	40,8

Eine eigene Symbolbedeutung hat die Farbe Türkis gewonnen. Türkis ist die Farbe, mit der die alten Ägypter auf die gelungene Selbsterlösung hinweisen. Noch heute werden in islamischen Ländern die Türen türkisfarben angemalt, um die bösen Geister nicht hereinkommen zu lassen. Auch im Traum erscheint Türkis nur dann, wenn es gelungen ist, eine aus der Kindheit übernommene Schutzhaltung aufzulösen, die einen wichtigen Lebensbereich des Erwachsenen ›wie ein böser Geist‹ beeinflusste.

Schauen wir uns die Führungsrolle von Rot, auf die uns der Traum hingewiesen hat, einmal im Fluss des Geschehens an:

Die vielen verschiedenen Rottöne entsprechen der Mannigfaltigkeit der Gefühle. Wenn zerstörerische Gefühle auftauchen, braucht das Rot Grün, um den Widerspruch in der Suche nach Lebendigkeit zu erkennen.

Aus dieser Befreiung erblüht nunmehr die blaue Blume der Sehnsucht und entwickeln sich Gedanken, die neue Wünsche für das Leben erkennen.

Begleitend sucht dabei Rot den Weg zum Rotgelb im Orange, um dem Blau auf seinem Gedankenflug durch Gefühle den Weg zu Gelb, dem gesuchten Licht aus Harmonie, zu zeigen.

Und das so lange, bis sich Rot mit Blau zu Violett vereinigen kann, das heißt, Gefühle und Gedanken sich einig werden. Dann haben wir den höchsten Energiezustand erreicht.

»*Farben sind Seelenköpfe*« hieß es zu Anfang dieses Kapitels. Wir sehen, sie sind die Köpfe jener elementaren Lebenskräfte, die in den Kapiteln »Luft«, »Erde«, »Sonne« und »Pflanzen« hinreichend beschrieben sind. Es bedarf darum hier keiner Träume, die Farben wegweisend mit aufgenommen haben. Wichtig ist es, darauf zu achten, ob wir im Traum zum Beispiel mit einem roten, grünen, blauen oder gelben Auto fahren, in welcher Farbe sich ein Kleidungsstück präsentiert, eine Blume erblüht oder ein Edelstein leuchtet.

So verstanden, eröffnet uns der Traum, der uns das ganze Kapitel über begleitet hat, einen tiefen Einblick in die Harmonielehre, die im Regenbogen leuchtenden Ausdruck findet. Um diesen Frieden zu finden, müssen wir alle Farben des Lichtes ins Spiel bringen.

Im Alten Testament heißt es dazu:

> »... und Gott sprach: Dies sei des Bundes Zeichen, den ich aufrichte zwischen Mir und euch und allen Lebewesen, die bei euch sind für ewige Zeit. Ich stelle meinen Bogen in die Wolken, er sei das Bundeszeichen zwischen Mir und dieser Erde. Und wölke ich Gewölke ob der Erde und im Gewölk erscheint der Bogen, alsdann gedenke ich des Bundes.« (Genesis 9)

Rose Ausländer[5] weiß es so:

> Himmelweite
> Begegnung
> Zwischen Wasser
> Und Sonne
> Sieben Farben
> Zusammengespannt
> Damit der Bogen
> Nicht breche.

Tatsächlich, wir brauchen sechs Farben und ihre Addition zu Weiß, um uns auf der geistigen Brücke zwischen Himmel und Erde bewegen zu können. Wir müssen

> *mit allen Farben ins Sehen gehen.*
> *Es geht im Farbkreis um die Gefühle, die sich nicht klären,*
> *wenn sie nicht bewusst werden.*

»Am Ende des Regenbogens steht ein Topf voll Gold« – das wird Kindern versprochen. Aber finden können wir ihn nur, wenn wir zum Goldgräber in uns selbst werden.

Pflanzen –

Gleichnis für Erkenntnisse in Wachstumsprozessen der Persönlichkeit

*Neben einer Holzhütte wuchsen
in großen Blumentöpfen wunderschöne zart-rosa Rosen.
Ich war so begeistert, dass ich mich entschloss,
die Holzhütte zu kaufen.*

(Szene eines Traums)

Lieber Freund,

mich beschäftigt noch immer Dein letztes Traumbild, in dem Du auf Deinem Balkon Weinreben in einem großen Blumentopf ziehst, Weinreben mit vergoldeten Zweigen und ein paar goldenen Beeren.

Du hast so schöne kreative Einfälle – goldene Früchte! Aber warum lebst Du mit ihnen auf Deinem Balkon?

Fürchtest Du die Ablehnung Deiner Umwelt, wenn Du Außenseiter-Ideen in Deiner Wissenschaft vertrittst?

Der Traum warnt Dich –, ich wünsche Dir den Mut, doch noch zum Gärtner Deiner schöpferischen Ideen zu werden und eines Tages ganze Weinberge anzupflanzen.

Herzlich

Welche Botschaft bringen uns die Pflanzen vom Leben?

Samen, die in der Erde sind, wachen eines Tages auf und brechen den Widerstand der Schale. Die Schale gibt dem innersten Leben eine Zeitlang Halt – solange, bis Wasser und Wärme den Keim bewegen. Das Keimen entspricht dem Augenblick, in dem wir die Abwehr, die Leben zurückhält, durchbrechen, Nur dadurch können die Wünsche in uns aufblühen und die Früchte der Erkenntnis reifen, die uns ernähren und Leben schmackhaft machen. In diesem Zusammenhang träumte ich einmal:

> *Das, was mir Halt gibt, ist der Widerstand gegen das Lebendige. Und dann muss ich den Widerstand durchbrechen, um neues Leben zu finden. Das ist der Same.*

Der Traum antwortete, nachdem ich aus dem Unbewussten zum Thema »Halt« ein Bild mit Schale und Kern gemalt hatte. Das Wort »Halt« ist doppelsinnig, denn das, was uns Halt gibt, soll aus der eigenen inneren Kraft kommen, aber davon spricht der Traum nicht. Er spricht von dem Widerstand gegen das Lebendige, das heißt, von einer Schutzhaltung, die in einer noch nicht zu durchblickenden Situation Halt verspricht. Das ist die Schale. Im Inneren dieser Schale verbirgt sich die Kraft, die leben will, das ist der Keim. Wenn aber die Erde, unsere schöpferische Kraft, noch im gefrorenen Zustand ist, oder es ihr an Wasser fehlt, dann sind, im Gleichnis gesehen, die Gefühle für neue kreative Prozesse nicht in Fluss gekommen. Erst wenn wir uns mit liebevollen Gefühlen unserer Sehnsucht zuwenden, fängt der Keim an, sich zu regen. Jetzt ist es Zeit, die Schale zu durchbrechen und zu wagen, sich zum Licht durchzukämpfen.

Bald greifen Zweige mit unzähligen Blättern nach dem Sonnenlicht. Blüten öffnen sich, werben mit ihrem Duft und ihren Farben um befruchtet zu werden. Einen Sommer lang lassen Erde, Wasser, Luft und Sonne nun die Früchte heranreifen.

Ist der Lebensgeist in Pflanze, Tier und Mensch der gleiche? Ist der Mensch als letztes Glied der Evolution auch Pflanze und Tier? Je tiefer wir in die Geheimnisse der Natur und ihre Vielfalt eindringen, um so differenzierter nehmen wir unser eigenes Leben darin wahr. Jede Pflanze und jedes Tier kann nur das eigene Wesen entfalten. Die Ameise kann kein Schmetterling, die Maus kein Löwe und das Huhn kein Adler werden. So bleibt auch eine Distel eine Distel, der Rosenstrauch ein Rosenstrauch und die Buche wird nie eine Zypresse. Aber der Mensch kann im Laufe seiner Entwicklung sehr viele dieser Gestalten durchlaufen. Pflanzen und Tiere jeglicher Art begleiten ihn auf dem Lebensweg und begegnen ihm in Träumen als Spiegel seiner geistigen und emotionalen Entwicklung.

Der Traum nutzt diese Bilder der Natur, damit wir uns in ihnen wiedererkennen. Ein Mensch kann sich verhalten wie auch immer – der Traum findet das passende Gleichnis und die Kulisse dazu, uns darzustellen: Träume treiben zarte Wiesengräser hervor; zeigen Pilze auf schattigem Waldboden; lassen Blumen in allen Farben erblühen; pflanzen junge Bäume und schenken alten Bäumen hellgrüne junge Triebe. Sie hüllen aber auch Bäume in Eisregen, entlauben oder fällen sie, lassen Blumen welken und Landschaften verkarsten. Alle diese Bilder wollen den Träumenden anregen, sich genau genug mit seiner Lebensweise auseinanderzusetzen.

> Wenn ich einen grünen Zweig im Herzen trage,
> wird sich der Singvogel darauf niederlassen.
> (Chinesisches Sprichwort)

Die Pflanzen und ihr Grün

Wir können unsere Seele wie einen Garten betreten und dafür sorgen, dass es darin grünen, blühen und reifen kann. Das Geheimnis des Gartens ist sein Grün. Grün ist die Farbe der Hoffnung. Warum? Welche geistige Kraft verbirgt sich in dem grünen Farbstoff der Natur – dem Blattgrün?

- Ohne Grün hätten wir keine Energie.
- Ohne Grün hätten wir keine Atemluft.
- Ohne Grün würde der Kreislauf des Wassers zum erliegen kommen.
- Ohne Grün wäre die Erde unfruchtbar.
- Grün schickt das Welke fort.
- Grün ist der Aufbruch zu neuen Reifungszyklen.
- Grün bereitet die Früchte.

Das Geheimnis des Blattgrüns ist die Photosynthese – die Fähigkeit, Sonnenenergie einzufangen und in chemische Energie umzuwandeln. Das Sonnenlicht aber kann in das Grün der Pflanze nur eindringen, indem es ein Wassermolekül in seine atomaren Bestandteile zerlegt. Dabei geben die beiden Wasserstoffatome den Sauerstoff für unsere Atemluft frei und dienen der Pflanze zu neuen Wachstumsprozessen.

Was bedeutet dieser Vorgang gleichnishaft für unseren Weg? Wir wissen aus den vorausgegangenen Schilderungen, dass der Kreislauf des Wassers die Metapher für den Kreislauf zur Klärung unserer Gefühle ist. In der Photosynthese wird diese Symbolbedeutung noch deutlicher, denn das, was dem einzelnen Wassermolekül widerfährt, ist physikalisch ein genaues Abbild dessen, was mit unseren ambivalenten Gefühlen geschehen soll. Zwischen den beiden »H« des Wassermoleküls H_2O besteht eine sogenannte Dipol-Spannung – eine gleiche Dauerspannung, wie zwischen zwei widerstreitenden Gefühlen in uns. Und so, wie sich durch das Eindringen des Sonnenlichtes in die Pflanze diese Spannung löst, so entspannen wir uns auf der Suche nach

Einklang mit uns selbst, sobald wir den Widerspruch in unseren Gefühlen lösen. Der Augenblick der Wasserspaltung in der Pflanze gleicht daher dem Moment, in dem wir die in zwiespältigen Gefühlen festgehaltene Energie befreien und für neue geistige Wachstumsprozesse nutzen können, denn

Ambivalenzen müssen aufgelöst – und nicht angenommen werden

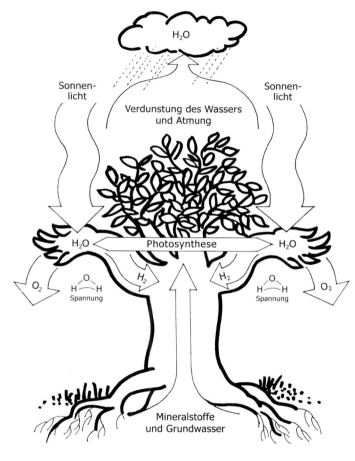

Die in der Anfangsphase der Photosynthese gewonnene Energie dient dann im weiteren Prozess der Aufnahme von Kohlendioxid (CO_2). Es wird durch die Blätter aufgenommen und in Zucker und Stärke umgewandelt. Daraus entwickelt die Pflanze die ihr eigene Gestalt.

Wenn wir dem Volksmund lauschen, hören wir »Grün ist die Farbe der Hoffnung« – der Hoffnung, dass sich Erwartetes erfüllen wird. Grün beschreibt daher im Volksmund auch noch ungenügende Reifungsschritte eines Menschen: Ist ein Mensch noch etwas naiv, sagen wir lächelnd, »er ist noch grün hinter den Ohren«, er ist ein »Greenhorn« oder ein »Grünschnabel« – d.h. er braucht noch mehr Reife. Hat sich jemand vergeblich um etwas bemüht, heißt es »er ist auf keinen grünen Zweig gekommen«.

Hat er es aber geschafft, loben wir ihn »über den grünen Klee«. Wenn wir »jemandem nicht grün sind«, haben wir keinerlei Sympathie für ihn. Das Gegenteil ist der Fall, wenn wir jemanden »an unsere grüne Seite« bitten. Und wenn wir lakonisch sagen, das ist doch »dasselbe in grün«, dann ist die gefundene Alternative auch nicht besser.

> Unsere Wünsche
> sind Vorboten desjenigen,
> was wir zu leisten im Stande sind.
>
> (Joh. Wolfg. von Goethe)

Die Pflanze und ihr Blühen

Den Widerspruch in unseren Gefühlen lösen wir nur, wenn wir uns auf unsere Wünsche einlassen. Als ich mich in der Bindung zu anderen Menschen noch unwichtig machen »musste«, das heißt, die Liebe zu meinen eigenen Wünschen noch nicht zu leben traute, träumte ich:

> *Lieben ist so leicht nicht. Es geht um soviel mehr, als nur die Genauigkeit zu finden für den anderen. Es ist auch die Genauigkeit, die ich für die eigenen Wünsche habe. Aber eben dieses Achtgeben – das Achtgeben ist dir so neu, wenn es sich nunmehr um dich selbst handelt.*

Im Kapitel »Sonne« habe ich davon berichtet, wie sehr ich einerseits wünschte, mir Freiheit für die Auseinandersetzung mit der altägyptischen Weltvorstellung zu nehmen, aber andererseits mein Zeitproblem noch nicht entschlossen genug löste. Ein Traum aus dieser zögerlichen Zeit drückte das so aus:

> *Ich sah ein Gemälde von Blumengräsern. Es waren drei Gräser, die mit ihren verästelten Blütenkörpern – sie waren farblos – nach etwas griffen. Etwas Wildes war in ihnen.*

Der Traum provozierte mich. Ich hatte einen Wunsch in seinen ersten Regungen zwar erkannt – er war mir bewusst sagt die Zahl 3 – und bestätigte mir so mein »wildes« Verlangen. Doch das Ganze war vorerst nur ein Gemälde dieser Sehnsucht und hatte noch nicht die Farben des Lebens gewonnen.

Sobald es uns ernst wird, die eigenen Wünsche aufmerksam zu beachten, blühen in Träumen Blumen auf. Blüten in rot, blau, gelb, orange, violett und weiß locken dann mit ihren Farben und Düften; ein Patient assoziierte dazu:

> Sieh mich an – fühle mich – betrachte mich –
> freu dich an mir – atme meinen Duft ein –
> gib mir Wasser – liebe und hege mich.

Wir erkennen uns an unseren Herzenswünschen. Sie sind Ausdruck unserer Einmaligkeit.

In Träumen begleiten uns dazu nicht nur Pflanzen auf der Suche nach Erkenntnis sondern auch Tiere als Spiegel unseres emotionalen Verhaltens. Dazu träumte ich:

> *Pflanzen und Tiere sind wasserbewohnende Entwicklungen.*

Das heißt Träume von Pflanzen- und Tieren sind in Gefühle eingebettet, die wir klären sollen. Erst durch das Klären immer wieder auftretender Widersprüche in den Gefühlen kann der Wunsch, den wir nicht zulassen konnten, wie eine Blume in uns aufblühen. Ein Traumtext – tief in der Nacht empfangen – brachte dazu diese Gewissheit:

Ich bin die Wünsche, die ich verwirkliche.
Es ist kein Wunsch im Herzen des Menschen,
der nicht den Weg weist in das Glück.
Glück ist die Liebe zum Leben,
ist das befreite Leben.

Ich suche einen Wunsch, der mir Leben gibt:
Leben in einer Weise, wie Kinder: ohne Angst vor den
Wünschen, die in ihrem Herzen sind.
Das Herz weiß im Geheimen immer, was ich brauche, um mich
frei fühlen zu können: Hätte ich doch einen Tag, an dem ich alles tun kann,
was ich möchte.
Hätte ich doch den Mut, nicht tun zu müssen, was man von mir erwartet,
sondern zu tun, was sich mein Herz wünscht.
Hätte ich doch die Liebe zu mir, mir einen Wunsch zu erfüllen,
der mein Herz befriedigt.

Ich bin der Wunsch, den ich verwirkliche.
Wünsche sind Leben – sie sind der Samen, ich bin der Gärtner.
Ich bin der Gärtner meiner Wünsche.

Meine Wünsche sind Blüten, die mit ihren Farben
Und mit ihrem Duft werben,
von einem anderen wahrgenommen zu werden.

Als ich mir schließlich meinen Wunsch erfüllte und anfing, mich mit den alten Ägyptern zu befassen, sah ich, welch tiefes Wissen vom Leben in ihrer Bilderschrift verborgen ist. Schon vor Tausenden von Jahren konnten sie die Bilder unserer Welt als Ausdruck seelischer Zusammenhänge im Menschen verstehen. Während dieser Entdeckungsreise erreichte mich ein Traum, der mir Mut machte, mein Leben zu verändern und mir mehr Zeit für die Forschung zu nehmen.
Ich wachte dreimal in der Nacht auf:

Beim ersten Mal hörte ich ein so starkes Hämmern, dass ich eine ganze
Weile brauchte, um zu begreifen, dass sich das Hämmern in mir selbst abge-
spielt hatte. Es war so, als ob es bei dem Hämmern um eine Reparatur ging.

Beim zweiten Mal wachte ich mit dem Gedanken auf: »Der andere Mensch
wird gebacken«.

Beim dritten Mal war ich dann in einer beglückend leichten Stimmung und hörte die Worte: »Honig – Klee – Kranz«.

Hämmern verlangt Einfühlung und Genauigkeit. War ich auf dem Weg zu mir selbst? Reparierte ich mein Lebenshaus?

Ja, ich spürte, der andere Mensch – ein neuer Teil meines Wesens – gerät in das Feuer der Wandlung und will mich nähren.

Ich hatte den richtigen Weg eingeschlagen, meinen Glücksklee zu finden. Und ein nächster Traum verhieß mir dann: *»Wenn der Honig kommt, ist es Leben.«* Das war die Süße meines Neuanfangs.

In dieser Zeit träumte ich auch *von einem Kamel, dessen Maul sich zu einer Blüte formte.* Kamele gehen durch Wüsten, in denen es erst blüht, wenn der Regen kommt. Wie lange war ich durch Wüstensand gegangen, als ich meinen persönlichen Bedürfnissen keine Gefühle schenkte! Jetzt begannen meine Wünsche aufzublühen. Dass ich kein trockener Kaktus mehr war, bestätigte mir ein Traum mit der provozierenden Frage:

Was ist eine Kaktusseele?

und überraschte mich noch in der gleichen Nacht mit der Antwort:

Sich zu verschwenden, wenn der Durst aufgehört hat.

Sobald der Regen sie tränkt, blühen Kakteen in verschwenderischer Fülle und Farbigkeit – wenn wir uns unseren Gefühlen öffnen und der Durst aufgehört hat, blühen auch wir.

Als ich soweit war, meine Erfahrungen aus Träumen veröffentlichen zu wollen, fiel mir das unverhältnismäßig schwer. Nachdem ich ursprünglich gelernt hatte, meine Gefühle zu ignorieren, konnte ich beim Schreiben noch keine sinnliche Kraft entfalten. Als ich mich aus dieser Verhaltenheit zu befreien begann, tröstete mich ein Traum:

Im ersten Bild sah ich Glasgefangene, die lachten.

Im zweiten Bild sah ich Stiefmütterchen und

Im dritten Bild ein Baby, das zu lachen anfing.

Die Glasgefangenen sind meine Gefühle, die wie hinter Glas gefangen waren und nun erste Befreiung verspürten. Die Stiefmütterchen stehen für meinen Wunsch, nicht mehr so *stiefmütterlich* mit meinen Gefühlen umgehen zu wollen. Der Wunsch aber war schon der Anfang der Heilung. Wie schon an anderer Stelle beschrieben, war ich in meiner Babyzeit oft allein gelassen und keiner hörte mein Schreien. Hilflos resignierte ich damals und zog mich in meine Gefühle zurück. Jetzt zeigte der Traum, wie dieses einst vereinsamte Baby in mir zu lachen anfing, weil ich begann, endlich meine Gefühle zu zeigen.

Die gewonnene Klarheit löste eine spürbare Leichtigkeit in mir aus. Ein Traumtext bekräftigte mein neues Vertrauen, als er mir sagte:

> *Das ist der Weg der inneren Gewissheit, auf dem Weg zu sein, der mit uns selbst übereinstimmt.*
> *Es kann dann kein irrtümliches Denken entstehen.*
> *Nur die Menschen, die sich auf den Weg machen, dem Wunsch zu folgen, der im Herzen den Ort erkennt, in dem Wünsche aufblühen, und die dann nicht ausweichend die alte Sicherheit suchen, können es übernehmen, der Welt einen neuen Weg zu zeigen.*

Auch Rainer Maria Rilke empfindet das Visionäre dieser Lebenskraft:

> Das ist mein Streit:
> Sehnsuchtgeweiht
> durch alle Tage schweifen.
> Dann, stark und breit,
> mit tausend Wurzelstreifen
> tief in das Leben greifen –
> und durch das Leid
> weit aus dem Leben reifen,
> weit aus der Zeit.

Wenn wir nicht zum Gärtner unserer Wünsche werden, können wir unsere Originalität nicht entfalten.

Eine Frau war in Gefahr, ihre Kraft dazu verkümmern zu lassen, weil sie zu viel für andere sorgte. Als sie sich auf sich selbst besann, sah sie im Traum

> *am Himmel eine große wunderschöne, zarte geöffnete weiße vierblättrige Blüte tanzen, die durch ihren Stengel mit einem uralten mächtigen Baum verbunden war.*

Die Träumerin war noch während des Erzählens vom Anblick dieser Blume ganz ergriffen. Die Farbe weiß ist die Farbe des Lichtes, der Klarheit. Diese Blüte bestätigte, wie richtig es für die Träumerin ist, sich aus ihrer Opferrolle zu befreien. Der uralte mächtige Baum ist ein Bild der von der Träumerin einst erworbenen Kraft, die ihr dann wieder verfügbar wird, wenn sie ihre Wünsche nicht mehr kränken muss. Darauf weist auch die Vierblättrigkeit der Blüte hin, die sie zu ihrer schöpferischen Kraft hinlenken will, denn die vier zeigt, wie ich anfangs in der Theorie beschrieb, den Weg in die Gestaltwerdung unserer Wünsche.

Und eine andere Frau, die aus Angst vor dem Alleinsein in ihrer Beziehung abhängig blieb, sah im Traum:

Eine weiße Blüte, auf der ein weißer Kieselstein lag.

Dazu hörte sie die Worte:

Das Innerste meines Inneren befragen.

Weiße Kieselsteine sind Quarze oder quarzähnliche Gesteine, die durch das Rollen in den Flüssen abgerundet worden sind. Das zeigt, dass die Träumerin schon lang mit ihrem Wunsch nach mehr Freiheit unterwegs ist, und mahnt sie, endlich auf ihre innerste Wahrheit zu hören.
Diese Botschaft vertiefte einer meiner Träume, als er sagte:

1. *Die Welt wurde flügellos geboren und wird flügellos bleiben, solange ...*
2. *Dann sagte ich zu einer Frau vor anderen Menschen, dass sie nur das tun solle, was sie wirklich will.*
3. *Sie war danach verschwunden und kam jetzt wieder in einem über und über mit kleinen Blumen bunt übersätem Kleid.*

Fliegen lernen wir erst, wenn wir die Angst vor unseren innersten Wünschen überwinden und mit ihnen den Stoff weben, mit dem wir uns bekleiden wollen. So wird jeder Mensch zu seiner eigenen Webegöttin, denn

Wünsche sind der Durchgang vieler Gefühle

Und nur mit ihrer Hilfe können wir die Erkenntnisse für das Leben weben.

Wenn der Traum uns Rosen schenkt

Die Königin unter den Blumen ist die rote Rose – auch im Traum. Ein Traum erklärte mir:

Rosen sind »Führungsblumen«.

Wohin führen sie uns? Worauf machen sie uns im Traum aufmerksam? Da die Urform der Rose fünfblättrig ist, regt sie die Verbindung zu den fünf Sinnen der Menschen an. Rote Rosen schenken wir uns aus Liebe. Die Liebe ist das innigste Gefühl, das den Menschen mit dem Herzen des Lebens verbindet. Sri Aurobindo, der Begründer des integralen Yoga im modernen Indien (1872-1950), nannte die Rose

»ein Bild der Unsterblichkeit, Ausbruch der Gottheit im Menschen«.

Und der persische Dichter und Mystiker Dschalaladdin Rumi (1207-1273) stimmt auf seine Weise zu, wenn er sagt:

»Jede Rose, die in der äußeren Welt duftet, spricht vom Geheimnis des Ganzen.«

Diesem Geheimnis begegnen wir auch in unseren Rosenträumen. Ich möchte dazu vorweg einen Rosentraum erzählen, dessen Rose im Sinne unserer Botanik gar keine Rose ist. Die Pflanze aber heißt Rose, weil sie ein Naturwunder ist – sie gewinnt ihr Grün trotz Dürrezeiten immer wieder neu. Es ist die »Rose von Jericho«. Sie blüht für eine Frau, die sich von ihrer Familie in einer strittigen Angelegenheit ausgeschlossen fühlte und darum um ihr Selbstwertgefühl kämpfen musste, denn es war ihr wichtig, zu dem Konflikt auch gehört zu werden. Sie träumte:

Ich sehe meine Freundin auf- und abgehen und den Anfang eines Vortrages einüben. Sie wiederholt den ersten Satz dieses Vortrages drei Mal:
»In Jerusalem, in der Halle des King David Hotels, steht eine Vase mit Rosen von Jericho.«

Was sollte die Träumerin erkennen?

Die Rosen von Jericho wachsen in den Sandwüsten Arabiens. Dieser sogenannte »Rosenstrauch« zieht sich beim Austrocknen zu einer kugelartigen Gestalt zusammen, die wie ein Steppenläufer mit dem Wind über die Wüste fliegt und den Samen verstreut. Kommt die Pflanze dabei mit Feuchtigkeit in Berührung, streckt sie ihre Zweige aus und ergrünt erneut. Dieses Wiederaufstehen hat den Rosen von Jericho ihre Symbolbedeutung als »Auferstehungsblume« eingebracht.

Die Freundin, die die Botschaft drei Mal im Traum wiederholt, ist eine außergewöhnlich souveräne Frau. Damit weist der Traum die Träumerin darauf hin, dass sie nicht minder fähig ist, souverän zu reagieren. Sie sollte sich in solchen sie emotional berührenden Situationen bewusst selbst wertschätzen und lieben, dem Fluss ihrer Gefühle Raum geben und die Samen ihrer Erkenntnisse der Familie bringen.

Der Ort der Handlung ist im Traum das Hotel »King David«. König David war nicht nur ein Künstler der Harfe, sondern vor allem der Staatsmann, der Israel etwa 1000 vor Chr. einigte. Damit war die Kraft der Träumerin angesprochen, durch neugewonnene Souveränität den Unfrieden in der Familie beilegen zu können und wieder Musik in den Herzen der Familie erklingen zu lassen.

Wenn ein Rosenstock im Traum verdorrt, mahnt er uns, eine Liebe nicht länger dürsten und hungern zu lassen, sondern ihn umzutopfen und ihm frische Erde zu geben. Das kommt im Traum einer Frau zum Ausdruck, die sich aus einer lähmenden Depression befreien wollte. Sie beschrieb ihren seelischen Zustand so:

»Ich bin verärgert über mich selbst, denn ich lasse meine Zeit immer wieder verstreichen, ohne kreativ zu werden. Mir wurde am Tag vorher klar, dass ich einen Anfang machen muss, um nicht in meinen depressiven Stimmungen zu versinken. Nach diesem Entschluss träumte ich:

1. *Ich suche zusammen mit einem jungen Mädchen das Grab meines bereits als Baby verstorbenen Bruders. Ich kann es nicht finden.*
2. *Müde setze ich mich auf eine Bank und will ausruhen. Aber das Mädchen drängt mich, weiterzusuchen.*
3. *Ein Rosenstock in irgendeinem Garten ist verdorrt. Die Blüten sind schwarz geworden. Ich will den Stock retten und ihn in einen Holztopf umpflanzen. Das Mädchen hilft mir dabei.*«

Ich fragte die Träumerin:

» Was war in Ihnen kaum geboren – gleich wieder gestorben? So wie Ihr kleiner Bruder?
« Das war mein Wunsch, mich intensiv mit der christlichen Kirche in der Zeit des Nationalsozialismus zu beschäftigen. Ich bin diesem Wunsch aber wieder ausgewichen.
» Sie spüren, dass es ein schmerzlicher Verlust wäre, das nicht zu tun?
« Ja, jeden Tag gerate ich in den Zustand zwischen Resignation und Neuanfangen-Wollen.
» Der Rosenstock zeigt, dass für Sie der Wunsch, dieser Frage nachzugehen, eine tiefe Bedeutung hat.
« Das ist richtig. Die Haltung der Kirche in der damaligen Zeit erschüttert noch immer zutiefst mein Vertrauen in sie. Ich brauche die Auseinandersetzung. Es ängstigt mich darum, dass meine Depression den Rosenstock umzubringen droht.
» Der Traum schenkt Ihnen aber die Gewissheit, dass er wieder blühen kann, weil Sie Ihrem Wunsch im Traum neue Erde, neue Nahrung geben wollen. Ist Ihr Wunsch danach wieder intensiver geworden?
« Ja, er wurde mir gestern in einem sehr engagierten Gespräch wieder so bewusst. Ich darf und will ihn nicht aufgeben.

Die gleiche Frau träumte ein wenig später,

wie sie langsam und vorsichtig aus einer Holzhütte herauskam und sagte, sie sei gelähmt gewesen, könne aber jetzt wieder einigermaßen gut gehen.

Neben dieser Holzhütte wuchsen in großen Blumentöpfen wunderschöne zartrosa Rosen. Sie war so begeistert, dass sie sich im Traum entschloss, die Holzhütte zu kaufen.

Holz sind Gestalt gewordene Erkenntnisse, denn die aus der Luft durch die Pflanze aufgenommenen Kohlenstoffe sind die Bausteine der Natur und gleichen den Bewusstwerdungsprozessen, in denen wir uns mit der Gestaltung unserer Wünsche auseinandersetzen. Die Frau hatte erkannt, dass der Mangel an Liebe zu ihren eigenen Wünschen sie so gelähmt hatte. Sie wollte die Kraft zur Gestaltung ihrer Wünsche nicht wieder verlieren und kaufte im Traum darum die Holzhütte mit den Rosen.

Was zeichnet die Rose so aus? Was macht sie zum Gleichnis der Liebe?
- Ist es ihr süßer, feiner Wohlgeruch?
- Ist es das Quellen ihrer Blütenblätter um eine Mitte, die geheimnisvoll verborgen scheint?
- Ist es die Farbenfülle aus reinen, glutrot leuchtenden Tönen?
- Die zärtliche Vielfalt ihrer Gestalten?
- Ihr Widerspruch aus Blüten und Dornen?
- Ihr Blühen, das nie enden will?

Eugen Roth[16] hat die verschwenderische Hingabe blutroter Rosen so gesehen:

> Als sich die Rose erhob, die Bürde
> Ihres Blühens und Duftens zu tragen
> Mit Lust;
> Hat sie, dass es der letzte sein würde
> Von ihren Tagen,
> Noch nicht gewusst.
>
> Nur, dass sie glühender noch werden müsste,
> Reiner und seliger hingegeben
> Dem Licht
>
> Spürte sie – ach, dass zum Tode sich rüste
> So wildes Leben.
> Bedachte sie nicht ...
>
> Als dann am Abend mit Mühe der Stengel
> Ihre hingeatmete Süße
> Noch trug,
> Hauchte sie, fallend dem kühlen Engel
> Welk vor die Füße:
> »War es genug?«

Kostbar, so zu fragen. Ob wir wohl genug lieben inmitten all der Dornen, die uns umgeben?

Eine Frau, die dieser Frage in ihrem Herzen eine neue Heimat geben wollte, erkannte, dass ihr Eifersucht und Hass nicht weiter halfen. Doch immer wieder erlag sie noch Zweifeln und Anklagen und der bohrenden Frage: Warum hat er mir das angetan? Dabei war ihr Körper voller Schmerzen. Sie träumte:

1. *Ich schaue mir im Fernsehen einen Film zum Thema »Metamorphosen« an, sehe eine Rosenblüte in Großaufnahme, höre dazu den Kommentar.*
2. *»Es ist immer wieder erstaunlich, wie die Natur uns mit Wandlungen überrascht. Was hier so aussieht wie eine wunderschöne Rosenblüte, ist in Wirklichkeit ein Rosenkäfer.«*
3. *Die Blüte wird langsam gedreht,*
4. *und wie in einem Vexierbild erscheint jetzt das Bild eines roten Käfers, der aussieht wie ein Skarabäus mit einem Rubin.*

Der Skarabäus der alten Ägypter ist ein heiliges Symboltier für Befreiungsprozesse, die zur Selbstwerdung des Menschen führen. Warum ist das so? Dieser Käfer legt seine Eier in den Dung von Weidetieren. Dann rollt er die höhlenartigen Dungkugeln an einen geeigneten Ort, um sie dort von der Sonne ausbrüten zu lassen. Weidetiere sind zum großen Teil Wiederkäuer. Auch wir Menschen müssen wiederkäuen und dann ausscheiden, was wir nicht verwerten können – sowohl auf der materiellen wie auf der geistigen Ebene. Diese Ausscheidungen bahnen den Weg für neues Leben durch das Suchen und Finden von Harmonie.

Die alten Ägypter nannten diesen Käfer »Chepre« – »der von selbst wurde« oder »der sich selbst verwandelt«. Ein ägyptischer Hymnus sagt dazu: »Re-Chepre strahlt über Deinen Leib, dass er die Finsternis verjage, die über dir ist« und nennt ihn »den Lebendigen«. So können wir den Skarabäus als ein Sinnbild für den schwierigen Weg in die Selbsterlösung ansehen. Im Traum ist der Skarabäus mit einem Rubin verbunden. Der Träumerin wurde mit diesem rotleuchtenden Rubin ans Herz gelegt, die Liebe über Hass und Verzweiflung siegen zu lassen und frei zu werden von Verletzungen, in die sie als kleines Kind durch Ignoranz geraten war.

Schon ihr nächster Traum zeigt, wie sie sich auf den Weg gemacht hat:

1. *Ein wunderschöner Rosenstrauch mit besonders großen Blüten steht vor mir. Die Köpfe der großen Blüten stehen aufrecht. Stützgitter halten den Strauch zusammen – zu eng.*
2. *Plötzlich gerät der Rosenstrauch unter Schnee und Eis. Ich fühle, ich bin der Rosenstrauch.*
3. *Dann stand ich wieder neben dem Strauch. Die Rosen waren verdorrt – sie waren vergilbt. Der Schnee war geschmolzen.*

Irgend jemand sagte »Immerhin hat er noch geblüht, wenn auch spät – nächstes Jahr werde ich ihn früher zum Blühen bringen.«

Und wie beglückend war es dann in der Folgezeit mitzuerleben, wie sie nach und nach zum Gärtner ihrer Liebe wurde.

Beziehungsmuster sind zuweilen von schweren Ängsten beider Partner geprägt! Der folgende Traum stellt das Drama einer Ehe dar. Wenn wir die Bilder auf uns wirken lassen, spüren wir, wie groß die Bemühung der Ehepartner um Nähe ist, doch wie viel Enttäuschung die Beziehung noch bedrängt.

Die künstlerisch begabte, zu Lebenslust und Humor neigende Frau verleugnete aus Angst, verlassen zu werden, ihre persönlichen Wünsche, sobald ihr Mann sie nicht akzeptierte. Und das geschah so oft, weil sich in dem Mann die zwanghafte Lebensangst festgesetzt hatte, in materielle Not zu geraten, wenn er nicht jeden Pfennig eisern festhalten würde. Das brauchte er für seinen Wunsch, sich unabhängig zu fühlen. Daher bauschte er den kleinsten Einwand seiner Frau zu der Wut auf, dass er sich nicht von ihr fremdbestimmen lasse und flüchtete sich vor ihrer emotionalen Reaktion ständig in sein Büro.

Beide Partner mussten schwere Kindheitsverletzungen überwinden. Als sie begannen, sie bewältigen zu wollen, träumte die Ehefrau von den einsamen mühevollen Annäherungsversuchen. Diese wurden einerseits von liebevoller Zuneigung getragen und andererseits immer wieder von Ängsten empfindlich gestört. In dieser leidvollen Wechselbeziehung konnte sich das Paar nur gegenseitig helfen, wenn die Frau mit klaren Wünschen die zwanghafte, völlig unrealistische materielle Angst des Mannes liebevoll und humorig in Frage stellte. Das damit zum Ausdruck gebrachte Selbstvertrauen der Ehefrau war für ihn dann Motivation genug, sein zwanghaftes Sicherheitsdenken selbst zu hinterfragen und seiner Frau entgegenzukommen. Sie träumte:

1. *Ich tanze auf einer sonnigen Blumenwiese mit anderen Menschen.*

2. *Eine turmhohe, dunkle Welle rollt heran. Ich renne und flüchte –*

3. *breche nach dieser panischen Flucht erschöpft zusammen, erleichtert, gerettet zu sein.*

4. *Bin wieder in dieser Blumenwiese am stillen, unendlich weit schimmernden See, der sich in unendlichem, glitzerndem, lautlos Stillem verliert. Weit ausgestreckt, atmend liege ich da.*

5. *Ich erwache zusammengerollt wie ein Embryo oder eine Schnecke, will mich dehnen, es geht nicht. Ein Turm ist dicht an mich gebaut. Ganz mühsam krabble ich hoch.*

6. *Harald reicht mir über die Mauer seine Hand, tröstet mich, streichelt mich. Als ich stehe, lässt er mich los und mauert weiter. Ich versuche, die Steine wegzureißen, aber er mauert schneller, obwohl er mir zärtlich*

zuredet und blühende Unkräuter, Küchenkräuter und manchmal Rosen herüberwirft oder durch Löcher in der Wand zuschiebt. Sie werden aber gleich zu Trockenblumen oder Heu. Wenn es mir gelang, unten in der Mauer Steine herauszustoßen, pressten wir unsere Gesichter in das Loch, dann wurde uns warm und leicht, obwohl wir nichts sagten.

7. *Aber dann wurde das Loch wieder zugestopft von außen oder durch die vertrockneten Blumen, die ich durchstecken wollte. Meine Kleider über der Brust wurden blutig;, es tat sehr weh und ich versuchte, meine Hand darauf zu pressen.*

Was macht der Traum sichtbar?

1: Auf der sonnigen Blumenwiese tanzt die Ehefrau zwischen ihren aufblühenden Wünschen.

2: Da kommt plötzlich die bedrohliche Reaktion ihres Mannes als eine turmhohe dunkle Gefühlswelle aggressiv auf sie zu. Sie flüchtet panisch.

3: Sie fürchtet sich, bricht erschöpft zusammen und fühlt sich erst im Rückzug geborgen.

4: Doch dann ruft sie ihre Wünsche nach Leichtigkeit und Freude erneut in ihrer Phantasie herbei. Sie will nicht aufgeben und gibt sich ihnen in aller Stille erneut hin,

5: so lange, bis sie sich aus ihrem Schneckenhaus lösen kann und sich mühsam aufzurichten beginnt. Obwohl ihr Mann in den Turm seiner Angstgedanken geflohen ist und die Kommunikation verweigert, gibt sie nicht auf.

6: Der Mann lässt sich durch die Hilflosigkeit seiner Frau anrühren, tröstet und streichelt sie. Aber sobald sie wieder stehen kann, mauert er weiter. Nun spielt sich eine herzergreifende Szene nach der anderen ab, um die gegenseitigen Vorbehalte überwinden zu lernen. Die neuen Erkenntnisse bringen Unkraut, Gewürzkräuter und Rosen der Liebe hervor.

7: Weil ihnen das Wasser des Lebens immer wieder versiegt, werden sie aber zu Trockenblumen. Die blutigen Kleider über der Brust offenbaren, wie verletzbar die Träumerin noch ist.

Das ist der schmerzliche Prozess der Wiederholungen, der zur Selbstbefreiung führt.

Der Weg besteht aus den Steinen der Vergangenheit, die es aufzulösen gilt. Lebensimpulse aber können untergehen, wenn wir uns nicht von ihnen ermahnen lassen.

Eines Tages schrieb mir diese Frau in einem Brief: »Es kostete viel Kraft, mir und meinem Vorsatz treu zu bleiben, wahrhaftig zu leben – und nicht um Liebe und Zuneigung zu betteln, zu kriechen und mich selbst zu verleugnen. Aber immer wieder sah ich, dass mir das nach anfänglichen Protesten und Angriffen Respekt, Zuneigung und Liebe einbrachte! Und alle meine übrigen Beziehungen sind damit auch unverkrampft und offen geworden.«

> Oh, wer um alle Rosen wüsste,
> die rings in stillen Gärten stehn –
> oh, wer um alle wüsste, müsste
> wie im Rausch durchs Leben gehen.
>
> Du brichst hinein mit rauen Sinnen,
> als wie ein Wind in einen Wald –
> und wie ein Duft wehst Du von hinnen,
> Dir selbst verwandelte Gestalt.
>
> Oh, wer um alle Rosen wüsste,
> die rings in stillen Gärten stehen –
> oh, wer um alle wüsste, müsste
> wie im Rausch durchs Leben gehen.
>
> (Christian Morgenstern)

Die Pflanzen und ihre Früchte

Kartoffeln, Paprika und Lupinen als Schauspieler auf der Traumbühne

Der Prozess einer schöpferischen Suche wird launig in einem Traum beschrieben, der die Kartoffel zur Hauptdarstellerin erkoren hat. Eine Frau berichtet: Ich arbeite mit großem Engagement an meinem Buch – ändere verschiedenes ab, verbessere und freue mich an der Arbeit. In der Nacht träumte ich:

1. Ich sitze vor einem großen gläsernen Gefäß.
2. Dieses Gefäß ist angefüllt mit Kartoffeln, die bereits keimen. Ich habe einen Kopfhörer auf und bin dadurch mit den Kartoffeln »verbunden«.
3. Jede Kartoffel beinhaltet ein Wort. Ich kann das über den Kopfhörer genau verstehen. Aber es kommt dauernd ein anderer Text heraus, denn wenn eine Kartoffel nur ein bisschen zur Seite fällt, steht das Wort an einer anderen Stelle und damit verändert sich dann jedes Mal der gesamte Text.

Und sie erzählt: Gestern ist mir etwas ganz durchsichtig geworden. Kartoffeln gedeihen in der oberen Bodenschicht der Erde. Als ich tags zuvor an meinem Buch geschrieben, Passagen verändert und neu gestaltet habe, war ich mit den

Kartoffeln – das heißt mit meiner schon keimenden schöpferischen Kraft – verbunden, indem ich versuchte, präzise Ausdrucksweisen zu finden. Und jetzt ist mir klar, dieses intensive Bemühen um lebendige Formulierungen ist die Grundnahrung für mein Buch.

In einem anderen Traum übernahmen Paprikaschoten die Aufgabe, den Träumer zu provozieren. Ein Kameramann, der auf Jagd nach den schönsten Einstellungen für einen Film unterwegs gewesen war, zweifelte plötzlich, ob er auch gut genug gearbeitet habe. Da träumte er:

> *Ich habe wundervolle, knackige, grüne, rote und gelbe Paprikaschoten mit ihren Stielen in lockere Erde gepflanzt.*

Er war ganz ratlos, was der Traum von ihm wollte. Ich hoffe, der Leser schmunzelt schon, weil der Träumer so auf den Arm genommen wurde, denn was hätte es für einen Sinn, diese ausgereiften Paprikaschoten – die Früchte seiner Arbeit – nochmals in die Erde zu pflanzen? Mehr kann er nicht erreichen, denn das Grün sichert ihm zu, dass er die Widersprüche aufgelöst hat und den Inhalt des Filmes mit dem Rot von Gefühlen und dem Gelb gefundener Harmonie untermalt hat, so dass seine farbigen Kompositionen würzig wie Paprika schmecken.

Eines Nachts erheiterte mich ein Lupinentraum. Er korrigierte mich auf sehr merkwürdige Weise, als ich damit begonnen hatte, die symbolische Bedeutung der Pflanzen darzustellen und dabei zu allgemein geblieben war. In der Nacht träumte ich diesen bizarren Bilddialog:

1. *Das bedeutet aber: Das hat es gegeben – oder nicht gegeben? Zu diesen Worten sah ich das Gesicht von Helmut Kohl.*
2. *Dann nahte ein Hubschrauber. Wir waren zu zweit draußen in der Landschaft. Ich fühlte, er wird abstürzen. Und so geschah es augenblicklich – er stürzte senkrecht in die Tiefe.*
3. *Und danach hörte ich die Worte: »Lupinen als Nationalmannschaft«.*

Es gibt doch nichts Verwunderlicheres als die Gleichnissprache der Träume: Was kann es nur bedeuten »Lupinen als Nationalmannschaft« aufzustellen?

Landwirte bauen Lupinen als Zwischenfrucht an, um den Boden mit Stickstoff anzureichern, denn Lupinen können durch ihre Knöllchenbakterien den Stickstoff aus der Luft binden. Die Bakterien sitzen in den Wurzelhaaren der Lupinen, vermögen den freien Stickstoff der Luft zu binden und für den Aufbau von Eiweißverbindungen zu nutzen. Basen aus Stickstoffverbindungen aber sind Träger individueller Erbinformationen, die die Eigenart jeder Pflanzengattung bestimmen. Die Lupinenmannschaft forderte daher von mir, nicht nur über Pflanzen im Allgemeinen zu sprechen, sondern zu zeigen, wie die Eigenart der Pflanzen die Traumbotschaften differenzieren. Lupinen haben noch eine weitere Eigenschaft: Sie schießen ihre Samen wie lebende Abschussrampen aus ihren Samenhülsen ab. Diese Schnelligkeit und dieses Reaktionsvermögen muss auch eine Nationalmannschaft im Fußball haben – hier spielen nur die Besten. Sie sollen das eigene Tor verteidigen und den Ball in das Tor des Gegners spielen.

Das Tor, das es zu schützen galt, war mein Wunsch, die Welt der Pflanzen so zu schildern, dass sich der Leser zurechtfinden kann, wenn sie ihm in eigenen Träumen begegnen. Wer war mein Gegner und wie könnte ich mit der Lupinenmannschaft den Sieg erringen?

Die erste Traumszene zeigt mir, wie ich dabei war, wichtige Details unter allgemeinen Aussagen zu verbergen, geradeso wie es Helmut Kohl vermutlich seinerzeit in der viel diskutierten Spendenaffäre getan hat.

Die zweite Szene nimmt das Gefühl auf, das mich schon beim Schreiben beschlichen hatte – meinem distanzierten Hubschrauberblick fehlte die Sicht für die Individualität der Pflanzengattungen. Ich blieb zu allgemein. So stürzte ich mit meinem Gedankenflug ab.

In der dritten Szene erfahre ich dann, dass ich der genetischen Vielfalt von Leben zum Sieg über die Versuchung zu starker Vereinfachung verhelfen sollte, denn die Nationalitäten bringen die Vielfalt zum Ausdruck, mit der unterschiedliche Nationen dem Leben ihren eigentümlichen Ausdruck geben. Und so können wir davon ausgehen, dass jede Pflanzengattung uns einen spezifischen Aspekt vom Leben vermittelt.

Wenn unsere Erkenntnisse zu Brot und Wein reifen

Zu den wichtigsten Früchten unserer Erde gehören die vielen Getreidearten. Getreide sind Gräser, die die Basis für die Ernährung von Mensch und Tier bilden. Sie bieten uns Korn für Korn konzentrierte Nahrung an. In der Dinkelreihe des Weizens, die im nächsten Traum als Botschaft auftritt, werden wir mit der Befreiung aus Schutzhaltungen konfrontiert. Dazu ist es wichtig zu wissen, dass es einen Dinkel gibt, dessen Korn von einem sehr festen Spelzen umschlossen ist, der durch besondere Schälmühlen zerkleinert werden muss. Der wichtigste Weizen dagegen ist der Saatweizen, dessen Körner sich lose in den Spelzen befinden und leicht ausgeschüttelt werden können.

Sehen wir uns den Traum an, den eine junge schwerkranke Frau ein halbes Jahr vor ihrem Tod träumte; seine Bilder sprechen, als ob sie ein Kinderherz berühren möchten.

1. *Alle wundern sich, warum die Engel Hasen sind. Sie sitzen um ein Podest herum, auf dem Hasen aus Lebkuchen aufgebaut sind.*
2. *Ich frage, ob es da oben kalt ist, da die Hasen Fell und lange Ohren und keine luftigen Kleider haben wie sonst die Engel.*

3. Pa erklärt, dass die Engel die Lebkuchen zu Hasen geformt haben.
Sie hätten für mich extra Dinkel genommen, weil ich nichts anderes essen darf. Und aus diesem Teig würden sich nur Hasen formen lassen.

Alle wundern sich, warum die Engel Hasen sind. Da wundern wir uns mit, denn im Allgemeinen stellen wir uns doch vor, dass Engel befreite Menschen mit Flügeln sind. Könnte es aber vom Gleichnis her gesehen nicht auch sein, dass eine solche Engel-Vorstellung aus der Erfahrung kommt, dass wir uns immer dann, wenn wir in Harmonie mit uns sind, leicht und befreit erleben und diesen Zustand als »Engel in uns« fühlen«? Könnte es darum nicht auch sein, dass wir auf der Suche nach Harmonie unser eigener Engel werden –, dann, wenn wir die Kraft gefunden haben, uns für das Lebendige in uns zu entscheiden?

Dass es in diesem Traum darum geht, zeigen in der ersten Szene die Hasen. Der Hase drückt symbolisch einen Widerspruch aus: Wir kennen ihn als »Angsthasen«, als »Hasenfuß«, aber gleichzeitig zeigt er einen unbesiegbaren Lebenswillen, indem er neues Leben in zwei Gebärhöhlen gleichzeitig austragen kann. Sobald wir selbst das »Hasenpanier« ergreifen und Haken schlagen, um einer Angst zu entkommen, aber trotz der Angst immer neues Leben gebären, gleichen wir dem Hasen. Vermutlich wurde der Hase deshalb zum »Osterhasen«, der die Eier versteckt, die wir finden sollen.

Und wenn diese Hasen nun aus »Leb«-Kuchen sind, beschreiben sie die Nahrung, die Menschen brauchen, um Ängste zu verdauen und neues Leben zu gebären, das sie frei macht.

In der zweiten Szene fragt sich die Träumerin erst einmal, ob es »da oben« kalt ist, das heißt, ob sie sich für ihren Bewusstwerdungsweg in größere Freiheiten (Himmel) »noch warm anziehen« und die »Ohren spitzen« muss.

In der dritten Szene erklärt der Vater, dass die Engel die Hasen aus Dinkelteig geformt haben. Bei den Hasen geht es um den Widerspruch zwischen Angst und Lebenswillen. Dieser Widerspruch soll mit der Dinkelnahrung verdaut werden, denn es gibt zwei verschiedene Dinkelarten. Da der Traum nicht sagt, um welche Art es geht, müssen wir beide in das Gleichnis einbeziehen. Bei der einen Dinkelart werden die Körner von den Spelzen fest umschlossen – das ist eine Schutzhaltung; der andere Dinkel kann seine Körner locker ausschütten. Die emotionale Ambivalenz der Träumerin hat folglich ihre Ursache im unaufgelösten Widerspruch einer Erkenntnissuche zwischen »sich schützen müssen« und »sich nach außen öffnen«.

Und warum erklärt der Vater ihr das im Traum? Der Vater ist ein Anteil der Träumerin. Er hatte sich in seinem Leben selbst real aus dem Rückzug in die Melancholie Schritt für Schritt herausarbeiten müssen. Deshalb wusste er, wie viel Wachsamkeit nötig ist, um Gefühle mitzuteilen, anstatt mit ihnen ins Innere zu flüchten.

Die Symbolik der Pflanzen als Weg in die Bewusstwerdung von Leben findet besonderen Ausdruck im Brot. Die wunderbare Brotvermehrung im Neuen

Testament weist auf das »Brot des Lebens« hin, das in geistigen Prozessen erworben werden muss.

Nicht nur die Kultivierung des Getreides gehört zu den großen Kulturleistungen der Menschheit, sondern auch die des Weinstocks. Symbolisch wird der vergorene Wein in unserer Religion zum »Blut des Lebens« Ich denke das ist so, weil er uns beschwingt und leicht macht und die Leichtigkeit die Frucht des Lebens werden soll.

Im Tierkapitel bei den Schildkröten findet sich ein Traum zum Wein, in dem die Symbolik des Weins dargestellt ist (S. 276). Anstelle eines weiteren Wein-Traumes möchte ich hier drei Skizzen einfügen, die ich in der Nacht aus dem Unbewussten gezeichnet habe, als ich daran zweifelte, ob meine Darstellungsweise für das Buch anschaulich genug sei. Ich male aus dem Unbewussten, ganz im Unklaren darüber, was ich zeichne. Ich folge dann nur feinsten Impulsen in meiner Hand und in meinen Gefühlen, die mich zu Linienführungen drängen, ohne dass ich weiß, wohin sie mich führen.

Im ersten Bild sitzt ein Vogel auf einem Dach und schaut in die Tiefe, in der ein zwischen zwei Weintrauben befestigter Anker zwei Blüten trägt. Es war das erste Bild der Nacht und ich fühlte, dass ich mich um eine Befreiung, die mir der Vogel signalisierte, mühen sollte. Es ging um meinen Wunsch nach einem leichteren sprachlichen Ausdruck. Meine Fähigkeit dazu war noch im Unbewussten verankert. Die Trauben für diese neue schöpferische Phantasie könnte ich nur erreichen, wenn ich dem Bedürfnis danach folge und bewusst nach einer Wunschvorstellung suchen würde, die die ersehnte Leichtigkeit des Ausdrucks anstrebt – das sind die Blüten auf dem Anker.

Dass es darum geht, zeigte mir das zweite Bild der gleichen Nacht. Der Fisch als Gleichnis der Bedürfnisse, die in unseren Gefühlen auftauchen, berührt inniglich die Blüte meines aufblühenden Wunsches, aus der sich die Samenkapsel für die Zukunft entwickelt. Der Fisch trägt am Schwanzende das Viereck als Zeichen, dass ich den Wunsch auch gestalten kann.

Und eines Tages malte ich dann auf die gleiche Weise die Verbindung zwischen einem leuchtend roten Fisch und tiefblauen Trauben. Ein Bild dafür, dass ich mich in meinem emotionalen Bedürfnis nach mehr Gestaltungsfreiheit (Fisch) so bewusst entwickelt hatte, dass diese zur Fülle der Rebe zu reifen versprach.

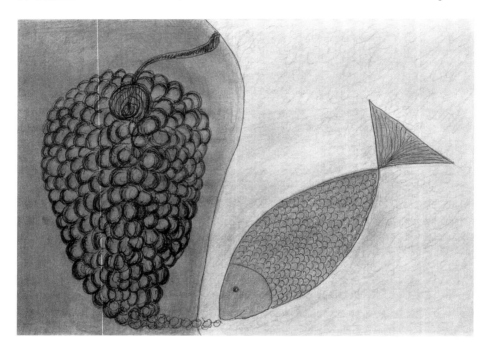

Als Überleitung noch ein Gedicht von Erich Kästner[17], in dem das Blühen zur Lust des Lebens wird, aber schon andeutet, wie jeder neuer Wunsch mühevoll wachsen und reifen muss, ehe er zur Frucht wird. Erst danach kann sich ein neuer Frühling entfalten.

Der Mai

Im Galarock des heiteren Verschwenders,
ein Blumenzepter in der schmalen Hand,
fährt nun der Mai, der Mozart des Kalenders,
aus seiner Kutsche grüßend, über Land.

Es überblüht sich, er braucht nur zu winken.
Er winkt! Und rollt durch einen Farbenhain.
Blaumeisen flattern ihm voraus und Finken.
Und Pfauenaugen flügeln hinterdrein.

Die Apfelbäume hinterm Zaun erröten.
Die Birken machen einen scheuen Knicks.
Die Drosseln spielen, auf ganz kleinen Flöten,
das Scherzo aus der Symphonie des Glücks.

Die Kutsche rollt durch farbige Pastelle.
Wir ziehn den Hut. Die Kutsche rollt vorbei.
Die Zeit versinkt in einer Fliederwelle.
O, gäb es doch ein Jahr aus lauter Mai.

Melancholie und Freude sind wohl Schwestern.
Und aus den Zweigen fällt verblühter Schnee.
Mit jedem Pulsschlag wird das Heute Gestern.
Auch Glück kann wehtun. Auch der Mai tut weh.

Er nickt uns zu und ruft: »Ich komm ja wieder!«
Aus Himmelblau wird langsam Abendgold.
Er grüßt die Hügel, und er winkt dem Flieder.
Er lächelt. Lächelt. Und die Kutsche rollt.

Bäume –
Gestalt annehmen auf dem Weg zum Baum des Lebens

Durch alle Wesen reicht der eine Raum:
Weltinnenraum. Die Vögel fliegen still
durch uns hindurch. O, der ich wachsen will,
ich seh' hinaus, und in mir wächst der Baum.

(Rainer Maria Rilke)

In mir wächst ein Baum? Wie geschieht das?

Ich will versuchen zu schildern, wie ich das meditativ in mir erlebe:

> In meinem Inneren regt sich eine neue Lebensenergie,
> die noch gefangen ist, wie ein Same zu neuem Leben.
>
> Gefühle bewegen dieses Innere. Ich spüre, wie sich Wärme in mir ausbreitet.
>
> Und da wage ich es, den Widerstand, der noch in mir ist,
> zu durchbrechen, die Schale zu verlassen.

**Ich wage mich ans Licht und treibe zugleich
erste Wurzeln in mein Erdreich – in meine schöpferische Kraft.**

> Mit diesen Wurzeln suche ich nach Wasser und Nahrung.
>
> Und ich beginne, mich mit neuen Lebenshoffnungen auseinanderzusetzen.

Ich möchte wachsen – ich will mich entfalten.

> Und so suche ich Baustein um Baustein –
> Kohlenstoff um Kohlenstoff
> um mein Lebenshaus weiter zu bauen.
>
> Dazu vertraue ich mich dem Strom meiner Gefühle an.
> Meine Wurzeln saugen sie aus vergangenen Erfahrungen,
> aus dem, was ich gegenwärtig erlebe und aus der Sehnsucht nach
> Erneuerung.
> So richte ich meine ganze Aufmerksamkeit
> auf Spannungen aus widerstreitenden Gefühlen.
> Meine Aufmerksamkeit gleicht dann dem ausgebreiteten Blätterdach
> der Bäume,
> das sich dem Licht zuwendet,
> um die Spannung zwischen widersprüchlichen Gefühlen zu lösen.
> Dadurch gewinne ich neue Lebensenergie und neue Atemluft.
>
> Es gibt aber auch viele Gefühle, die mich durchströmen,
> ohne von mir neue Entscheidungen zu fordern.
> Sie bringen mir Nahrung und verlassen mich wieder,
> so wie der Strom des Wassers baumaufwärts fließt
> und in die Luft zu neuem Kreislauf austritt.

**Nach und nach erstarke ich von innen heraus und entfalte meine
individuelle Gestalt.**

Der Vision für meine zukünftige Gestalt schenke ich dabei die größte Zuwendung – gerade so wie der Baum seine Endknospe mit mehr nährendem Saft versieht als seine anderen Zweige.

In diesem Prozess entdecke ich mich immer wieder neu.
All die dabei von mir gemachten Erfahrungen gehen mir nicht verloren.
Sie sind der Humus, in dem ich gedeihe.

Die Esche Yggdrasil

In jeder alten Kulturgeschichte der Menschheit gibt es Baummythen. Bäume wurden zu heiligen Bäumen, zu Spendern von Lebenseinsichten, zu Symbolen für langes Leben und Beständigkeit. Unter Bäumen fanden Heilige Erleuchtung. Die immergrüne Esche Yggdrasil der nordischen Mythologie wurde zur Weltachse, die das Himmelsgewölbe trug. Der Mythos erzählt, dass an ihren Wurzeln drei Nornen das Schicksal des Menschen weben. Sie heißen Urd, Werdandi und Skuld: das Gewordene, das Werdende und das Sein-Sollende. Diese drei Nornen beschreiben den Weg, der den Menschen zugedacht ist: Das in der

Vergangenheit Gewordene ist in der Gegenwart das Werdende, indem wir die Widersprüche, die unsere Freiheit stören, auflösen – solange bis der Weg für eine Zukunft frei ist, in der wir ohne Angst sind, das zu tun, was sich unser Herz wünscht. Davon zeugen die drei Schlangen, die den Lebenstrieb symbolisieren, der uns zu den Quellen des Lebens führt.

An der Wurzel dieser Esche nagt der Lindwurm Nidhögg. Er ist das symbolische Bild der negativen Schutzhaltung aus den Ängsten in der Kindheit. In der Krone des Baumes wacht ein Adler, das starke Bild einer Freiheit, die souverän ihr Jagdrevier behauptet. Er wacht, damit die Zerstörungswut des Lindwurms nicht siegen kann.

Ein Eichhörnchen ist der Bote zwischen Adler und Drache. Wir alle lieben dieses Tier, das am Tage von Baumwipfel zu Baumwipfel in seinem eigenen Revier unterwegs ist, das gerne Nüsse knackt und für den Winter Vorräte und Ausweichnester anlegt. Diese Sprünge von Baum zu Baum und die Fürsorge für sich selbst haben es offenbar in den Mythen zum Boten des wachsamen Adlers gemacht.

Vier Hirsche ernähren sich von dem Weltenbaum; sie symbolisieren die Kraft, das eigene Revier verteidigen zu wollen. Das ist der Weg, um den Willen zur Freiheit gegen den Drachen der Angst aus der magischen Zeit des Kindes zu stärken. Diesen Kampf zu bestehen, diese Wachsamkeit für die Selbstbefreiung zu entwickeln, ist das Schicksal des Menschen.

Vom Apfelbaum der Erkenntnis im Paradies

Von jeher galt meine Liebe der Erzählung vom Baum der Erkenntnis und dem Lebensbaum in der Schöpfungsgeschichte des Alten Testamentes. Genau so wie der Traum mit sinnlicher Ausdruckskraft den kürzesten Weg findet, uns Konflikte provokativ in Bildern zu verbergen, so verbirgt uns auch diese Geschichte ihren Sinn, damit wir ihn selbst herausfinden sollen.

> »Die Schlange aber ist schlauer gewesen als des Feldes Tiere alle, die der Herrgott gemacht hat. Und so sprach sie zu dem Weibe: ›Dass doch Gott gesprochen haben soll: Ihr dürft von keinem Baum des Gartens essen.‹ Sprach das Weib zur Schlange: ›Wir dürfen von der Frucht der Bäume im Garten essen, nur von der Frucht des Baumes mitten im Garten, sprach Gott: Davon dürft Ihr nicht essen, ja – nicht einmal daran rühren, sonst müsst Ihr sterben.‹ Die Schlange sprach zum Weibe: ›Ihr werdet gewiss nicht sterben. Nein! Gott weiß, sobald Ihr davon esset, gehen Euch die Augen auf, und Ihr seid wie Gott, erkennend Gutes und Böses.‹ Da sah das Weib: Der Baum war köstlich zum Speisen und Wollust in den Augen, und berückend war der Baum, um zur Erkenntnis zu gelangen. So nahm sie von seiner Frucht und aß. Dann gab sie ihrem Mann bei ihr. Auch er aß. Da gingen beiden die Augen auf, und sie erkannten, dass sie nackt waren, und sie flochten Feigenlaub und machten sich Schürzen.« (Genesis 3,6)

Wenn ich mit Eva sprechen könnte, würde ich ihr sagen: »Eva – dein Name bedeutet Leben. Doch du hast deinen Namen erst von Adam bekommen, nachdem du es im Paradies gewagt hattest, vom Baum der Erkenntnis zu essen. Du hast diesen Namen erhalten, obwohl du Gott nicht gehorcht hast. Du hast das Verbot übertreten, weil du neugierig warst und wissen wolltest, was Gut und was Böse ist. Ich denke, du hast Gott damit gezeigt, dass du seiner Schöpfung vertraust, die in uns Menschen den Wunsch erzeugt, den Weg ins Leben selbst erkennen zu wollen.

Du hast, als du in den Apfel gebissen hast, das Leben geschmeckt: saftig und aromatisch, herzhaft süß und sauer zugleich. Dieser Biss hat dir gezeigt, wie Leben schmecken kann, wenn es gut ist. Und weil du in paradiesischer Unschuld nicht wissen konntest, ob du gut oder böse bist, warst du nicht nur körperlich, sondern auch im geistigen Sinne nackt und Adam auch. Ihr schämtet Euch deswegen aber erst, als Euch die Augen aufgingen und Ihr durch den Genuss spürtet, wie süß Leben sein kann, wenn man es in seiner eigenen Tiefe empfängt

und aus der eigenen Kraft nach außen zeugt. Ihr hattet keine Vorstellung davon, was die Reife der Frucht bedeutet, und wie Ihr Euch diesen köstlichen Geschmack am Leben erhalten könnt. Da fühltet Ihr Euch bloß gestellt. Und da kam Eure Scham in die Welt. Die Scham, nicht so zu sein wie Gott.«

Eva entscheidet sich trotz des Tabus, ihrem Wunsch nachzugeben. Sie verzichtet auf Sicherheit. Sie folgt der Schlange, dem Trieb nach Leben und der Notwendigkeit ihres Herzens, Gut und Böse unterscheiden zu wollen. Eva und Adam wussten aber nicht, dass die Menschen unendlich viele Apfelbäume pflanzen und ernten müssen, bevor sie den Baum der Erkenntnis gegen den Baum des Lebens, der inmitten des Paradieses steht, eintauschen können.

»Da hörten sie das Geräusch des Herrn Gottes, der sich im Garten beim Tageswinde erging. Der Mensch verbarg sich mit seinem Weibe vor dem Herrn Gott unter den Bäumen des Gartens. Der Herr Gott aber rief den Menschen und fragte ihn: ›Wo bist du?‹ Er sprach: Ich habe Dein Geräusch im Garten gehört, da erschrak ich, weil ich nackt bin, und so verbarg ich mich.‹ Gott sprach: Wer hat dir verraten, dass du nackt bist? Hast du von dem Baume gegessen, wovon zu essen ich dir verboten habe?‹ Da sprach der Mensch: ›Das Weib, das Du mir beigesellt hast, hat mir vom Baum gegeben. Da aß ich‹. Da sprach der Herr Gott zu dem Weibe: ›Was hast du getan?‹ Und das Weib sprach: ›Die Schlange hat mich verführt. Da aß ich.‹ Da sprach der Herr Gott zu der Schlange: ›Weil solches du getan, bist du verflucht, mehr als alles Vieh und alles Wild. Auf deinem Bauche sollst du kriechen und Staub dein Lebtag fressen.‹ (1. Mose 3, 8-15)

Aus dieser Situation entwickelte sich zwischen Gott, Adam und Eva eine Diskussion, die nachdenklich stimmt. Der Herrgott fragt Adam: »Wer hat dir verraten, das du nackt bist? Hast du von dem Baume gegessen, wovon zu essen ich dir verboten habe?« Diese Frage Gottes offenbart, dass wir auf dem Weg zur Erkenntnis schuldig gegen das Leben werden müssen, solange, bis wir den Mangel an Leben selbst wahrnehmen können. Als Adam antwortet: »Das Weib, das du mir beigesellt hast, hat mir vom Baum gegeben, da aß ich«, beteuert Eva: »Die Schlange hat mich verführt, da aß ich.« Die Schlange aber verführte Eva nur zu dem, was der Mensch zu seiner geistigen Entwicklung braucht: zum Wunsch nach Erkenntnis von »Gut und Böse« – von Leben und Nichtleben – einer Erfahrung, die sich auf dem Boden von Täuschung und Enttäuschung entwickelt. Denn wie leicht wir Täuschungen erliegen, zeigt Gottes Ausspruch »auf dem Bauche sollst du kriechen«, mit dem er die Schlange zu etwas verflucht, was ohnehin ihre Natur ist, denn dieses Tier wäre keine Schlange, wenn es nicht auf dem Bauche kriechen würde.

Dieser Ausspruch zielt auf die vielen Täuschungen hin, denen wir immer wieder ausgesetzt werden. Und diese lösen Ängste in uns aus –, solange, bis wir sie entlarvt haben.

> Auf schwankender Sehnsuchtsfährte,
> erstarrter Sicherheit fern,
> irrt der Jahrtausendfremde
> zwischen Rose, Chimäre und Stern.
>
> (Catarina Carsten[18])

Wir sehen hier noch einmal, wie tief auch diese Parabel die Gleichnisbedeutung der weiblichen und männlichen Lebenskräfte im Menschen schildert. Die weibliche Kraft, die neues Leben im Innern empfangen will, muss die männliche Kraft, die neues Leben aus sich heraus zeugen will, führen, damit Erkennen und Tun zum Paar werden kann, das neues Leben gebiert.

Tabus sind folglich dazu da, dass wir auf der Suche nach uns selbst nicht die breite Straße der anderen gehen, sondern dass wir auf unser Gefühl und Denken vertrauen und prüfen, ob ein Tabu die Übereinstimmung mit uns selbst verhindert. Tabus entwickeln sich überall dort, wo Menschen zusammenleben. Der einzelne, der sich dann gegen ein Tabu auflehnt, geht häufig einen einsamen Weg, um der Stimme seines Herzens zu folgen. Der Weg in die Bewusstwerdung ist lang, und wir können ihn nicht ermessen.

Gott hat Adam und Eva vor der Vertreibung aus dem Paradies mit Fellröcken bekleidet. Auch dies ist als Gleichnis zu verstehen. Es sagt uns, dass sich der Mensch auf dem langen Weg seiner Bewusstwerdung in ein emotionales Schutzverhalten von Tieren flüchten kann. Kinder tun dies, wenn sie Angst haben und diese mindern wollen. Und das behalten wir als Erwachsene oft bei. Denn verhalten wir uns nicht schutzsuchend wie Tiere, wenn wir wie Schafe in die Herde drängen – wenn wir uns wie ein scheues Reh in die Flucht schlagen lassen – wenn wir wie Mäuse durchs Halbdunkel huschen und uns in Schlupflöchern verbergen – wenn wir störrisch wie ein Esel sind – wenn wir wie ein Chamäleon die Farbe der Umgebung annehmen oder wie ein Igel alle Stacheln aufstellen? Solche Schutzhaltungen lindern die Angst des Kindes, doch im Erwachsenen stören sie das Selbstwertgefühl.

Auch das Ende der Geschichte vom Sündenfall, in der der Lebensbaum vom Cherubim mit zuckender Schwertflamme bewacht wird, können wir wie ein Traumbild gleichnishaft betrachten: Ein Schwert dient dazu, etwas scharf zu trennen. Das kann in dieser Geschichte nur die Fähigkeit sein, gut und böse, das heißt Leben und Nichtleben, deutlich voneinander unterscheiden zu können. Die Flamme deutet daher auf die Wandlungen hin, auf die wir uns einlassen müssen, um den Weg in unsere Lebendigkeit zu finden. Die Wandlungsbereitschaft ist der Weg zurück ins Paradies.

Den Mangel an Liebe, Leben in sich selbst wie einen Apfel genießen und schmecken zu wollen, zeigt der folgende Traum einer Frau:

1. *Ich sitze auf einem Apfelbaum, der reife Früchte und Blüten zugleich trägt.*
2. *Unter mir sehe ich verschiedene Leute. Ich pflücke die Äpfel und werfe sie zu ihnen hinunter.*
3. *Ich selbst aber esse keine einzige Frucht.*

Der Traum enthüllt die aufopfernde Haltung der Träumerin. Sie hatte ihre Mutter als Kind früh verloren. Um trotzdem Liebe zu bekommen, verschenkt sie ihre ganze schöpferische Kraft – all' ihre Äpfel. Der Traum zeigt durch die Gleichzeitigkeit von Blüten und Früchten, die es bei Apfelbäumen nicht gibt, dass ihre persönlichen Wünsche zwar blühen, aber unentwickelt bleiben, während sie die anderen Menschen beschenkt. Sie kommt gar nicht auf den Gedanken, ihre eigenen Früchte genießen zu dürfen.

Und nun der Apfelbaumtraum einer Therapeutin, die schon früh in ihrem Leben den Wunsch hatte, Arme und Reiche durch Projekte miteinander in Beziehung zu bringen. Sie half besonders gerne Jugendlichen und sehnte sich nach einem Projekt, in dem Reiche armen Jugendlichen helfen, ihre eigenen Fähigkeiten zu entwickeln. Doch immer wieder kapitulierte sie vor der Angst, diesem Anspruch nicht zu genügen. Abwertungsängste aus der Kindheit, verbunden mit hohen perfektionistischen Ansprüchen blockierten ihr Selbstvertrauen. Da träumte sie:

1. *Ich stehe in einer Art Bauerngarten auf einer Anhöhe und blicke ins Tal und in die Umgebung – eine friedvolle frühlingshafte Umgebung.*
2. *Ich habe einen Apfel in meiner Hand und beiße von ihm ab – halte einen Moment inne, weil er nicht so ganz mein Geschmack ist.*
3. *Da kommt ein kleiner Junge gelaufen, nimmt ihn mir aus der Hand, läuft damit zu den anderen Kindern, die unter Apfelbäumen spielten und isst den Apfel auf.*
   Dieses Spiel wiederholt sich öfter. Es kommen Mädchen und Jungen verschiedenen Alters in der Pubertät und holen sich meine Äpfel, laufen dann weg und essen sie auf.
4. *Zwischen den Apfelbäumen liegt mein Vater in einer Hängematte, entspannt und zufrieden – das Bild nehme ich nur im Hintergrund wahr.*
5. *Ich beiße in einen Apfel, der ganz nach meinem Geschmack ist und esse ihn auf. Vor mir steht ein Korb mit vielen ganzen Äpfeln, die die Kinder dort hineingelegt haben.*

1: Die erste Szene, in der wir stets das Umfeld der Problematik wahrnehmen, zeigt im Bauerngarten die Kraft zu einem frühlingshaften Aufbruch in bodenständiger Umgebung. Die Träumerin steht auf einer Anhöhe, das heißt, eigentlich ist sie sich ihrer Kraft bewusst, in das Tal des täglichen Lebens blicken zu können.

2: Sie hält den »Apfel der Erkenntnis« in der Hand – sie weiß um ihren Wunsch, das Projekt für Jugendliche verwirklichen zu wollen – aber sie zweifelt beim Biss in den Apfel, ob sie dem damit verbundenen Anspruch wirklich genügen kann. Darum schmeckt ihr der Apfel nicht.

3: Der Traum aber belehrt sie eines Besseren – denn die Jugendlichen laufen auf sie zu und nehmen ihre saftigen Erkenntnisse zum Leben offensichtlich mit großem Vergnügen in sich auf.

4: Schemenhaft wird ihr dabei bewusst, dass sie den vom Vater übernommenen Perfektionsanspruch befriedigen kann und sich so wie der Vater im Traum entspannen sollte.

5: Wenn sie sich auf ihren Wunsch endlich einließe, würde sie erfahren, wie sehr ihre Äpfel der Erkenntnis den Kindern schmecken und dass ihr die Kinder durch den neu gewonnenen Geschmack am Leben dann selber Früchte schenken könnten.

Und nun noch der Apfelbaum-Traum einer Frau, die aus einer sehr gefahrvollen Abhängigkeit zur Einsicht kam, ihre Befreiung zu wagen und sich aus der Ehe zu lösen. Sie träumte:

1. *Meine Hündin verbellt des Nachts einen Störenfried vor dem Haus.*
2. *Sie rennt aufgeregt die Treppe rauf und runter und macht einen Höllenlärm.*
3. *Dann bin ich auf einem Fest. Es sind nur Frauen anwesend. Sie tanzen einen Tanz, indem sie sich wie ein Windrad drehen, einmal rechts rum, einmal links rum – um eine konstante Mitte, alle halten sich an den Händen. Sie haben schöne bunte Kleider an.*
4. *Dann gehe ich in Begleitung einer Frau durch den Garten. Es ist warm, die Sonne scheint.*
   Es ist ein südlicher Garten, terrassenförmig angelegt. Die Bäume tragen reife schöne Früchte. Wir bleiben vor einem herrlichen großen Apfel stehen, ihn zu bewundern.
5. *Dann wenden wir uns einem anderen Baum zu, der trägt eine reife goldgelbe Mango. Ich fühle mich sehr wohl in diesem Garten.*

1: Der Störenfried in ihrem Innern waren die immer neuen Bedrohungen durch den Ehemann,

2: aber die Hündin – die Liebe und Treue, die sie für sich selbst erkannte – verbellte die Gefühle und Gedanken, sich noch länger abhängig zu fühlen.

3: Sie erlebt ihren seelischen Zustand, den sie durch ihre neue Erkenntnisse gewonnen hat, wie ein Fest; ihre befreiten Gefühle drängten sie zum Tanz – aus der Freude, die eigene Mitte gefunden zu haben.

4: Mit dieser neuen Einsicht geht sie durch den Garten ihres neuen Lebens – von Terrassenstufe zu Terrassenstufe –, beschienen vom Licht und durchdrungen von der Wärme aus der neugewonnenen Harmonie. Der Süden ist das Land der Aufbruchsstimmung, in der sie nun ihren »Apfel der Erkenntnis« gereift sieht.

5: Mit dieser Erkenntnis kann sie sich aufmachen, die süße Sinnlichkeit der Mangofrucht zu erreichen, die den Apfel, der zur Familie der Rosengewächse gehört, noch steigert.

Wir gestalten uns, indem wir während Kälte und Dunkelheit nach neuen Perspektiven suchen, solange, bis wir zu einem neuen Frühling aufbrechen können.

Bäume sind Heiligtümer.

Wer mit ihnen zu sprechen, wer ihnen zuzuhören weiß,
der erfährt die Wahrheit.
Sie predigen nicht Lehren und Rezepte,
sie predigen, um das Einzelne unbekümmert,
das Urgesetz des Lebens.

Ein Baum spricht:
In mir ist ein Kern, ein Funke, ein Gedanke verborgen,
ich bin Leben vom ewigen Leben.
Einmalig ist der Versuch und Wurf,
den die ewige Mutter mit mir gewagt hat,
einmalig ist meine Gestalt und das Geäder meiner Haut,
einmalig das kleinste Blätterspiel meines Wipfels
und die kleinste Narbe meiner Rinde.
Mein Amt ist, im ausgeprägten Einmaligen
das Ewige zu gestalten und zu zeigen.

(Hermann Hesse[19])

Der dunkle Nadelwald und die Schatten der Kindheit

Wir unterscheiden die Dunkelheit eines düsteren Nadelbaumwaldes und die Helligkeit eines lichtdurchfluteten Laubwaldes. Fichten und Tannen wurzeln nur flach in der Erde, dem Sinnbild unserer schöpferischen Kraft. Ihre Blätter entfalten sich nicht, sondern bleiben zu Nadeln zusammengerollt.

Nadelbäume treten im Traum dann auf, wenn sich der Trauminhalt mit den »Schatten« der Kindheit befasst. Der mit Kugeln und Lichtern geschmückte Weihnachtsbaum ist das Bild der Hoffnung, Licht in die Schattenseite unseres Lebens bringen zu können.

Auch im Märchen ist der dunkle Fichtenwald der Schauplatz des Unbewussten, in den wir mutig eindringen müssen, um neues Leben in uns zu finden.

Zu dieser Suche forderte mich ein Traum in der Zeit auf, als ich tiefer in die Gleichnissprache eindringen wollte, dies aber aus Zeitnot zurückstellte. Drei verschiedene Baumbilder in einem einzigen Traum brachten mir den Durchbruch zu einem neuen Selbstverständnis.

In der 1. Szene
sah ich vor mir antik gefasste, vergoldete Zweige und Früchte.

In der 2. Szene
saßen Nonnen unter einem mit Kugeln geschmückten Weihnachtsbaum.

In der 3. Szene
krabbelten lauter Insekten auf mich zu – vor allem rote Ameisen.

In der 4. Szene
kam ein großer langgestreckter Elefant aus einem Berg. Sein Leib streckte sich immer mehr in die Länge – für einen Elefanten in unerklärlicher Weise.

In der 5. Szene
schließlich sah ich Bäume, in die Eisenstäbe eingeschraubt waren.

1: Antik? Ja, schon in meiner Jugend spürte ich den Drang, die Gleichnissprache des Altertums in Mythen. Märchen und Träumen verstehen zu lernen. Das Gold der Früchte mahnte mich, dass ich darin meine schöpferische Kraft finden sollte.

2: Kein Bild konnte den Widerspruch in meinem Herzen deutlicher machen; denn einerseits war ich wie unter dem Weihnachtsbaum voller Hoffnung, meinen Wunsch erfüllt zu sehen und andererseits war ich verzichtbereit wie eine Nonne, gebunden an die Sorge, meine Pflichten nicht zu vernachlässigen.

3: Die Szene machte mir bewusst, wie übertrieben und ängstlich ich dieser Sorge nachgab. Die Ameisen ohne Flügel sind Arbeiterinnen eines Ameisenstaates, die unermüdlich tätig sind, um ihr Haus zu bauen und in Ordnung zu halten – und das in rastloser Geschäftigkeit. Die rote Farbe deutet darauf hin, dass mein Ameisenfleiß aber auch Befriedigung in mir auslöste. Und daher rührte die Verführbarkeit.

Die Wurzeln zu dieser Überverantwortlichkeit reichen bis in meine Vierjährigkeit. In dieser Zeit wurde mir alleine während der Abwesenheit meiner Eltern mein zweijähriger Bruder anvertraut. War das zu früh? Wurde in mir das Verantwortungsgefühl aus der Sorge, den Bruder gut genug zu versorgen, maßlos? Diese lebenslange Frage greift die 4. Szene auf:

4: Wir haben den Elefanten als Symbol für die Selbsterlösung im Kapitel »Die Erde und ihre Abhänge« (S. 100) bereits kennen gelernt. Er mahnt mich hier, mir bewusst zu werden, dass ich doch längst verdaut habe, was mir angetan worden war und eigentlich frei sein könnte, um mich neu zu entscheiden. Deshalb tritt er aus der Dunkelheit eines Berges ins Freie. Er hat einen unnatürlich langen Körper – ein Zeichen dafür, wie sich meine Verdauungswege in die Länge dehnten, weil ich mich trotz meiner gewonnenen Einsichten noch immer in mein erlerntes Pflichtgefühl einzwängen ließ.

5: Mein armer Baum zur Erkenntnis geriet dadurch in einen Schraubstock ausdauernder Strenge gegen mich selbst. Ich hatte die Dunkelheit des Unbewussten zwar schon hinter mir – mein Elefant war aus dem Berg herausgetreten – aber die befreienden Handlungen fehlten noch.

Als ich endlich gehandelt hatte, träumte ich:

> 1. Ich sehe eine Fichte, die umfällt und an ihren Wurzeln Erde ausschüttet.
> 2. Sie verlässt die Stelle, an der sie steht und zieht eine Furche.
> 3. Diese Furche wächst langsam zu.

Ich brauchte den Erkenntnisweg der Fichte nicht mehr, die ihre Nadeln nur alle vier bis sieben Jahre wechselt. Ich wollte endlich ein lichtdurchfluteter Laubbaum werden, der alle Jahre neue Blätter treibt.

An die mit Kugeln der Hoffnung geschmückten Christbäume werden wir häufiger in Träumen erinnert. Sehen wir uns dazu noch den Traum einer schwer erkrankten Frau an, die schon in Kindertagen einen Hang zur Melancholie und Todessehnsucht entwickelt hatte. Sie kämpfte mit aller Kraft gegen das Sterben-Wollen an, und da träumte sie:

> 1. Ich will einen Christbaum kaufen, suche lange und finde schließlich eine besonders schöne Edeltanne.
> 2. Ich will sie hochheben, aber sie ist in einem schwarzen Ständer befestigt und ich kann den Baum nur schwer transportieren.
> 3. Aber schließlich gelingt es mir.

Welche Botschaft schenkt ihr dieser Traum? Er lobt sie, weil sie so entschieden dem Sog, sterben zu wollen, widerstanden hat. Sie überwand die Schwerkraft des schwarzen Ständers aus Melancholie und Todessehnsucht, um den Baum mit neuer Hoffnung auf Leben zu schmücken.

Auch der nächste Traum schenkte einem Träumer Anerkennung: Dieser Mann hatte schon als Baby erfahren müssen, wie bitter es ist, ignoriert zu werden. Als er als Erwachsener anfing, die Angst davor endlich erfolgreich zu überwinden, weil er sich selbst im neuen Licht sehen konnte, träumte er dieses Bild seiner Wandlung:

> 1. Es herrscht ein lichtes Dämmerlicht. Ein offener Platz, mehrere Personen sind auf dem Platz.
> 2. Ich löse mich aus ihrem Kreis, indem ich – wie schon in vielen früheren Träumen – mich durch angespannte Willenskraft in einen sich von der Erde lösenden senkrechten Schwebezustand bringe.
> 3. Ich steige schwebend auf, immer höher. Zugleich verwandele ich mich in einen Baum – eine Art Nadelbaum. Meine Äste sind jetzt mit leuchtenden Lampen besetzt – so steige ich auf. Ich entrücke mich von der Menge und wache schließlich mit einem angenehmen Gefühl auf.

Wir sehen, wie sich der Träumer mit aller Willenskraft aus dem Sog seiner Ängste, ignoriert zu werden, befreien will. Es gelingt ihm nach und nach, indem er sich mit den Schmerzen seiner Kindheit beschäftigte und damit dem Widersacher gegen sein Selbstvertrauen das Magische nahm. Dieser Prozess zündete eine Lampe nach der anderen auf den Zweigen seines Nadelbaumes an.

Der Weg zu sich selbst ist immer von schmerzlichen Erfahrungen begleitet. Negative Kindheitserlebnisse verlangen Steinbrucharbeit. Ein Patient, der in seiner Kindheit unter furchtbaren Vernichtungsängsten gelitten hatte und sich in einer intensiven, langjährigen Traumarbeit seiner kindlichen Verzweiflung bewusst wurde, beschrieb die Folgen dieser Kindheit in einem Gedicht:

>Geschundenes Schweigen
>Tötendes Hassen
>Verschwundener Reigen
>Einsam verlassen
>Träume im Sterben
>Atem in Not
>Liebe – nur Scherben
>Leben ist Tod.

>Ein Blatt fällt
>es umarmt
>seine Zukunft
>
>(Chao-Hsiu-Chen)

Die lichten Laubbäume im ständigen Wandel

Als ich dann eines Tages in einer Therapiestunde hoffnungsvoll wurde und zugleich unsicher blieb, ob der Patient endlich wagen würde, sein Leben doch noch zu lieben, träumte ich,

> *wie er als kleines Kind auf einem Baum saß und plötzlich mit großer Energie in die Krone dieses Baumes flog –*

dorthin, wo der Baum mit Tausenden von Blättern aktiv ist, die Sonne in sich aufzunehmen. Er war sich der Wurzeln seiner Verzweiflung und seines Hasses bewusst geworden und wollte sich neu erfahren.

Nach langer Zeit voll Eis und Schnee in seinen Gefühlen rührten sich in ihm dann endlich zaghaft die ersten Frühlingsboten eines behutsamen Versuches, sich dem Leben wieder vertrauensvoller zuzuwenden, und danach schrieb er ein Gedicht mit einem neuen Gesicht:

> Der Wind weht den Duft von Heu vor sich her
> und verwehrt den Wolken die Schatten.
> Den Falter verlässt die Liebkosung nicht mehr,
> die Raben verhindert hatten.
> Die Blüten ertragen die Farben kaum,
> Und Zärtlichkeit wiegen die Gräser.
>
> Der Siebenpunkt ruht im Chrysanthementraum;
> leise lächelt der Schäfer.

Und nachdem er im Vertrauen auf seine neu empfundene Liebe anfing, sich mit seiner Sehnsucht wieder dem Leben zuzuwenden, träumte er

von einer Beerdigung mit Hüllen aus grünen Weiden.

Weiden brauchen die Nähe zu Wasser. Der Träumer brauchte die Nähe zu seinen Gefühlen, um seinen Hass bewusst beerdigen zu können. Er brauchte dazu die Einsicht, dass Hass nur im Augenblick der Tat Genugtuung auslöst, die aber schnell vergeht, so dass der Hass neu aufflammen muss, um wieder Befriedigung zu erreichen. Erst die große Gegenkraft, die Liebe, bringt die neuen lebendigen Gefühle in Bewegung, wie die Wurzeln der Weiden, die Wasser suchen. Auf diesem mühseligen Weg bekam der Träumer neue Zuversicht durch eine seltsame Traumbotschaft:

Wenn man am Anfang Grün atmet, hat man später noch die Möglichkeit, Gelb zu atmen, um doch noch Leben zu bekommen.

Die Farbe Grün versteht sich aus der zuvor beschriebenen Photosynthese; die Farbe Gelb ist die Farbe des Sonnenlichtes. Das hieß für ihn, dass er von den Ängsten seiner Kindheit erst dann befreit sein wird, wenn er den »grünen« Weg der Auflösung widersprüchlicher Gefühle geht, um Hass in Licht und Wärme verwandeln zu können.

Das Gedicht von Siegfried Heinrichs[20] vom Traum eines Gefangenen beschreibt solch einen langen Weg in die Selbstbefreiung:

> In meiner zelle kein grün
> kein strauch
> kein baum
>
> vom hofgang,
> den zwanzig minuten unter bewachung,
> brachte ich einen grashalm mit.
>
> ich bat ihn zu bleiben,
> zu grünen

zu blühen
sich zu vermehren.

nachts träumte ich, die steine seien gesprengt
von der winzigkeit seiner wurzeln
ich träumte, gott ließe
grashalme zu bäumen wachsen,
zu herrlichen wäldern,
mit früchten, wind in den ästen
und vogelgeschrei.

er ließe gras wachsen in allen zellen
durch alle steine.

und am morgen die entsetzensschreie
der wärter – ich saß im grünen, ohne
gitter
vor der sonne.

Laubbäume spiegeln die verschiedenen Möglichkeiten Leben zu kränken wider, wenn sie im Traum welken, entwurzeln, Insekten zum Opfer fallen, Äste verlieren, sich unter der Schneelast beugen oder vom Sturm geknickt werden. Neue Kräfte kündigen sich durch junge, hellgrüne Triebe an. Möglicherweise aber trägt der Baum schon Früchte im Herbstrot als Zeichen der Reife. In den Zuständen von Bäumen erkennen wir, in welchem Reifungsprozess sich unser Leben gerade befindet.

Zuweilen erscheinen Bäume als sinnbildhafte Mischgestalten. Zu der Zeit, als ich noch nicht genug Mut gefunden hatte, mich dem Klinikalltag zeitweise zu entziehen, aber mit meinem Herzen schon in der Gleichnisforschung war, träumte ich von

Brombeeren, die auf Bäumen wachsen.

Welch lächerliches Bild! Der Traum mahnte mich, zu begreifen, dass Früchte von Bäumen, die voller Biss und Aroma sind, nicht unter Zeitdruck reifen und dass ich bei diesem spärlichen Zeitaufwand, den ich mir gönnte, allenfalls bescheidene Brombeeren von meinem Baum zur Erkenntnis ernten würde. Schon wieder einmal Sarkasmus unverdünnt! Doch je grotesker der Traum, um so provozierender seine Wirkung!

Am Tag vor dem folgenden, ebenfalls kuriosen Traumgeschehen hatte ich mich auf eine Diskussion mit einem Mann eingelassen, der, wie sich bald herausstellte, für interdisziplinäre Gedankenverbindungen nicht zugänglich war. Als ich aus

Höflichkeit nicht wagte, mich dem Gespräch zu entziehen, obgleich er sich meinen Gedanken verschloss und mich mit seiner Vielrederei nervte, träumte ich:

1. *Ein Mann verwandelte sich in einen sprechenden Baum.*
2. *Als er nicht aufhörte zu sprechen, kroch ich in den Baum hinein, und war dann erschrocken, dass er mich wie ein feindliches Wesen behandelte.*
3. *Dann hörte ich im Traum die Worte: Ja, es ist zu wenig Katze und zu viel Verständnis und Erklären in dir. Es ist sehr wichtig, dass du besser mit dir selbst in Kontakt kommst.*

Im ehrlichen Kontakt mit mir selbst hätte ich ihm natürlicherweise sagen müssen, »lassen wir die Auseinandersetzung, sie haben doch schon alle Fragen gelöst«. Eine Katze reagiert so konsequent. Nie würde sie etwas tun, was sie nicht als wohltuend empfindet. Ich aber war in die vermeintlichen Erkenntnisse des Vielredners förmlich hineingekrochen und nahm in Kauf, wie feindlich er meinen Anschauungen entgegentrat.

Ein Traum warnte mich vor solchem Verhalten als er sagte:

Die Wahrheit ist so empfindlich.

Wie leicht unterdrücken oder entschärfen wir sie. Doch ohne unsere Wahrheit sind wir keine Katze, erwerben wir keine emotionale Souveränität.

Wir haben zuvor die Gedichte eines Patienten gelesen, die dieser schreiben konnte, als ihm die Ausweglosigkeit seines Hasses bewusst geworden war. Damals träumte ich zu der Wende in seinem Leben:

Der Kopf einer Frau verwandelt sich in Bäume.

Einer Frau? – Ich sprach doch gerade von einem Mann! Ja, das ist richtig, aber ich erinnere daran, was ich schon im Abschnitt vom Baum der Erkenntnis im Paradies beschrieben habe: Dass die Erkenntnisfähigkeit des Menschen durch die weiblich-empfangende Kraft symbolisch dargestellt wird. So half mir der Traum zu verstehen, dass der Träumer nunmehr soweit war, neue Selbstgestaltungswünsche in sich erkennen und gestalten zu können.

Ein Kopf, der sich in Bäume verwandelt? Ein Baum, der sprechen kann? Brombeeren, die auf Bäumen wachsen? Welch surrealistische Schauspiele können die Sinnbilder der Träume entfalten. Zieht der Traumpoet alle Register, damit wir neugierig genug werden, die Rätsel von Leben selbst erforschen zu lernen?

Wenn ich während meiner therapeutischen Arbeit gelegentlich in einen undurchsichtigen Wald gerate, zeigt mir ein Traum den Weg, wie ich zu einer

Lichtung, einer Lösung komme. Es ging um einen Mann, der immerfort die Erwartungen anderer erfüllen »musste« und deshalb die eigenen Wünsche nicht tief genug fühlen konnte. So verrann seine Lebenszeit und er erlebte sein Leben wie eine »Hinrichtung« der eigenen Wünsche. Ein Traum von mir äußerte sich dazu in drei überaus knappen Bildern:

1. *Zuerst sah ich einen Baum –*
2. *dann einen Fisch –*
3. *und danach kam aus dem Baum ein Sarg.*

1: Was sollte ich dem Träumer vermitteln? Wozu forderte der Traum auf? In der ersten Szene, in der das Umfeld des Konfliktes beschrieben wird, vermittelt der Baum die Botschaft: Bring Licht in dein Leben, mach dir bewusst, welcher Gefühlswiderspruch dir den Weg zu dir selbst noch versperrt, damit du neue Bausteine für dein Leben in dich aufnehmen kannst.

2: Dadurch kannst du dich deinem bisher nicht gelebtem Bedürfnis, das wie ein Fisch im Wasser sichtbar wird, zuwenden. Denn Fische sind in der Evolution die ersten Wirbeltiere auf dem Weg zur Menschwerdung, so wie die Bedürfnisse die erste Stufe zur geistigen Entwicklung im Menschen sind.

3: Sobald du das bislang verdrängte Bedürfnis annehmen kannst, wird sich der Sarg deiner Kindheit öffnen. In diesem Sarg hast du als Kind aus Angst einen lebensvollen Wunsch begraben müssen. Diesem bisher ungelebten Anteil in dir sollst du dich dann neu zuwenden.

Der Träumer ist ein humorvoller, gefühlsreicher und künstlerischer Mann, ein Mensch, der nicht wie so manch anderer in seinen Widerständen aus Ängsten vertrocknet ist. Warum nur konnte er sich nicht gegen die Erwartungen anderer abgrenzen? Sein erster Traum schon öffnete den Zugang zu dieser Frage:

1. *Ich bin in meinem Elternhaus – ich möchte eine Türe öffnen.*
2. *Da öffnet sie sich von innen, und eine Kanone ist auf mich gerichtet.*
3. *Ich fühle, ich habe keine Chance mehr – ein Gefühl wie bei der Verurteilung von Kafka beschleicht mich.*

Der Traum zielte direkt auf die Kindheitsängste ab. Wer war die Kanone? Er erinnerte spontan seine Angst vor seinem starken, vitalen und dabei äußerst jähzornigen Vater. Dieser traf ihn häufig mit der Bemerkung: »Aus dir wird nie etwas«. Weil er aber den Vater bewunderte, identifizierte er sich mit ihm und wurde auch jähzornig.

Diesen Notausgang wählte er aus Protest gegen die Großmutter, die ihm keine Chance gab, seinen Gefühlen Raum zu geben. Ständig wurde er von seinem Bedürfnis, den Tag selbst zu gestalten, durch Aufgaben in Haus und Garten abgeschnitten. In ihrer puritanischen Enge durchleuchtete die Großmutter jeden seiner Schritte. Zu diesen seelischen Belastungen kam noch der ständige Unfrieden zwischen den Eltern. Er hasste ihren ewigen Streit.

Schließlich resignierte er und identifizierte sich mit dem Verhalten seiner Mutter, die zur Abwehr des Unfriedens die Schuld bei sich selbst suchte. Hierdurch aber schlug sein »herrliches Gefühl, sich im Jähzorn selbst zu erleben«, in Rückzug um. Diese Resignation verwehrte ihm den Eintritt in das Reich seiner Liebe zum eigenen künstlerischen Tun und wurde zum Türhüter, so wie in Kafkas Parabel »Vor dem Gesetz«, die ich im letzten Kapitel dieses Buches ausführlich aufgreife.

Um seiner Lebenssituation Nachdruck zu verleihen, entwarf ein nächster Traum dieses Seelenbild:

1. *Ich sehe eine Jugendstilvilla in einem Park. Das Haus ist weiß, wirkt wohnlich. Es hat einen Turm, dessen Fenster mir sehr wichtig ist. Ich habe das Gefühl, von da will ich hinaussehen.*

2. *Das Haus ist umgeben von einer Parkanlage, deren Bäume dunkel – sehr dunkelgrün – sind. Der Park ist undurchdringlich und verunsichernd.*

3. *Auf das Ganze scheint die Abendsonne, die den Himmel tröstlich rot färbt.*

Der Turm zeigt, dass er nur einen distanzierten Blick auf den reichen Garten seines Wesens werfen kann. Das Haus, in dem seine Seele wohnte, war zwar hell und freundlich geblieben, aber die Freude an seinen persönlichen Wünschen entwich immer mehr ins Dunkle. Die Abendsonne jedoch versprach, dass er den Widerspruch in sich noch lösen könnte.

Dabei half ihm ein merkwürdiges Bildgeschehen im Wachzustand: Wenn er zweifelte, ob er sich selbst wichtig nehmen und gegen die Erwartungen anderer Menschen entscheiden dürfe, sah er die schrecklichen Augen der Großmutter auf sich gerichtet. Wenn er sich aber seinen eigenen Wünschen näherte, begleitete ihn das Bild eines Buntspechtes – der der Lieblingsvogel seines Vaters war. Er sagt selbst dazu: »Immer, wenn ich mich auf Wesentliches konzentriere, kommt der Buntspecht, der Vogel mit dem schwertgleichen Schnabel und dem leuchtenden Rot in seinem Gefieder!« So sah er

einen Baumstamm, umlagert von Vögeln – unter ihnen der Buntspecht, der auf den Stamm einhackte, um baumzerstörende Insekten zu fangen. Und er selbst war mitten unter den Vögeln, wenn auch mit ängstlichen Gefühlen im Herzen.

Erst wenn wir erkannt haben, welche Lebenskraft in uns einst gestorben ist, können wir neu handeln und haben – wie ein Traum es ausdrückte –

Hände, die Baumstämme heilen, die sich geöffnet haben.

Einer Biologin war das gelungen. Daraufhin hörte sie in einem Traum diese klaren Worte:

1. *Unbewusst und bewusst –*
2. *Fühlen und Denken –*
3. *Erkennen und Handeln!*
   Und dann sehe ich, wie sich zwei Türen nach außen öffnen.
4. *Ich schaue auf eine Terrasse mit silbernen viereckigen Fliesen; die Sonne scheint mir entgegen. Im Hintergrund steht ein Wald mit Laubbäumen, die sich gerade wie im Frühling entfalten.*
5. *Ich denke: »Gestalte dein Leben«.*

In den Szenen 1 bis 3 begegnen wir der psychologischen Struktur von Leben: Fühlend und denkend machen wir uns Unbewusstes bewusst und setzen die gewonnenen Erkenntnisse in neue Handlungen um.

Nachdem die Träumerin sich diese Kraft erworben hat, stehen ihr die beiden Türen des Lebens – Freiheit und Schöpfungsdrang – offen. Denn hier handelt es sich bei der zwei nicht um zwei widersprüchliche Gefühle, sondern um eine Zweiheit aus einem »Paar«, das sich wechselseitig bedingt.

4: Die silbern viereckigen Fliesen der besonnten Terrasse zeigen, dass die Träumerin frei geworden ist, sich neu zu gestalten – ein frühlingshafter Aufbruch zu neuen Erkenntnisprozessen hat begonnen.

5: Denn ihr war bewusst geworden, dass sie ihr Leben neu gestalten will, indem sie die gleichnishaften Zusammenhänge zwischen Mensch und Natur als Biologin lehrend weitergeben möchte.

Auch in der Natur der Bäume gibt es Selbstheilungskräfte. Dazu gehört vor allen Dingen ihr Lebenssaft – das Harz der Bäume. Werfen wir in diesem Zusammenhang einen Blick auf die Evolutionsgeschichte, die ein Vorentwurf für unsere geistige Evolution zu sein scheint. In diesem Zusammenhang spielte sich in der Tertiärzeit der Erdgeschichte eine Wetterkatastrophe ab. Damals wurde das aus Nadelbäumen ausgeflossene Harz ins Meer geschwemmt und dort als Bernstein abgelagert.

In der Nacht nach einem Gruppengespräch, in dem die Frage aufgeworfen wurde, ob wir Harz als Tränen des Baumes verstehen können, staunte ich über die folgende Traumantwort:

1. *Bernstein ist es.*
2. *Es ist nicht die Trauer des Baumes über sich, sondern es ist die Fülle, die den Baum verlassen hat.*

3. Die Fülle seines Lebenssaftes, weil er verletzt wurde.
4. Sie ist das große Zeugnis der Vergangenheit.

Im Gleichnisdenken spiegelt uns das Geschehen der Tertiärzeit offenbar symbolisch den Verlust wider, den wir in der Kindheit – der »Urzeit unseres Lebens« – erlitten haben; der Zeit, in der wir uns gegen seelische Verletzungen nicht immer wehren konnten. Wir sprachen schon davon, dass in dieser Epoche unseres Lebens unsere »Nadelbäume« heranwachsen. Die Flut bedrohlicher Gefühle schwemmte damals einen Teil unseres Lebenssaftes ins Meer der unbewussten Gefühle –, genau so, wie einst das Harz ins Meer geflossen ist. Und dieser Lebenssaft erstarrt in uns zu Stein, so wie seinerzeit das Harz der Bäume zu Bernstein wurde. In jeder Mythe der frühen Kulturen begegnen wir der Kraft, Natur und Geist zusammenzuschauen. Es muss einmal in alter Zeit ein Wissen in der Welt gegeben haben, in dem die Einheit allen Lebens schon erkannt war. Denn alle diese Kulturen nutzten die Bilder der Natur, um das Stirb und Werde im Menschen darzustellen.

Es geht um den Wandel
und die Kraft, sich zu wandeln.
Die Frucht des Lebens ist süß.

Lyriker nehmen oft die Wechselbeziehung zwischen Natur und Geist auf – so auch Christan Morgenstern:

Blätterfall

Der Herbstwald
raschelt um mich her …
Ein unabsehbar Blättermeer
entperlt dem Netz die Zweige.
Du aber, dessen schweres Herz
mitklagen will den großen Schmerz –
sei stark, sei stark und schweige!

Du lerne lächeln, wenn das Laub,
dem leichten Wind ein leichter Raub,
hinabschwankt und verschwindet.
Du weißt, dass just Vergänglichkeit
das Schwert, womit der Geist der Zeit
sich selber überwindet

Diese Wandlung hat René Magritte offenbar in dem Bild eingefangen, das dieses Baumkapitel einleitet.

Und was hat Magritte mit dem Bild aussagen wollen, in dem das Baumgesicht so nachdenklich einen kleinen Stuhl auf einem monumentalen steinernen Stuhl betrachtet? Erzeugen nicht die gebirgegleichen Adlerflügel im Hintergrund die Vision eines Lebens in Freiheit – einer Freiheit, die eines Tages zum Thronsitz jedes Menschen werden soll? Doch wie viele Bäume der Erkenntnis wir dazu noch pflanzen müssen, das wissen wir nicht.

René Magritte: Verzauberte Gegend, 1951-53

Mein Name ist Buche.
Ich bin 100 Jahre alt und 20 Meter hoch.
Meine Krone hat einen Durchmesser von 12 Metern,
meine 600 000 Blätter bringen es zusammen auf eine Fläche
von 1 200 Quadratmetern. Durch diese Blätter strömen jeden Tag
36 000 Kubikmeter Luft mitsamt den darin enthaltenen Bakterien,
Pilzsporen, Stäuben und anderen schädlichen Stoffen, die größtenteils
an den Blättern hängenbleiben. Gleichzeitig wird die Luft angefeuchtet.
Dazu nehme ich jeden Tag 400 Liter Wasser auf und verdunste
viel davon wieder. Die für den Gasaustausch wichtige Zelloberfläche ist
mit 15 000 Quadratmetern so groß wie zwei Fußballfelder. Ich bin in der
Lage, an einem Sonnentag 9 400 Liter Kohlendioxyd mit einem Gewicht
von 18 Kilogramm zu verarbeiten. Nebenbei produziere ich täglich
13 Kilogramm Sauerstoff. Das ist der Bedarf von zehn Menschen.
Für mich selbst produziere ich am Tag 12 Kilogramm Zucker, aus dem
ich alle meine organischen Stoffe baue. Einen Teil speichere
ich als Stärke. Aus einem anderen Teil baue ich mein neues
Holz. Zusammen mit allen meinen Baumkollegen schaffen
wir in den deutschen Wäldern einen jährlichen Zuwachs
von 60 Millionen Kubikmetern Holz. Das sind rund
50 Prozent mehr als die Menge,
die im Jahr gefällt
wird. Gerade
wir alten
Bäume sind
besonders
leistungsfähig.
Wollte man mich
ersetzen,
müsste man
2 000 junge

Bäumchen pflanzen.

(Verfasser unbekannt)

Pilze –

unbewusste Lebenskräfte im abgestorbenen Bereich

Wenn Du liebst, dringst Du ans Licht,
wie der Same, der in der Erde verborgen war.

(Bettina von Arnim)

Träume gehen zuweilen mit uns »in die Pilze«. Immer dann, wenn wir in die Dunkelheit unserer Erinnerungen tauchen und plötzlich alte schmerzliche Erfahrungen aus der Kindheit wie Pilze aus der Erde schießen.

Pilze bilden eine der artenreichsten Spezies in der Natur und nehmen in mehrfacher Hinsicht eine ganz besondere Rolle im Kreislauf der Natur ein. Da sie keine Photosynthese haben, stehen sie biologisch zwischen Pflanze und Tier. Sie leben als feinverästeltes Geflecht – Mycel genannt – hauptsächlich unter der Erdoberfläche. Wir unterscheiden Schlauch- und Ständerpilze. Der Teil, den wir als Pilz mit Stil und Hut wahrnehmen, ist der Fruchtkörper der Ständerpilze, der nur eine kurze Lebenszeit hat, um seine zahlreichen Sporen auszustreuen. Die meisten der uns vertrauten Speisepilze gehören zu den Ständerpilzen, nur sie spielen nach meiner Kenntnis ihre Rolle in Träumen und daher beschränke ich mich auf diese.

Die überwiegende Zahl der Pilze lebt von toter Substanz wie vermoderndem Holz und vertrockneten Blättern. In den Wäldern sind es zwei Gruppen, die von grundsätzlicher Bedeutung für den Waldbestand sind. Die eine Gruppe zersetzt nur die anfallenden organischen Substanzen (Saprophyten). Von ganz besonderer Bedeutung aber ist die Gruppe der Pilze, die mit den Bäumen in Symbiose lebt. Sie umkleiden mit ihrem Geflecht die Wurzeln des Baumes und bieten dem Baum aus dem Zersetzungsprozess Nährstoffe und Wasser an. Dafür bekommen sie vom Baum Zucker, Eiweiß und Vitamine. Zusätzlich geben sie an ihn noch Stoffe zur Hormonbildung und Schädlingsabwehr ab, die der Baum selbst nicht bilden kann. Durch die Umkleidung vergrößern sie die Fläche der Wurzeln, mit denen der Baum seine Nahrung aufnimmt, um das 100- bis 1000fache. Fadenförmige Pilze verdauen sogar Kiesel im Boden und führen die Minerale den Bäumen zu.

Die Grundbedeutung der Pilze ist demnach, Lebensstoffe aus abgestorbenen Bereichen wieder aufzubereiten. Als ich anfing, mich mit den Pilzen in Träumen genauer zu beschäftigen, bekam ich nachts diesen Traumhinweis:

Die Welt-Benzinformel im abgestorbenen Bereich

Abgestorbene Bereiche im Menschen entstehen durch Ängste vor den Widerständen, die das Erfüllen einer Sehnsucht auslösen könnte. Nicht erfüllte Sehnsüchte verbergen daher große Mengen an Lebensenergie unter der Oberfläche. Doch vom Unbewussten gesteuert, versucht diese Energie, sich immer neu Bahn zu brechen und schießt schließlich wie Pilze aus dem Boden. Diese suchende Energie macht uns zum Glückspilz, denn sie bringt unserem Lebensbaum neue Entwicklungschancen aus dem unbewusst gebliebenen Bereich unseres Wesens.

Die Medizin verdankt wichtige Fortschritte den Pilzen – insbesondere als Antibiotikum und zur Immunsuppression bei Transplantationen, damit das Organ nicht wieder abgestoßen wird. Manche Pilze haben halluzinogene Wirkstoffe, die in der Medizin zur Anwendung kommen. Medizinmänner vieler Naturvölker nutzten und nutzen diese in Ritualen. Die Wirkstoffe mancher Pilze machen aber auch als Drogen wie LSD ihren zerstörerischen Siegeszug durch die Menschheit. Zu solcher Wirkung las ich eine Versuchsreihe und träumte dazu in der folgenden Nacht:

1. *Überquellen von Farben und Formen überschütten den psychodelischen Prozess.*
2. *Und das Gegenteil findet statt: triste Farblosigkeit in den Formen.*
3. *Keine Verarbeitungswege möglich.*

Ich denke, die Wiederbelebung im abgestorbenen Bereich muss es gewesen sein, die den Pilz in China zum Sinnbild für Langlebigkeit werden ließen. Die Chinesen sprechen sogar von einem »Pilzwuchs-Palast« aus Gold und Silber. Ein Bild, das durch seine umfassende Aussage verblüfft, denn es beschreibt die Entwicklung, die aus dem abgestorbenen Bereich neue Freiheit (Silber) und schöpferische Kraft (Gold) gewinnt.

Pilze hingegen, die vom Lebendigen leben, sind Parasiten. Sie werden zum Krankheitserreger für ihre Wirtspflanze. Solche Pilze sehen wir in Träumen vielleicht als Rost, Mehltau oder Brand auf Pflanzen, oder sie zersetzen als Hallimasch sogar gesunde Eichenbäume.

Wir sehen, auf den geistigen Weg des Menschen bezogen, sind Pilze, die sich dem abgestorbenen Leben in uns zuwenden, Kräfte, die uns für neues Wachstum aufbereiten. So beschreibt es auch Bild für Bild der Traum einer Frau, die eine Psychose erlitten hatte:

1. *Viele runde Pilze – für meine Kleider – weiß leuchtend in dunkler Erde eines kleinen schmalen Hanges.*
2. *Pilze, die dann die Kleider wurden.*
3. *Diese Wiederbelebung im abgestorbenen Bereich!*
4. *Ein Ring wird herausgeweint.*

Verwunderliche Kombination – gehen wir ihr einmal nach! Die Patientin hatte vor ihrer Psychose all ihre emotionale Wünsche und Aggressionen versteckt gehalten, denn sie fürchtete sich vor den Angriffen aus ihrer Umwelt zutiefst. Doch nun trug die verletzbare Seite ihres Wesens – der Abhang – die ersten Früchte aus der von der Psychose erzwungenen Auseinandersetzung mit der Umwelt, die sie mit ihren Gefühlen und Wünschen konfrontieren musste. Die Schranke ihrer alten Angst fiel zusammen und aus der Wiederbelebung im abgestorbenen Bereich schoss neue Energie wie Pilze aus dem Boden.

Sie musste ganz neu verstehen lernen, dass es sie als freien Menschen geben kann und dass Freiheit sich nicht von allein ergibt. Aus den Erfahrungen, die sie in dieser Zeit machte, webte sie sich dann gleichnishaft die neuen Kleider, indem sie sich mit neu aufkommenden Freiheitswünschen darstellte.

So begann die Wiederbelebung zu greifen.

Die Psychose provozierte in ihr die Kraft, den »Ring des Lebens« herauszuweinen. Was bedeutet das? Im Lebensring verbindet sich immer die weibliche Kraft – Leben zu erkennen – mit der männlichen Kraft, für diese Erkenntnis auch handeln zu können. Die Psychose schmiedete die beiden sich gegenseitig bedingenden Kräfte wieder in ihr zusammen.

Solche Wiederbelebungen sind langsame Prozesse. Immer, wenn wir in Träumen Pilze sehen, weisen sie auf die Geduld hin, die wir für unsere Selbsterneuerung noch brauchen.

Darauf ging auch der Traum eines Wissenschaftlers ein, der sich in seiner Arbeit auf Fragen zur geistigen Entwicklung der Menschheit einließ, die von der Forschung zu sehr vernachlässigt wurden. Er träumte:

1. *Ich bewege mich in einer Landschaft.*

2. *Ich lasse mich nieder, um auszuruhen. Es ist jemand bei mir – meine Lebensgefährtin.*

3. *Plötzlich entdecke ich, dass ich nicht auf einem moosigen Felsklotz oder Hügel sitze, wie ich dachte, sondern mich auf einem riesigen, teils mit Moos und kleinem Gestrüpp bewachsenen Bovist (Pilz) niedergelassen habe – halb auf, halb vor ihm sitzend – meine Beine um ihn schlingend.*

    Eigentlich war das nicht möglich, denn dieser Riesenpilz war gut zwei Meter breit, mehrere Meter lang und mehr als anderthalb Meter hoch. Er steckte zur Hälfte in der Erde.

4. *Er fühlte sich an wie ein stilles Lebewesen. Ich bin erstaunt, etwas befremdet, bleibe aber sitzen.*

Auch der Bovist gehört zu den Ständerpilzen. Die Ständerpilze sind unter den Pilzen die am höchst entwickelten. Durch ihre biologischen Eigenschaften haben sie die unbegrenzte Möglichkeit, sich weiter zu entfalten, weil sie ein ausdauerndes, gut ausgebildetes Mycel (Wurzelgeflecht) haben, das erhalten bleibt, auch wenn sie bereits Tausende von Sporen entlassen haben.

In der ersten Szene bewegt sich der Träumer durch die Landschaft der von der Wissenschaft schon erforschten Entsprechungen zwischen Natur und Geist.

In der zweiten Szene spürt er, dass er viel Ruhe braucht, um sich auf seine Forschung stärker konzentrieren zu können. Das versinnbildlicht die Lebensgefährtin durch ihre Gewohnheit, sich häufig in sich selbst zurückzuziehen. Ein Verhalten, das dem Träumer besonders schwer fällt und viel Übung braucht.

In der dritten Szene wird er dann sehen, wie sich ihm altes Kulturwissen öffnet und wiederbelebt und er nicht – wie er erst dachte – auf einem noch unbelebten

Felsen der Wissenschaft sitzt. Doch hat diese Forschung noch nicht die notwendige Höhe zur Bewusstheit erreicht. Sie ist erst cirka eineinhalb Meter hoch, das heißt, die Widersprüche müssen erst noch durchschaut werden. Erst wenn die Forschung den Schlüssel dazu gefunden hat, kann sie die duale Zwei aus Freiheit und Schöpfungsdrang – symbolisch durch die Breite von zwei Metern ausgedrückt – tief genug aufspüren.

Noch ist ihm der Gedanke fremd, sich in dieser Weise wiederbelebend in die Wissenschaft einzubringen. Doch befremdet und etwas erstaunt, beginnt er sich auf eine schon in der Jugend erlebte Wissensbegierde für die Zusammenhänge zwischen Wissenschaft und Kultur zu besinnen.

Wer jahrzehntelang in seinem Beruf aufgegangen ist und dann in den Ruhestand geht, findet sich oft in der neuen Situation schwer zurecht. Gegebenenfalls muss er sich aus seinen vernachlässigten und schließlich abgestorbenen Lebensbereichen neue Nahrung aus neuen Inhalten suchen, die ihm Lebensfreude versprechen.

Eine Frau, die von ihrem Beruf als Ärztin ganz und gar erfüllt gewesen war, und stets in Hilfe für andere aufging, machte sich infolge der Pensionierung Gedanken, wie sie ihr Leben nunmehr gestalten könne. Doch noch im Sog der ständigen Hilfsbereitschaft, die sie als Ärztin gewohnt war, reagierte sie auf alle Wünsche ihrer Umwelt in gewohnter Weise. So war ihre ganze Zeit schnell wieder vereinnahmt.

Mühsam kämpfte sie sich aus den alten Verhaltensmustern immer weiter heraus, doch plötzlich brach diese Suche nach Neuordnung völlig zusammen, weil ihr durch eine Fehldiagnose angedroht wurde, bald sterben zu müssen. Nach dieser Mitteilung träumte sie:

1. *Ich werde von einem mir unbekannten Menschen aufgefordert, eine Pilzsuppe zu kochen und zwar in drei Töpfen.*

2. *Als die Suppe fertig war, füllte ich sie in einen großen Topf um – entgegen der Anordnung des unbekannten Menschen.*

3. *Dann kam Elvira.*

Wir sehen, wie sie in der ersten Szene in drei Töpfen eine Pilzsuppe kochte. Warum in drei Töpfen? Hier geht es um die Bedeutung der Zahlen 1 bis 3, die im Theorieteil aufgeführt ist.

Im ersten Topf kochten die Pilze, die ihr die Kraft gaben, sich neu mit ihrem Leben auseinanderzusetzen zu wollen.

Im zweiten Topf kochten die Pilze, die ihr abverlangten, sich zu entscheiden, ob sie für das eigene Wohlgefühl auch »nein« sagen dürfe, wenn andere selbstverständlich mit ihrer Hilfe rechneten.

Im dritten Topf kochte die Suche nach Erkenntnis, welchen bisher nicht gelebten Wunsch sie nun verwirklichen möchte.

Neue Gefühle und Gedanken – ausgelöst durch die Pensionierung – motivierten sie dazu.

2: Als sie gerade so weit war, bewusst in diesen drei Schritten ihre Freude am Leben finden zu wollen, kam die erschreckende medizinische Diagnose ›sie hätte nur noch kurze Zeit zu leben‹. Da schüttete sie alle gewonnenen Klärungsversuche wieder zusammen, das heißt, sie stand vor der Frage »Kann ich mein Leben überhaupt noch gestalten?«.

3: Die Antwort gab Elvira. Elvira verkörpert für die Träumerin die Fähigkeit zur Genauigkeit. Als sie dieser Aufforderung folgte, erfuhr sie in einer neuen ärztlichen Untersuchung, dass sie durch eine Fehldiagnose so tief verunsichert worden war.

Befreit wandte sie sich ihrer Suche wieder zu und kochte fröhlich in drei Töpfen weiter. Dabei gart der neue Lebensentwurf heran, der ihr schon beim Zubereiten das Wasser im Munde zusammen laufen lässt.

Rückblick

Rückblick für naturkundlich interessierte Leser

Fühlen und Denken geben dem Menschen die Chance, frei und kreativ zu werden. Wir haben gesehen, dass dieses Zusammenwirken den drei elementaren Lebensräumen Wasser, Luft und Erde entspricht, mit denen sich unser Planet um die Sonne dreht. Ich möchte ihre Gleichnisbedeutung noch einmal zusammenfassen.

Wenn wir in unseren Gefühlen nach Klärung suchen, folgen wir im Gleichnis gesehen dem Kreislauf des Wassers (H_2O). Es klärt sich auf dem Weg durch die Luft und gleichzeitig reinigt es die Luft. Im Gleichnis gesehen klären sich unsere Gefühle durch das Denken und das Denken durch unsere Gefühle. Befreiende Bewusstwerdungen wären ohne den Sauerstoff der Luft nicht möglich!

Wenn wir ausatmen, scheiden wir Kohlendioxid aus, das heißt Kohlenstoff, den wir nicht nutzen konnten und den dann die Pflanzen einatmen, um daraus ihre Gestalten zu entwickeln. Diese Beziehung zwischen Mensch und Natur ist unsere Kostbarkeit, denn soweit das Auge reicht, besteht alle lebende Materie der Erde aus Kohlenstoffverbindungen. So sind die Pflanzen das große Gleichnis der Natur für die Fülle unserer Gestaltungsmöglichkeiten und für die Erkenntnisprozesse, die wir dazu immer neu gewinnen sollen.

Dazu brauchen Pflanzen das Sonnenlicht. Die Sonne kann ihre Energie aber nur spenden, weil sie ständig unruhigen Wasserstoff in befriedetes Helium wandelt. Diese Botschaft ist in jedem Element unserer Erde als Heliumrumpf enthalten.

Die bei dem Harmonisierungsprozess in der Sonne frei gewordene Energie wird von der Pflanze eingefangen. Um Einlass zu finden, muss das Licht zuerst Wasser spalten und die beiden Wasserstoffatome des H_2O aus ihrer Dauerspannung befreien. Erst dann können die Lichtenergie und die beiden getrennten Wasserstoffatome von der Pflanze aufgenommen werden. Dabei wird der Sauerstoff aus dem H_2O frei und reichert unsere Atemluft an. Die Pflanzen wiederum verarbeiten das von uns ausgeatmete CO_2 gemeinsam mit den aus der Spannung befreiten Wasserstoffatomen zu Glukose und Stärke.

Das gleiche geschieht in unseren geistigen Prozessen: Erst dann, wenn wir die Spannung zwischen zwei widersprüchlichen Gefühlen auflösen – das heißt, Befreiung fühlen –, können wir Licht für neue Wachstumsprozesse gewinnen und unserem Leben neue Bausteine einfügen.

Um wachsen zu können, treiben Pflanzen ihre Wurzeln tief in die Schatzkammer der Erde und suchen gezielt nach Nährstoffen, die ihnen dazu dienen, ihre Eigenart zu entwickeln. Auch wir können nur Wurzeln treiben und schöpferisch werden, wenn wir dazu den Boden finden, der unsere Sehnsucht ernährt.

Durch ihre unermüdlichen Reifungsprozesse schenken uns Pflanzen die Gewissheit, das Blüten zu Früchten werden. Im Gleichnis gesehen spiegeln sie das Aufblühen eines Wunsches bis hin zu seiner Verwirklichung.

So lebt uns die Natur präzise vor, wie wir die geistigen Kräfte nähren können, die unser Werden braucht.

Die Tierwelt gibt uns in Träumen Hinweise, wie wir durch diese Erkenntnisse unser emotionales Verhalten beflügeln und zu immer kraftvollerer Vitalität entwickeln können. Ängste und Sicherheitsbedürfnisse prägen einen großen Teil des Tierverhaltens. Zwischen der Angst einer sicherheitssuchenden Maus und der Lebensweise eines furchtlos und offen in der Savanne lebenden Löwen

Zahlen-schritte	Geometr. Formen	Die vier elementaren Lebensräume	Farben	Psychischer Prozess
1		Sonne	Gelb der Sonne	Suche nach der Störung in der Harmonie
2	≈	Salzwasser / Süßwasser	Dunkel- u. hellrot im Wasser von Venen- bzw. Arterienblut	Klärung ambivalenter Gefühle
3	△	Luft	Blau des Himmels	Erkenntnis des Wunsches, der zur Befreiung führt
4	▢	Erde und ihre Pflanzen	Grün der Pflanzen	Erkenntnis zur Gestaltungsmöglichkeit des Wunsches
5	Pentagramm	Fünf Sinne	Orangerot	Suche nach Harmonie bei der Umsetzung des Erkannten
6	Hexagramm	Sprache	Violett	Die eigene Wahrheit nach außen vertreten
7	✗	Erinnerung	Schwarz	Erkenntnis der in der Kindheit begrabenen Lebenskraft
8	Oktogramm	Selbstbefreiung	Türkis	Die wieder erkannte Lebenskraft gegen die alte Angst behaupten
9	○		Weiß	Die gewonnene Harmonie

Die waagerechten Spalten dieser Aufstellung sind analogisch zu verstehen.

gibt es viele Variationen emotionalen Verhaltens. Jedes Tier zeigt ganz eigene Überlebensstrategien und spiegelt dem Träumer sein Verhalten.

So habe ich in Träumen erfahren, dass die Natur, die uns umgibt, auch die Natur des Menschen ist, der lernen soll, ihre Ordnung als Gesetzmäßigkeit seiner geistigen Entwicklung zu verstehen.

Die Zusammenfassung in der Zahlenschritt-Tabelle ermöglicht eine Rückschau, die es dem Leser erleichtert, die Entsprechungen zwischen den Zahlenschritten 1 bis 9 (s.o. S. 31) und der Natur nachzuvollziehen.

Das Zusammenspiel der vier elementaren Lebensräume lässt sich grafisch so darstellen:

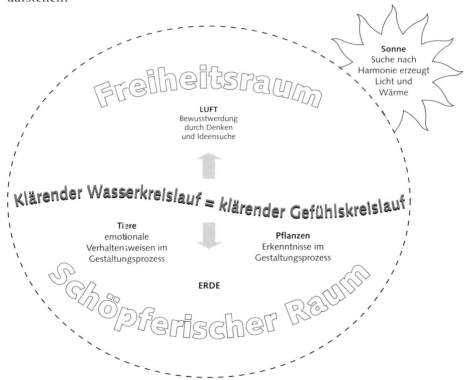

Rückblick für die Freunde von Mythen

Die Aborigines haben dieses Zusammenwirken poetisch erzählt:

> Zu Anbeginn der Zeit war nur das große Salzwasser und die Finsternis. Aus den Tiefen des Wassers stieg Ungud empor, die Regenbogenschlange. Sie richtete sich steil auf und warf ihren Bumerang über das Meer. Wo immer er

auf seinem Flug das Wasser berührte, schäumte es auf und Land kam hervor.

In einer tiefen Höhle schlief die Sonne. Der mächtige Allvater weckte sie und trug ihr auf, die Welt zum Leben zu erwecken. Als die Sonne die Augen aufschlug, verschwand alle Finsternis. Als sie Atem holte, begann sich ein leichter Wind zu regen. Und die Sonne erhob sich zu einer langen Wanderung. Wohin sie sich wandte, es sprangen die Gräser, Blumen, Büsche und Bäume aus dem Boden. Die Sonne schaute in die Erdlöcher und fand dort die Tiere. Sie krochen heraus und belebten die Erde.

Tiefgründig begleitet Erhart Kästner in seinem Buch ›Ölberge – Weinberge‹[21] die Auseinandersetzung mit den Bildern der Welt:

>Das Bild ist der Leib des Wahren,
>der die Wahrheit enthält und verhüllt.
>Denn es ist nicht die Gewohnheit des Wahren,
>ohne Verhüllung zu kommen
>und sich von jedem erkennen zu lassen.

Tiere –

Gleichnisse für emotionales Verhalten im Entwicklungsprozess der Persönlichkeit

Man kennt nur die Dinge, die man zähmt, sagte der Fuchs.
Wenn du einen Freund willst, so zähme mich.

(Antoine de St. Exupéry)

Lieber Freund,

nun möchte ich Dich mit in die Welt der Wirbeltiere nehmen, die sich in der Evolution vor den Säugetieren entwickelt haben. Du wirst sehen, wie sich Fische, Frösche, Echsen, Schildkröten, Schlangen und Krokodile als Schauspieler auf die Traumbühne begeben.

Wagemut zu leben und den Rückzug aus Angst nutzen sie zu dramatischen Inszenierungen unserer Kinder- und Jugendzeit.

Du lächelst mal wieder, nicht wahr, weil ich das behaupte? Doch erfahre erst einmal die Schauspiele, die sie Dir bieten. Vielleicht erkennst Du Dich dann in manchem wieder.

Herzlich

Tiere sind in Träumen Ausdruck unseres emotionalen Verhaltens in all seiner Mannigfaltigkeit. Betrachten wir die Evolution der Wirbeltiere, so betrachten wir im Grunde die Entwicklung emotionalen Lebens im Menschen.

Wir sind in den schon geschilderten Träumen vielen Tieren begegnet, die unser Schutzverhalten darstellen. Viele dieser Tiere sind auch in Mythen, Religionen und Dichtung Ausdruck emotionaler Kräfte im Menschen. In der alten Zeit der Mythenbildungen haben die Menschen offenbar besonders tiefe Beziehungen zu Tieren entwickelt, so dass die Tiere eine hohe Symbolbedeutung auf der Suche nach der Wahrheit von Leben gewonnen haben.

Zum Verständnis der Tiere in Träumen ist es daher wichtig, dass wir den Lebensraum und das Verhalten eines Tieres so bewusst betrachten, dass wir seine spezifische Eigenart erkennen. Nur dann können wir die gleichnishafte Aussage begreifen und sie mit unserem Verhalten in Beziehung bringen.

Sehen wir uns dazu einmal die drei Christus-Symbole Fische – Lamm – Löwe an. Sie spiegeln drei Stufen der Menschwerdung: Auf der Seite 71 und im Kapitel »Fische« habe ich das Wesen der Fische als Gleichnis für die Bedürfnisse im Menschen dargestellt. In den zwei Fischen des Christus-Symbols spiegeln sich die beiden Grundbedürfnisse des Menschen: Die Suche nach Freiheit und die Suche nach Kreativität. Diese Bedürfnisse durchschwimmen unsere Gefühle wie Fische das Wasser.

Wenn die Bedürfnisse an Land kommen wollen, vollziehen sie emotional Stufe für Stufe die evolutionäre Entwicklung der Säugetiere nach. In der ersten Phase der Entwicklung, in der wir noch nach Sicherheit trachten, leben wir die Eigenschaften des Lammes, weil wir die Geborgenheit der Herde brauchen.

Doch sobald wir den Weg in unsere Individuation aufspüren wollen, müssen wir den Schutz der Herde opfern und den Weg des Löwen wagen, der im offenen Terrain ohne Furcht vor seiner Umwelt lebt.

Die genannten drei Tiere sind bekannte Gleichnisse des Christentums; im Sonnenkapitel bin ich Tiersymbolen der alten Ägypter nachgegangen. Indische Tiergleichnisse finden wir im Kapitel »Die Erde und ihre Abhänge« (Elefantentraum, S. 99ff.) und im noch folgenden Kapitel »Schildkröten« (S. 268).

Tierfabeln aus aller Welt berichten über die Gleichniskraft von Tieren. Dazu ein Beispiel aus den vielen Fabeln des griechischen Dichters Aesop, nacherzählt von Rudolf Hagelstange[22]:

Die Löwin und die Füchsin

Alle Tiere rühmten sich ihrer zahlreichen Familien, nur die Löwin enthielt sich jeglichen Selbstlobs und schwieg beharrlich. Sie verlor auch ihre Gelassenheit nicht, als die Füchsin mit herausfordernder Eitelkeit ihre Brut der Löwin vorführte.

»Schau her!«, hechelte die Füchsin, »sieh dir meinen Wurf an – sieben Stück wohlgeratener roter Füchse! Darf ich fragen, wie vielen Jungen du bei deinem letzten Wurf das Leben schenktest?«

»Nur einem«, antwortete die Löwin ruhig, »aber dieses eine ist ein Löwe.«
(siehe Gleichnisbedeutung »Fuchs« S. 90, 144)

Die gleichnishafte Bedeutung der Wirbeltiere vor den Vögeln und Säugetieren

In der Folge wollen wir die Tiergruppen betrachten, die sich in der Evolution vor den Vögeln und Säugetieren entwickelt haben. Es hat mich überrascht, sie im Laufe meiner langen Arbeit mit Träumen als Spiegelbild des kindlichen Werdens wahrzunehmen.

Die Geschichte der Evolution zeigt, wie sich unser Leben aus dem Wasser des Meeres – dem Gleichnis noch unbewusster Gefühle – entwickelte. Aus dem Wasser der Meere heraus gestaltete sich die Vielfalt pflanzlichen, tierischen und menschlichen Lebens zum Festland hin. Auch der menschliche Embryo schwimmt im Fruchtwasser der Gebärmutter und das Kleinkind gewinnt seine geistigen Fähigkeiten anfangs nur aus dem »Wasser« seiner noch unbewussten Gefühle. Sie erst regen es an, sich immer bewusster mit sich selbst auseinanderzusetzen, weil es sich zwischen Schmerzen und Freude zurechtfinden muss.

Beim Gleichnisdenken wird die Welt zum Ereignis in unserer eigenen Seele. Um so genauer wir die Bilder der Welt in uns aufnehmen, um so tiefer erfahren wir, was es heißt, ein Mensch zu sein.

Tiere sind Weggenossen

in unseren Träumen, damit wir unterschiedliche Lebensweisen unterscheiden lernen. Die Gefühle von Kindern und Jugendlichen, die zur Individuation heranreifen, werden von Erlebnissen zwischen Lust und Angst geprägt. Diese Erinnerungen tragen wir noch als Erwachsene gleichnishaft als »Soll und Haben« im Gepäck, damit wir lernen, gegen die Ängste das Leben zu suchen und die eigene Souveränität zum Ausdruck zu bringen.

Bevor ich aber auf die zwischen Wasser und Land lebenden sechs Tiergruppen eingehe, schildere ich zur Einleitung das Leben der Krabben, weil sie die Vielgestaltigkeit von Leben anschaulich machen.

Krabben –
die Krabbelstube emotionaler Entwicklungen

*Es gibt den Weg des Widerständigen,
der den Menschen erst zu dem macht, was er ist*

(Traumtext)

Den Impuls dazu, mich mit den Krabben zu beschäftigen, empfing ich durch einen Traum, in dem es hieß

Krabben
Das ist wichtig
Es geht um das Werden
Es geht um die Tiere

Was meint der Traum mit dem »Werden«? Meint er, sich aus dem, das schon geworden ist, heraus zu entwickeln und neues Werden entstehen zu lassen? Im Traum heißt es: »*Es geht um die Tiere*«. Tiere sind Gleichnisse unseres emotionalen Verhaltens, das mausearm oder löwenstark sein kann – welch weiter Spannungsbogen im Gefühlsverhalten. Darum fragte ich mich, können uns die Krabben etwa das Werden emotionaler Entfaltungsmöglichkeiten spiegeln?

Ich wusste von Krabben bis dahin nur, dass sie gut schmecken. Ich begann im Urania-Tierlexikon[23] zu lesen und da gingen mir die Augen auf für die Fülle der unterschiedlichen Lebens- und Überlebensstrategien, die die Krabben praktizieren. Ich entdeckte eine Krabbelstube ganz besonderer Art: Da gibt es gewandte und flinke Geschöpfe, die vorwärts, seitwärts und rückwärts laufen oder »zu Tausenden die steilen Felsküsten am Meer hinaufklettern, so dass diese in feurigem Rot erglühen – oder wie Spinnen über den Strand huschen« und sich in Sekundenschnelle dort eingraben, wenn Gefahr droht. Andere sind exzellente Schwimmer. Dabei können die Augen einer Krabbenart Stiele wie Teleskope ausfahren, um die Wasseroberfläche zu inspizieren.

Doch es gibt auch eine Krabbenart, die in kleinen Krypten von Korallenstöcken lebt und deren Weibchen diese eines Tages nicht mehr verlassen können. Und wieder andere, die sich im Darm von Seeigeln und in Muscheln als Parasiten einnisten. Hoffentlich träumen Sie dieses Bild nie, denn im Gleichnisdenken bleibt ein solcher Rückzug ohne Werden!

Die meisten Krabben besiedeln das Meer in allen Regionen, andere Arten leben im Süßwasser und wieder andere sogar auf dem Land – zum Teil sind sie amphibisch zwischen Wasser und Land zu Hause. Die vielseitigen Lebensformen der verschiedenen Krabbenarten entwickelten sich vom Salzwasser, dem Gleichnis unserer unbewussten Gefühle, hin zum Süßwasser der Flüsse und Seen, dem Gleichnis unserer bewusstseinsnahen Gefühle und schließlich auf das Land, das sich die höchstentwickelten Krabben erobert haben.

Die Kinderstube von uns Menschen gleicht dieser Krabbelstube und auch als Erwachsene werden wir immer wieder der Dynamik des Werdens zwischen Salzwasser, Süßwasser und Land ausgesetzt. Im Kapitel der drei Lebensräume Wasser, Luft und Erde habe ich diesen Zusammenhang ausführlich beschrieben.

Alle echten, zur Familie der Zehnfußkrebse gehörenden Krabben sind durch ihre beweglichen Schalen und durch ihre vielen Beine für die Eroberung von Leben gerüstet. Auch die Zahl 10 enthält das »Werden« (siehe »Grundstruktur der Träume«, Zahlen 1 bis 10, S. 31). Und dieses Werden versinnbildlichen sie ebenfalls durch ihre dreieckige, viereckige oder runde Form. Im Dreieck und Viereck vollzieht sich symbolisch ebenso die tiefe Erkenntnis zur Gestaltwerdung des eigenen Wesens wie in den Zahlen 3 und 4. Krabben entwickeln auffällig verschiedene Lebensweisen, die wir nun ausführlicher betrachten wollen.

Ausgeklügelte Schutzhaltungen

Eine Krabbenart drückt sich bei Annäherung eines Feindes auf den Boden und bleibt oft stundenlang liegen, ohne sich zu rühren. Andere Krabben treibt ihr Sicherheitsbedürfnis dazu, sich zu maskieren. Wollkrabben setzen sich einen Hut aus Schwämmen auf, unter dem sie ganz verschwinden oder bedecken sich mit lebendigen Seescheiden, um ihre Feinde zu täuschen. Manche stülpen sich eine leere Muschelschale als Schutzschild über. Solchen Mummenschanz kennen wir doch auch?

Wenn Kinder aufwachsen und Angst vor der Reaktion ihrer Umwelt haben, lernen auch sie den Wollkrabbentrick: Sie verbergen sich unter Schutzhaltungen und passen sich damit ihrer Umwelt an, wenn ihre Bedürfnisse auf Widerstand stoßen. Solche Maskerade inszenieren Menschen oft bis ins hohe Alter.

Es gibt allerdings auch eine Krabbenart, die dieses Sicherheitsverhalten beim Älterwerden nach und nach aufgibt und schließlich auf jegliche Tarnung verzichtet. Diese Krabbenart könnte uns im Traum ein Reifezeugnis ausstellen, sofern wir uns unter den Krabben auskennen.

Ein reich gedeckter Tisch

Nahrung filtern Krabben aus dem Salzwasser und Süßwasser, vertilgen Aas und Pflanzenkost; eine Krabbenart klettert sogar auf Bäume und ernährt sich von Blättern. Die Männchen einer anderen Krabbenart gehen in großen Schwärmen regelrecht auf Fischfang und die Taschenkrebse verspeisen Muscheln, Stachelhäuter und andere Krebse – eine erstaunliche Vielfalt von Ernährungsweisen innerhalb einer einzigen Tiergattung! Auf dem Speisezettel der Natur ist offenbar für alle Verhaltensmöglichkeiten ein Angebot ersonnen.

Die Nahrungskette zwischen Salzwasser, Süßwasser und Land gleicht der Nahrung für die Bewusstwerdungsprozesse im Menschen. Wir können geistig nur wachsen, wenn wir unsere Lebensnahrung immer wieder aus unbewussten Gefühlen herausfiltern. Was sind das für Gefühle, die aus dem Unbewussten in uns einströmen und uns das Salz für unsere Lebensspeise bringen? Vielleicht ist es eine Sehnsucht, die nach Erfüllung drängt, vielleicht sind es Gefühle, die anregen und neugierig machen. Oder es sind Gefühle, die stören, weil sie beunruhigen, bedrängen, verletzen oder warnen. Sie alle erfordern unsere Aufmerksamkeit. Solche Gefühle können unter anderem aus Kränkungen, die uns in depressive oder aggressive Stimmungen versetzen, hervorgerufen werden; vielleicht auch durch eine Abenteuerlust mit zu großen Segeln oder ohne Kompass; vielleicht durch eine »Liebe auf den ersten Blick« – möglicherweise begegnen sich da zwei Krabben unter dem Hut. Wird die Liebe sie demaskieren?

Das Drama der Fortpflanzung

Die Bedeutung der noch unbewussten Gefühle als Quelle für die Geburt neuen Lebens wird besonders von den Süßwasser- und Landkrabben demonstriert, denn viele Süßwasser- und alle Landkrabben müssen zum Ablaichen ins Meer zurückwandern. Am eindrücklichsten schildern diese Entwicklung in unserem Lebensraum die Wollhandkrabben, die im Süßwasserstrom der Elbe leben. Auch sie müssen zur Fortpflanzung ins Meer, denn ihre Larven entwickeln sich nur dort. Die Jungtiere halten sich cirka ein Jahr in der Gezeitenzone der Elbmündung auf und wandern dann sehr weit die Elbe aufwärts. Im Alter von vier bis fünf Jahren beginnen sie, zum Meer zurückzuwandern. An der Elbmündung warten die Männchen und bilden eine viele kilometerlange lange Passage, durch die die später ankommenden Weibchen laufen müssen und dabei findet die Begattung statt. Sobald die Weibchen abgelaicht haben, sterben sie.

Was hat dieser Vorgang nur mit dem Werden des Menschen zu tun? In mir sträubte sich alles, als ich das Gleichnishafte verstehen wollte. Denn ist das Ganze nicht nur ein Schauspiel hemmungsloser Prostitution, die mit dem Tod endet? Natürlich nicht! Es ist ein fesselndes Schauspiel für neues Leben aus den unbewussten Gefühlen – ein altes Lebensgefühl muss sterben, damit das Neue werden kann.

Die dramatische Beziehung zwischen weiblich und männlich bestimmt die Dynamik allen Werdens. In unserem geistigen Wachstum entsteht die Bewegung aus der empfangenden Kraft, etwas zu erkennen und aus der Kraft, die gewonnene Erkenntnis in die Tat umzusetzen. Im Leiblichen des Menschen spiegelt sich dieses Gesetz in der Sexualität. Ich möchte dazu noch einmal wiederholen: Eine Frau empfängt neues Leben im Inneren – das ist im Gleichnisdenken die Erkenntnis, und der Mann zeugt neues Leben nach Außen, und das ist im Gleichnisdenken die Tat. Nur durch diese Dynamik kann sich Leben entwickeln, denn Erkenntnis ohne Tun führt zum Stillstand und Tun ohne Erkenntnis führt ins Chaos. Nur die ständige Suche nach Harmonie fordert die schöpferischen Kräfte immer wieder heraus.

Wenn wir eine seit der Kindheit gewohnte Schutzhaltung aufgeben wollen, werden wir eine Zeitlang verletzbarer. Gleichnishaft können wir das bei den Krabben – besonders deutlich bei den Strandkrabben – während der Kopulation beobachten. Das Männchen hält das Weibchen solange fest, bis sich dieses gehäutet hat; erst dann wird die schalenlose Partnerin begattet. Ein Gleichnis, das mir wieder den Atem verschlug. Aber im übertragenen Sinne – auf unser Werden bezogen – gibt es tatsächlich keine andere Wahl. Erst, wenn wir bereit sind, auf einen alten Schutz zu verzichten, können wir neues Leben empfangen.

Alle Krabben häuten sich regelmäßig, um wachsen zu können; im Alter werden die Abstände größer. Auch der Mensch »häutet« sich auf dem Weg in seine Individuation. Immer wenn wir uns in unserer Haut nicht mehr wohlfühlen, geht es um Erneuerung – »nicht aus seiner Haut können« verletzt das Werden. Mit zunehmender Reife wird sich der Prozess der »Häutungen« auch beim Menschen meist verlangsamen.

Die symbolische Bedeutung der Krabben für das Werden ist aber damit noch nicht erschöpft. Ich bin etwas unsicher, ob ich dem Leser noch weitere bildhafte Vergleiche zumuten kann; doch ich hatte ja einen Traum – und Träume machen Mut (S. 216). Wieder ist es die Kopulation, die noch eine andere Merkwürdigkeit offenbart: Bei den primitiven Krabben findet sie auf dem offenen Strand statt, bei anderen Arten sucht das männliche Tier das Weibchen in dessen Höhle auf und bei höchstentwickelten folgt das Weibchen dem werbenden Männchen in dessen Höhle. Dabei winken die männlichen Krabben mit ihren Scheren – dem Symbol ihrer Tatkraft – dem Weibchen ihre Liebeserklärung zu. Für unser Gleichnisdenken können wir diese Besonderheit so verstehen: Wenn das männliche Tier dem Weibchen folgt, ist das Erkennenwollen neuer Lebenswünsche das Motiv. Und wenn das Weibchen dem Männchen folgt, ist das Bedürfnis, die Wünsche in die Tat umzusetzen, der Antrieb. Die Winkerkrabbe demonstriert das mit einer riesigen Schere, die größer als ihr gesamter Körper ist. Die Begegnung von Männchen und Weibchen auf offenem Strand dagegen zeugt offenbar von dem noch spielerischen Suchen nach neuen Erfahrungen.

Die Fortpflanzung sichert eine Unzahl von Eiern. Die Schwimmkrabbe zum Beispiel kann unter Umständen zwei Millionen Eier mit sich herumtragen. Die Weibchen des Taschenkrebses – die größte einheimische Krabbe – legt bis zu drei Millionen Eier ab, aus denen sich in acht Monaten die freischwimmenden Larven entwickeln. Erst dann geht der Nachwuchs zum Bodenleben über und wandelt sich in eine Krabbe um. Die Süßwasserkrabben zeugen keine freischwimmenden Larven, sondern entwickeln sich im Ei direkt zum Krebs. Die meisten Larven aber werden von den Fischen gefressen.

Was macht uns die Natur mit dieser Verschwendung bewusst? Zeigt sie uns dadurch nicht die emotionale Lebensfülle, die es auszuschöpfen gilt? Denn von den Fischen – den ersten Wirbeltieren – geht die ganze fortschreitende Entwicklung des Lebens zu den höheren Lebewesen aus. Nahrung bringt Energie. So sucht sich die Krabbenenergie den Weg in die Fische. Dieses Werden setzt sich dann in der Nahrungskette, bis zu den höchsten Säugetieren und den Menschen, fort.

Atmen zwischen Wasser und Land

Die Atmung erfolgt bei allen Kiemenatmern mit Hilfe des Sauerstoffs aus dem Wasser. Die Landkrabben zeigen auch in diesem Bereich eine Fortentwicklung – ihre Kiemenhöhlen sind zu lungenähnlichen Organen geworden. Sobald sie aber in die Gefahr geraten, auszutrocknen, graben sie tiefe Gänge, die bis zum Grundwasser hinabreichen und ziehen sich in die wassergefüllten Kammern zurück, wo sie wieder die Kiemenatmung nutzen. Diese Fähigkeit entwickeln Menschen gleichnishaft, wenn sie sich aus einer gefühllosen Umwelt zurückziehen und in der selbstgeschaffenen Tiefe ihrer eigenen Gefühle Geborgenheit finden.

Als ich den Traum mit dem Krabben-Hinweis empfing, hatte ich keine Ahnung, zu welchem Abenteuer mich das Gleichnisdenken herausfordern würde. Und nun bin ich voller Staunen über die Entdeckungen und werde die nächsten Krabben voller Ehrfurcht verspeisen.

Träume zur verlorenen Lust und zur Kraft am Werden

Sehen wir uns dazu drei Krabbenträume an, die die Lust am Werden verschieden beantworten.

Eine Frau träumte in einer Nacht diese beiden aufeinander folgenden Träume:

a)
1. *Ich schaue mir Postkarten von Industriedenkmälern an. Eine Postkarte zeigt ein Silo und ich weiß, das ist meine alte Uni, wo ich Architektur studiert habe.*
2. *Ich fahre mit meiner Schwester um einen Platz. Wir sehen, wie ein blaues Haus gebaut wird, das wie eine Plattenbau-Version von einem Land-*

haus aussieht. Ich finde das irgendwie ganz schön. Aber im Prinzip würde ich ein Original vorziehen.

An dem Platz befindet sich auch ein merkwürdiger Garten. Er liegt wie ein Terrarium hinter einer Glaswand und hat die spießigen Accessoires eines Kleingartens wie Lichterketten usw.

Auf einer Projektion sieht man Kaulquappen, die auf einer großen Trommel auf und nieder springen und wenn sie herunterspringen, von Krabben geschnappt werden.

3. Meine Schwester und ich liegen auf Matratzen in diesem Terrarium und beobachten die Krabben. Ich bin wohl eingeschlafen, denn als ich aufwache, ist es merkwürdig still.

4. Ich verstehe erst allmählich, dass die Krabben weg sind und keine Kaulquappen mehr hüpfen. Ich merke entsetzt, dass sich alle Krabben in den Falten der Bettdecke verkrochen haben und dort kleine Höhlen gebildet haben.

5. Ich versuche, die Krabben loszuwerden und schüttele und trete die Bettdecke. Sie hängen sich fest, einige fallen herunter. Dabei habe ich einen stechenden Schmerz an meiner Fußsohle und denke »das ist sicher eine Krabbe«. Doch als ich den Fuß aus dem Stiefel ziehe, steckt ein rostiger Nagel darin. Ich ziehe ihn heraus und meine Schwester verarztet mich.

b)

1. Wir sind in einem Liegewagenabteil im Zug.

2. Meine Schwester kümmert sich um meinen Fuß.

3. Wir fahren nach New York.

Nur Schritt für Schritt können wir diesem Traum seine Botschaft entlocken. Dabei müssen wir beachten, ob die auftretenden Personen auf der »Subjekt«- oder auf der »Objekt«-Stufe zu betrachten sind. Wir sprechen von der Objektstufe, wenn es sich um die reale Beziehung zu dieser Person handelt, und von der Subjektstufe, wenn es sich um einen Anteil der Träumenden handelt, der sich in dieser Person spiegelt. In diesem Traum spiegelt die Schwester ein Verhalten, das auch der Träumerin zu eigen ist.

In der ersten Szene sieht sich die Träumerin Postkarten von Denkmälern an. Was ist in ihr zum Denkmal erstarrt? Eine Karte zeigt ein siloförmiges Gebäude, das sie an ihre alte Universität erinnert, auf der sie Architektur studierte. Doch sie übt ihren Beruf nicht aus und bewahrt ihr Wissen wie in einem Speicher für zukünftige Zeiten.

Zweite Szene: Anstatt ihrem Beruf nachzugehen, flüchtet sie in Phantasiewelten wie ihre Schwester und bleibt wie diese dabei unselbstständig und verantwortungslos sich selbst gegenüber. Sie arrangiert sich mit ihrem Freiheitswunsch

(Farbe blau), indem sie ihr Zufriedenheitsgefühl auf kleinstem Raume sucht und nicht wahrhaben will, dass ihr Seelenhaus nicht ihren Wünschen entspricht, sondern einem Plattenbau ohne architektonische Selbstgestaltung gleicht.

Dafür spricht auch die seltsam naive Ausschmückung des Gartens, in dem eigentlich ihre Wünsche wie Blumen blühen sollten. In diesen Garten projiziert sie ihre Hoffnung auf neues Leben hinein und so trommeln die Kaulquappen sie zum Aufbruch. Im Grunde möchte sie ihr Leben verändern, aber immer wieder schlägt ihr altes Schutzverhalten aus der Kindheit zu – ein mit großer Wut besetztes Angstverhalten, das nach der Eskalation in Resignation umschlägt. So vertilgt sie – wie die Krabben – die Kaulquappen, die eigentlich Frösche werden sollten und verhindert ihren neuen Sprung ins Leben.

Dritte Szene: Durch das Ausweichen vor ihren Lebenswünschen – ausgedrückt durch das Verhalten der Schwester, die in dem Traum ein Anteil ihres eigenen Verhaltens ist – beobachtet sie nun distanziert, was in ihr geschieht. Schließlich zieht sie sich mit diesen Eindrücken in den Schlaf des Unbewussten zurück.

Vierte Szene: Als sie wieder wach wird, ist alles, was vorher noch lebendig war, aus ihrem Blickfeld verschwunden.

Fünfte Szene: Ihr Schutzbedürfnis im Unbewussten (die Bettdecke) hat inzwischen lauter kleine Höhlen gebildet, um der Lust am Werden (Krabben) Unterschlupf zu bieten. Aber sie will diese lästige Lebenssuche loswerden. Sie will sich nicht immer wieder mit ihr konfrontieren müssen.

Der alte rostige Nagel in ihrem linken Fuß ist der Nagel, den sie sich durch das Verhalten ihres Vaters in der Kindheit eingetreten hat, denn er hatte durch irrationale Verbote und Erlaubnisse dem Kind die Orientierung genommen. Das Kind suchte den Ausweg, indem es sich in eine Phantasiewelt flüchtete, die ihm mehr Geborgenheit versprach als die Wirklichkeit. Sie weiß zwar jetzt darum und zieht den Nagel bewusst heraus, aber ihr fehlt die Liebe zu sich selbst, den alten entzündlichen Prozess sorgfältig zu verarzten, um neue Wege ins Leben gehen zu können. Der Traum zeigt das am Bild der Schwester, die sich genau so verhält.

Die drei nachfolgenden Traumbilder zeigen, wie sie die Liebe zu sich selbst verdrängt:

1: Um auszuweichen, sucht sie nach Ablenkung und macht es sich bequem (Liegewagen).

2: Sie kümmert sich nur nachlässig um ihre tiefe Verletzung, die sie am Vertrauen in ihr Werden hindert.

3: und sucht Zerstreuung in der Metropole der Ablenkungsmöglichkeiten – das bedeutet für sie ganz persönlich New York.

> *Zufrieden ist aber nur der Mensch, der sich aus dem Widerspruch der Gefühle befreit und die zufriedenmachende Seite gewählt hat.*

So knüpft ein Mensch seinen Lebensfaden, der ihn zu seiner Identität hinführt.

Diesen Gedanken nahm auch der Traum eines Wissenschaftlers auf:

1. *Ich untersuche lange ein Pflanzenrohr. Darin sind kleine Tiere versteckt – Spinnen und eine etwas größere Viereck-Krabbe. Ich kann mir keinen Vers darauf machen.*

2. *Ich finde in meinem Gehörgang, den ich untersuche, ein Nest kleiner schwarzer Spinnen.*

3. *Ich sehe ein helles rotes Auto mit einem chromglänzenden Kühlergrill. Es gehört mir – oder wird mir gehören? Es sieht ganz nett aus, aber ich wusste nicht, was ich damit anfangen soll.*

Zur ersten Szene:

» Sie erzählten mir vorhin, dass Sie auf der Suche seien, was der »Zufall« in der Evolution bedeuten könnte.

« Ja, denn die bisherigen Forschungen befriedigen mich nicht.

» Darum ist die Spinne in Ihrem Pflanzenrohr tätig – das Pflanzenrohr ist ein Bild für die Suche nach Erkenntnis (siehe Kapitel »Pflanzen«). Blutleere Gefühle und Gedanken zu diesem Thema sind wie Mücken und Fliegen. Und die Spinne ist ihre Kraft, solche »blutleeren« Gedanken wahrzunehmen und zu vertilgen.

Die Krabbe zeigt, dass Sie mit diesem Wunsch in einem neuen Werdeprozess sind und dass Sie dabei auf Ihrer Nahrungssuche wie die Viereck-Krabbe von hoher Schlauheit, Beweglichkeit und Wehrhaftigkeit sein sollen.

Zur zweiten Szene:

« Warum aber sitzen die schwarzen Spinnen in meinem Gehörgang?

» Ich denke, es geht darum, in diesem Prozess sowohl nach Innen wie Außen wachsam zu bleiben, um keinen blutleeren Gedanken zu folgen, denn Spinnen fangen in ihren Netzen quälende oder blutsaugende Insekten und verzehren sie.

Zur dritten Szene:

« Mit dem Auto kann ich mich selbst dahin steuern, wohin ich möchte. Aber warum ist es rot?

» Die Farbe rot symbolisiert das Lebensblut. Meine Vorstellung ist, dass Sie sich mit diesem freudigen Rot durch Ihre eigenen Forschungsansätze steuern können, wenn Sie Ihre Skepsis beibehalten und eigene Wege gehen.

Und nun zum Abschluss noch die köstliche Krabbenbotschaft einer Frau, die nach fünf Jahren spürte, dass sie die Arbeit bei einer Psychotherapeutin beenden müsse, um sich frei und selbstständig zu fühlen. Sie ging lange mit sich zu Rate und entschied sich schließlich, die Therapie zu beenden. In der Nacht nach dem Entschluss träumte sie:

1. *Ich habe eine Nordsee-Krabbe in meinen Händen.*
2. *Dann teile ich sie mit einem Messer seitlich quer durch. Ich gebe acht, dass ich die kleinen Krabben, die sich darunter befinden, nicht verletze.*
3. *Die kleinen Krabben bewegen sich außen am Rand des runden Krabbenkörpers.*
4. *Innen befindet sich kein Krabbenfleisch oder Glibber, sondern es ist gute braune wertvolle Erde darin.*

1: Die Träumerin hat über die Jahre ihre Kraft, das Leben als eigenen Werdeprozess zu begreifen, wiedergefunden. Der »Norden« weist auf die Bewusstwerdung dazu hin (siehe Kapitel »Erde«, S. 77).

2: Nun löst sie die schützende Schale auf und findet Zugang zu vielen neuen Gefühlsregungen, die bis dahin blockiert waren.

3: Die alten Lebensgefühle der Kindheit bewegen sich wieder unverletzt in ihr.

4: Das Innere des Krabbenkörpers – ihre wiedergefundene Lust, aus eigener Verantwortung »zu werden« – ist braune, wertvolle Erde geworden, in die sie nun neues Saatgut für ihr Leben einbringen kann.

Nach dieser Vorschau, die unsere Aufmerksamkeit auf die vielfältigen Möglichkeiten zwischen Freiheit und Unfreiheit gelenkt hat, wollen wir uns nun dem evolutionären Werden der Wirbeltiere zuwenden. Sie sind im Bilderbuch der Welt der Spiegel unserer emotionalen Entwicklungsschritte und Fähigkeiten.

... da entdecke ich rote Streifen tief unten auf dem Grund des Sees. Langsam kommen sie nach oben und ich kann erkennen, dass es rot leuchtende Fische sind, die wie in einem Reigen umher schwimmen.

1. Fische – die Vielfalt unter Wasser

Leben entwickelt sich aus Bedürfnissen

*Ich kann nur richtig gehen,
wenn meine Bedürfnisse erfüllt sind*

(Traumtext)

Die Evolution der Wirbeltiere begann mit den Fischen. Durch sie trat das rote Blut seinen Siegeszug in die Gestaltenfülle des Lebens an. Ihnen folgten die Lurche, Echsen, Schildkröten, Schlangen und Krokodile – Tiere, die in den Dramen und Komödien der Träume gerne die Hauptrolle übernehmen. Alle ihre Verhaltensweisen begegnen sich im Kampfgetümmel der Menschenseele. Und jedes dieser Tiere bringt auf ganz spezifische Weise im Traum seine Eigenschaften zum Ausdruck.

Betrachten wir zuerst unsere ältesten Wirbeltiere, die Fische. Goethe meinte:

> Ach, wüsstest Du, wie's Fischlein ist
> so wohlig auf dem Grund
> Du stiegst herunter, wie Du bist
> und würdest erst gesund.

Ob das wahr ist? Heißt gesund werden »sich wie ein Fisch im Wasser« fühlen? Wie gelingt uns das aber?

Fragen wir uns deshalb, was bewegt sich in unseren Gefühlen wie »Fische im Wasser«, was gleitet so lautlos durch unsere Gefühle hindurch und sucht nach Nahrung? Sind das nicht emotionale Bedürfnisse? Sie wimmeln in unseren Gefühlen wie die Fische im Wasser. Es gibt solche, die uns destruktive Bedürfnisse schildern, wie zum Beispiel bestimmte Haiarten, doch die meisten Arten wollen uns im Traum in ein farbiges, phantasievolles Leben locken. Sobald wir uns diesem Bedürfnis bewusst genug zuwenden, entfalten wir in uns die Farbenpracht der Fische. Und so wie Fische der Ursprung für die Vielfalt der Vögel und Säugetiere sind, so sind unsere emotionalen Bedürfnisse der Ursprung menschlicher Entwicklungen zu befreiten Gefühlen und emotionalen Kräften, die wir zur Selbstgestaltung brauchen. Je achtsamer ein Mensch mit seinen emotionalen Bedürfnissen umgeht, desto tiefer wird sein Verlangen nach Freude befriedigt. Bedürfnisse werben in uns um Erneuerung, damit wir uns weiterentwickeln. Sie wollen unser »Festland« erobern. Ohne sie würden wir antriebslos dahinleben. So sind sie Vorboten konkreter Wünsche, durch die unser Leben schöpferisch und farbig wird.

Nicht gelebte, verdrängte emotionale Bedürfnisse lösen Missbehagen aus, denn »der Fisch will schwimmen.« Wenn wir uns nicht dazu bekennen, was wir fühlen und denken, sind wir »weder Fisch noch Fleisch« und »fischen im Trüben« – bis es »nach faulen Fischen« riecht.

Fühlen wir uns noch ein wenig in das Leben dieser Tiere hinein: David Attenborough hat es in seinem Buch ›Das Leben auf unserer Erde‹[24] so reich beschrieben. Besonders eindrucksvoll ist die Farbenfülle vieler Knochenfische und die malerische Phantasie der Muster, die den Farben einen ganz eigenen Ausdruck verleihen. Farben sind im Gleichnis – wie wir im Kapitel »Farben« sahen – unsere eigene Farbigkeit, um Gefühle und Gedanken zur Harmonie zu bringen. Mit ihren leuchtenden Farben werben die Fischmännchen um ihr Fischweibchen, um neues Leben zu zeugen. Die Natur verströmt dazu einen schier unfassbaren Überfluss an Eiern. Sie verschwendet sich, um dem Leben immer aufs neue eine Chance zu geben, weil ein großer Teil dieser Eier durch Bruträuber verloren geht.

Allzu leicht werden auch wir zu »Bruträubern«, wenn wir Bedürfnisse, die zur Harmonie mit uns selbst führen sollen, vernichten. Dazu träumte ich einmal:

Ich habe einen kleinen Fisch, der vor mir plötzlich auf der Erde war, mit Absicht zertreten.
Und habe noch mal getreten, um ihn zu töten, so, als ob er Ungeziefer wäre.

Die Natur sorgt jedoch auch in uns dafür, dass Bedürfnisse immer wieder neu ins Leben drängen. Tausende und Abertausende von Lebensimpulsen »verfüttern« wir wie Laich und kleine »Beutefische«, bis uns eines Tages schließlich der große Fisch – unser tiefstes Bedürfnis – bewusst wird. Auch dazu hatte ich einen Traum:

Ich bin noch nicht ein großes Fischeleben.
Denn ich weiß nicht, ob das, was ich möchte, richtig ist:
Leben lieben und loben ist belebte Innenwelt.
Die Ambivalenzen müssen aufgelöst und nicht angenommen werden.

Manche Fische lösen mit ihrer Farbigkeit noch andere Herausforderungen: Sie umkreisen ihre Rivalen und signalisieren ihnen durch ihr farbiges Leuchtfeuer die Stärke, mit der sie bereit sind, sich durchzusetzen. Das kennen wir unter Menschen doch auch?

Das Element Wasser, in dem der Fisch lebt, leistet wesentlich mehr Widerstand als die Luft. Gleichnishaft sagt uns das: Was noch nicht bewusstseinsnah genug ist, müssen wir gegen den Widerstand erwerben. Um den Widerstand zu überwinden, entwickeln Fische erstaunliche Kräfte, wenn sie gegen den Strom schwimmen – wie zum Beispiel die Forelle und ganz besonders die Lachse, die Attenborough als die prächtigsten, tapfersten und tüchtigsten aller Fische beschreibt. Schwierigste Stromschnellen mit großer Kraft überwindend, finden Lachse – vom Meer der unbewussten Gefühle kommend –, zu ihrem Geburtsort im Süßwasser der Flüsse zurück, um dort zu laichen.

Diesen Weg vom Meerwasser zum Süßwasser, das heißt zu den bewusstseinsnahen Gefühlen, ist ein Gleichnis von ganz besonderer Aussagekraft. Jeder Mensch wird – erwachsen geworden – eines Tages schwierige Stromschnellen überwinden müssen. Dann, wenn wir Angst bekommen, einen Konflikt nicht lösen zu können, der unser Lebensgefühl aufwühlt und gefährdet, müssen wir den Mut haben, uns neu zu entscheiden. Das aber verlangt, Ängste und Vorstellungen aus der Zeit unserer Kindheit wieder zu erkennen.

Lachse finden den Weg zu ihrem Geburtsort zurück, indem sie das Wasser schmecken, das sie aus ihrer Jugend erinnern – eine Meisterleistung an Genauigkeit. Am Geburtsort angekommen, laichen sie. Danach sterben sie. Was aber soll uns das sagen? Ich denke, im Gleichnis gesehen brauchen auch wir dieses genaue »Schmecken« unserer Gefühle aus der Kindheit, damit wir aufkommende Ängste gegen unseren Selbstverwirklichungswunsch überwinden und neue Bedürfnisse erwachen können. Dazu aber muss altes Verhalten sterben.

Die Mannigfaltigkeit der Fische übertrifft die aller Wirbeltiere. Auf die vielen verschiedenen Fischarten – es gibt wohl an die 30.000 – brauchen wir aber nicht einzugehen, denn meistens werden dem Träumer nicht bestimmte Fischarten präsentiert. Haie und Piranhas sind mir bei der Traumarbeit öfter begegnet; natürlich auch der Wal, der eigentlich kein Fisch, sondern ein Säugetier ist. Deshalb erwähne ich auch nicht die Einzelheiten aus der begeisternden Detailbeschreibung bei Attenborough, obwohl darin eine Fülle von menschlichen Verhaltensstrategien im Gleichnisdenken sichtbar wird. Träumer, die mit speziellen Fischen konfrontiert werden, verknüpfen entweder eine Erinnerung mit diesem Fisch, die zum Verständnis des Traumes gehört oder müssen sich über das Verhalten dieses Fisches informieren.

Fische atmen durch Kiemen den Sauerstoff aus dem Wasser ein, im seelischen Bereich sind es die Gefühle, die Bedürfnisse bewusst machen. Große Fische schnappen manchmal nach atmosphärischer Luft, sie sind der Bewusstwerdung schon näher – ebenso wie Fische, die neben den Kiemen auch noch Lungentaschen für Notfälle haben.

Wie wir im Traum auf Fischfang gehen

- *Ziehen zum Beispiel rote Fische durchs klare Wasser,*
  ermuntert der Traum, uns den schon erkannten Bedürfnissen weiterhin mit freudigen Gefühlen zuzuwenden, denn Rot ist die Farbe unseres Lebensblutes und verspricht ein blutvolles Leben.

- *Sperrt ein Fisch sein rotes Maul auf,*
  zeigt er, dass wir unser emotionales Bedürfnis besser füttern sollten.

- Wenn wir danach trachten, in neuer Weise kreativ werden zu wollen, *schwimmen vielleicht ein paar Goldfische im Teich,*
  denn Gold ist die Währung für unsere schöpferische Kraft. Der Goldfisch deutet dieses Bedürfnis an.

- Es kann aber auch sein, dass ein Fisch *erst mal geangelt und gegessen werden muss.*

Das alles sind erlebte Szenen aus Träumen!

Als ich begann, mich mit meinem Bedürfnis anzufreunden, ein Buch über die Gleichnissprache der Träume zu schreiben, sah ich im Traum *vier große fliegende Fische am Himmel vorbeiziehen.* Sie begeisterten mich. Durch die fliegenden

Fische gewann ich Vertrauen, mich den dafür notwendigen Bewusstwerdungsprozessen auszusetzen, das heißt: zu denken, Vorstellungen zu entwickeln, Ideen zu schöpfen, Bedeutungen zu erkennen, Wissen zu erwerben und Zusammenhänge zu erfassen.

Warum zeigte mir der Traum vier fliegende Fische? Die Zahl 4 sollte mir die Gewissheit bringen, dass mich dieses Bedürfnis zu mir selbst führen wird und ich dabei mein inneres Zuhause finden werde. Denn immer, wenn die Zahl 4 auftritt, werden wir auf die Lebensgestaltung hingewiesen, die unserer individuellen Bestimmung entspricht, so wie ich sie im Theoriekapitel in den Zahlenschritten entwickelt habe.

Verdrängte Bedürfnisse erwachen

Wie schon zuvor erwähnt, kann uns ein Fisch auch darauf aufmerksam machen, wie mutlos wir gerade mit einem Bedürfnis in uns umgehen. Ich erinnere eine Frau, die nach vielen Demütigungen durch ihren Mann endlich das Bedürfnis zulassen konnte,

Die Widderkraft aus dem Sonnenkapitel braucht den Kontakt zu unseren Bedürfnissen, die den Korb des Lebens mit Früchten füllen.

(Töpferarbeit von Jutta Wiesemann nach einer nächtlichen Skizze der Autorin)

sich aus ihrer Opferrolle in der Familie zu befreien. Sie holte in einem Traum *einen herrlich blauen Fisch aus dem Meer.* Blau ist die Farbe des Himmels – das Gleichnis unserer geistigen Freiheit. Als nun die Träumerin im Traum den Fisch in ihren Händen hielt, war der Fisch aber tot. Die Träumerin wurde deshalb im Traum gefragt, ob sie ihn essen würde und sie antwortete gleich darauf vehement: »Nein – um Gottes Willen, nein! *Dieser Fisch ist zwar tot, aber trotzdem lebendig und wird auch nicht verwesen.*« Mit dieser Behauptung aber betrog sie sich selbst, denn ein toter Fisch muss natürlicherweise verwesen. So wurde durch den Traum offenbar, dass die Frau ihr Bedürfnis nach Befreiung sterben ließ, statt ihre Tatkraft, die dazu nötig war, zu entwickeln. Lebendig blieb nur die Sehnsucht nach Befreiung.

Ein anderer Traum beschrieb die Not eines Patienten, der glaubte, sich die Liebe zu einer Frau unter großen Schmerzen versagen zu müssen. Er sah darauf im Traum *einen riesigen glänzenden Fisch mit wunderschönen Ornamenten auf der Haut, sich hilflos auf dem trockenen Boden winden.* Der Träumer musste so mit ansehen, wie er seinem Bedürfnis nach Liebe das Wasser abgegraben hatte. Die Ornamentik des Fisches zeigt die Schönheit, die dieser Liebe eigen war.

Ein anderer Patient, der nicht zu seinen Bedürfnissen stehen konnte und diese immer wieder überspielte, hielt im Traum *seinen Hund im Arm, der sich langsam in einen Fisch verwandelte, dessen Kopf blutete und dabei zu einem gekochten Fisch wurde, vor dem ihm graute.* Der Hund ist eine sehr viel höhere Stufe der evolutionären Entwicklung als der Fisch. Er ist der Ausdruck großer Wachsamkeit und Liebe für sich selbst. Diese Liebe und Treue zu sich selbst hatte der Patient verloren und konnte, wie wir sehen, nicht einmal mehr das Bedürfnis danach zulassen.

Sehen wir uns jetzt den Traum einer Frau an, die sich schon geraume Zeit ihr Bedürfnis nach neuer Kreativität versagte. Ihre Begabung, schriftstellerisch tätig zu werden, lag brach.

Sie erzählt den Traum von einem gefesselten Fisch:

1. *Unter Wasser – dort ist es sehr hell.*
2. *An einem riesigen Maschendrahtzaun hängt – an den Schwanzflossen gefesselt – ein cirka 2,5 m langer Fisch. Er lebt, aber scheint völlig erschöpft zu sein. Seine Schuppenhaut sieht alt und mitgenommen aus.*
3. *Ich fühle tiefes Mitleid mit seiner gefesselten Lage und will ihn retten. Ich befreie ihn.*
4. *Er wird von zwei Männern auf eine weiche große Trage gelegt und zu einem moosigen Steinboden gebracht, auf dem er sich erholen kann.*
5. *Ich will ihm beste Nahrung besorgen, auch eine stärkende Injektion. Eine Spritze für einen Fisch? überlege ich im Traum. Ja, sie wird ihm sehr gut tun. Er hat so viel gelitten. Nun braucht er jede Unterstützung. Ich bin sicher, dass er auf diese Weise langsam zu Kräften kommen und in die Freiheit schwimmen wird.*

Der Traum ist so verständlich, dass die folgende Interpretation nur dazu dient, einzelne Details vertieft zu betrachten.

1: Das helle Wasser zeigt, dass die Träumerin den Widerspruch in ihren Gefühlen schon kennt.

2: An einem durchsichtigen Maschendrahtzaun – ähnelt das nicht einem erstarrten Fischernetz? – hängt ihr schriftstellerisches Bedürfnis: der 2,5 m lange

Fisch. Was heißt 2,5? Nehmen wir wieder die Zahlensymbolik zu Hilfe: Den Widerspruch – das ist die Zahl 2 – soll sie lösen und mit allen 5 Sinnen freudig auf ihren verdrängten Wunsch – auf die Zahl 3 – zugehen. Doch die inneren Widerstände halten sie gefangen. Die strapazierte alte Fischschuppenhaut verrät, dass die Träumerin dieses Bedürfnis schon lange verdrängt.

3: Die Träumerin fühlt, wie sie unter der Selbstverleugnung leidet und will das ändern.

4: Die zwei Männer – die Kraft zum Handeln – sind hier als duale Kräfte zu verstehen, die Freiheit und schöpferischen Drang in der Träumerin in Bewegung bringen wollen. Die Versteinerung in ihr zeigt ein zartes Moos erster Wachstumsprozesse.

5: Sie lässt schon die Absicht zu, ihrem Bedürfnis beste Nahrung zu geben und sogar noch eine Spritze zur Unterstützung, damit es wieder zu Kräften kommt. Die Spritze aber steht im fünften Bild für die Liebe, die jedes Bedürfnis braucht, damit es gedeihen kann.

Ein anschließender Traum in der gleichen Nacht beschrieb dann ihre Sehnsucht zu schreiben *als Fragment einer früheren Galionsfigur, die – anstatt am Bug eines Schiffes – am Dachrand vor einem geöffneten Fenster hing. Es war eine üppige weibliche Figur aus Holz mit verlockend erotischen Zügen.*

Wir sehen, die Träumerin sollte sich erinnern, dass sie ihr Lebensschiff früher schon ihrer Begabung gemäß zu Wasser gelassen hatte. Da die Figur aber am Dach hängt, ist der Träumerin ihre Begabung zwar bewusst – denn der Dachraum eines Hauses entspricht unserem »Oberstübchen« – unserem Bewusstsein. Doch noch steuert sie sich nicht wieder durch die Meere und Flüsse ihrer reichen Gefühlswelt, mit der sie Menschen wahrnimmt und schildern kann. Ihre Begabung zum Schreiben zeigte verlockend erotische Züge, aber noch fehlt ihr das Vertrauen, es neu zu wagen.

Sehnsucht nach eigener schöpferischer Lust

Der folgende Traum will einer Frau Mut machen, ihre Liebe zur Genauigkeit nicht nur intellektuell, sondern auch mit vitaler Kraft zu äußern.

1. *Ich befinde mich auf einem Weg in sumpfigem Gebiet; rechts und links sind Gewässer.*
2. *Plötzlich überqueren von Moder und Schlamm bedeckte Plattfische den Weg. Eine Schwimmerin im schwarzen Tauchanzug taucht auf und räumt die Fische weg, so dass der Weg frei wird für mich.*
3. *Ich gehe auf dem schmalen Weg weiter, bis ein Stier mit Reiter entgegen gerannt kommt und ich mich erschrocken zur Seite wende – mit dem*

Rücken zum Wasser und der Vorderseite zum Stier. Kaum ist der Stier vorbei, erscheint ein zweiter und danach ein dritter Stier mit Reiter drauf.

1: Die Träumerin berichtet, dass das Gelände der Landschaft um ihr Elternhaus gleicht. In diesem Elternhaus wurden persönliche Gefühle den Forderungen nach Leistung strengstens untergeordnet. Sie konnte ihre kindlichen Gefühle daher nicht dazu nutzen, persönliches Erleben mitzuteilen. Gefühle aber stauen sich dann und verschlammen den Boden, auf dem ein Kind steht. Es verliert das Vertrauen, sich mit seinen Gefühlen zeigen zu dürfen.

2: Die Plattfische – das unerfüllte Bedürfnis, Gefühle zeigen zu dürfen – hinderten den Lebensweg der Träumerin. Doch sie begann entschlossen, gegen dieses plattgedrückte Bedürfnis anzukämpfen, und tauchte aus dem Dunkel ihres Unbewussten auf, um sich davon zu befreien.

3: Im Rücken das Wissen um den Gefühlsverlust in der Kindheit – das ist das hinter ihr liegende Wasser – öffnet sie sich vorsichtig dem stürmischen Wunsch, ihre Fähigkeit zur genauen Wahrnehmung emotional kraftvoll anderen zeigen zu wollen. Ein Stier – das begeisternde Bild versammelter Aggressionskraft – hat vier Mägen, um seine Nahrung zu verdauen. Die Schritte 1 bis 4 aber sind, wie wir im Kapitel »Grundstrukturen« gesehen haben, der präzise Weg, um zur Erkenntnis zu kommen, in welcher Weise wir uns nach außen darstellen möchten. Und gleich drei Stiere stürmen dann an ihr vorbei, um sie in den Prozess zu drängen, und sich bewusst zu machen, in welcher Weise sie zum Reiter der eigenen Emotionen werden könnte. Vom Plattfisch zum Stier – welch lustvolle Verheißung!

Sehnsucht nach eigener schöpferischer Lust hat auch den folgenden Traum einer Frau ausgelöst:

1. *Mehrere Leute werfen mich aus einem Kleinbus auf die Straße. Der Bus hat eine beige Farbe.*
2. *Ich bin nackt und wundere mich, wie ich da platt auf die Straße falle. So wie ein großer Fisch auf dem Bild von Magritte.*
3. *Plötzlich erlebe ich, wie sich der Fisch mit Armen und Beinen sehr lebendig bewegt.*
   Ich bin sehr erstaunt und frage mich, warum sie das gemacht haben.

1: Die Träumerin erklärt: »Meine ständige Bereitschaft, mich um andere zu kümmern, hat mich aus meiner Selbststeuerung geworfen.«

2: Ich habe mir entgegen meinen Wünschen noch nicht die Kleider gewoben, in denen ich mich jetzt zeigen möchte. Darum bin ich nackt auf die Straße gefallen und liege dort mit meinem ungestillten Bedürfnis nach künstlerischer Tätigkeit – wie der Fisch im Bild von Magritte.

René Magritte: Die kollektive Erfindung, 1935

Das Wasser meiner Gefühle ist mir abhanden gekommen.

3: Doch plötzlich, ausgelöst durch Gespräche, kann ich mich meinem künstlerischen Bedürfnis wieder tiefer zuwenden. Ich spüre, wie ich in Bewegung komme, um meiner Begabung nachzugehen und suche nun beim Malen nach der Abstraktionsfähigkeit von Magritte.«

Es geht um den Genuss des sinnenkräftigen Daseins und das ist mit ständiger Bewegung verbunden.

Um Weiterentwicklung geht es auch im nächsten Traum. In ihm begegnen wir einer Träumerin, die den Wunsch hatte, ihre Unzufriedenheit im Beruf als Theologin durch neue kreative Ideen zu überwinden.

1. *Die Supervisionsgruppe und auch noch andere Leute sind auf Geheiß Ortruds zu einer Höhle im Gebirge, in der sich auch eine Quelle befindet, aufgebrochen.*
2. *Dort ist ein großes Geheimnis. Es gibt so schwarze kleine Kugerln, die man mit Schnee vermischen muss und dann isst.*
3. *Jemand sagt: Wir haben jetzt alles. Das ist wie eine Plazenta. Darin sind alle Nährstoffe enthalten.*
4. *Es ist hoch oben im Gebirge. Wenn ich hinunterschaue, sehe ich lauter schroffe Steine. Wir sind alle in der Höhle.*
5. *Dort formen wir aus den schwarzen Kugerln – sie sehen aus wie Kaviar – und dem Schnee so etwas wie Schneebälle.*
Wir essen sie ehrfürchtig.

Die Träumerin erarbeitete den Traum in ihrer Supervisionsgruppe und schickte mir Ihre Gedanken und Einfälle dazu. Mit diesem Brief nahm ich dazu Stellung:

»Liebe Rita, ich bin Deinen Traum noch einmal Gleichnis für Gleichnis durchgegangen. Du wirst sehen, dass die Aussagen noch tiefer als Deine Interpretation zu verstehen sind. Bitte prüfe die Darstellung, ob Du mit ihr in Gefühlen und Gedanken übereinstimmst.

1: Du bist mit allen Deinen Dich selbst verstehen wollenden und kontrollierenden Anteilen (Supervisionsgruppe) auf Geheiß Deiner inneren Wahrheitssuche (Ortrud) zu einer Geburtsstätte neuer schöpferischer Möglichkeit, der Höhle im Gebirge aufgebrochen. Auf diesem Weg wirst Du keinen Durst erleiden, denn Du hast gelernt, Deine Gefühle ständig zu klären, so dass sie für Dich zur reinen Quelle werden können.

2: Noch ist es für Dich ein großes Geheimnis, welche emotionalen Bedürfnisse in Dir nach Befriedigung suchen. Das zeigen Dir die schwarzen Kugeln des Kaviars vom Stör. Der Stör ist ein Fisch, der periodisch aus dem Meer – dem Salzwasser der unbewussten Gefühle – kommend, die Flüsse hinaufzieht und dort, im Süßwasser, seinen Laich ablegt. Der Kaviar ist der noch vor der Eiablage im schwarzen Meer von Menschenhand entfernte Rogen, den Du Dir durch Deinen Wunsch nach Erneuerung bereits erworben hast.

Eine Eigenart des Störs sind die Kiemenarterien, die einen Teil des Herzens ausmachen. Im Gleichnis, geht es folglich darum, die neue Nahrung für Dein Leben mit dem Herzen zu suchen. Du sollst dazu den Kaviar noch mit Schnee vermischt essen, das heißt, bei Deiner Suche noch eine »emotional-kühle Distanz« zu Deinen Bedürfnissen bewahren, um genau genug herauszuschmecken zu lernen, welcher Weg Dich wirklich zufrieden machen könnte.

3: In Dir ist die Gewissheit, dass Du genug vorbereitet bist, neues Leben in Dir aufnehmen zu können. Das ist die Plazenta, denn die Vielfalt Deiner emotionalen Bedürfnisse enthält alle Nährstoffe, die Du für Deine Zukunft brauchst.

4: In Dir scheint aber noch eine Beunruhigung zu sein, dass Dein neuer Weg im theologischen Denken schroffen Widerstand erfahren könnte – das sind die kantigen Steine auf Deinem Weg ins Tal. Die Höhle zeigt Dir, dass Du Dir darum noch die Geborgenheit geben sollst, die Du für Deine Suche nötig hast.

5: So kannst Du Deinen Weg nur finden, indem Du mit liebevoller Distanz die Nahrung suchst, die Du zur Entfaltung Deiner neuen Ausdrucksmöglichkeiten im theologischen Bereich brauchst. Dieser Prozess braucht die Ehrfurcht vor Deinem eigenen Leben.

Herzliche Grüße
Ortrud

Es geht um lebendiges Leben in neuer Weise

Bedürfnisse können auch zerstörerisch sein

Bedürfnisse sind aber nicht nur positiv. Sie können auch sehr zerstörerisch sein. Wir erkennen sie an negativen Gefühlen, die sie in uns auslösen. Sie warnen uns und fordern uns auf, das, was wir vorhaben, noch einmal genauer zu durchdenken. Als eine Frau empört und über das vernünftige Maß hinaus beschlossen hatte, sich auf eine Kampfsituation mit einer kriminellen Gruppe einzulassen, wurde sie im Traum durch Piranhas gewarnt:

1. *Ein Mann steht an einem Fluss, zieht sich aus und springt kopfüber ins Wasser. Ich bin entsetzt, denn ich weiß, dass der Fluss voller Piranhas ist.*

2. *Ich will den Mann warnen, rufe ihm zu, er solle sofort aus dem Wasser kommen, aber er achtet nicht auf mich. Er schwimmt ein Stück weit, das Wasser ist zunächst ganz klar, aber gleich darauf wird alles um den Mann herum dunkel im Wasser.*

3. *Ich sehe den Mann nicht mehr und weiß, dass die Piranhas über ihn hergefallen sind.*

4. *Als das Wasser wieder klar wird, sehe ich das Skelett des Mannes auf dem Grund liegen.*

Die Träumerin erinnert sich: »Piranhas sind besonders gefährliche kleine Fische, die in südamerikanischen Gewässern – hauptsächlich im Amazonas – leben. Sie haben messerscharfe Zähne, treten meist in Schwärmen auf und ich habe einmal miterlebt, wie eine ganze Kuh innerhalb von nur wenigen Minuten bis auf das Skelett abgefressen war. Darum bin ich so entsetzt.«

Die Empörung der Träumerin wurde durch einen Freispruch »mangels ausreichender Beweise« ausgelöst. Die Gruppe hatte sich durch raffinierte Tricks, die die Träumerin nicht durchschauen konnte, abgesichert. Männliche Personen stehen im Traum für das Handeln. Mit ihrer Absicht, die kriminelle Gruppe trotz des für sie unverständlichen Freispruches zu Fall zu bringen, stürzte sich die Träumerin kopflos in das Wasser ihrer aggressiven Gefühle.

Erst der Traum brachte ihr die Einsicht, dass sie die Gefährlichkeit der Situation nicht abschätzen kann und sich deshalb nicht weiter auf sie einlassen sollte. Die Wut war so verständlich – verführte sie aber dazu, zum Opfer ihrer eigenen Aggression zu werden.

Auch manche Hai-Arten können aggressiv werden. Die meisten von ihnen können keine Farben sehen, sie lenken ihr Leben vielmehr durch einen differenzierten Geruchssinn. Sie können austretendes Blut in einer Entfernung von einem halben Kilometer wahrnehmen. Sie haben meistens scharfe, spitze Zähne, die sich ständig von selbst erneuern. Und darum spricht man von einem »Revolvergebiss«. Bei einigen Hai-Arten können die noch ungeborenen Jungen zu Kannibalen werden. Sie verspeisen die kleineren Geschwisterembryonen im Mutterleib. Die meisten der vielen Hundert Hai-Arten sind in ihrer Beziehung zum Menschen harmlos. Nur wenige Arten greifen den Menschen an. Oft sind es aber gerade diese Haie, die in Träumen auftreten.

Eine Studentin träumte wiederholt von einem solchen Hai, der sie in Gefahr brachte:

1. *Ein kleines Holzboot – Leute steigen ein und aus.*
   Auf dem Boot stand ein Mädchen in meinem Alter.

2. *Da schwamm ein Hai auf das Mädchen zu und biss in das Boot.*

3. *Der Himmel über dem Mädchen verschwand – stattdessen sah sie über sich eine Holzdecke mit einem Haken.*
   An diesem Haken zog sich das Mädchen in die Höhe.
   Als der Hai weg war, ließ sie sich wieder von der Decke hinunter.

» Ich fragte die Träumerin, ob sie sich manchmal Aggressionen ausgeliefert fühle.

« Ja, meinte sie – dann, wenn ich mich verletzt fühle, weil ich das Verhalten des anderen nicht verstehen kann.

» »Finden Sie sich dann in ihren Gefühlen nicht gleich zurecht? Bringt Sie Ihre Aggressivität so wie der Hai dann in Gefahr?«

« »Ja, dann wüten erst einmal nur Enttäuschung und Zorn in mir.«

» »Aber der Traum zeigt, dass Sie schnell und klug reagieren können, wenn aggressive Gefühle Sie plötzlich bedrängen.«

« »Ja, das stimmt – ich besinne mich dann und frage den anderen, warum er sich so verhalten hat.«

» »Alle Achtung – das ist im Traum der Augenblick, in dem sich das Mädchen zur Holzdecke hochzieht. Holz sind gewachsene Erkenntnisse und Holz wächst, weil Blätter das Sonnenlicht eingefangen haben. Wie fangen Sie sich Licht ein, um nicht im Rachen ihrer Aggression zu verschwinden?«

« »Ich weiß, dass mich die aggressiven Gefühle nicht weiterbringen – ich muss den anderen auch verstehen wollen.«

» »Welch tiefe Einsicht! Deshalb zieht sich das Mädchen im Traum nach oben. ›Nach oben‹ ist im Traum immer der Weg in die Bewusstwerdung, von oben gewinnen wir die Übersicht über ein Geschehen. Sie sind erst 21 Jahre alt. Ich kann nur staunen, wie bewusst Sie schon mit aggressiven Bedürfnissen umgehen.«

Wir sehen, die Träumerin hat die Frage, die Rose Ausländer[5] in ihrem Gedicht stellte, für ihre eigene Situation erstaunlich konstruktiv gelöst:

**Fahrt
zwischen Haien**

Unser Schiff
schwankt

Wann
ankert
ein Land
am Grund
unserer

Angst?

2. Amphibien – die Nackthäutigen

Leben in der Entwicklung zwischen Lust und Angst

*Der Dreh- und Angelpunkt in der Welt
sind Ambivalenzauflösungen
auf dem Weg in die Harmonie*

(Traumtext)

Von den Amphibien gehen die Entwicklungslinien aus, die zu den höheren Wirbeltieren führen. Sie folgen in der Evolution den Fischen nach und auch sie sichern ihren Bestand durch eine verschwenderische Fülle von Eiern. Sie sind die ersten Landwirbeltiere mit einem Mittelohr und einer echten Stimme – Lockrufe, Revierabgrenzung, Regenrufe, Warn- und Angstschreie und ähnliche Laute, die auch einem Kind helfen, gehört zu werden.

Spüren wir den Darstellern dieser Lebensepoche weiter nach: Amphibien wie Salamander, Molche, Frösche und Kröten werden als wechselwarme Tiere bezeichnet, weil ihr Stoffwechsel noch nicht die konstante Wärme erzeugt, die notwendig ist, um die eigene Körperwärme zu erhalten. Sie brauchen dazu die Wärme des Wassers und der Sonne.

Vergleichen wir diese evolutionäre Epoche mit dem Werden des Kindes, dann sehen wir die Entsprechungen. Auch das Kind braucht die Wärme seiner Umwelt, es kann sie noch nicht selbst erhalten und sucht daher Licht und Wärme in der Geborgenheit seiner Familie. Die Not eines Kindes entsteht aus dem Gefühl der Ungeborgenheit, der Angst, die Liebe, die ihm Licht und Wärme gibt, zu verlieren.

- Vielleicht wurde das Kind zu sehr reglementiert und lernte es, sich mit seinen Wünschen den anderen anzupassen
- oder es wurde zu wenig gelenkt und blieb orientierungslos
- oder zu sehr beschämt und bekam Angst, sich zu zeigen.
- Vielleicht wurde es zu sehr anderen Menschen verpflichtet
- oder durch Schuldzuweisungen verunsichert.
- Vielleicht war der Leistungsanspruch zu hoch und führte zu Versagensängsten.

Der Wald der Ängste ist ein Dschungel mit unendlich vielen Schleichwegen.

Die Frösche – Schlammflüchter und Wipfelstürmer

Zu Beginn dieses Buches schilderte ich, wie ich mit meinen Bedürfnissen für andere Menschen unsichtbar geworden war, weil ich gelernt hatte, sie perfekt zu verdrängen. Damals forderte mich im Traum der altägyptische Gott des Chaos mit einer Froschzunge heraus, dem Verhalten der Frösche tiefer nachzuspüren.

Ich wende mich besonders den Fröschen zu, weil sie die häufigsten amphibischen Gäste in Träumen sind. Nichts beeinträchtigt das Leben der Amphibien mehr als Trockenheit und Kälte. Wenn die Umweltbedingungen allzu unfreundlich werden, können Amphibien einfach »abschalten«; sie vergraben sich. Das habe ich offenbar auch getan, als mein Bedürfnis, gehört zu werden, ignoriert wurde. Kinder helfen sich oft so. Aber der Mangel an Gefühlszuwendung beschädigt das Selbstwertgefühl und behindert das Kind, sich selbst so wichtig zu nehmen, wie es nötig ist, um sein Wesen zu entfalten. Kinder sind wie Wetterfrösche, die das gute und schlechte Wetter aus den Stimmungen ihrer Umwelt erfühlen.

Frösche schlüpfen aus Larven, die noch Kiemenatmung haben. Mit dieser Metamorphose vollziehen sie ihre persönliche Entwicklung vom Wasser aufs Land und werden zu Lungenatmern. Manche Arten von ihnen überspringen das Larvenstadium und schlüpfen gleich als fertige Frösche aus dem Ei.

Frösche haben eine dünne, wasserdurchlässige Haut, mit der sie ihren Wasserbedarf aufnehmen. Die Haut ist aber das Organ, das zur Abgrenzung dient und zugleich nimmt die Haut mit ihrem Tast-, Schmerz- und Temperatursinn den Kontakt zur Umwelt auf. Gleichnishaft ist das Kind im seelischen Bereich genau so durchlässig; Gefühle von Zuneigung und Abneigung gehen ihm buchstäblich unter die Haut und beeinflussen sein Werden.

Dabei entwickelt es ganz verschiedene Verhaltensweisen – wie die Frösche, die je nach Art alle Lebensräume im Wasser, auf dem Land bis hinauf in die Wipfel der Bäume besiedeln. Manche vergraben sich im Erdreich, andere klettern in luftige Höhen der Bäume, wieder andere behaupten ihr Leben in wüstenähnlichen Gebieten oder stehenden Tümpeln. Das ist bei Kindern nicht anders. Auch sie passen sich in ihrer Abhängigkeit den Lebensbedingungen der Umwelt an. Ein Kind, das zwischen bedrohlichen Aggressionen aufwächst, flüchtet sich mit seinen Gefühlen vielleicht in einen Tümpel ohne Zu- und Abfluss oder vergräbt sich im Schlamm. Kinder, die liebevoll herausgefordert werden, erobern sich möglicherweise die Freiheit im Blätterdach der Bäume.

Die Triebkraft, sich das Leben zu erobern, ist groß. Die fünfzehigen Hinterbeine der Frösche sind ungewöhnlich stark entwickelt und verleihen ihnen eine außergewöhnliche Sprungkraft. Im Sprung erbeuten die Frösche gezielt mit ihrer hervorschnellenden Zunge die Nahrung – Insekten und Kleingetier. Auch ihr Schwimmen ist voller Lust – mit weit ausgebreiteten Armen und Beinen ziehen sie durchs Wasser. Die geringste Störung aber lässt die furchtsamen

Tiere im Schlamm verschwinden. Diese Angstreaktion kennt das Kinderherz nicht minder. Alle Kinder möchten, wie die Frösche, den quicklebendigen Sprung ins Leben wagen und sich ihr Festland erobern. Doch irgendeine Angst drängt jedes Kind zur Flucht in den Schlamm und solche Ängste entwickeln sich dann zu einer spezifischen Schutzhaltung. Und diese verfestigt sich in der Folge immer mehr – solange, bis sich der Erwachsene aus ihr erlösen kann.

Frösche nehmen die Welt vorrangig mit ihren Augen wahr. Sie haben sogar noch ein drittes Auge oben auf dem Kopf angedeutet, das als blasser Fleck sichtbar ist. Dieses Auge reagiert auf Licht und dient der Orientierung. Auch Kinder sind ganz Auge. Augen sind ihr Tor zum Leben. Das sogenannte dritte Auge des Frosches entspricht der Suche des Kindes nach Licht und Wärme. Diese Suche lenkt das Kind. Wenn ein Kind seine Wünsche nicht mehr unbefangen äußern kann, gibt es den Teil von sich selbst auf, der in den Wünschen seinen Ausdruck sucht. Dann fragen wir es zuweilen: »Hast du einen Frosch verschluckt?« oder: »Sei doch kein Frosch«. Aus der Froschperspektive des Kindes sieht die Welt noch undurchschaubar aus.

»Frosch« nennt man auch den verunglückten Ton eines Blasmusikers. Und wer sich als Erwachsener noch aufblasen muss wie ein Frosch und mit »Sprechblasen« auf sich aufmerksam macht, ist im Grunde ein »armer Frosch«.

Johann Wolfgang Goethe kannte solche Frösche:

> Ein großer Teich war zugefroren,
> die Fröschlein in der Tiefe verloren,
> durften nicht ferner quaken noch springen,
> versprachen sich aber, im halben Traum:
> Fänden sie nur da oben Raum,
> wie Nachtigallen wollten sie singen.
>
> Der Tauwind kam,
> das Eis zerschmolz,
> nun ruderten sie und landeten stolz
> und saßen am Ufer weit und breit
> und
> quakten
> wie vor alter Zeit.

Wie schon erwähnt, springt der Frosch durch unseren Traum dann, wenn wir uns an die Angst und Schutzhaltung in der Kindheit erinnern sollen. Es geht dann darum – wie im Märchen vom Froschkönig –, den Frosch, den wir als Kind verschluckt haben, an die Wand zu werfen, damit der Prinz in uns frei wird und wir die goldene Kugel zur Entfaltung kreativer Kräfte ins Spiel bringen.

Bevor ich nun auf Träume eingehe, möchte ich noch erwähnen, dass ich nicht die ganze Vielfalt im Werden der Frösche dargestellt habe. Da gibt es zum

Beispiel beim Vorgang der Geburt Abwandlungen, bei der die Entwicklung des Jungfrosches in der Schallblase des Männchens oder in der Rückentasche des Weibchens stattfindet. Solche Bilder sind mir in Träumen nie begegnet. Es gibt aber immer wieder Traumbilder, die den Träumer herausfordern, sich selbst mit ihrer Bedeutung auseinanderzusetzen. Entscheidend dafür ist, sich die sachlich-biologische Aussage des Bildes mit dem dazugehörigen subjektiven Erleben in den eigenen Gefühlen und Gedanken bewusst zu machen.

Jeder Frosch entspringt einem ganz persönlichen Kinderschicksal. Der folgende Traum half einer Frau, ihrer Entwicklung aus den letzten zwei Jahren nachzuspüren, in denen sie extrem unter Demütigungen gelitten hatte. Die Wurzel dafür lag in der Kindheit: Ihre Mutter hatte von ihr stets verlangt, dass sie negative Gefühle anderer erduldete, ohne mit der Wimper zu zucken. Längst erwachsen geworden, glaubte sie diese Forderung aufrecht erhalten zu müssen, bis sie eines Tages dieser seelischen Belastung ein Ende machte. Sie träumte:

1. Teil des Traumes

1. *Ich sehe ein offenes Aquarium, das eher einer Sandkiste gleicht – vielleicht 2 x 2 m groß.*

2. *Innen ist eine Landschaft zu sehen aus Sand und Steinen – ohne Wasser.*

3. *Dann hole ich Meerestiere – eine Art Muscheln – aus dem Sand herauf.*

4. *Danach sah ich einen grauen Frosch, der wie eine Schildkröte gepanzert war. Dieser Panzer war flach wie zwei Buchdeckel, zwischen denen der Frosch eingeklemmt lag. Der Panzer war wunderschön. Er war türkisfarbig bis hellblau. Ich wollte den Panzer haben.*

5. *Ich öffnete ihn. Als ich ihn aufklappte, sah ich, dass der Frosch noch lebte.*

2. Teil des Traumes:

1. *Ich konnte ihn nicht mehr zurück in das Aquarium tun, weil darin kein Wasser war.*

2. *Ich musste ihn töten. Er sollte sich nicht quälen.*

3. *Ich nahm von einem leeren Bilderrahmen in der Größe DIN A 5 die Glasscheibe heraus und quetschte den Frosch in ein Korbgeflecht hinein, in dem ich ihn mit der Glasscheibe in die Korbwand drückte.*
   Dann schlug ich mit einem Hammer darauf zu. Ich wollte ihn nicht berühren. Ich habe drei- bis viermal zugeschlagen.
   Die Glasscheibe bekam keinen Riss, darüber war ich sehr erstaunt.

4. *Der tote Frosch klebte dann noch an dem oberen Panzerteil und ich schob ihn mit Hilfe des Glases herunter.*

> 5. *Plötzlich liefen in dem Sandkasten lauter kleine Landtiere herum, die wie Wiesel aussahen, nur kleiner waren und von weißer und hellbrauner Farbe.*

Auf welche Weise nun gibt dieser vielschichtige Traum seine Weisheit preis? Wir brauchen Zeit, damit wir uns in das Traumgeschehen einleben können und Bild für Bild die Tiefe der sachlichen und subjektiv empfundenen Gleichnisaussagen aufschlüsseln können.

Wenden wir uns erst einmal dem 1. Teil zu, der die Träumerin in fünf Szenen mit der Not ihrer letzten zwei Berufsjahre konfrontiert:

1: In einem Aquarium halten wir im Allgemeinen kleine bunte Fische, die ein Gleichnis für aufkommende Bedürfnisse in unseren Gefühlen sind. Diese wollen neue Bewegung und Farbe in unser Leben bringen.

2: Doch das Aquarium der Träumerin hatte kein Wasser mehr. Es war eine Sandkiste mit Steinen geworden, ein Bild ihrer derzeitigen seelischen Landschaft. Sand ruft den Träumer zur Kreativität auf. Doch ohne den Kreislauf der Gefühle, das heißt ohne Wasser, sprießt da kein Halm.

Weil die Kiste 2 x 2 m groß war, erfährt die Träumerin, dass die Trockenheit durch ungeklärte widersprüchliche Gefühle in ihr ausgelöst wird, denn die 2 weist im Traum fast immer auf eine Ambivalenz hin (selten auf eine Dualität).

Die Träumerin erzählte dazu, dass sie seit zwei Jahren – nach dem Wechsel des Managements – in ihrer Arbeit keinen Sinn mehr finden könne. Sie halte aber durch in der Hoffnung, dass es wieder anders werden könnte. Was hatte sich für sie verändert? Sie hatte ihren Arbeitsbereich, den sie zehn Jahre lang sehr engagiert aufgebaut hatte, an einen Mann abgeben müssen und befand sich plötzlich auf dem Abstellgleis.

3: In dieser widersprüchlichen Gefühlssituation zwischen Hoffen und Verzweifeln suchte sie im Unbewussten – das ist der Meeresboden – nach ihrem emotionalen Leben, das sich in Muscheln zurückgezogen hatte und am verdursten war.

4: Während der Auseinandersetzung mit sich selbst entdeckte sie ihren Frosch aus der Kindheit. Wie ich schon eingangs erwähnte, hatte sie von der Mutter gelernt, unerfreuliche Gefühlsattacken anderer ertragen zu müssen. Dieser »Frosch« war schon grau geworden, hatte längst seine Farbe verloren. Aber er lebte dennoch. Doch wie merkwürdig: Er befand sich zwischen zwei türkisfarbenen Panzerungen, was ihm beinahe das Aussehen einer Schildkröte verlieh.

Türkis ist die Mischfarbe aus Grün und Blau und war schon im alten Ägypten die Farbe der Selbstbefreiung. Diese befreiten Gefühle hatte die Träumerin zehn Jahre lang kennengelernt – durch das alte Management, das ihre Eigenständigkeit schätzte. Die Freiheit aber war in Wirklichkeit nicht tief genug erworben. Günstige äußere Gegebenheiten hatten sie gefördert. Die Schildkröte in ihr – das Urbild der Verpanzerung von Lebenskräften – war noch nicht erlöst. Denn als sie vom neuen Management ignoriert wurde und so in die Gefühlskälte und Trockenheit ihrer Umwelt geriet, lebte die alte Parole vom Durchhalten-Müssen um jeden Preis wieder in ihr auf.

5: Zwei Jahre lang hatte sie schon in dieser Haltung verharrt. Doch nun fühlte sie sich so erbärmlich, dass sie beschloss, sich aus diesem Zwang zu befreien. Sie öffnete sich ihrem Wunsch, erschrak aber, als im gleichen Augenblick die Durchhalteparole ihrer Kindheit – der Frosch – durch aufkommende Zweifel wieder auflebte und sie verunsicherte.

Der zweite Traumteil schildert wieder in fünf Szenen ihre Selbstbefreiung:

1: Ihre Gefühle für diese alte Pflichthaltung waren jetzt versiegt.

2: Sie wollte sich nicht mehr quälen und beschloss, den alten Frosch in sich zu töten.

3 + 4: Ihr altes Bild vom Leben hatte sie aufgegeben – das ist der alte, leere Bilderrahmen. Und nun ging sie in eine glasklare Distanz zu der gewohnten Froschperspektive, um ihr Leben mit allen fünf Sinnen neu zu suchen (Glasscheibe DIN A 5). Aus dieser Klarheit heraus konnte sie den Frosch, ohne ihn noch einmal an sich herankommen zu lassen, töten – er blieb hinter Glas. Sie schlug drei bis vier mal zu, die Kraft dazu gab ihr der Wunsch, endlich wieder zu leben (3) und ihr Leben neu zu gestalten (4). Real schlug sie zu, als sie in ihrer Firma kündigte. Und diese Klarheit blieb ihr auch nach der Kündigung erhalten, denn das Glas bekam keinen Riss. Darüber war sie ganz erstaunt und nun konnte sie sich von den letzten toten Resten ihres alten Sicherheitsverhaltens trennen.

5: Danach spürte sie plötzlich, wie sich in ihrem Inneren neue Lebensgefühle regten. Wie Wiesel huschte es da in ihr hin und her.

Immer wieder bin ich ergriffen, mit welcher Leichtigkeit Traumbilder schwierigste Lebensprozesse aufgreifen und widersprüchliche Gefühle bewusst machen helfen.

Während der vorangegangene Traum eine Entwicklung nachzeichnete, hilft der nächste Traum, ein Problem überhaupt erst zu erkennen. Die Träumerin war krankhaft eifersüchtig, obwohl ihr Mann keinen Anlass dazu gab. Dennoch verfolgte sie ihn mit ihrer Eifersucht solange, bis er nahe daran war, sie zu verlassen. Sie war darüber so unglücklich, dass sie schon an Selbstmord dachte. Da träumte sie:

> 1. *Ich befinde mich in einem Zimmer mit einer Frau, die ein Rokoko-Kostüm trägt. Jemand sagt mir, dass es die Kaiserin Maria-Theresia sei.*
>
> 2. *Ich sitze in einem Auto, kann jedoch nicht losfahren, weil die Straße von Fröschen übersät ist, die laut quakend herumhüpfen.*

3. Da kommen Raben angeflogen, stürzen sich auf die Frösche und ich kann losfahren.

1: Kaiserin Maria-Theresia war eine extrem eifersüchtige Frau, die eine eigene »Sittenpolizei« gründete, um ihren Mann überwachen zu lassen. Aber diese pathologische Eifersucht trieb ihren Mann erst recht in die Arme anderer Frauen. Der Traum zeigt der Träumerin mit diesem Bild, welches Schicksal auch sie ereilen könnte.

Die Träumerin hatte schon in ihrer Kindheit unter extremer Eifersucht gelitten. Damals wurde sie als Adoptivkind von den Adoptiveltern, als diese ein eigenes Kind bekamen, vernachlässigt und kaum beachtet, während das Neugeborene mit Liebe geradezu überschüttet wurde. Eifersucht brennt wie Feuer und das konnte sie als Kind nicht löschen.

2: Erwachsen geworden, blieb ihr die Angst, wieder ausgegrenzt zu werden und dadurch neuen Schmerz zu erleiden. Darum bevölkern die Frösche ihre Lebensstraße. Sie fragte sich immer wieder, wie sie die Kraft finden könnte, sich durch solche Ängste hindurchzusteuern.

3: Das dritte Bild erinnert sie an die Zeit, als sie als Kind einen verunglückten Raben gepflegt hatte und dabei erlebte, wie gescheit diese Tiere sind. Raben weisen, wie alle Vögel, den Weg in die Freiheit. Sie sind sehr gewandte Flieger und haben eine erstaunliche Intelligenz. Konrad Lorenz hielt den Kolkraben für den geistig höchststehenden aller Vögel. Raben haben ein ausgezeichnetes Gedächtnis, finden sich in Küstenlandschaften wie im Hochgebirge zurecht, bleiben das ganze Leben als Paar zusammen, »sprechen sich persönlich« mit den vom Partner gewohnten Lauten an und können sogar Menschenstimmen nachahmen. Nur mit der Beziehungsfähigkeit und Klugheit dieser Vögel wird sie die Frösche ihrer alten Eifersucht vertilgen können. Das kann ihr gelingen, wenn sie sich immer wieder klar macht, welch tiefer Schmerz sie einst so misstrauisch gemacht hatte. Mit dieser Bewusstheit kann sie das Misstrauen auflösen, mit ihrem Partner offen über alles sprechen und sich dadurch den Weg in eine glückliche Partnerschaft bahnen.

Das Wissen um die eigene Vergangenheit allein aber genügt nicht, um neue Flügel zu bekommen. Wir müssen uns nach und nach handelnd verwandeln. Als ich mein erstes Traumseminar hinter mir hatte und viele Kindernöte und die daraus erwachsenen Schutzhaltungen sichtbar geworden waren, fühlte ich mich danach trotzdem nicht so recht wohl. Was musste ich mir bewusster machen, um nicht enttäuscht zu sein? Ein Traum kam mir zur Hilfe:

*1. Ich schlachtete
und schlachtete
und schlachtete die Wahrheiten.*

2. Dabei war Frau B. im Bild.

*3. Frosch mit prallem Bäuchlein sprang durch den Raum,
durch das Fenster und zurück, wo wir zusammen waren.*

*4. Als ich schließlich mit Bauen anfangen wollte,
war kein Bauplan da.*

1: Was ist in dem Seminar »geschlachtet« worden? Die Frösche hüpften doch noch munter durch den Raum! Es ging um das Schlachten emotionaler Verhaltensweisen, die die Teilnehmer ganz individuell zu ihrem Schutz entwickelt hatten und die sie nun durch die Träume erkennen konnten.

Solch emotionales Schutzverhalten begannen sie zu schlachten:

- vielleicht das eines Wildschwein, das blindwütig seine Jungen verteidigt?
- eines Igels, der sich durch seine Stacheln nach außen schützt?
- oder eines Nilpferdes, das aggressiv unter Wasser kämpft?

2: Die mir bekannte Frau B. im Bild sollte mich offenbar vor zu hohen Erwartungen warnen, denn ich begleitete sie schon längere Zeit und erlebte, wie sie sich nur in kleinsten Schritten traute, sich aus ihrem Schutzverhalten zu lösen.

3: So sollte ich mir auch die Not der übrigen Teilnehmer bewusst machen, denn trotz der im Seminar einsetzenden Bewusstwerdungsprozesse – das ist das Fenster – sprangen offenbar alle Frösche der Teilnehmer weiter mit prallen Bäuchlein durch den Raum.

4: So manche Schutzhaltung der Seminarteilnehmer hatten wir zwar erkannt und auch geschlachtet. Doch erst dann, wenn wir die Gegenkraft zu unserer alten Schutzhaltung ins Visier nehmen, können wir den Bauplan für unser neues Lebenshaus entwerfen. Das alte Schutzbedürfnis der Teilnehmer war aber noch viel zu groß, um sich der notwendigen befreienden Veränderung stellen zu wollen. Ich löste darum dieses erste Traumseminar in individuelle Einzelgespräche auf.

Zu diesem Widerspruch zwischen Unfreiheit und Freiheit sagte mir ein Traum:

*Frösche bevölkern das Land der Hindernisse
und Vögel werden zu wegweisenden Helfern.*

In seinem »Land der Hindernisse« träumte ein Mann seinen Aufbruch zu einer neuen Freiheit mit den malerischen Worten

voller Entzücken badete der Frosch in der Lichtsuppe des Mondes

schönste Lyrik – um dem sensiblen Träumer zu zeigen, dass er das Licht im Unbewussten gefunden hatte, um sich endlich wieder in lustvollen Gefühlen baden zu können. Er hatte einen Sprung ins Leben gewagt!

Die Kröte und ihre vergrabene Lebensweise

»Eine Kröte schlucken zu müssen« ist die Aufforderung, Enttäuschendes hinnehmen zu müssen, und wir »unken«, wenn wir fürchten, dass etwas Unangenehmes auf uns zukommen könnte.

Erdkröten sind zahnlos und ihr Leib ist mit dicken Warzen bedeckt, die Gift aussondern und bei manchen Kröten sogar zu Stacheln werden. Es sind Tiere mit sehr lebhaften Augen. Die Weibchen sind bei weitem in der Minderzahl und werden von vielen Männchen heiß umworben. Sie sind füllige gedrungene Tiere voller Laich. Zum Ablaichen wandern sie in ihre alten gewohnten Gewässer zurück und nach einiger Zeit verlassen Tausende von kleinen Krötenlarven das Gelege. So wandert auch der Mensch immer wieder die gewohnten Wege und zeugt die alte Lebensweise, bis ihn ein neues Bewusstsein durchdringt.

Kröten können nicht wie Frösche wegspringen. Vor ihren Feinden schützen sie sich durch Vergraben in unterirdischen Gängen und durch das Gift in den Drüsen ihrer Haut. Manche Tiere wie zum Beispiel Vögel, schreckt das Gift nicht zurück, sie weiden die Kröten aus und lassen die Haut übrig. Wenn Kröten im Traum von Vögeln vertilgt werden, ist der Wunsch im Menschen endlich stark genug geworden, sich aus der Krötenhaltung zu befreien.

Der wichtigste Unterschied zwischen Fröschen und Kröten ist wohl in der unterschiedlichen Lebhaftigkeit zu sehen. Ihr Gleichnis beschreibt nicht den Sprung ins Leben – vielmehr drückt die sich vergrabene Lebensweise der Kröte noch mehr das Schutzbedürfnis des Kindes aus, das kein Vertrauen findet, sich mit seinen Wünschen zu zeigen. Doch die verborgenen Wünsche lösen eine aggressive Grundstimmung aus, die von der Umwelt als giftig erlebt wird. »Sei doch nicht so krötig« sagen wir zu einem widerborstigen Gegenüber.

Trotz ihres Giftes werden Kröten besonders von Schlangen, Schildkröten und anderen Lurchen verfolgt, die die Beute fressen, obwohl sie davon Verdauungsstörungen bekommen. Genau so mühsam verdaut der Mensch seine Krötenhaltung, wenn er sich befreien will.

Häufig werden Kröten Opfer von Krötenfliegen, die ihre Eier auf ihrer Haut ablegen. Trotzdem sind die Kröten selbst große Schädlingsbekämpfer, da sie sich von Schädlingen ernähren. Das ist ein Hinweis dafür, wie wir parasitären Quälereien ausgeliefert sein können, aber gleichzeitig auch die Kraft haben, Impulse zu verdauen, die unser Werden stören.

Die Träumerin eines Krötentraumes wurde von Kindheit an verpflichtet, stets für andere zu sorgen. Sie litt unter Schuldängsten, sobald sie sich ihren eigenen Wünschen zuwenden wollte. Das engte ihr Leben ein. Sie sehnte sich nach der Freiheit, mehr für sich selbst und ihre künstlerische Begabung tun zu dürfen.

1. *Ich laufe mit Winfried durch ein Tal. Ich bin heiterer Stimmung.*
2. *In einem Haus tanzen Leute in einem sehr großen Wohnzimmer, das zum Garten hin offen ist. Ich habe wehmütige Gefühle, weil ich auch tanzen möchte.*

3. Plötzlich sehe ich auf dem Wege eine große Kröte (fast so groß wie eine kleine Riesenschildkröte). Ich mache Winfried darauf aufmerksam, wir sind beide ganz fasziniert und wollen sie uns gemeinsam ansehen.

4. Sie ist im Äußeren ziemlich unauffällig, nicht hässlich, wie man es von Kröten sagt.

5. Urplötzlich kommt eine ziemlich große Schlange angekrochen und greift die Kröte an. Ich flüchte voller Panik in dem absoluten Bewusstsein, dass die Kröte keine Chance mehr hat.

6. Ich weiß nicht, ob ich es zu Winfried sage oder ob es nur ein Gefühl ist: Hier will ich nie, nie wieder her.

1+2: Die Träumerin sehnt sich danach, zu tanzen, das Leben leicht zu nehmen, sich ihrer kreativen Möglichkeiten freuen zu dürfen, so wie es Winfried ihr vorlebt. Sie ist heiterer Stimmung.

3: Plötzlich setzt sich in ihr wieder das alte Gefühl durch, vorrangig anderen verpflichtet zu sein.

4: Die Botschaft der Eltern ist die Kröte, die sie immer noch schlucken muss. So hässlich ist das Gefühl nun aber auch nicht – denkt sie sich.

5: Doch urplötzlich setzt sich in ihr der Drang, leben zu wollen, durch. Die Schlange – unser Lebenstrieb – greift die genügsame Kröte, die sich meist im Dunklen versteckt, heftig an. Der Wunsch, endlich einmal das Leben leicht und freudig zu nehmen, wurde so heftig, dass er die Schuldängste einfach hinwegfegte. Kaum aber wurde ihr das bewusst, musste sie panisch vor ihrer neu erwachten Lebenslust flüchten.

6: Die Angst, ihrer Verpflichtung plötzlich nicht mehr nachgehen zu wollen, steigerte sich in diesem Augenblick zur totalen Entsagung.

3. Echsen – die Schuppenhäutigen

Leben entwickelt sich aus der Phantasie
und dem Drang, es erobern zu wollen

*Wir haben aber keine andere Orientierung,
solange es den Wunsch nicht gibt,
mit dem wir unsere Sehnsucht nach Freiheit füllen*

(Traumtext)

Nach dieser Verletzbarkeit aus der Frosch- und Krötenzeit, in der Kinder noch völlig ungeschützt ihrer Neugierde ausgesetzt waren, wachsen sie in das Echsenstadium hinein. Während die Frösche, Kröten und Molche der Umwelt noch mit nackter Haut ausgesetzt sind, schützen sich Echsen durch ein Schuppenkleid, das aus Hornteilen besteht. Eine »seelische Hornhaut« bilden auch Kinder, wenn sie ihrer Umwelt trotzen, um ihre Wünsche an das Leben lustvoll auszuprobieren.

Echsen überlebten einst in der Kreidezeit das große Sterben vieler Tierarten und haben seitdem die größte Formenfülle unter den Reptilien hervorgebracht – Tausende von Arten bevölkern unsere Erde. Meine Kenntnisse habe ich verschiedenen eindrucksvollen Werken über Frösche und Echsen entnommen –, voller Freude, dass es solche Enthusiasten unter den Naturwissenschaftlern gibt, die diese Tiere mit großer Begeisterung bis ins Detail hinein beschreiben.

Die schöpferische Fülle der Echsen drückt sich in der Vielfalt ihrer Gestalten und Lebensweisen aus. Zahlreiche Arten bewohnen nur ein begrenztes geographisches Gebiet, an dessen Lebensbedingungen sie sich durch spezifische Strategien angepasst haben: Eine Art lebt grabend im Erdreich – andere führen ein verborgenes Leben im Laub und in Felsspalten und Baumstämmen – andere bewegen sich rege auf der Oberfläche des Bodens zwischen Büschen und Kräutern und wieder andere sind zu Baumbewohnern in allen Etagen geworden.

Wir beobachteten schon im Bild der Frösche, wie Kinder mit ihren Gefühlen auf die Umwelt reagieren und nach bestmöglichen Lösungen suchen, um ihre Ängste zu ertragen. Echsen entwickeln nun Lebensformen, die ihre Kräfte entfalten oder einschränken; je nachdem, wie viel Vertrauen sie fühlen, erobern sie die Umwelt oder suchen Schutz vor ihr. Erstaunlich ist, welche sozialen Lösungen manche Echsenarten für die verschiedenen Lebensstrategien gefunden haben. Verschiedene Arten aus der Gruppe der Leguane zum Beispiel teilen sich einen Lebensraum so auf, dass sich jede Art auf eine Höhenschicht beschränkt. Dadurch findet jede Spezies die Nahrung, die ihren Fähigkeiten entspricht. Die einen besetzen die Baumwipfel, während andere die Stämme bevorzugen, wieder andere werden auf Büschen und Gras aktiv und noch andere leben auf dem Erdboden. Eine verblüffende soziale Gemeinschaft!

Die Lebensdauer von Echsen ist sehr verschieden. Die in unserem Lebensraum bekannte Blindschleiche kann 50 Jahre alt werden, andere kleinere Arten leben nur wenige Jahre. Manchen Arten fehlen alle Gliedmaßen, manche deuten sie nur an. Viele andere haben alle Gliedmaßen vollständig entwickelt. Ein Autor beschreibt den Verlust oder die Reduktion von Gliedmaßen als Entwicklungsproblematik in vielen Echsenfamilien. Er spricht von der Annahme, dass solche Verluste in der Evolution schrittweise entstanden seien.

Betrachten wir diesen Verlust im Gleichnisdenken: Eine solch herbe Einbuße an Beweglichkeit erleiden auch Kinder, wenn ihre Bedürfnisse von der Umwelt immer neu in Frage gestellt werden, wenn sie wehrlos gemacht oder wenn ihnen Lasten aufgebürdet werden, die alle Kräfte absorbieren.

Das Verhalten der vielen Echsenarten regt an, sie als Sinnbilder für verschiedene emotionale Verhaltensweisen von Kindern zu verstehen, die nach der Froschzeit zwischen Lust und Angst ihre spezifische Lebenskraft suchen. Die Entsprechung ist verblüffend und bietet gleichzeitig eine originelle Möglichkeit, das Denken im Gleichnis zu üben. Deshalb bin ich in diesem Kapitel von der übrigen Gestaltung des Buches etwas abgewichen und habe den Gleichnisgedanken durch Einrücken der Texte hervorgehoben.

Zur Temperaturabhängigkeit

Echsen müssen sich mit extremer Kälte und Hitze auseinandersetzen; wie bei den Fröschen und anderen Reptilien reicht ihre eigene Stoffwechselwärme nicht aus. Sie brauchen Wärme aus der Umwelt. Viele Echsen lieben es daher, Sonnenbäder zu nehmen. Bei niedrigen Temperaturen verlieren sie ihre Lebendigkeit. In unseren gemäßigten Zonen werden sie dann inaktiv und halten Winterschlaf. Bei Kälte können sich Echsen nur schwer bewegen, so dass es für sie schwer ist, einem Feind zu entrinnen. Deshalb versuchen sie dann, den Gegner durch aggressive Scheingefechte zu bluffen.

Übertragen wir das im Gleichnisdenken auf unsere Kindheit: Auch Kinder erstarren in ihren Gefühlen, wenn sie in die Umwelt sozialer Kälte geraten und reagieren dann oft nur noch mit hilfloser Aggressivität. Sobald die Sonne – die ständige Suche nach Licht und Wärme – in einer Familie fehlt, gerät das Kind in Bedrängnis, weil es seine seelische Stoffwechselwärme noch nicht selbst erzeugen kann.

Aber auch zu große Hitze macht den Echsen zu schaffen. Manche vergraben sich dann, andere belüften sich, und in heißen Sanddünen bauen Leguane sogar Tunnel.

Wir erinnern uns, dass die Sonnenwärme aus einem Harmonieprozess in der Sonne entsteht. Im Gleichnisdenken könnte das Harmoniebedürfnis einer Familie tödlich werden, wenn Eltern statt eines echten Friedens nur ihre Vorstellung von Harmonie verwirklichen wollen, das heißt, eine Sicherheit aus Scheinharmonie schaffen. Solche Eltern trocknen dann, ohne es zu wissen, die Gefühle der Kinder aus, die ganz eigene Bedürfnisse befriedigen möchten.

- So entstehen in der Seele von Kindern Wüstenlandschaften;
- andere vergraben sich mit ihren Gefühlen und Wünschen;
- wieder andere versuchen, sie wie in einem Tunnel versteckt auszuleben,
- und noch andere erkennen, wie sie sich belüften, das heißt befreien können –

je nachdem, wie groß ihre emotionalen Kräfte sind, sich zu behaupten.

Zur Bewegung

Die Eroberung von Lebensräumen verlangte von den Echsen immer wieder neue Fähigkeiten. So lebt eine Skink-Art im losen Sand der Trockengebiete von Wanderdünen, wo mangels Feuchtigkeit kein Tunnelbau möglich ist. Die dort lebende Echsenart wurde zu »Sandschwimmern«.

> Im Gleichnis ist das ein Bild für den Bereich der Kinderseele, der ohne Wasser – ohne Gefühlszuwendung – geblieben ist. Nur tröpfchenweise – so wie Morgentau die Wüste benetzt – verbindet sich dann das Kind mit diesem zu klärenden Gefühlsbereich.

Eine andere Echsenart sind die unternehmungslustigen Geckos. Sie sind ganz ungewöhnliche Kletterkünstler, die auf glattestem Untergrund Wände senkrecht hochklettern und an der Zimmerdecke entlang spazieren. Ein Autor beschreibt, wie sie dazu auf Millionen von mikroskopisch kleinen Fortsätzen ihrer Zehen klettern; diese sogenannten Haftkissen muss der Gecko durch ein spezielles Netzwerk aus Blutgefäßen bei jedem Schritt neu unter Druck setzen, damit die Fußkissen auch an den glattesten Flächen haften bleiben.

> Wie wir sehen, gewinnen diese Geckos ihre beneidenswerte Sicherheit durch die ständige Aufmerksamkeit auf den Fluss ihres Blutes. Das Blut aber ist ein Gleichnis für den lebensspendenden Kreislauf unserer Gefühle. Wenn ein Kind Schritt für Schritt im Vertrauen zu seinen Emotionen lebt, weil seine Gefühle von der Umwelt ernst genommen werden, entwickelt es die Sicherheit, sich aus diesen Gefühlen zu bewegen und kann zu einem kleinen Gecko werden.

Der Schwanz der Echsen hat eine besondere Bedeutung für die Bewegung: Basilisken können auf den Hinterbeinen rennen und damit kurze Zeit sogar über Wasser laufen. Dabei spielt der Schwanz als Gegengewicht eine große Rolle; mit ihm steuern sie ihr Gleichgewicht.

> Kinder steuern ihr seelisches Gleichgewicht zwischen Fühlen und Denken, solange sie vom Vertrauen zu ihren Gefühlen getragen werden. Das setzt voraus, dass sie diese ausdrücken und klären dürfen, nur dann trägt sie das Wasser der Gefühle.

Echsen, die extrem lange Schwänze haben, mit denen sie regelrecht durch die dichte Pflanzendecke »schwimmen«, gleichen dagegen

> dem Kind, das sich durch das Dickicht von Widerständen geschickt hindurchschlängelt.

Einige Echsen werfen ihren Schwanz ab, wenn sie in zu große Angst geraten und ihren Gegner täuschen wollen. Der Schwanz windet sich dann noch eine Weile und lenkt die Aufmerksamkeit des Gegners auf sich. Doch diesen Trick müssen die Echsen durch ein paar Monate erhöhter Unsicherheit bezahlen – bis der Schwanz nachgewachsen ist. Er fehlt ihnen dann bei der Fortbewegung, als Greiforgan und im Sozialverhalten.

> Ein Kind greift erst zu diesem Trick, wenn es sich nicht mehr traut, sein seelisches Gleichgewicht zu verteidigen und darum so tut, als ob es aufgibt. Im Herzen aber hält es an seinen Bedürfnissen fest.

Eine andere Echsenart hat mit Hilfe ihres Schwanzes eine besondere Sprungweise entfaltet: Indem sie jeden Sprung in eine andere Richtung lenkt, verwirrt sie die Feinde, die sie verfolgen.

> Sicher dient diese Taktik auch dem Kind, wenn es zu großer Kontrolle ein Schnippchen schlagen will.

Einige Baumbewohner unter den Echsen haben das Gleiten für sich entdeckt, wobei es kein echter Gleitflug ist, sondern eher ein Sich-fallen-Lassen. Ein Autor beschreibt, manchmal sei der Fall so steil, dass er einem Fallschirmsprung ähnelt. Die Flugdrachen der Gattung Draco dagegen spannen richtige Flughäute aus. Sie können damit bis zu 60 Meter überbrücken.

> So vertrauensvoll überlassen sich Kinder ihren Gefühlen, wenn sie neugierig und lustvoll das Leben entdecken und ihre Freiräume ausprobieren dürfen.

Zur Aggression

Die meisten Echsen sind zu klein, um sich gegen Feinde wehren zu können. Wenn sie nicht fliehen können, schlagen sie mit den Schwänzen, beißen und schreien, um den Feind zu schrecken oder entleeren ihren Darm gegen ihn. Eine Leguanart gebiert besonders aggressive Männchen, die sich gegenseitig so verbeißen, dass sie sich dabei in die Luft schleudern.

> Von der Kindheit her gesehen sind das durchaus einfühlbare Kampfarten und bedürfen – denke ich – keiner Gleichnisauslegung.

Eine Besonderheit liefert die Krötenechse: Sie wehrt sich, in dem sie aus ihren Augen Blut gegen den Angreifer spritzt.

> Könnte das ein Blick voller Wut sein, mit dem das Kind seinen Angreifer schrecken will?

Der Panzer-Gürtelschweif verteidigt sich, in dem er sich zu einem Ball zusammenrollt und dabei in seinen stachelbewehrten Schwanz beißt, so dass er wie ein gepanzerter Ring daliegt.

> In einer solchen Abwehrhaltung verharren Kinder, die ihr inneres Gleichgewicht gegen äußere Angriffe nicht verteidigen, sondern sich durch aggressive Verschlossenheit wehren.

Zur Ernährung

Echsen stillen ihren Hunger auf sehr verschiedene Weise. Manche gehen bevorzugt auf Insektenfang – manche haben sich nur auf Termiten spezialisiert, andere suchen unter kleinen Säugetieren und Vögeln ihre Beute. Es gibt auch solche, die ihre kleineren Verwandten fressen und wieder andere leben von Pflanzen, Pollen oder Blütennektar. Noch andere vertilgen am liebsten Spinnen, die ihrerseits wiederum kleine Echsen fressen. Schließlich genießen manche Arten die Mischkost aus allem. Der Gecko, der in der tropischen und subtropischen Welt zu den Hausgenossen gehört, vertilgt Insekten, die von der Beleuchtung der Wohnungen angelockt werden. Und die größten Echsen, die Warane, erlegen sogar Wasserbüffel.

> Im Gleichnisdenken zeigt uns diese Vielfalt, wie unterschiedlich Kinder und Jugendliche ihre Lebensnahrung aus der Umwelt aufnehmen können.

Verschiedene Echsenarten erkennen ihre Beute am Duft durch Züngeln. Chemische Botenstoffe verraten ihnen, ob es sich um Beute, Räuber oder Rivalen handelt. Echsen, die eine gegabelte Zunge haben, können solche chemischen Reize besonders gut wahrnehmen. Sie haben dafür im Gaumen ein Sinnesorgan, das sogenannte »Jakobsonsche Organ«, durch das die Reize entschlüsselt werden. Unsere Blindschleiche ist eine dieser Arten. Auch die Warane mit ihrem ausgeprägten Geschmacks- und Geruchssinn gehören zu dieser Gruppe.

Besonders eindrucksvoll nutzt das Chamäleon seine gegabelte Zunge. Sie ist überlang und wird von einem Muskel blitzschnell herausgeschleudert, um im Bruchteil einer Sekunde die Beute zu ergreifen.

> Dieses Züngeln und Schmecken mit gegabelter Zunge üben Kinder gleichnishaft, wenn sie widersprüchliche Gefühle und Gedanken in sich wahrnehmen. Das eine Gefühl »schmeckt«, das andere nicht, weil es den Wunsch nach Einklang mit sich selbst stört. Das Vertrauen zu den eigenen Wünschen entscheidet, ob Kinder ihrem Geschmack am Leben folgen können.

Zur Kommunikation

Die meisten Echsen sind Einzelgänger. Über ihre allgemeine Kommunikationsweise ist wenig bekannt. Doch während des Balzens und in der Auseinandersetzung mit Rivalen werden sie sehr auffällig. Manche Arten werben durch Kopfnicken oder werfen ihr Köpfchen betont aufwärts, während der tagaktive Gecko lieber mit dem Schwanz wedelt um wahrgenommen zu werden. Schließlich verständigen sich verschiedene Echsenarten auch akustisch. Am auffallendsten ist das bei den Geckos, deren Stimmen vom Piepsen bis zum lauten Knurren oder Bellen reichen.

Viele Echsen machen mit leuchtenden Farben auf sich aufmerksam. Die Farbenpracht ist ein wichtiger Schlüssel, um den richtigen Geschlechtspartner zu finden oder einem Rivalen zu begegnen. Eine Leguanart übersteigert dabei demonstrativ ihre Werbung durch aufgestellte bunte Kämme und Kehllappen, mit denen sie »Flagge zeigen«. Auffallende Farben helfen mancher Echse auch bei der Verteidigung.

Wenn der große Blauzungenskink bedroht wird, bläht er sich auf, faucht und streckt seine leuchtend blaugefärbte Zunge heraus.

Ein anderer Skink erschreckt den Gegner mit einer leuchtend rosaroten Zunge und das Chamäleon schützt sich durch hochentwickelte Tarnfärbungen. Der grünblütige Schlankskink lebt mit einem grünen Blutfarbstoff. Selbst seine Schleimhäute, Knochen und Eier sind grün.

Die Farbigkeit unseres Lebens entwickelt sich aus der Intensität unseres Fühlens (rot) und Denkens (blau) auf der Suche nach Harmonie (gelb). Und grün signalisiert die Fähigkeit, sich das Sonnenlicht durch Auflösung von widersprüchlichen Gefühlen hereinzuholen. Kinder stellen sich unbefangen in solcher Buntheit aus Gefühlen und Gedanken dar und verbergen sich nur, wenn sie Angst vor ihrer Umwelt haben.

Zur Befruchtung

Wir sahen, dass die gespaltene Zunge – im Gleichnis gesehen – ein Bild für unsere Aufgabe ist, das Leben in seiner Widersprüchlichkeit zu schmecken, um »Gut und Böse« unterscheiden zu lernen.

Im Symboldenken wird es nun noch einmal sehr interessant, wenn wir uns auch den Befruchtungsvorgang der zweigeschlechtlichen Echsen ansehen. Das Männchen besitzt einen sogenannten Hemipenis, das ist ein Penispaar. Wozu nur braucht das Männchen gleich einen doppelten Penis, um das Weibchen im Inneren zu befruchten? »Zeugen« heißt im Gleichnisdenken »neuem Leben Gestalt geben wollen«. Und es gibt – wie schon wiederholt geschrieben, zwei verschiedene Triebbedürfnisse im Menschen, durch die er sein Leben gestaltet. Das ist das Triebbedürfnis nach Freiheit und das Triebbedürfnis nach Kreativität. Die Echsen sind im Bilderbuch der Natur offenbar ein Gleichnis für die Dualität zwischen Freiheit und Schöpfungsdrang, die unser Leben so lustvoll und spannend macht.

Wie Träume durch Echsen an unsere Eroberungslust in der Kindheit erinnern

Wir werden sehen, wie Echsen mahnen, die unterdrückten positiven Lebenskräfte unserer Kindheit neu anzunehmen. Meinem folgenden Traum ging ein Traumseminar voraus, das die Schlangensymbolik zum Inhalt hatte. Am Ende des Seminars hatte ich die Idee, das Gespräch mit Eva vorzulesen, das ich im Pflanzenkapitel unter dem Titel »Vom Apfelbaum der Erkenntnis im Paradies« (S. 183) geschrieben habe. In diesem Gespräch hatte ich Eva dafür gedankt, dass sie in den Apfel gebissen hat. Doch in der Nacht fühlte ich dann eine tiefe Unsicherheit, ob ich die Teilnehmer mit dieser Sicht des Sündenfalls überfordert haben könnte und träumte:

1. *Ein Kopierapparat bog sich plötzlich in der Mitte auf – er war total offengelegt und kaputt.*
2. *Vor Schreck erschlage ich eine Echse, die mir doch viel bedeutet.*
3. *Dann hörte ich den Satz:*
   Es ist der Weg in die Welt, sich so selbstverständlich zu äußern.

1: Wenn wir andere kopieren, unterlaufen wir die eigene Wahrheit. Die vielen kopierten Aussagen über die Schuld des Sündenfalls konnte und wollte ich nicht teilen. Ich musste diesen Kopien etwas entgegensetzen. Darum fiel das Gerät auseinander.

2: Doch die Angst, die Teilnehmer überfordert zu haben, erschlug die Echse – meine schon früh angelegte emotionale Kraft, Widerstände und Chancen des Lebens aus eigener Kraft erkunden zu wollen.

3: Den Hinweis: »Es ist der Weg in die Welt, sich so selbstverständlich zu äußern«, nahm ich daher voller Erleichterung und Dankbarkeit vom Traum entgegen.

Das Preisgeben eigener Gefühle ist für viele Menschen eine Hürde. Ein amerikanischer Laienschauspieler inszenierte für sein Publikum selbstgeschriebene Stücke zum Leben vor dem Vorhang und zum Leben hinter dem Vorhang. Da träumte er:

> *My collegue calls me on the cell phone and I tell him:* »*Large lizards have been moving near the street, always biting me*«.
> *(Mein Kollege ruft mich auf dem Mobiltelefon an und ich sage zu ihm: »Große Eidechsen bewegten sich in der Nähe der Straße und haben mich immer gebissen«.)*

Die Eidechsen bissen ihn immer wieder. Was wollten sie mit ihrer Aggression erreichen? Das legte der übrige Traum offen, den ich hier in seiner Aussage zusammenfasse: Seine Stücke waren noch zu oberflächlich geblieben. Ihnen fehlte die Tiefe des Gemütes und demzufolge auch die Wahrheit hinter dem Vorhang. Darum mahnten ihn die Echsen, mehr auf sein Herz zu hören – so wie Kinder, die noch Vertrauen zu ihren Gefühlen und Wünschen haben und sie vor einem Publikum nicht verbergen müssen.

Rückfälle in alte Verhaltensweisen, die die Zufriedenheit stören und die wir schon verabschiedet glaubten, sind nahezu unvermeidbar. Eine Frau, deren Harmoniebedürfnis innerhalb der Familie zu groß war und die gerade Schritt für Schritt gelernt hatte, sich nicht für jeden Unfrieden verantwortlich zu machen, drohte erneut in eine familiäre Auseinandersetzung zu ängstlich einzugreifen. Der folgende Traum griff ihren Zwiespalt auf und zeigte ihr, wie dabei die Phantasie für ihre eigene Lebenslust verletzt wird.

> 1. *Ich besuche mit meinem Mann den Arzt Dr. R. Wir haben ein Zimmer zum Garten hinaus.*
> 2. *Zwei Hunde liegen dort auf dem Bett. Das stört mich und ich gehe zu dem anderen Bett.*
>   *Nach einiger Zeit ist um mich herum alles krabbelig – voller Geckos. Doch nach kurzer Zeit lagen alle Geckos wie getrocknete Blätter auf dem Boden.*
> 3. *Ich will irgendwo hin und balanciere auf einer Ziegelmauer, die wie eine Friedhofsmauer aussieht.*
>   *Das wiederhole ich mehrere Male. Dann falle ich, stürze auf den Boden,*
> 4. *sitze verletzt im Auto.*
> 5. *Ein Mann streichelt mein Bein. Ich denke nur: »Wenn das jemand sieht!«*

1: Die Träumerin ist mit der Fähigkeit, sich zu distanzieren – das ist die Kraft ihres Mannes – verbunden und sucht nach der Fähigkeit in sich, mit der sie sich in sensibler Weise von dem alten Verhalten heilen lernen möchte – das ist der Arzt Dr. R.

Damit befindet sie sich in dem Raum ihres Wesens, der sich mit ihrem eigenen Blühen und Wachsen beschäftigen will – das ist das Zimmer mit Blick in den Garten.

2: Als sie sich auf ihr Unbewusstes einlassen will – dafür steht das Bett –, wird sie mit ihrem zwiespältigen Gefühl, die Liebe und Treue zu sich selbst wichtig nehmen zu müssen, konfrontiert – das sind die zwei Hunde. Sie entzieht sich dem Zwiespalt und legt sich in ein anderes Bett. Hier entwickelt sie die Phantasie, wie sie ihren Wunsch nach Befreiung umsetzen und sich eigenen lebendigen Gefühlen öffnen könnte. Das sind die Geckos, die ihre Phantasie erobern.

Doch das gelingt ihr nur für kurze Zeit. Dann verlässt sie wieder der Mut und die Sorgfalt für sich selbst verliert ihre Kraft, den neuen Gefühlen zu trauen. Das sind die Geckos, die wie getrocknete Blätter herunterfallen. Getrocknete Blätter aber haben kein Leben, keine Fähigkeit zur Photosynthese.

3: Diesen Verlust spürt sie ganz deutlich und balanciert in Gedanken voller Verzweiflung eine Zeitlang auf der Friedhofsmauer, hinter der sie schon ihre alte Verhaltensweise begraben glaubte. Diese Vorstellung entzog sich ihr jedoch wieder und sie stürzt mit ihren Gedanken ab.

4: Ihr Selbstwertgefühl ist verletzt und so ist sie nicht mehr in der Lage, sich dorthin zu steuern, wohin sie eigentlich gelangen wollte.

5: Ihre Tatkraft aber – das ist der Mann – gibt nicht auf. Sie wehrt sich gegen ihre Hilflosigkeit. Erneut versucht sie, die Liebe zu sich selbst zu finden und wieder in Bewegung zu kommen. Doch immer noch verunsichert sie das Schamgefühl, »wenn das jemand sieht, wie zärtlich ich mit mir selbst umgehen möchte«.

Noch strenger ging der Traum auf einen Mann zu, der sich schon seit langer Zeit mit der Versuchung auseinandersetzte, sich durch Rückzug unverletzbar zu machen.

Ich hatte tags zuvor durch mein Verhalten die Unzufriedenheit einer Seminargruppe ausgelöst. Der Träumer erkannte die Ursache, schwieg aber, als er auf den ersten zaghaften Erklärungsversuch keine Bestätigung für seine Ansicht erhielt. Da träumte er:

1. *Ich stehe auf unserer Terrasse und blicke auf die schon wachsenden Pflanzen und Blumen.*
2. *Der Winter ist vorbei, aber es sieht noch alles sehr unordentlich aus.*
3. *Da entdecke ich in den Pflanzen ein Eidechsenpaar.*
4. *Sie fallen auf, weil sie keine Schuppenhaut besitzen. Ihr Rücken ist nackt und ähnlich einem menschlichen Rücken, jedoch am Ende mit dem langen Schwanz der Eidechsen. Ihre Gliedmaßen sind die von großen Insekten. Ihre Köpfe kann ich nicht erkennen.*
5. *Ich weiß, dass die beiden Tiere den Pflanzen sehr schaden werden. Ich muss sie entfernen.*

Der Träumer konnte nach diesem Traum seine Zurückhaltung auflösen und brachte seine Sicht in die Gruppe ein:

1: »Ich trat aus meinem Inneren nach Außen – das ist die Terrasse – und wollte der Gruppe meine Meinung darstellen, wodurch die allgemeine Unzufriedenheit in der Diskussion ausgelöst worden war.

2: Ich habe mich schon seit einiger Zeit von meiner Flucht in das Schweigen zu befreien versucht; neue Erkenntnisse und Wünsche dazu waren gewachsen, aber trotzdem stieg in mir wieder einmal der alte Zweifel hoch – das machte meinen Garten so unordentlich. Und so blieb ich in meiner Aussage zu zaghaft.

3: Ich erkannte in den Echsen mein Verhalten aus der Kindheit gegenüber meinen Eltern wieder. Denn ich reagierte gestern aus dem Drang heraus, mich der spannungsgeladenen Atmosphäre zu entziehen, so wie ich es früher bei den nie enden wollenden Auseinandersetzungen der Eltern getan hatte.

4: Mein Wunsch, das Leben in seiner Farbigkeit zu erobern – das Echsenpaar – konnte sich seitdem keine Hornhaut zulegen. Dadurch blieb meine Eroberungsfreude verletzlich. Ich weiß, dass sich Eidechsen beim Laufen durch den Schwanz ausbalancieren. Die Balance für meine Gefühle konnte ich nur durch Rückzug in mich selbst finden. Der menschliche Rücken – die gewachsene Struktur aus der Kindheit – weist mich darauf hin, dass ich heute noch die schmerzlichen Verletzungen aus den Streitereien zwischen meinen Eltern fürchte. Deshalb hat meine Echse nur dünne Insektenbeine; das heißt, in mir sind immer noch Quälgeister aus der Vergangenheit unterwegs.

5: Ich weiß, dass dieses Verhalten meiner Bewusstwerdung von neuem Leben sehr schadet – das sind die Pflanzen – und will die Verletzungsangst endlich auflösen.

Ich atme auf, denn am heutigen Morgen ist mir das tatsächlich gelungen.«

Eine freudige Rückkehr in die Bejahung eigener Wünsche, die lange Zeit verdrängt geblieben waren, schildert die folgende Träumerin. Sie hatte von ihrer Mutter lernen müssen, dass die Wünsche anderer Menschen weitaus wichtiger seien als ihre eigenen. Sie träumte:

> 1. *Ich sah mein Ferienhaus. An der Hofeinfahrt, die mit Kopfsteinen gepflastert war, befindet sich an der linken Seite ein mit großen bearbeiteten Steinen befestigter, flach abfallender Hang. Darauf steht eine Föhre, rundum schütterer Graswuchs.*
>
> 2. *Mehrere Menschen stehen an der Mauer und schauen auf die Erde. Es sind aufgeregte Kinder zwischen 10 und 12 Jahren und Journalisten mit Kameras. Es wurden hier seltene Tiere entdeckt, von denen man meinte, sie seien längst ausgestorben. Es waren Echsenarten. Alle waren begeistert.*
>
> 3. *Ich gehe darauf zu und sehe, wie sich zwei Pfauen mit leuchtend blauen, wunderschönen Federn aus dem Erdreich lösen – einer nach dem ande-*

ren. *Die Erde dort ist mit Baumrindenstückchen, Kiefernadeln und Gras bedeckt. Ein Pfau schlägt seine Federn auf.*

4. *Dann holt ein Junge eine der Echsen aus der Erde. Die Tiere schälen sich richtig aus der Erde heraus. Der Junge legt sie auf ein rechteckiges Holzbrett, etwa 40 cm lang. Die Echse passt gerade darauf. Sie hat einen hellgrau-silbernen Keratin-Panzer.*

5. *Er trägt sie vor das Haus in die Wiese. Dort werden die seltenen Tiere vermessen, fotografiert und registriert.*

6. *Ich sage: »Dann hat der kleine schwarze Molch in meinem Keller doch etwas mit den Echsen zu tun«.*

1: Die Träumerin sieht im Traum ihr Ferienhaus. Stein für Stein hat sie den Weg dorthin gepflastert um sich befreit zu fühlen und genießen zu können. Der abschüssige Hang ist der Hang ihrer Kindheit. Er ist jetzt befestigt. Auch die Föhre weist noch – wie alle Nadelbäume – auf die Verletzungen in der Kindheit hin, in der die Beziehung zu ihren Wünschen nur spärlich wachsen konnte.

2: Sie steht nun mit einem neu erwachten Interesse an der bisherigen Mauer ihres Lebens. Begeistert fühlt sie ihre frühere Echsenkraft wieder aufleben, denn mit zwölf Jahren war sie als Kind armer Eltern und als Beste ihrer Dorfschulklasse von den Lehrern für die höhere Schule vorgeschlagen worden. Diese Chance nahm sie damals trotz langer, sehr einsamer Schulwege begeistert gegen alle aufkommenden Widerstände wahr.

3: Glücklich über die Heimkehr, sich selbst wichtig nehmen zu dürfen, wird sie zum leuchtend blauen Pfau, der mit Hunderten hochgestreckten Federn sein Rad schlägt. Der Pfau, der zu den Hühnervögeln zählt und noch nicht weit fliegen kann, ist ein Bild der Auferstehung neuer Freiheit.

Der zweite Pfau, der die Flügel noch angelegt hält, versinnbildlicht das Erwachen des Freiheitsgefühls für die neue Dyade zwischen Freiheit und Schöpfungsdrang. Denn jeder schöpferische Prozess braucht eine Steigerung des bisherigen Freiheitsverlangens.

4: Ihre neu heranwachsende Tatkraft – der Junge – schält die Echsen aus der Erde, dem Gleichnis unserer schöpferischen Kraft. Der silbrige Panzer der Echse weist auf den in der Jugend bewältigten Befreiungsprozess hin. Und das 40 cm lange Holzbrett ist das Bild ihrer gewachsenen Erkenntnis, in welcher Weise sie nunmehr ihren Selbstgestaltungswünschen nachgehen will (siehe Zahl 4 im Theorieteil).

5: Alsbald vertieft sie diese Auseinandersetzung mit ihrer wiedergefundenen Freiheit durch immer neue Einsichten – das sind die Gräser.

6: Der Keller eines Hauses beherbergt in Träumen die Erinnerungen an die Kindheit, die noch nicht bewältigt worden sind. Damals war sie der »kleine

Molch« mit der nackten Haut, von dem die Mutter verlangte, sich selbst nicht wichtig zu nehmen und auf die eigenen Wünsche zu verzichten.

Und sie sagt sich: »Jetzt erst begreife ich, dass meine Mutter in mir die Angst vor Liebesverlust geschürt hat, wenn ich nicht alles für die anderen tat.« Ihre kraftvolle Echsenzeit mit zwölf Jahren konnte diese Angst nicht wirklich tilgen.

Die Träumerin erfüllte damit die Aufforderung aus ihrem vorangegangenen Traum, indem es hieß:

Wir sollen unsere Toten nicht bei den Toten haften lassen

Das aber heißt, sich zu entwickeln, die Auferstehung zu wagen.

Blicken wir noch einmal zurück: In dem bisher beschriebenen Lebensgefühl des Kindes tummeln sich zuerst Bedürfnisse wie Fische. Bei der Suche danach, wie es sich die Bedürfnisse erfüllen kann, ist es noch nackt wie ein Frosch dem Leben ausgesetzt und speichert gleichermaßen Angst- und Lusterleben. Die folgende »Echsenzeit« erweckt im Kind eine Vielfalt von Phantasien, wie es das Leben erobern kann. Doch bei diesem Kampf ums Leben verliert jedes Kind schicksalhaft nach und nach das Vertrauen zu jenem Wunsch in sich, der zu viel Widerstand hervorruft. Und mit ihm geht auch die emotionale Kraft verloren, ihn zu verwirklichen. Das Kind verbirgt dann diesen Wunsch vor sich selbst – verdrängt ihn und vergisst ihn nach und nach.

Der Erwachsene aber spürt eines Tages, das ihm etwas fehlt – eine Sehnsucht kommt in ihm auf und stört seine Zufriedenheit. Die Sehnsucht fordert ihn dann zu der Anstrengung heraus, ihr trotz innerer Widerstände zu folgen. Das ist der Augenblick, in dem wir der Schildkröte in uns begegnen, denn unter ihrem Panzer ruht unser Schatz, den wir finden sollen. Ein Märchen? Wir werden sehen!

4. Die Schildkröte mit der verpanzerten Haut:

Ein geheimnisvolles Verlies

*Schildkröten sind die,
die Lebenskraft verbergen müssen.*

*Das Lebensgefühl »sich erfreuen zu wollen«
liebt das Schöpferische gegen die Angst der Kindheit,
mich so wichtig nehmen zu wollen.*

(Traumtexte)

Das auffallendste Merkmal einer Schildkröte ist der harte Panzer. Er scheint sich durch das ständige Eingraben der Urschildkröte entwickelt zu haben. Viele kleine Platten sind wie zu einer Festung zusammengewachsen. Bei manchen Arten funktionieren sogar die Beine wie Türen, damit ihr Haus hermetisch abgeschlossen werden kann. Nur die Lederschildkröte verzichtet auf den Schutz aus Verknöcherungen und überzieht sich stattdessen mit einer lederartigen Haut.

Die große Mehrzahl der verschiedenen Schildkrötenarten lebt in Flüssen, Seen, Sümpfen und im Meer. Viele von ihnen können sich sehr lange unter Wasser aufhalten, aber es gibt auch Arten, die sich nur auf dem Land bewegen. Schildkröten haben lange Ruhephasen. Sie halten Winterschlaf oder bei Dürre auch einen »Sommerschlaf«, zu dem sie sich in die Erde eingraben, so dass sie dann acht bis neun Monate verschwunden sind. Manche graben sich nur oberflächlich in den Boden ein, andere in tief nach unten führende Gänge.

Die meisten Schildkröten sind Pflanzenfresser. Sie kommen lange Zeit ohne Nahrung aus, sind außerordentlich zählebig und können stundenlang ausharren, ohne ein einziges Mal zu atmen. Sie haben zwar eine recht große Lunge, doch wenn sie sich eingegraben haben, versorgt sie ihr weitverzweigtes Kapillarnetz mit Atemluft. Die Weichschildkröten können sich wie die Fische ihren Sauerstoff aus dem Wasser holen. Manche sind tagaktiv, andere nachtaktiv. Manche sonnen sich gerne, andere vermeiden die Sonne. Und sie können sehr alt werden.

Die Erde dient den Schildkrötenweibchen als Brutstätte. Sie vergraben ihre Eier metertief, um sie vor Fressfeinden zu schützen. Doch dann überlassen sie das Ausbrüten der Sonne. Auch die Meeresschildkröten müssen zur Eiablage an Land kommen und wir alle haben schon in Naturfilmen die ungeheure Anstrengung der Tiere bewundert, mit der sie ihr Erdnest bauen.

Die ausgeschlüpften Jungen bleiben sich selbst überlassen und fallen in den ersten Jahren vielen Feinden zum Opfer, solange ihre Panzer noch nicht gehärtet sind. Meeresschildkröten müssen nach dem Ausschlüpfen um ihr Leben rennen, um das Meer zu erreichen und dem Gefressenwerden zu entgehen. Eine unter Wasser schwimmende Seeschildkröte gleitet dann leicht dahin – ein erstaunlicher Gegensatz zur Schwerfälligkeit der Landschildkröten. Doch auch im Wasser warten schon andere Wassertiere auf eine Schildkrötenmahlzeit.

Was macht diese Tiere so geheimnisvoll?

Uns zieht vor allem der aus vielen Plättchen bestehende Panzer an; besonders, wenn er mit bunten Farben und Zeichen geschmückt ist. Manche Muster sehen wie strahlende Augen aus. Und zuweilen sind sogar die Köpfchen der Schildkröten von malerischer Schönheit – kleine Kunstwerke, die ihr Geheimnis hüten – mit großen, lebhaften Augen.

Schauen wir uns das Bild, das sie vom Leben vermittelt, einmal näher an: Das auffallende Merkmal ist die Verknöcherung der Haut. Haut dient eigentlich dem Austausch zwischen Innen- und Umwelt; die Schildkröte hält also ihre Lebendigkeit unter einem Panzer gefangen. Gleichnishaft wächst nach und nach im Menschen ein Panzer aus negativen Gefühlserfahrungen. Unter dem Panzer aber liegt ein Wunsch begraben, der zu seinem inneren Reichtum gehört. Er zeugt von einer geheimen Sehnsucht aus der Jugendzeit. Solche Sehnsüchte können sehr tief verborgen sein und lange Winter- oder Dürreschlaf halten. Doch Sehnsüchte sind – wie die Schildkröten – zählebig. Und sie können – wie die Schildkröten – bis ins hohe Alter immer wieder aufwachen – tagaktiv suchend oder nachtaktiv in Träumen. Ein Traum sagte dazu:

1. *Wir vergraben unsere Metamorphose zu der neuen Gestalt.*
2. *Es ist das der Augenblick, in dem wir unsere tiefste Neigung für unsere eigene Natur erkennen.*
3. *Wir wagen lange nicht, unseren geheimen Wünschen zu folgen.*
4. *Die Gestaltung der geheimen Wünsche aber ist unser neues schöpferisches Füllhorn, das wir aus dem Unbewussten füllen.*

Solche Sehnsüchte verbinden sich mit der Liebe zum Schöpferischen. Dazu gehören künstlerisches Schaffen, wissenschaftlicher Forschungsdrang, religiöse Vertiefung, Entdeckung ferner Kulturen und Sprachen, vielleicht erwacht auch die Auseinandersetzung mit Literatur und Musik, eine Liebe zum Handwerk und Gärtnern oder zur Kreativität in Beziehung zu anderen Menschen. Zu einem solchen Wiedersehen mit vergrabenen Wünschen in uns sagte mir einmal ein Traum:

1. *In jedem Menschen lebt eine Schildkröte;*
   es ist die verpanzerte Kostbarkeit zum Schutze des eigenen Lebens.
2. *ICH gebe es jedem Menschen mit in die Wiege.*
3. *Er muss selbst die Schildkröte in sich suchen gehen.*
   Aus Liebe zum Lebendigen in sich selbst.
4. *Es ist der alte Mensch, der sich neu finden soll.*
5. *Es ist Stein für Stein aufzulösen.*
6. *Ja, der Panzer ist steinig.*

Dieser Traum weist uns darauf hin, dass die in der Kindheit ausgelösten Ängste zu unserem Schicksal gehören. Sie provozieren uns, die aus Angst verpanzerte Lebenskraft in uns zu befreien. Das ist der Weg in die Individuation, der Entwicklung der eigenen Persönlichkeit. Der vergrabene Wunsch ist der Weg dahin.

Als ich einmal an einem Weihnachtsfest die Gäste aufforderte, über ihre Herzenswünsche miteinander zu sprechen, träumte ich in der folgenden Nacht:

Lebendige Schildkröten ohne Schild waren an kleine Wägelchen gebunden zum Verspeisen. Man aß sie lebendig.

Und so erfuhr ich: Weil die Menschen ihre Wünsche aussprechen konnten, war der Panzer nicht mehr da. Sie bekamen dadurch Zugang zu ihrer innersten Nahrung.

Doch – so sagte ein anderer Traum –

> *dabei geht es oft um Bedürfnisse, die, wenn sie dann bewusst werden, Schwierigkeiten machen.*

Auch ich kann mich erinnern, dass ich als Kind Sehnsüchte hatte, die sich nicht realisieren ließen: Als kleines Kind suchte ich sehr die Liebe meines Vaters und identifizierte mich mit ihm. Sein ganzes Tun aber war von preußischer Pflichtauffassung beherrscht; daher hatte auch ich nicht gelernt, mich von den Wünschen anderer distanzieren zu dürfen. Das verursachte bei mir ständigen Zeitdruck. Als Erwachsene konnte ich mir deshalb lange nicht erlauben, ohne Schuldgefühle Zeit für meine persönlichen Interessen zu investieren. Da träumte ich:

> *Liebe Deinen Nächsten nicht zuviel.*
> *Süßer wird es werden, wenn Du Dich selbst liebst.*
>
> *Jetzt musst Du lernen, Deine eigenen Bäume zu pflanzen;*
> *es ist der Weg der Liebe in die eigene Seele.*

Was für Lebenskräfte müssen dazu auferstehen? Vielleicht geht es darum, risikofreudiger zu werden, mutiger im Aussprechen der eigenen Anschauungen und der eigenen Bedürfnisse und das bedeutet, sensibler für die Lebensimpulse im eigenen Innern zu sein.

Solch ein Erwachen lässt sich auch in der Gleichnissprache von Tieren ausdrücken:

- Wie eine Wespe unruhig an jeder Nahrung naschen? Nein, lieber wie die Biene gezielt nach Nektar suchen!
- Mit Grillen den eigenen Garten verwüsten? Nein, lieber wie Amseln im Frühjahr singen!
- Ängstlich wie eine Maus nach außen unsichtbar bleiben? – Nein, lieber Katze werden, die die Maus vertilgt!
- Wie ein Esel immer nur Lasten tragen? Nein, lieber im Pferdegalopp die Freiheit erleben!

Zu solchen Befreiungen ruft uns auch die Schildkröte auf. Dazu möchte ich den Anfang einer alten indischen Mythe erzählen. Ein Mythos[25], in dem die Welt ein Butterfass ist, der Weltenberg ein Quirlstock und die Weltenschlange der Quirlstrick, mit dem das Milchmeer gequirlt wird.

»Es war in einer Zeit, als Götter und Widergötter im Streit miteinander lagen. Um diesen Streit zu beenden, riet ihnen Brahma, der höchste Gott, sie sollten gemeinsam das Milchmeer quirlen – solange, bis Butter daraus würde. Damit das aber gelingen könne, müssten sie zuerst den Gott Vishnu – der das Chaos in seine göttliche Ordnung zurückbringt – in Gestalt einer Schildkröte auf den Meeresgrund legen. Sodann sollten sie den Weltenberg mit der Spitze nach unten auf den Rücken der Schildkröte als Quirlstock stellen. Und nun sollten sie die Weltenschlange als Quirlstrick um den Berg winden, um mit ihr den Quirlstock zu bewegen. Dazu stellten sich die Götter an das Schwanzende und die Widergötter, die Dämonen, an den Kopf der Schlange.«

Das ist der Beginn eines Mythos, in dem es um den Selbsterlösungsweg der Menschheit geht. Das aber heißt, sich aus Widersprüchen, die durch Ängste ausgelöst werden, zu befreien und so die Widergötter zu besiegen. Der Mythos beschreibt in seinen Gleichnissen, dass der Mensch dazu in das Meer seiner unbewussten Gefühle abtauchen soll, um mit seiner Schildkröte am Meeresgrund in Kontakt zu kommen. Er muss dazu tief nachspüren, was in ihm verborgen geblieben ist – welche Sehnsucht er sich für sein Leben bislang nicht erfüllen konnte. Und was kommt danach? Wie lösen wir den verknöcherten Panzer auf, der unsere Sehnsucht verschließt?

Die Götter sollen dazu den Weltenberg mit der Spitze nach unten auf dem Schildkrötenpanzer am Meeresgrund befestigen. Ein merkwürdiges Geschehen, um einen Quirlstock zu gewinnen, der das Milchmeer zu Butter schlägt. Berge spielen im Gleichnisdenken der Mythen und Träume eine große Rolle. Warum? Auf einen Berg steigen wir, um nach langer Wanderung einen Überblick auf die umliegende Landschaft zu gewinnen. Das heißt, nach oben bis zur Spitze gehen bedeutet, sich eine neue Landschaft der eigenen Seele bewusst zu machen und danach eine neue Lebenskraft für die kreative Entfaltung dieses Lebenswunsches zu entwickeln.

Aber in dieser Mythe geht es nicht bergauf, sondern in die Tiefe unserer unbewussten Gefühle. Darum steht der Berg mit der Spitze auf dem Schildkrötenpanzer am Meeresgrund. Der Berg als Gleichnis für den Quirlstock sagt, dass wir den Weg auch hier konsequent bis zur Spitze gehen müssen, um uns unsere verborgene seelische Landschaft bewusst zu machen.

Um diese Bewusstwerdung in Bewegung zu halten, braucht es einen Quirlstrick – und dazu dient die Weltenschlange. Im nächsten Kapitel werden wir die Schlange und ihre Lebensweise als Symbol unseres Lebenstriebes kennenlernen. Schlangen erbeuten alle Tiere, die ein Gleichnis ungenügender Freiheit im Menschen sind. In diesem Mythos stehen nun die Widergötter, das heißt unsere inneren Dämonen, neben dem Maul der Schlange. Unser Lebenstrieb, die Schlange, wittert dann unser emotionales Angstverhalten und macht Jagd auf die erkannte Schwäche, die sich als Verhalten von Fröschen, Mäusen, Ratten, Kleinwild und ähnlichem bemerkbar machen. Mit dieser Wachsamkeit hält sie den Quirlstock in Bewegung. So werden die Widergötter schließlich nach großen Mühen besiegt.

Das Gleichnis des Mythos beschreibt, wie tiefgründig die Ängste sind, denn das Quirlen dauert lange. Ängste leben dabei immer wieder auf – solange, bis die Liebe zum eigenen Wesen sie überwunden hat. Auf diesem Wege aber versöhnen wir uns schließlich mit unseren Dämonen, denn sie lehrten uns, dem Leben mit neuem Bewusstsein zu begegnen.

Im Ägyptischen Totenbuch, Spruch 161 lesen wir eine andere Version für die Schildkröte. Dort heißt es:

»Eine Öffnung in den Himmel zu brechen – es lebe Re und es sterbe die Schildkröte."

Ich träumte dazu:

Die Schildkröte kann die Sonne verdunkeln;
wenn sie nicht aufgebrochen wird,
ist sie das Hindernis für den Sonnengott Re.

Wir sehen, die alten Ägypter töteten in ihrer Mythologie die Schildkröte als Feind des Sonnengottes Re, während die Inder sie als eine Gestalt von Vishnu vergöttlichen, der auch ein Sonnengott ist. Der scheinbare Widerspruch löst sich auf, wenn wir den unterschiedlichen Blickwinkel der Betrachtungen sehen. Die Ägypter stellen den augenblicklichen Widerstand des Panzers, der gebrochen werden muss, in den Vordergrund, die Inder dagegen den geistigen Verwandlungsweg, der sich infolge des verpanzerten Widerstandes entwickelt.

Ich versuchte, meine Erkenntnisse aus diesem Mythos seinerzeit niederzuschreiben. In der Nacht zeichnete ich dann aus dem Unbewussten diese Schildkröten und hörte dazu folgende Worte:

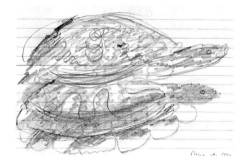

– *So geht es nie. Es ist doch alles ein neues Leben, das Du finden sollst.*
– *Ich kann es aber nicht finden.*
– *Und darum ist es an der Zeit, Dich tiefer zu suchen.*
    Du kannst es nur dann finden, wenn Du Dich nochmals übst,
        das, was Du vermitteln möchtest, so auszudrücken, dass es für die anderen verständlich ist.

Ich verstand: Erkennen und Gestalten sind zweierlei. Aufgrund dieser Mahnung vertiefte ich mich noch einmal in die ägyptischen Mythen, um ihre lebensvolle Darstellung von Wissen zu Schlangen, Krokodilen und Schildkröten in meine Betrachtung mit einzubeziehen. Danach träumte ich:

Ich durchquere schwimmend mit anderen einen See, aus dem die Fühler von zwei oder mehr riesigen Hummern oder Langusten ragen. Ich schwimme um sie herum.

War ich auf dem richtigen Weg? Denn zeigte mir dieser Traum nicht das »Werden« aus dem Krabbenkapitel und mahnte mich, weiterhin neugierig meine Fühler auszustrecken?
    Eine Woche später war ich einen Schritt vorangekommen – ein kleiner Dialog im Traum antwortet mir so:

Gestalt machen mit Tieren.
Ich bin nie so weit gewesen.
Ja, es stimmt. Schildkröten sind die, die Lebenskraft verbergen müssen.
Krokodile die, die aggressiv zeigen, dass sie Hunger und Kraft haben und zärtlich aggressiv neues Leben aufziehen.

Jetzt war ich dem Fluss der einfachen und zugleich konzentrierten Ausdrucksweise näher gekommen und träumte nach zehn Tagen weiter:

Liebe die Schildkröte noch anders bei den Ägyptern zu lesen ...
Es ist der neue Weg in der Dunkelheit, den Du jetzt begonnen hast.
Es ist der Weg der Kreativität aus dem Unbewussten sehr schwierig, wenn das Gefühl nicht tief genug mitschwingt.
Es ist der Weg der natürlichen Sinneskräfte.
Ja, es ist noch viel zu tun, Ortrud.
Es muss noch etwas in Dir reifen.
Lass Dich aber nicht abhalten, es zu suchen.

Schon einen Tag später kam dann dieser mutmachende Text mit Bild:

Es ist der Weg.
Du machst es gut so.
Es ist der neue Gedanke, die mythologischen Geschichten wie einen Traum zu deuten und in dem Buch darzustellen.
Es ist der Weg, der sich Dir noch öfters anbieten wird.
Lass es wachsen, Du bist bald zu Hause und kannst Dir alles herbeiholen.

Ich bin bald zu Hause? Heißt das nicht, »wieder ganz bei mir selbst sein zu können?« Eine Woche später hatte ich den Durchbruch geschafft. Meine Lebensschlange hatte den Panzer öffnen können, indem ich durch ständiges Nachfühlen das Schildkrötengeheimnis im Menschen gedanklich und sinnlich verständlicher beschrieb. Ein Traumtext machte mir Mut:

Die Schildkröte ist aufgebrochen.

Aber das war erst der Anfang. Von einem sachlichen Stil zu einem sinnlich-lebensvollen Ausdruck zu finden, verlangte offenbar mehr, denn ich träumte:

And when you do not want children, you take a condom.
(Und wenn du keine Kinder willst, benutze ein Kondom.)

Das war Ironie pur! Aber es traf im Kern meine Kindernot, meinen Gefühlsaussagen noch nicht genug Vertrauen zu schenken. Wie nur kriegte ich es immer wieder hin, nicht so sein zu können, wie ich gerne sein würde? Nach und nach aber gelang es, das Misstrauen mir selbst gegenüber zu überwinden.

Eine in der Nacht hingeworfene Skizze mit einer Schildkröte und Weinglas ließ mich weiter hoffen, freigelassenen Gefühlen beschwingter folgen zu können.
  Und als ich dann zwei Monate später das erste Mal öffentlich über Träume sprach, war ich weit genug, um die Aussagekraft von Träumen gedanklich klar und empfindsam darzustellen.

Im Traum der folgenden Nacht sah ich dann

> *eine knallgrüne Schildkröte über den Weg laufen. Die ganze Schildkröte war nur noch mit einer stärkeren Haut überzogen und hatte ihre Form verändert. Ihre Außenseite sah sehr lebendig aus.*

Und als ich dann schließlich am Buch zu schreiben begonnen hatte, hörte ich im Traum den Satz:

> *Es kann auch eine Riesenschildkröte werden, die fliegt.*

Wie uns Träume durch Schildkröten auf die Suche nach der verlorenen schöpferischen Kraft schicken

Eine junge Frau hatte sich nach einem Unfall einer schweren Operation unterziehen müssen. Sie hatte große Angst vor dieser Operation und erwartete, dass ihre Eltern ihr zur Seite stehen würden. Aber ihre Eltern begnügten sich mit kurzen Telefonanrufen vor und nach der Operation. Dieses Verhalten hatte die Träumerin so tief verletzt, dass sie jeden Kontakt zu ihren Eltern abbrach, auch deren Erklärung für das Verhalten zum Zeitpunkt der Operation nicht einmal anhören wollte. Sie verbat sich jede gefühlsmäßige Regung, so sehr sie auch unter der Trennung litt. Da träumte sie:

1. *Ich bin allein an einem Strand und versuche, dem Wasser, das immer wieder an Land schwappt, auszuweichen.*

2. *Da sehe ich auf dem Sand zwei Schildkröten, die sich weit von einander entfernt, ganz in ihrem Panzer zurückgezogen haben und mit der Hinterfront zueinander stehen.*

3. *Da kommt eine neue Welle, schwappt über die beiden Schildkröten hinweg und spült sie aufeinander zu ins Wasser. Dort verlassen sie ihren Panzer und schwimmen aufeinander zu.*

Die Träumerin litt unter der von ihr selbst geschaffenen Distanz zu ihren Eltern, wich aber dem Meerwasser – den Gefühlen aus dem Unbewussten, die sie immer wieder bedrängen –, ständig aus.

Die zweite Szene bezeugt, wie sich beide Parteien in ihrem Panzer zurückgezogen und von einander abgewendet haben.

Doch der Traum zeigt ihr die Lösung: Beide Seiten sehnen sich im Grunde zueinander. Die Gefühle drängen nach Versöhnung. Dieses Gefühl treibt sie aufeinander zu. Wenn die Träumerin darauf vertraut, können alle ihren Panzer abwerfen.

Im nächsten Traum begegnen wir vielen kleinen Schildkröten. Sie sind in Bewegung geraten, nachdem sich die Träumerin mit ihren Ängsten auseinander zu setzen begann. Diese Angst verpflichtete sie, ihre Leistungsbereitschaft im Berufsleben ständig zu überziehen; zugleich fehlte es ihr an wahrer Erfüllung in ihren Berufsaufgaben. Eine schwierige Fußverletzung brachte ihr die Zeit, sich auf sich selbst zu besinnen. Da träumte sie:

1. *Ich bin in Kanada in einem Haus, das an einen kleinen Hang gebaut ist.*
2. *Die unterste Ebene ist als Büro eingerichtet. Helle Räume mit gelben Wänden und taubenblauem Teppich. Weiße Büromöblierung. Jedes Zimmer hat eine Terrassentüre, diese geht ins Grüne. Es ist Sommer, die Sonne scheint hell, und es ist warm.*
3. *Ich bin alleine im Raum. Eine kleine Babyschildkröte beginnt die Wand des größten Raumes hoch zu kriechen. Ich wundere mich, woher sie kommt und wie sie es schafft, die glatte Wand raufzukrabbeln.*
4. *Ich muss auf die Toilette, setze mich aufs Klo. Auf dem Toilettenboden, der mit demselben Teppich ausgelegt ist wie die restlichen Räume, sind plötzlich Pfützen, in denen auch kleine Schildkröten wohnen.*
5. *Mein Fuß, an dem ich einen dunkelblauen Pumps trage, wandert selbstständig in die größte Pfütze gleich neben der Schüssel und hält sich ebenfalls für eine Babyschildkröte.*
   D.h. der Fuß (der, der gebrochen war) ist jetzt, bei näherer Betrachtung nackt. Er steht bis zum Knöchel im Wasser, die Zehen blinzeln aus dem Wasser, und er fühlt sich als Schildkröte rundum wohl und geborgen.
6. *Das zu beobachten macht mir viel Freude; aber da ich auf der Toilette fertig bin, würde ich gerne wieder aufstehen und versuche, die Fußschildkröte zu überreden, wieder ihre eigentliche Aufgabe als Fuß zu übernehmen.*
7. *Im nächsten Augenblick trete ich aus der Toilette wieder in den Büroraum. Da entdecke ich überall kleine Schildkröten.*

Auf den ersten Blick hört sich diese köstliche Schilderung heiter und unkompliziert an, aber bei näherer Betrachtung werden wir sehen, wie mühsam sich die Träumerin ihrer Schildkröte nähert.

1: Sie fühlte während der durch Krankheit entstandenen Ruhepause eine Sehnsucht, der Enge ihres Berufslebens zu entkommen. Der Traum geht darauf ein, indem er Kanada ins Spiel bringt. Die Träumerin erlebt Kanada als großes weites Land, das liberal regiert wird. Das Haus – ihre innere Wohnung – ist dort an einen Hang gebaut. Ein Abhang weist im Traum grundsätzlich darauf hin, dass der Träumende eine Verletzung aus seiner Kindheit klären soll um zu erkennen, was in ihm »abschüssig« geblieben ist, das heißt, mit Angst besetzt ist.

In der zweiten Szene, die im Allgemeinen unaufgelöste Ambivalenzen beschreibt, erfährt die Träumerin, wie befreiend sich ihre Gedanken auswirken könnten, die sie sich zurzeit um sich selbst macht. Sie spürte, dass ihre Unzufriedenheit aus dem Mangel an verantwortungsvolleren Aufgaben im Berufsleben her rührt und dass sie dies aber niemals gegenüber ihren Vorgesetzten zum Ausdruck gebracht hat. Immer tiefer empfand sie den Wunsch, etwas zu ändern. Der Traum geht darauf ein, indem er ihr ein neues berufliches Umfeld schildert, das im Gleichnisdenken so aussieht:

Wenn sie zu ihrem Freiheitswunsch steht	= *auf blauem Teppich*
wird es in ihr licht und warm werden	= *Raum mit gelben Wänden*
In dieser Klarheit könnte sie sachlich gut arbeiten	= *weiße Büromöbel*
und Widersprüche, die in der Arbeit auftauchen, in eigener Verantwortung lösen	= *Terrassentüre ins Grüne,*

denn Grün ist die Farbe der Ambivalenzauflösung, wie wir bei der Photosynthese gesehen haben.

3: Wie versuchte nun die Träumerin, ihrem Wunsch näher zu kommen? Sie geht in sich der Frage nach, warum sie sich durch Schweigen schützen muss und ständig beunruhigt ist, nicht genug zu leisten. Sie entdeckt in sich ihre alte Kinderangst, dem Anspruch nach mehr Verantwortung vielleicht nicht genügen zu können. Nun ist ihre Schildkröte durch das Suchen in Bewegung geraten, beginnt senkrecht in die Höhe zu kriechen und drängt danach, erkannt zu werden – denn »nach oben« zeigt stets den Weg in die Bewusstwerdung an.

4: Um den Wunsch nach mehr Selbstständigkeit zu verwirklichen, muss sie im Traum die Toilette aufsuchen. Das heißt, sie soll ausscheiden, was ihren Wunsch verhindert. Das ist der Rückzug in das trotzige Schweigen und die Selbstabwertung aus der Angst, nicht zu genügen. Der Traum zeigt ihr, dass sie aber noch nicht tief genug zu ihrem Wunsch steht, denn der blaue Teppich ist voller Pfützen, kleine Gefühle, die sich für ihren Befreiungswunsch nicht bewegen. In diesem alten Gefühlsverhalten der Selbstabwertung und des trotzigen Schweigens wird die Haltung der Verpanzerung immer neu geboren – die Babyschildkröten vermehren sich.

In der 5. Szene, in der es stets um die Verwirklichung des Wunsches gehen sollte, trägt sie »dunkelblaue Pumps«; das heißt, Schuhe aus Leder von Wiederkäuern. Geschützt durch solche Kraft des Wiederkäuens sollte sie von Erfahrung zu Erfahrung den Weg durch die Dunkelheiten ihres Unbewussten gehen.

Aber statt dessen zieht sie sich in Gefühle zurück, die ihrem alten Sicherheitsbedürfnis entsprechen; die Schuhe sind verschwunden, und ihr Fuß badet in angeblicher Geborgenheit – ein klarer Widerspruch zu dem Ausscheidungsprozess, dem sie sich stellen wollte.

6: Die Träumerin atmet erleichtert auf, in ihrem Berufsfeld noch nichts ändern zu müssen. Die resignative Seite ihres Wesens hat vorläufig gesiegt.

7: Damit löst sie das alte Spiel am Arbeitsplatz erneut aus. Sie muss wieder die alten Kröten schlucken, statt ihren Schutzschild preis zu geben.

Der Träumerin leuchtete der Traum so ein, dass sie in einem wahren Siegeszug alle Selbstzweifel überwand und daraufhin immer verantwortungsvollere Aufgaben übertragen bekam.

Wie lange es dauern kann, bis ein Mensch die gewonnene Erkenntnis in die Tat umsetzt, ersehen wir aus dem nächsten Traum. Die Träumerin ist eine sehr sprachbegabte Frau, die Geschichten humorvoll und nachdenklich zugleich erzählen kann. Schon lange wurde ihr immer wieder nahe gebracht, sie möge diese Geschichten literarisch gestalten, aber sie fand kein Vertrauen dazu, dass dies zu einem schriftstellerischen Erfolg führen könnte. Durch Freunde und durch ihre Arbeit mit Träumen angeregt, fühlte sie neue Impulse, sich der Frage nach ihrer Verweigerung zu stellen. Zaghaft begann sie, wieder ihrer Begabung nachzuspüren. Ein Traum machte ihr Mut:

1. *In einer mit üppigem Wein berankten Pergola über mir (wie in Griechenland) verwandelt sich ein dicker gewundener Weinstock in eine Schlange.*

2. *Im Geäst hängend windet sie sich blitzschnell zu mir herab und züngelt 10 cm vor meinem Gesicht.*

3. *Ich erschrecke, denke, jetzt ist es aus.*

4. *Aber sie hat keine gespaltene, sondern eine frische, dicke, rote Zunge. Ihr Kopf erinnert an eine Schildkröte. Ich kann ihre kleinen Zähnchen sehen.*

5. *Sie bewegt den Mund unaufhörlich, als wolle sie mir etwas mitteilen. Ja – sie spricht mit mir. Ich betrachte sie mit großem Interesse, allerdings ohne sie zu verstehen.*

Pflanzen stehen im Traum für unsere Erkenntnisprozesse: Die üppig mit Wein berankte Pergola ist ein Ausdruck für die Fähigkeit der Träumerin, die Fülle des Lebens zu erkennen. Ein Weinstock durchläuft die Phase der Veredelung, der Beschneidung, des Rückschnittes, der Verjüngung und der Bekämpfung von Schädlingen. Das sind alles Handlungen, die gleichnishaft auch unser Leben braucht, bis wir den süßen Saft der Trauben in uns schmecken können. Und so hatte die Träumerin offenbar gehandelt. Der Weinstock ist die Erkenntnisfülle, die sie ihrem Leben abgerungen hat.

Nun soll sich aus diesem Wissen ein neuer Lebenstrieb in ihr entwickeln. Die Zahl 10 bestätigt ihr, dass sie den Selbsterlösungsweg von 1 bis 9 im Blick haben soll. Für die Träumerin hieß das, eine längst erkannte, tiefe Beschämungsangst aus der Kindheit nunmehr endgültig hinter sich zu lassen, um schriftstellerisch in Erscheinung treten zu können. Doch sie erschrickt. Ihre Furcht: »Welchen Beschämungen werde ich dabei möglicherweise wieder ausgesetzt?« meldet sich immer noch. Im Traum erfährt sie nun, wie die einst vergrabene Lebenskraft mit ihr in Kontakt kommen will, sie sieht die frische rote Zunge ihrer Schildkröte vor sich, die mit ihr ins Gespräch kommen möchte. Sie horcht auf. Doch noch bleibt es zu verworren in ihr.

Beginnt die Verpanzerung tatsächlich schon in der Kindheit? Darauf antwortet der Traum eines Arztes, dessen Herzensangelegenheit es war, gesundheitsgefährdeten übergewichtigen Kindern zu helfen. Er arbeitete ein Projekt aus, in dem nicht nur Sport, sondern auch die psychologische Begleitung der Eltern und Kinder eine wesentliche Rolle spielt. Die Arbeit fand begeisterten Widerhall. Die Eltern der Kinder und zwei Kollegen unterstützten seine Initiative, aber die Verwaltung und andere Kollegen ignorierten diesen hervorragenden Einsatz, den er zusätzlich zu seinen übrigen ärztlichen Aufgaben leistete. Eines Tages rebellierte sein Herz. Ausgebeutet von der Überanstrengung wurde er herzkrank. Ein Traum antwortete auf seine tiefe Verunsicherung:

1. *Ich war in einer Felshöhle mit dicken Säulen, einer Anlaufstelle für Skifahrer. Es fiel mir auf, dass die mir bekannte Höhle im Traum nicht mehr den Ausgang zur anderen Seite hatte wie in der Realität.*

2. *Die zwei mich unterstützenden Kollegen und Eltern von Kindern kamen zu mir in die Höhle. Sie gingen langsam, alles war grau in grau.*

3. *Dann sah ich in der Höhle ein eisernes Gitter, hinter dem gelbrote Flammen hochschlugen. Hinter den Flammen standen, wie die Affen im Käfig, die drei Männer, die meine Arbeit ignorierten.*

4. *Sie selbst brannten nicht.*

5. *Danach aber rollten die übergewichtigen Kinder auf Schildkröten mit Rädern fröhlich lachend hintereinander in die Höhle.*

Welchen Zuspruch empfängt der Träumer durch diese Szenen?

1: Die Felshöhle dient Skifahrern und auch seinem Projekt real als Anlaufstelle. Skilaufen ist ein Bild dafür, Bewegung in den Schnee noch gefrorener Gefühle zu bringen.

2: Dazu versammeln sich alle, die ihm zugetan waren – die beiden Kollegen und die Eltern –, aber über allem lastet eine graue Stimmung. Das Bild beschreibt damit seine eigenen helfenden Anteile, mit denen er resignativ in eine graue Zukunft sieht, den Kindern vielleicht nicht mehr helfen zu dürfen.

In der dritten und vierten Szene hat er die Männer, die seinen Einsatz so ignorierten, hinter ein Gitter gedrängt. Sie stehen dort wie Affen vor den bedrohlichen Flammen. Diese Männer sind hier aber Anteile seiner eigenen Seele. Es sind die Strategien, mit denen er sich selbst ignorierte, als er das Übermaß an Arbeit annahm, anstatt sich zu wehren. Affen spiegeln in Träumen die Schwelle zur Bewusstwerdung. Bewusst werden aber sollte dem Träumer seine Scheu vor Konflikten, denn aus dieser Scheu heraus ignorierte er seine eigenen Bedürfnisse, ertrug die Ignoranz seiner Überforderung und opferte sich auf.

5: Als Antwort auf die Resignation kommen nun die übergewichtigen Kinder auf ihren Schildkröten, die auf Rädern leicht daherrollen, fröhlich lachend zu ihm in die Höhle. Sie bekräftigen, dass sein Projekt Erfolg hat und er nicht aufgeben soll. Die Schildkröten veranschaulichen, dass diese Kinder so übergewichtig sind, weil sie gerade dabei sind, eine Lebenskraft aus Angst vor der Umwelt zu verpanzern. Wir können die Übergewichtigkeit als das äußere Merkmal dieser inneren Verpanzerung verstehen. Der Traum betont damit, wie hilfreich es für die Kinder ist, wenn er sich ihrer Not annimmt, und dass es sich lohnt, für sie zu kämpfen. Statt sich selbst zu ignorieren, sollte er lernen, der Auseinandersetzung mit sich selbst und anderen nicht auszuweichen.

Der folgende Traum ist eine phantastische Inszenierung – ein Drama in einem Akt. In ihm wird ein Weg zur Öffnung der Schildkrötenschale mit einem einzigen Satz zum Ausdruck gebracht. Diesem Traum ging ein Seminar voraus, in dem wir über die Bedeutung der Schildkröte in Träumen sprachen. Eine Teilnehmerin konnte zu einem lang verdrängten Wunsch zwei Träume einbringen, die zum Ausdruck brachten, wie lange sie sich schon wünschte, Jugendliche aus armen und reichen Familien in gemeinsamen Projekten in Kontakt zu bringen. Dieser alte Wunsch ließ sie nicht in Ruhe. Sie suchte nach Ideen. Da brachte ein anderer Seminarteilnehmer die Traumantwort aus der nächsten Nacht mit.

Die Schildkröte gebiert ein Pferd in einen Jahrmarkt hinein.

Wir trauten unseren Ohren nicht. Wie kann eine Schildkröte ein Pferd gebären? Doch sobald wir im Gleichnis denken, öffnet sich dieses phantastische Bild zu der Botschaft: Gebäre die Gefühlskräfte, die du bisher nicht gelebt hast. Du brauchst deine ganze Vitalität, um dir deinen Wunsch zu erfüllen – das ist das Pferd. Aber was sollte es bringen, diese Kraft in einen Jahrmarkt hinein zu gebären? Wir waren ratlos und ich bat schließlich meinen Freund, den alten Brockhaus, um Rat. Und da las ich folgende Definition:

»Die Jahr- oder Krammärkte, die in den Städten jährlich zu bestimmten Tagen abgehalten werden, sollten ursprünglich den Missständen entgegentreten, welche die herrschenden Zunftprivilegien und Bannrechte für die Bewohner der Städte mit sich führten, indem man so eine zeitweilige Konkurrenz mit den städtischen Handwerkern zuließ.«

Die Jahrmärkte dienten also ursprünglich dazu, den Ärmsten eine Chance zu bieten, ihren Lebensunterhalt zu verbessern, indem sie ihre eigene Kreativität auf den Markt bringen konnten. Dieser Idee sollte die Teilnehmerin folgen und sich mit der Frage beschäftigen, was sie anregen könnte, damit Reiche der Kreativität von Armen eine Chance geben.

5. Schlangen – die Schuppenhäutigen ohne Beine

Lebenstrieb und Angsttrieb ringen miteinander

Die Schlange löst die einzelnen Widerstände gegen das Leben auf
(Traumtext)

Der Lebenstrieb, die Schlange, kämpft mit dem Schutzverhalten, der Schildkröte, um den Panzer zu öffnen

Mythologien aller Völker erzählen von unterschiedlichen Schlangen, die entweder den Angst- oder den Lebenstrieb darstellen. Da gibt es die Riesenschlange der alten Ägypter mit dem Namen Apophis, die den Sonnengott bedrohte und von Messern zerschnitten, mit Lanzen erstochen und im Feuer verbrannt werden musste. Die Gegenspielerinnen der Apophis-Schlange sind die beiden Uräusschlangen, die dem Sonnengott halfen, seine Feinde zu vernichten. Die Babylonier, Sumerer, Griechen, Römer, Kelten, Japaner, Chinesen, Inder, Australier, Mexikaner, Afrikaner – alle erzählen Schlangenmythen, die diesen Widerspruch zwischen Leben und Tod beschreiben.

Im christlichen Paradies »verführte« die Schlange Adam und Eva, Gut und Böse unterscheiden zu wollen. Und wir fragen uns, warum es in der Schöpfungsgeschichte des alten Testamentes ausgerechnet eine Schlange war, die »wusste«, dass Menschen lernen müssen, Gut und Böse zu unterscheiden, wenn sie ihre göttliche Natur finden wollen. »Seid klug wie die Schlangen« heißt es im Neuen Testament. Worin besteht diese Klugheit? Was lebt uns die Schlange vor?

Die Kräfte, mit denen wir den Schildkrötenpanzer einst verschlossen haben und wieder aufbrechen können, werden im Gleichnis der Schlange offenbar. Denn dieses rätselvolle Tier besitzt alle Eigenschaften, die wir brauchen, um Gut und Böse für unser Leben unterscheiden zu lernen. Sie ist das Sinnbild unseres Lebenstriebes, aus dem heraus wir uns immer wieder wohl und lebendig fühlen wollen, auch wenn die Widerstände von außen und innen groß sind. Fragen wir einmal dazu die Schlange nach ihrem eigenen Lebenstrieb:

> »Wir bevölkern die ganze Erde – außer den Polargebieten – und schrecken selbst vor Sandwüsten nicht zurück. Und überall, wo wir leben, wollen wir uns in unserer Haut wohl fühlen. Wenn sie glanzlos und zu eng geworden ist, streifen wir sie ab. Weil wir uns das ganze Leben lang häuten, können wir das ganze Leben lang wachsen.«

Doch wir werden sehen, der Lebenstrieb kann uns auch »ver«-führen, statt zu führen – dann, wenn der Lebenstrieb von unserer alten Kindheitsangst gesteuert wird. Dieser begegnen wir im Traum durch schwarze Schlangen, während der lebensvolle Trieb durch graue oder bunte Schlangen dargestellt wird.

Evolutionär haben sich die Schlangen aus den Echsen entwickelt – den Schuppenhäutigen *mit* Beinen – die in allen Etagen der Natur zwischen Erdloch und

Baumwipfel zu Hause sind. Diesen Zusammenhang beider Tiergruppen nimmt auch der Traum einer Frau auf, die in ihrer Kindheit ein Wildfang war und ihr Leben lustvoll auspcobierte. Erst als der Vater aus dem Krieg heimkehrte, musste sie sich anpassen und dessen Forderungen erfüllen. Ihr Verzicht auf eigenes Leben wurde zur selbstverständlichen Pflicht. Als sie schon hoch in den Fünfzigern war, entdeckte sie die Chance, ihre Verzichthaltung zu hinterfragen. Da lockte sie der Traum, sich an die Kräfte in der Echsenzeit ihrer Jugend zu erinnern und sich der damals quicklebendigen Art wieder bewusst zu werden. Sie träumte:

1. *Ich liege im Bett, schlafe und träume, dass ich wach werde. Da sehe ich zwischen Nachtkästchen und Wand eine cirka 40 bis 50 cm lange dunkle Schlange.*
2. *Ich bin erschrocken und denke: »Was soll ich jetzt machen?«*
3. *Ich schaue die Schlange an und beobachte, was sie macht.*
4. *In dem Moment bekommt sie vier Füße wie eine Eidechse und es formen sich der Kopf und der Körper in der gleichen Länge wie die Schlange, aber mit breiterem, größerem Kopf.*
5. *Ich denke, für mich ist die Eidechse ein Glückssymbol und sie ist auch nicht giftig und darum bin ich beruhigt und schlafe gleich wieder ein.*

Der Traum machte ihr Mut, die verlorene Lebendigkeit wieder zu suchen und dazu soll sie die Schutzhaltung der schwarzen Angstschlange in ihr Gegenteil, das heißt in die Echsenkraft, verwandeln.

Schwarz ist die Farbe des Unbewussten. Die schwarzen Schlangen versinnbildlichen den Lebenstrieb aus der Kindheit, den das Kind aus dem Wunsch nach Liebe und Geborgenheit zum Schutz gegen Ängste entwickelt hat. In ihm ist der Schmerz aus Mangel an Beachtung und Anerkennung, aus Verboten, die das Freiheitsgefühl des Kindes beschädigt haben, aus Überfordertsein, aus Abwertungsängsten und Liebesentzug, aus Hohn und Spott, aus Streitsucht und vielen anderen Ängsten verborgen. Einem solchen aus Ängsten entwickelten Lebenstrieb fehlt das Vertrauen, die Gefühle für die eigene Freiheit und schöpferische Kraft ungehindert entfalten zu können. Diese Ängste schlängeln sich schließlich unbewusst in das Leben des Erwachsenen hinein. Wer eine solche Schlange an seinem Busen nährt, tut das oft, ohne es zu wissen. Die schwarze Schlange wird daher in vielen Mythen und Sagen zum vielköpfigen Drachen »mit vergiftendem Hauche«, der solange auf dem Schatz des Lebens sitzt, bis unser Mut zur Erneuerung siegt.

Wie schon erwähnt, war in meinem eigenen Leben der Gegenspieler meines Freiheitsgefühls das unerbittliche Pflichtgefühl. Als ich das zu begreifen begann, träumte ich von

dem Siegelring meines Vaters, in den eine kleine Schlange hineinschlüpfte und wie eine Made darin lebte.

Was war in meiner Kindheit so angstbesetzt, dass sich mein Lebenstrieb im Siegelring meines Vaters verkroch? Ich sehnte mich nach der Liebe meines Vaters; ich lebte von ihr wie eine Made, weil ich die Eifersucht auf meinen jüngeren Bruder, der der Liebling meiner Mutter war, nicht aushalten konnte. Ich rivalisierte, Vaters Liebling zu sein und musste mich deshalb mit seiner überstrengen Pflichtauffassung identifizieren, die mir wenig Raum für persönliche Wünsche ließ.

Die schwarze Schlange haben wir besiegt, sobald sie im Traum tot daliegt, wir ihr den Kopf abschlagen, sie zerstückeln oder sie begraben. Das hört sich grausam an, wenn wir uns nicht vergegenwärtigen, dass in solchen Schilderungen der Sieg über unsere alten Ängste ausgedrückt wird. Die schwarze Schlange in uns muss sterben!

Die grauen, weißen und bunten Schlangen dagegen gleichen dem Lebenstrieb des Erwachsenen, der dabei ist, Unfreiheiten aufzulösen, und sich neuem lebendigen Leben zuwendet. Dazu sagte ein Traum:

Bedürfnisse umsetzen ist es. Es ist die Suche nach der Kraft, die mir gerade wichtig wird.

Eine Patientin, die mit tiefem Gespür dabei war, ihre Kindheitsängste aufzudecken, träumte:

1. *Auf der Treppe zu meinem Elternhaus liefen große dunkle Eidechsen hin und her.*
2. *Ein Mann lauerte hinter dem Geländer der Treppe. Er wollte die Eidechsen mit einer Art Nussknacker fangen und töten. Ich war empört und wollte wegrennen.*
3. *Da fiel von oben aus einem dornigen Rosenstock, der sich über den Eingang hinzog, eine große helle Schlange und ringelte sich zur Seite.*
4. *Auf dem Gras neben dem Gartenhäuschen lag dann eine tote schwarze Schlange.*

Die schöne Eidechsenkraft des Kindes war in der Kindheit durch Missbrauch sehr heftig angegriffen worden. Während der Auseinandersetzung mit dieser Vergangenheit gelang es der Träumerin, die Liebe zu sich selbst wieder zu finden. Wir sehen, die helle Schlange kommt aus einem Rosenstock. Rosen blühen im Traum, wenn der Wunsch nach Liebe zum Leben neu aufblüht. Die schwarze Schlange liegt tot am Boden. Der Weg in heilende Einsichten hat begonnen – er ist aber dann oft noch schwer zu gehen, denn:

Lieben ist so leicht nicht. Der Mensch ist darin der, der sich ständig häuten muss.

Sehen wir uns nun die Schlange, dieses hochdifferenzierte, im Gleichnisdenken so widersprüchliche Tier, näher an:

Schlangen gehören zu den wechselwarmen Tieren, die die Sonnenwärme suchen. Bei Kälte erstarren sie, so wie der Mensch, dem die seelische Wärme für sich selbst fehlt.

Schlangen können sich nur vorwärts bewegen, wenn ihnen der Widerstand des Erdbodens aus Steinen und Gestrüpp Halt gibt. Solches Gestrüpp und solche Steine gibt es auch reichlich auf dem geistigen Weg der Menschen. Wir brauchen diesen Widerstand, weil sich unser Leben nach Gesetzen vollzieht, die wir noch nicht tief genug erkennen können. Die Widerstände drängen uns umzudenken. Ein Traum sagte mir einmal dazu:

> *Es ist das Leben, das dich so winden muss. Es geht nur gegen den Widerstand.*

Dieses hochbewegliche Schlängeln ist ein erstaunliches Phänomen, durch das die Schlangen selbst lebensfeindliche Landschaften mit Leichtigkeit durchqueren können. Was drücken die Schlangenbewegungen im Gleichnisdenken aus? Vielleicht nehmen Sie einmal Bleistift und Papier und zeichnen diese Windungen nach: Sie erfahren jetzt, wie jede Windung der Schlange in eine Bewegung führt, die die Innenbewegung gleichzeitig zur Außenbewegung macht. Die innere Bewegung zur Außenbewegung zu machen, ist auch ein geistiges Prinzip: Das heißt, wir sollen Leben im Inneren empfangen, um es nach außen zeugen zu können. Das entspricht im geistigen Bereich der Übereinstimmung zwischen Erkennen und Tun. Jeden Tag müssen wir uns dazu wie Schlangen durch aufkommende Widerstände hindurchschlängeln und wenn wir das tun – wenn wir neugierig bleiben, auf welche Weise wir nach und nach Widerstände in Leichtigkeit verwandeln können –, wachsen wir genau so lebenslang wie die Schlangen. Ohne diesen Widerstand wären wir so hilflos wie eine Schlange, die man auf eine Glasplatte legt. Es sind die Widerstände, die die Suche nach neuer Lebensnahrung provozieren. Als ich das begriffen hatte, ermunterte mich ein Traum mit den Worten:

> *Dir fehlt noch die zärtliche Beziehung zu dir selbst ...*
> *du bist jetzt eine Schlange, die sich die Heiterkeit als Nahrung in das Bewusstsein holen will.*

Kein einziges anderes Tier hat eine derart große Palette an Beutetieren wie die Schlange. Das ist eine ihrer Besonderheiten. Schlangen erbeuten nur lebende Tiere, die sie gezielt ergreifen, im Ganzen herunterschlucken und sehr gründlich verdauen – solange, bis nur noch die Knöchelchen ausgeschieden werden. Sie brauchen Tage dazu oder Wochen – je nach ihrer Art. Alle Tiere spiegeln im Traum emotionale Verhaltensweisen, so auch die Beutetiere der Schlange. Zu diesen Tieren gehören Fische, Frösche, Nagetiere und auch Insekten, manchmal sogar kleinere Schlangen.

Jedes Tier, das von der Schlange gefressen wird, hat seine eigene Überlebensstrategie. In Träumen mit diesen Tieren erkennen wir, in welcher emotionalen Weise wir gerade unsere Sicherheit gesucht haben:

- Vielleicht spürt unsere Schlange gerade eine Maus auf, die ihre Sicherheit in einem Schlupfloch sucht.
- Vielleicht jagt sie einem Frosch nach, der aus Angst im Schlamm verschwinden will, oder
- einer Kröte, die in ihrem Versteck sitzt, oder
- Kleinwild, das sich in den schützenden Wald flüchtet.

Ein Traumtext enträtselte mir das Gleichnis der Schlange, indem er sagte:

Die Schlange löst die einzelnen Widerstände gegen das Leben auf.

Und was ist mit den großen Säugetieren, die die Schlange nicht erbeutet? Diese Säugetiere wie Rind, Pferd, Elefant, Tiger, Löwe etc. spiegeln keine Widerstände, sondern emotionale Verhaltensweisen, die wir zur Bewältigung unseres Lebens brauchen.

Manche Schlangen verwenden bei ihrer Jagd Gift. Das Gift dient dazu, die erbeuteten Tiere zu lähmen und zu verdauen. Die größte Giftschlange der Erde ist die Königskobra. Ihr Biss tötet das Opfer in kürzester Zeit. In dem Buch von Klaus Zimniok ›Die Schlange, das unbekannte Wesen‹ wird ihr zudem eine ungewöhnliche Intelligenz zugesprochen. Sie ist die ägyptische Uräus-Schlange, die den Sonnengott begleitet. Ihr gezielter Biss gleicht der Kraft im Menschen, seine unfreien, zu sicherheitsbetonten Verhaltensweisen spontan aufzuspüren, präzise zu ergreifen und zu verdauen. Im Gegensatz zum Beutetier greift die Königskobra Feinde nur an, wenn sie von ihnen in die Enge getrieben wird. Und auch dann bläht sie zuvor warnend ihren Halsschild auf –, eine ausgewogene Art, mit Gegnern umzugehen!

In einer Sendung über indische Religionen hörte ich einmal zur Schlange als Hüter der Lebensenergie, dass »Gott Shiva das Gift der Kobra getrunken habe und davon blau geworden sei. Danach konnte niemand mehr die Götter töten«. Diese Götter sind Ausdruck unserer Lebenskräfte. Blau ist die Farbe gewonnener geistiger Klarheit und diese gewinnen wir durch den gezielten Biss gegen unsere inneren Feinde. Solch ein präziser Biss verkürzt unsere Leidenszeit. Eine Königskobra zu werden, ist nicht leicht. Sie verlangt die Fähigkeit, die eigenen lebensfeindlichen Verhaltensweisen spontan und genau zu erkennen. Sollten wir uns der zu klein gebliebenen Freiheit in unserem Verhalten nicht zuwenden, kann es sein, dass uns die Schlange im Traum bedroht.

Wenn wir das Gift der Schlangen von seiner Wirkung her und die darin enthaltene gleichnishafte Bedeutung betrachten, wird verständlich, warum Schlangengifte bei vielen Leiden gezielt zur Heilung eingesetzt werden können, zum Beispiel bei Nerven-, Blut-, Zellen- und Herzbeschwerden. In der Antike galt Asklepios als Gott der Heilkunst. Sein schlangenumwundener Äskulapstab ist bis heute ein Symbol dafür. Dieser Stab hatte zu seiner Zeit am unteren Ende noch einen Hundekopf. Der Hund steht in Träumen für die wachsame Treue, die wir uns selbst schuldig sind – wie viel tiefer die Menschen doch damals in die Bilder des Lebens eingedrungen sind! Die alten Kulturen sind ein Geschenk für unsere rationale Welt, in der wir uns immer wieder fragen müssen, wie wir das Leben auf unserem Planeten wirkungsvoller beschützen könnten. In unserer Zeit wird die Kultur, die den Menschen eine Lehre vom Leben vermitteln sollte, viel zu sehr von materiellen Gesichtspunkten verdrängt.

Schlangen riechen mit ihrer gespaltenen Zunge. Sie nehmen die Duftstoffe ihrer Beutetiere aus der Luft auf und schmecken sie am Gaumen. Ich erwähnte schon, dass die Luft nicht nur das große Gleichnis für unsere geistigen Kräfte ist, sondern auch für das Freiheitsverlangen. Wenn wir ein emotionales Fluchtverhalten, das uns unzufrieden macht, aufspüren und erbeuten wollen, machen wir es ebenso: Um herauszuschmecken, wodurch wir uns unfrei fühlen, prüfen wir, welches emotionale Verhalten wir gerade vertilgen sollten, um mit uns zufrieden sein zu können. Dazu passt, dass auch Schlangen nur sehen können, was sich bewegt. Sobald uns bewusst ist, in welcher Weise wir wieder einmal aus unserer Wahrheit flüchten wollen – ob als Frosch, Maus, Ratte oder Hase –, können wir uns dieses Verhalten gezielt einverleiben und verdauen.

Solcher Widersprüchlichkeit in unseren Gefühlen werden wir immer wieder ausgesetzt, damit wir lernen, uns selbst für das Lebendige zu entscheiden. Wer sich nicht entscheidet, redet mit gespaltener Zunge.

Wenn uns der Traum darauf hinweisen will, in welcher Weise wir gerade dabei sind, unser Leben zu behindern oder zu fördern, setzt er zuweilen der Schlange den Kopf eines anderen Tieres auf. Eine glückliche Botschaft zum Beispiel erhielt eine Frau, als sich in ihrem Traum auf dem Kopfkissen eine Schlange mit einem Hundekopf ringelte. Sie hatte – im Sinne des alten Äskulapstabes – die Liebe und Wachsamkeit für sich selbst wiedergefunden, die dem Hund eigen ist. Wenn sich die Schlange mit dem Kopf eines Widders darstellt, ist der Träumer dabei, aus der Herde herauszutreten und sich einer Auseinandersetzung zu stellen, um Herr seines Reviers zu bleiben. Eine solche Schlange finden Sie auf den Seiten 296f. als »gemalte Schlangenbilder aus dem Unbewussten«. Und wenn sich Schlangen in Katzen mit weichem kuscheligen Fell verwandeln, erfährt der Träumende darin die Genugtuung, seine Unabhängigkeit nach Katzenart behauptet zu haben. Dies alles sind erlebte Bilder aus Träumen.

Beglückend ist es auch, wenn sich Schlangen aus Blumen entgegenschlängeln. Blüten sind das Gleichnis aufblühender Wünsche, die Befruchtung suchen. Solche Schlangenszenen ermuntern den Träumenden, den Wünschen nachzugehen.

Wie schon gesagt: Schlangen wachsen das ganze Leben lang und häuten sich zu immer neuer Schönheit. Auch wir wachsen beständig, wenn wir unser Ziel der Selbstbefreiung nicht aus den Augen verlieren. Schlangen, die uns verkünden, dass wir uns auf einem lebensvollen Weg befinden, sind oft farbig. So träumte ich einmal von einer *roten Schlange*,

»die zum Herzen gehört«.
Es ist der Wunsch, der nicht aufhört, sich in Erinnerung zu bringen,

denn einstmals verdrängte Wünsche geben keine Ruhe. Sie klopfen immer wieder an und werben um unser Vertrauen. Mit jedem schöpferischen Wunsch ist notwendigerweise auch die Suche nach größerer Selbstbefreiung verbunden. Verschiedene Mythologien haben für diese duale Weltordnung das Bild der Doppelschlange entwickelt.

Zwei einander ergänzende Schlangen mit je zwei Köpfen – Keramik der Nazca-Kultur (Alt-Peru)

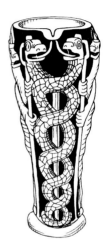

Weihgefäß Gudeas von Lagasch (Sumer) etwa 2500 v. Chr.

Noch eine Merkwürdigkeit zeichnet die Schlange aus: Männliche Schlangen besitzen – wie die Echsen – paarige Kopulationsorgane, den sogenannten Hemipenis. Im Gleichnis gedacht kann der doppelte Penis nur die komplementäre Beziehung zwischen Freiheit und Schöpfungsdrang darstellen. Von der Liebe halten die Schlangen offenbar viel – lang anhaltende engumschlungene Paarungsspiele zeugen davon. Diese innige Verschmelzung zwischen der weiblich empfangenden und der männlich zeugenden Kraft muss sich auch in unserem Lebenstrieb vollziehen, wenn wir unsere Lebensenergie erneuern wollen.

Die meisten Schlangen lassen ihre Eier von der Sonne ausbrüten; manche, wie die Königskobra, bewachen ihr Nest und betreiben Brutpflege. Einige Pythons brüten sogar. Nur wenige Schlangen bringen lebende Junge zur Welt. Das sind Stufen in der Entwicklung der Bewusstheit.

Im Kampf mit den Drachen beschreiben Märchen und Mythen die schwarze Schlange, die die Kraft der Echsen und Schildkröten umschlungen hält, solange die lebensfeindlichen Verhaltensweisen in uns noch obsiegen. Gern würde ich hier auch auf die geflügelte Drachenwelt der Chinesen eingehen, die den Weg in die Selbstbefreiung aus der schwarzen Schlange so phantasievoll beschreiben. Aber das würde uns von den Träumen, die keine allgemeinen Menschheitsgeschichten wie die Mythen erzählen, ablenken. Träume knüpfen die Fäden von Einzelschicksalen, und diese Bedeutung ist der rote Faden für dieses Buch. Die Mythologien der Völker sind geronnenes Wissen dazu.

In der Evolution sind die Schlangen der Brückenkopf zu den Vögeln und Säugetieren, die den Weg zu immer größerer emotionaler Freiheit zeigen. Wenn wir uns Bilder einer sich in den Schwanz beißenden Schlange – den sogenannten Uroborus[1] – betrachten, begegnen wir in manchen Darstellungen wieder der Echse, die nun aber Flügel bekommen hat. Das heißt, der Erwachsene will die ihm innewohnende Lebendigkeit aus der Kindheit mit Hilfe der Schlangenkraft erneuern und zu einer bewussten Freiheit weiterentwickeln.

Uroborus, die sich in den Schwanz beißende Schlange

Die alten Ägypter umgaben den Sonnengott mit dem Schlangenring

Ein schönes Bild für die ständige Erneuerung ist auch das Welten-Ei mit er spiraligen Schlange

Wie Schlangen in Träumen den Kampf zwischen bewussten und unbewussten Lebenstrieben aufnehmen

Wenn sich zum Beispiel eine schwarze und eine rote Schlange im Traum gegenseitig bekämpfen, sind wir dabei, einen Herzenswunsch im Widerstreit zu einer alten Schutzhaltung durchsetzen zu wollen. Dann muss der Mensch den alten Widersacher erst noch besiegen. So geschah es einer Frau, die von einer neuerwachten Liebe zu einem Mann überwältigt wurde, aber in gewohnter Sprödigkeit ihre Unabhängigkeit bewahren wollte. Da träumte sie:

1. *Ich bin mit mir unbekannten Menschen auf einer Insel, auf der plötzlich ein Vulkan ausbricht.*

2. *Ich bin sehr überrascht, dass es auf dieser Insel einen Vulkan gibt, und renne, um mich in Sicherheit zu bringen.*

3. Zwei Schlangen – eine schwarze und eine rote – kämpfen miteinander. Sie haben sich aufgerichtet und bewegen sich zischend hin und her.

Der Traum beschreibt den Vulkan ihrer plötzlich aufbrechenden Liebe. So heftige eigene Gefühle hatte die Träumerin nicht erwartet und lief aus Angst, die eigene Sicherheit zu verlieren, davon, denn sie fürchtete sich vor dem Verlust ihrer Freiheit, wenn sie sich auf eine tiefe Liebe einlassen würde. Doch die beiden Lebenstriebe – der schwarze destruktive aus der Angst der Kindheit und der lebensvolle rote mit dem Bedürfnis nach Liebe – rangen in ihr weiter. Als die Liebe dann eines Tages siegte, erfüllte sie tiefes Glück, das zur Verschmelzung zweier Sonnen führte (siehe Sonnenkapitel).

Solch einen Kampf zwischen der Angstschlange aus der Kindheit und der Schlange der neuen Lebenshoffnung bewältigte auch ein Patient, der im Traum in eine Schlangengrube hinuntersah. Er fragte sich dabei,

ob er sich dort unten nicht lieber mit seiner Jugendschlange vergiften solle.

Was wollte dieser makabre Ausspruch ins Bewusstsein rufen? Der Mann war ein Liebhaber beißender Ironie, mit der er Menschen von sich fernhielt. Nur ungern gab er diese blanke Waffe weg, mit der er seine Abwertungsängste vor anderen verbergen konnte. Während unserer Gespräche aber spürte er, wie eine Diskussion, die ohne Hass und Rivalität geführt wird, ihn entspannt und befreit.

Da sprang er im Traum zu der schwarz-weiß gemusterten (Jugend-)Schlange hinunter

mit dem Wunsch, die Ursache für seinen Hass und seine Selbstabwertung zu erforschen. Er wollte in die Schwärze seines Unbewussten lichtvolles Weiß bringen. Nach und nach lernte er, den Hass loszulassen, und wurde neugierig, sich nicht nur in sich selbst einzufühlen, sondern auch in sein Gegenüber.

Die große Spannung zwischen Angst und Lebenstrieb aufzulösen ist nicht leicht. Eine Frau war durch eine persönliche Niederlage in ein tiefes Schamgefühl gefallen und traute sich nicht mehr, am gesellschaftlichen Leben teilzunehmen. Als sie ihre Isolation endlich beenden wollte, besiegte sie ihre Scham und folgte erstmals wieder einer Einladung von Freunden. Da entdeckte sie im Traum des nächsten Morgens

in ihrem fein gewebten Wollschal eine Schlange, die in allen Regenbogenfarben schimmerte.

Doch noch am selben Abend, als sie wieder allein war, überfiel sie die Schamangst erneut. Diese Ambivalenz inszenierte der Traum in der zweiten Szene, *indem ihr die schöne Regenbogenschlange wieder entglitt und stattdessen eine Maus vorüberlief,*

die gewohnt ist, sich im Dunklen zu verbergen. Dem ungeachtet hatte der eine bewusste Schritt zurück ins Leben schon dazu gereicht, dass in der dritten Traumszene

ihre schwarze Schlange tot auf dem Boden lag, während eine Stimme sagte: dass diese Schlange sehr giftig gewesen sei.

Eine deutliche Mahnung, sie ja nicht wieder aufleben zu lassen! Tröstlich, wie behutsam und genau der Traum den Menschen in seinen widersprüchlichen Gefühlen und Gedanken begleitet.

Der nächste Schlangentraum entführt uns ins Land der Märchen. Ich frage mich, ob die bildhaften Szenen der Märchen vielleicht einmal aus Träumen entstanden sind, denn sprechen sie nicht auch eine Gleichnissprache, die Auswege aus Konflikten zeigt – gerade wie die Träume?

Ein Mann hatte in seiner Kindheit durch extreme Armut eine tiefe Angst vor Ungeborgenheit verinnerlicht. Träume halfen ihm zu verstehen, wie er sich durch die Sehnsucht nach Geborgenheit von anderen Menschen abhängig gemacht hatte, anstatt diese Sicherheit in seinem eigenen Inneren zu suchen. Er machte sich auf den Weg und befreundete sich Schritt für Schritt mit sich selbst. Ein Traum verstärkte sein beginnendes Selbstvertrauen:

1. *Ich habe Geburtstag. Ich bin Herrscher über ein großes bewaldetes Land. Ringsum ist Steppe und Wüste, aus der immer wieder Feinde eindringen wollen.*

2. *Ein Fremder kommt und bringt mir zwei Geschenke in zwei wollenen Säcken. Er wirkt gelassen, ruhig und irgendwie voller Kraft, auch etwas geheimnisvoll, wie der Fremde in manchen Märchen.*

    Das erste Geschenk besteht aus Spielzeug – etwa wie eine kleine Karawane aus Holz bei einer Weihnachtskrippe (Heilige drei Könige), ein Teil dieser Karawane ist auffällig: eine viereckige langgezogene Kirchturmspitze, die umgefallen ist.

    Aus dem zweiten Sack holt er eine große schwarze Kobra. Er hält sie mit sicherem Griff fest und lässt ihren Kopf immer wieder auf mich zukommen. Ich bin wie gelähmt, kann nichts sagen, mich nicht bewegen.

3. *Aber ich weiß, er wird sie festhalten. Schließlich stopft er sie in den Sack zurück. Er steht auf und nimmt sie mit. Ich befehle, dass man ihn bis zum Rande meines Königreiches begleitet, dort wird er die Schlange begraben.*

4. *Ich ordne an, dass mein Königreich nicht erst am Waldrand, sondern schon in der Steppe verteidigt wird und lasse dort Befestigungsanlagen errichten.*

1: Ich habe Geburtstag. Ich bin Herrscher über mein Wesen – über eine Menge gewachsener Erkenntnisse. In mir ist aber auch noch Land, das ich erst fruchtbar machen muss, und aus diesem Teil meines Wesens dringen immer wieder Feinde in mein Gemüt.

2: Ein neuer Anteil meines Wesens, der meinen Wunsch nach Geborgenheit erfüllen will, aber mir noch recht fremd ist, bringt mir zwei Geschenke. Gelassen und voller Kraft, nahezu geheimnisvoll fühle ich, dass es um meine lebenslange Sehnsucht nach Wärme geht, die ich in mir nicht finden konnte. Das drücken die zwei wollenen Säcke aus.

Das erste Geschenk zeigt eine Karawane aus Holz, so wie in einer Weihnachtskrippe: Das gibt mir die Gewissheit, dass in mir meine Wahrheit gerade wiedergeboren wird (Christi Geburt), um meine Kinderangst vor Ungeborgenheit überwinden zu lernen. Die umgefallene Kirchturmspitze erinnert an den Verlust meines Vertrauens in den geistigen Weg, den jeder Mensch in sich findet, der seine Wahrheit sucht.

Meine neue Lebenskraft, die mir noch recht fremd ist, konfrontiert mich nun mit dem unbewussten Lebenstrieb meiner Kinderangst vor Ungeborgenheit, der schwarzen Kobra. Das heißt, ich setze mich dieser Angst zur Zeit immer neu und ganz bewusst aus. Durch diese unerbittliche Konfrontation begreife ich endlich, wie sehr mich dieser Angsttrieb bisher gelähmt hatte – es ist ein Bild meiner realen Lebenssituation der letzten Wochen.

3: Ich wusste nun, dass mein neues Wissen mich vor dem Biss der schwarzen Schlange bewahren wird. Ich hatte die Gegenkraft, die mich zum Herrscher, zum König meines Wesens macht, wiedergefunden und befahl mir, den alten Angsttrieb endlich zu begraben,

4: Darum verlange ich von mir, dass ich mich nicht in den Schutz kollektiver Erkenntnisse und Gestaltungsprozesse zurückziehen werde (Wald), sondern lernen will, Angst nicht mehr aufkommen zu lassen, auch dann, wenn ich mich offen zeigen müsste (Steppe).

Den uns befreienden Lebenstrieb brauchen wir zuweilen auch, wenn wir uns gegen kollektive Vorstellungen wehren müssen, um in Einklang mit uns selbst bleiben zu können. Dazu brauchen wir den Mut zum Risiko, unter Umständen von der gewohnten Gemeinschaft ausgegrenzt zu werden. Ein Pfarrer war auf diesem Weg. Er träumte:

1. *In einer Tagungsgruppe in einer Pension.*
2. *Diese Tagungsstätte ist sehr einfach, wird aber persönlich geführt und hat daher unser aller Bewunderung.*
3. *Eine Teilnehmerin – cirka 45 Jahre, schlank – fragt nach dem Abendbrot, wer mitgehe; sie wolle zu den Falken gehen – weit hinaus, auf eine Wiese am Waldrand.*

4. Ich schließe mich ihr an und bin zufrieden, als sie sagt, dass der Weg nicht nur auf der asphaltierten Straße, sondern auf schmalen unbefestigten Pfaden gehe, auf weicher Erde.

5. Zunächst müssen wir uns noch durch eine dichte Menschenmenge drängen, die sich in einem Teil des Hauses aufhält. So viele Menschen, dicke Luft – ich war froh, als wir da durchgekommen waren.

Dann sind wir im Wald. Plötzlich sehe ich, wie eine zwei bis drei Meter lange armdicke Schlange sich auf der rechten Seite von uns vorwärts bewegt und den Weg überquert; teilweise unter der Erde. Ich sehe die geschuppte Haut – braun-beige-gelb – und es ist manchmal so, als ob sie direkt unter uns kriecht. Ich meine die Bewegungen zu spüren. Ich hatte keine Angst, aber hohen Respekt.

Der Träumer berichtet dazu:

1: »Der Tagungsort erinnert mich an Tagungen, die ich zur Zufriedenheit der Teilnehmer gestaltet habe.

2: In meiner Auseinandersetzung zwischen Anpassung und Risiko wagte ich im Rahmen der Studentenbetreuung zu aller Bewunderung, Tilmann Mosers ›Gottesvergiftung‹ in der Kirche aufzuführen, weil ich nach neuen Wegen für religiöse Auseinandersetzungen suchte.

3: Ich war damals 45 Jahre alt und sagte mir nach dieser Erfahrung: ›Das Ganze war so ermutigend, ich möchte Falke werden, um neue eigene Erkenntnisprozesse (Wiese) am Rande des kollektiven Lebens zu entwickeln (Waldrand).‹

4: Meiner damaligen Erkenntnis schloss ich mich heute, nach Jahren, wieder neu an (Frau) und bin zufrieden, dass ich nicht mehr die allgemeine asphaltierte Straße des Lebens gehe, sondern auf neuen unbefestigten Pfaden meinen Weg finden will.

5: Zunächst spürte ich noch große Widerstände – wie eine dichte Menschenmenge – in mir. Doch dann, als ich wieder in Auseinandersetzung mit kollektiven Ansichten geriet (Wald) spürte ich den Drang in mir, die Spannung aus meinem widersprüchlichen Verhalten endlich aufzulösen (Schlange 2 bis 3 m lang). Ich will herausfinden, was ich bewegen, welche neuen Rituale ich im Gottesdienst einführen könnte, um meinem Wahrheitsempfinden zu entsprechen – auch wenn ich keine Anerkennung dafür bekäme. Ich habe keine Angst, aber noch viel Respekt davor.«

Im nächsten Traum begegnen wir noch einmal der Frau, die in dem Kapitel »Echsen« (S. 261f.) ihre Echse aus der Erde grub. Sie träumte geradezu übermütig ihren Aufbruch in neue Gefühle: Drei Schlangen, ein Fasan und ein Panther machten sich mit ihr auf den Weg.

1. *Ich gehe einen Weg in der Nähe meines Heimatortes entlang. Der Weg führt über felsige Anteile bergauf.*
2. *Rechts daneben ist ein Wasserfall, der in ein großes Becken braust. Ich schaue in das Becken, da hatte ich schon einmal eine Schlange gesehen.*
3. *Es ist Sommer. Das Wasser ist ganz klar. Ich schaue lange in das Wasser und plötzlich erkenne ich die Strukturen:*

    Zuerst eine riesige, dicke, grün-grau gemusterte Schlange.
    Dann eine zweite Schlange, die neben der anderen senkrecht hoch am Felsen steht. Oben in den Felsen neigen beide die Köpfe zusammen. Ich bin ganz außer mir vor Staunen und rufe nach Menschen, um ihnen die Schlangen zu zeigen.
    Dann sehe ich eine dritte Schlange, die auch senkrecht im Wasserfall hochsteht. Sie ist ebenso dick, aber rot-orange gemustert.
4. *Ich drehe mich um und will zu den Menschen laufen und von den Schlangen erzählen. Da sehe ich ein pantherartiges Tier über die Felder jagen und bin ganz aufgeregt darüber, welche exotischen Tiere es in meinem stillen abgelegenen Heimatort gibt.*
5. *Beim Weitergehen läuft noch ein Fasan mit roten Federn am Bauch über eine leicht verschneite grüne Wiese.*
6. *Ich treffe meine Mutter und erzähle ihr von dem Erlebten. Sie hat einen neuen Tanz erfunden und will mir den zeigen: Immer zwei Schritte nach rechts und zwei Schritte nach links.*

1: Der Heimatort bringt der Träumerin noch einmal den felsigen Weg ihrer Kindheit ins Bewusstsein, denn es geht bergauf.

2: Damals hatte sie in ihren Gefühlen den Trieb nach einem freien emotionalen Leben in sich gespürt – die Schlange im Wasser, die sie als Kind schon sehen konnte. Aber sie durfte ihre eigenen Bedürfnisse nicht ausleben, weil sie als kleines Mädchen viele Pflichten in der Familie übernehmen musste.

3: Nun ist in ihrem Leben Sommerzeit – Reifezeit. Das Wasser ihrer Gefühle ist klar. Sie vertieft sich in ihnen und erkennt nach und nach die grau-grüne Schlange ihres neuen Freiheitsstrebens, die sich mit dem Drang nach neuer Kreativität – der zweiten graugrünen Schlange – verbinden will. Sie fühlt, wie sich dabei ein neues Lebensgefühl, das orange-rot (s. S. 152) ist, in ihr ankündigt.

4: In diesem aufbrechenden Lebensgefühl wird der Panther in ihr rege, die große Katzenkraft aus Freude an der Freiheit in Unabhängigkeit vom Rudel. Sie ist ganz aufgeregt, dass sie zu solchen Gefühlen fähig ist.

5: Sie liebt ihre neue Freiheit und schreitet lustvoll wie ein Fasan mit roten Federn über die noch leicht verschneite grüne Wiese – ein Bild für ihren schöpferischen Bereich (Erde), der noch den letzten Rest von Winterschlaf hinter sich lassen muss.

6: Inmitten dieses Prozesses sagt sie sich, dass sie eine neue Beziehung zu ihrer Mutter fühle, die sie als Kind so verpflichtet hatte, für andere zu sorgen. Die daraus entstandene ambivalente Beziehung zu ihren eigenen Bedürfnissen soll sie nun in leichter tänzerischer Weise bewältigen. Sie freut sich, weil sie in der Realität erfahren hat, dass die Mutter ihr auch dann liebevoll zugewandt bleibt, wenn sie bei jedem Schritt prüft, ob sie die von der Mutter gestellten Erwartungen erfüllen will oder nicht. Und das sowohl von der Gefühls- (links) als auch von der Bewusstheitsseite (rechts) her. Ein schönes Beispiel, wie wir uns mit unseren Eltern versöhnen können, wenn wir die Gegenkraft aus den Kindheitsverletzungen erworben haben.

Wie gut, dass es Schlangenliebhaber gibt, die uns unseren Lebenstrieb im Bild der Schlangenkraft so bewusst machen helfen. Aus dem wunderbaren Bildband über Schlangen ›Faszination einer unbekannten Welt‹[26] möchte ich dazu einen Ausspruch des senegalesischen Naturschützers Baba Dioum zitieren:

»Am Ende werden wir nur das bewahren, was wir lieben,
wir werden nur das lieben, was wir verstehen,
und wir werden nur das verstehen, was man uns lehrt«.

Gemalte Schlangenbilder aus dem Unbewussten als therapeutische Hilfe

Im Theoriekapitel habe ich beschrieben, wie Bilder aus dem Unbewussten in mir entstehen. ES malt dann. Dieser plötzliche Drang, in der Nacht malen zu müssen, ohne zu wissen, was sich da formen will, geschah auch damals, als ich lange Zeit eine Patientin begleitete, die das Opfer eines Verbrechens geworden war und in Melancholie und Resignation zu verkümmern drohte.

Als ich mit ihr nicht so recht weiterkam, kam diese Traumbotschaft auf mich zu:

1. *Sie ist nicht reif.*
2. *Sie ist nicht reif für die Befreiung durch sich selbst.*
3. *Sie kann es noch nicht glauben, dass sie den Ball zurückspielen kann.*
4. *Sie hat keine Ideen.*
5. *Sie muss sich erst die Ideen suchen, um sich frei machen zu können, sie ist orientierungslos in der Ideenlosigkeit.*
6. *Sie muss wagen, sich zu widersetzen, weil sie es lernen soll, Ideen dazu zu gebären.*
7. *Sie ist die Resignation. Sie kann die Lust nicht spüren, Ideen zu haben.*

Zu diesem Text malte ich nachts aus dem Unbewussten die folgenden zwei Bilder:

 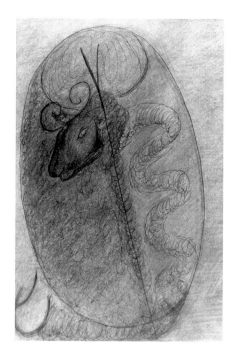

Die grüne Schlange, die dazu auffordert, in neuer Weise schöpferisch zu werden und sich dabei der ambivalenten Gefühle immer wieder bewusst zu werden (Photosynthese und Farbe Grün). In der dritten Windung bildet sich ein Netz, um den ins Bewusstsein drängenden Wunsch aufzunehmen.

Die andere Schlange ist widderköpfig. Widder kämpfen in einer strengen, fast ritualisierten Weise, wenn es um die Behauptung ihres Reviers geht. Wir sehen im Bild, dass diese Widderkraft in der Patientin noch im Ei ist und entwickelt werden soll. Die gegabelte Linie im Bild deutet schon an, dass es sich um eine schöpferische Idee handelt, die sich mit neuer Freiheit verbinden soll.

Nachdem die Patientin aber in Resignation verharrte, weil ihre Selbstabwertung immer neu zuschlug, kam wieder eine Nacht, in der ich gemahnt wurde, provozierender vorzugehen:

1. *»Das ist der Liebe Gott, der es schon richten wird.«*
2. *Du musst es ihr sagen, dass sie so nicht leben darf.*
3. *Sie ist in Gefahr. Sie muss jetzt endlich wagen zu kämpfen.*

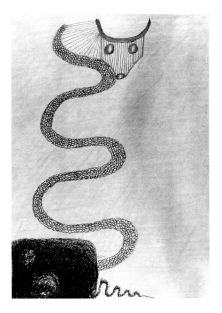 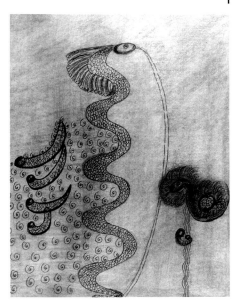

Und zu dem folgenden Schlangenbild dieser Nacht hörte ich dann den Text:
Es ist der Trieb, der mit dem Kämpfen-Wollen verbunden werden muss.

Als sie dann zu ihrem Selbstwertgefühl zurückfinden wollte und mit großem Mut um ihr Recht zu kämpfen begann, malte ich in der Nacht die gefiederte Schlange, die voller Vitalität ihr Gift ausspeit.

Zum rechten Bild: Die vier larvenähnlichen Gebilde im Rücken der Schlange deuten die Schritte 1 bis 4 an, die sie in der Vergangenheit nicht entwickeln konnte – die Larven geblieben waren. Die Schritte 1 bis 4 sind in der Grundstruktur der Träume als psychologische Schritte in die Gestaltwerdung von Wünschen beschrieben. Die Träumerin braucht nun den Mut zu der vor der Schlange liegenden 8, die ihrerseits von einer Schlange geformt wird. Das zeigt, dass es nun darum geht, ihre bislang unentwickelten Kräfte mutig zu entfalten, denn das ist die Aufgabe der 8.

Als Kind war sie voller Gefühlsüberschwang gewesen. Die Mutter hatte für soviel Emotionalität kein Verständnis und reagierte sehr abweisend. Die Abwertung ihrer Gefühle trieb sie als Kind zum Rückzug in die Melancholie. In der Auseinandersetzung vor Gericht, in der der Gegner mit infamen Gefühlsverletzungen agierte, schlug anfangs diese Kinderangst wieder zu. Ihr Lebenstrieb entwickelte erst neue Energie, nachdem sie erkannt hatte, dass ihre resignative Haltung von diesen alten Abwertungsängsten herrührte und sie die Gegenkraft entwickeln sollte. Deshalb umschließt die Schlange der 8 auch einen »Apfel vom Baum der Erkenntnis«.

Als der Kampf sich dem Ende näherte, in dem sie sich gegen die Verleumdungen behaupten konnte, entschloss sich die Patientin, ein Buch zu schreiben, in dem sie das leidvolle Geschehen bewältigen wollte. Ihre schriftstellerische

Begabung, die sie bisher ignoriert hatte, sollte dabei eine Chance bekommen. Träume erinnerten sie schon längere Zeit daran, sich dieser alten Begabung anzunehmen. Sie begann zu schreiben, aber ihre Gefühle waren noch so angewidert von dem, was sie durchmachen musste, dass sie nicht in Fluss kam. Sie konnte sich noch nicht zeigen.

Da malte ich nachts ein Schlangenbild mit Blumen und hörte den Text dazu:

Blumen sind es, die sie braucht.
Blumen, die sich nicht ärgern, sondern die Wahrheit finden wollen.
Sie ist so weit, dass sie es tun kann

Blumen, die sich nicht ärgern? Hatte ich mich verhört? Nein. Das ist wieder der Zauber der Gleichnissprache. Denn Blumen sind das Gleichnis aufblühender Wünsche, die mit ihren Farben und ihrem Duft werben, wahrgenommen zu werden. Ihr Wunsch aber war es, sich wieder lieben zu können. Und darum sollte sie nicht aufgeben, sondern durch die Arbeit an dem Buch die Arbeit an sich selbst vollenden.

Und eines Tages träumte die Patientin:

1. *Ich war in eine große schöne Wohnung umgezogen.*

2. *Die Zimmer gehen ineinander über, ich bin froh, endlich wieder eine Art Schlafzimmer zu haben. Die Wohnung ist noch sehr unordentlich, nichts steht an seinem Platz. Der Umzug hat gerade erst stattgefunden.*

3. *Ich habe eine kleine Tochter bekommen und ein mir unbekannter Mann, ein Jude, schenkt mir aus diesem Anlass einen goldenen Ring in Schlangenform, der mit Rubinen geschmückt ist.*

4. *Ich will den Ring in eine Schmuckschachtel legen und erst dabei erkenne ich, dass die Schlange – wenn auch noch sehr klein – aber trotzdem lebendig ist.*

1: Sie hatte es geschafft, sie war umgezogen und bewohnte nun in ihrem Inneren neue Räume – Räume, die groß und schön sind.

2: Das Schlafzimmer weist sie darauf hin, dass sie sich mit ihrem Unbewussten immer neu verbinden sollte. In ihren neuen Vorstellungen vom Leben möchte sie jetzt Ordnung schaffen.

3: Neues Leben war in ihr erwacht, als sie wie ein Jude in der Diaspora gegen alle Verleumdungen gekämpft hatte. Das wiedergefundene Selbstvertrauen schenkte ihr den Zugang zu ihrer Kreativität. Davon zeugt der goldene Ring in Schlangenform, der mit Rubinen besetzt ist, denn Gold und Rubine sind Schätze der Erde, das Gleichnis unserer schöpferischen Kraft (Erde, s. S. 117). Kurz gerät sie in Gefahr, ihren Wunsch nach Kreativität wieder in die Schublade zurückzulegen.

4: Doch die Liebe zu ihrer schöpferischen Begabung ließ sich nicht mehr verdrängen. Ihr Lebenstrieb dazu erwachte erneut und sie begann, ihrem schmerzvollen Erleben in einem Buch Gestalt zu geben.

Als ich selbst meine schwarze Schlange der Angst, nicht gehört zu werden, besiegt hatte, weil ich meinem befreienden Lebenstrieb gefolgt war und mich mit meiner schöpferischen Kraft verbunden hatte, entstand dieses Bild in der Nacht:

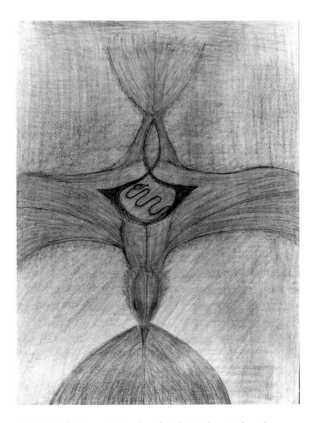

Ein türkisfarbener Vogel verbindet sich mit der elementaren Kraft der Luft und der Erde, voller Vertrauen zu den Windungen der Schlange, das heißt, die emotionale Kraft der Patientin hat Flügel bekommen und vertraut dem Lebenstrieb, der Freiheit und Schöpfungsdrang vereinigen will.

6. Krokodile –
die schuppenhäutigen Panzerechsen

Aggressionen klären den Fluss der Gefühle

Hinter jeder Aggression liegt ein verletztes Gefühl

*Du weißt noch nicht, dass Liebe eine Auseinandersetzung ist,
bei der jeder den anderen versteht.*

(Traumtexte)

Wozu hat der Schöpfer wohl das Krokodil erfunden – dieses Reptil der Urzeit, das biologisch den Vögeln und Säugetieren viel näher steht als den Echsen? Denn Krokodile haben wie die Vögel und Säugetiere ein vollständiges, in vier Kammern geteiltes Herz, ein vorzüglich entwickeltes Nervensystem und ein differenziertes Gehirn. Während die Schlange die Aufmerksamkeit gegenüber lebensfeindlichen *inneren* emotionalen Verhaltensweisen symbolisiert, gleicht das Krokodil mit seinem zähnebewaffneten Maul dem Aggressionstrieb, mit dem wir unsere Bedürfnisse gegen *äußere* Widerstände verteidigen. Doch wir leben Aggressionen unterschiedlich aus. Die aus dem Unbewussten aufschießende Aggression, die blind ausagiert wird, reagiert auf Kränkungen, die schon in der Kindheit das Selbstwertgefühl verletzt haben. Um das echte Selbstwertgefühl wieder herzustellen, brauchen wir eine konstruktive Aggression, die nicht durch Kränkbarkeit ausgelöst wird, sondern aus Liebe zum Leben, das sich gerade in uns entwickeln will. Das Krokodil ist ein beeindruckender Schauspieler beider Aggressionsweisen.

Krokodile sind die größten Reptilien unserer Zeit. Sie leben amphibisch: Im Wasser sind sie meisterhafte Jäger, während sie an Land nur bedingt manövrierfähig sind, sie können jedoch ihren Körper wie die Säugetiere hoch vom Boden abheben und längere Strecken über Land gehen. Ihr Lebensraum erstreckt sich zwischen Sümpfen, Flüssen und Seen. Wenn das Wasser zufriert, überleben sie, indem sie sich zur Atmung im Eis ein Loch offen halten. Ihre Augen- und Nasenöffnungen haben sie hoch oben auf dem Kopf plaziert, so dass diese auch dann noch über die Oberfläche des Wassers herausragen, wenn der ganze Körper untergetaucht ist. Sie können dabei ihr Atmungszentrum vollständig vom Maul trennen, so dass sie unter Wasser das Maul öffnen können, ohne zu ertrinken.

Unter Wasser atmen ohne zu ertrinken? Heißt dass, dass wir uns nicht von Gefühlen überschwemmen lassen sollen, bis wir atemlos vor Wut werden?

In Meeresnähe sind die Krokodile darauf angewiesen, genügend Salz ausscheiden zu können. Dieses Problem lösen sie durch Salzdrüsen auf der Zunge, die das Salz tropfenweise hochkonzentriert wieder ausscheiden. Und weist nicht auch die Regulierung des Salzgehaltes darauf hin? Salz ist ein Gleichnis für die Würze aus dem Meer der noch unbewussten Gefühle. Aggressionen aber würzen mit dem Salz unbewusst gebliebener Kränkungen aus der Kindheit und Jugend. Um sie nutzen zu können, müssen wir uns ihre Entstehung bewusst machen, denn der Aggressionstrieb ist nur dann ein lebensspendender Anteil, wenn wir ihn kultivieren! Sonst versalzen wir unsere Lebensspeise.

Krokodile ernähren sich vielfältig. Ganz junge Tiere leben vorwiegend von Insekten, Krebsen und Schnecken. Später gehen sie über zu Fischen und schließlich fressen sie kleine und große Säugetiere, die zu nah an das Ufer kommen. Sogar ein Büffel kann ihnen dann schmecken. Beim Ergreifen der Beute brüllen sie mit bebenden Flanken, schlagen wie wild mit ihren Schwänzen, klappen wütend mit ihren Kiefern, ziehen die Beutetiere blitzschnell unter Wasser und ertränken und zerfetzen sie mit ihren spitzen Zähnen, während sie um ihre eigene Achse wirbeln.

So verhalten sich Menschen, wenn sie wie von Sinnen gegen andere vorgehen. Aber selbst diese destruktive Aggressivität kann noch sinnvoll werden, wenn ein Mensch sich durch die Folgen seines Wütens mit seiner verletzbaren Seite auseinandersetzen muss. Die durch die Verletzungsangst einst verlorene Freiheit kann er wiedergewinnen, wenn er – anstatt Wut und Hass auszuagieren – kreativ wird, um den anderen für seine Wünsche zu gewinnen. Im Traum vernahm ich dazu:

1. *Das, was hässlich ist, ist das, was sich nicht gut anfühlt; das hat mit Erinnerungen zu tun;*
2. *diese Erinnerungen gilt es aufzulösen.*
3. *Da muss das Hässliche sein Gegenteil werden;*
4. *Krokodile sind es.*
5. *Sie sind nicht träge. Sie haben Zeit.*

Erinnerungen aus den Verletzungen der Kindheit können uns lange Zeit in eine hilflose Aggressivität drängen. Erst wenn wir erinnern, was uns damals so hilflos gemacht hat, können wir unsere Ohnmacht auflösen und die Gegenkraft entwickeln, die das Selbstwertgefühl wieder aufrichtet. Die Aggression ist der Wächter, der dafür sorgt, dass wir unseren Selbstwertverlust nicht verdrängen können. Der Gedanke im Traum »*da muss das Hässliche, das sich nicht gut anfühlt, sein Gegenteil werden*« spricht aus, dass sich unter der hervorbrechenden Aggression eine lebensvolle Kraft verbirgt, die der Mensch braucht, um zur Harmonie zu kommen. Aggressionsausbrüche lassen oft viele Jahre auf sich warten. Sie brauchen die Unerträglichkeit des Schmerzes, um aufzubrechen.

- Wer sich beispielsweise selbst als nicht liebenswert erlebte,
- wer ständig um Anerkennung bangte,
- oder von wem zuviel Anpassung verlangt wurde –

und dabei nur in der Aggressivität gegen andere sein Selbstwertgefühl sucht, soll »umgekehrt hervorkommen« – so einfach drückten es die alten Ägypter aus.

Als ein Patient mit lebensbedrohlichen Verletzungen aus der Kindheit nicht fertig werden konnte, klärte mich ein Traumtext auf:

1. *Er hat sich nicht bewusst gemacht, dass das Aggressionen sind, die uns alle innewohnen.*
2. *Wir müssen sie alle beherrschen lernen, indem wir sie umdenken in die Liebe zur Wahrheit.*
3. *Die Wahrheit hat er nicht verlassen, aber er hat seine kindliche Wahrheit gefühlt.*

> 4. *Er kann die aggressiven Kräfte nur dadurch in Liebe verwandeln, dass er dem anderen die Wahrheit so sagt, dass er sie annehmen kann.*
> 5. *Das ist Liebe. Er kann es nur tun, wenn er Liebe schenken will. Das ist Liebe.*

Mit diesen Gedanken fand ich Zugang zu der versöhnlichen Seite des Patienten.

Und damit kommen wir zu der Leben beschützenden Aggression, die das Krokodil in einer hinreißenden Fürsorge für seine Jungen zum Ausdruck bringt. Alle Krokodile legen Eier. Die meisten von ihnen bauen Nester aus Pflanzen und Erde, die sie zu einem Hügel aufschichten, und diese Nestbauten sind so konstruiert, dass in ihnen eine ständige Wärme zwischen 27 und 34 Grad gehalten wird. Manche Krokodile vergraben die Eier auch in Löchern. Nach der Eiablage bleiben die Mutter und auch der Vater in der Nähe des Nestes, um es gegen Räuber zu verteidigen.

Nach zwei bis drei Monaten beginnen die jungen Krokodile im Nest zu rufen. Dann kommt ein Elternteil herbei und hilft den Jungen aus dem Nest herauszukommen. Sollte eines der Jungen die Schale nicht durchbrechen können, nimmt das Krokodil das Ei ins Maul und rollt es vorsichtig zwischen Zunge und Gaumen, bis das Ei sich öffnet. In seinem zähnebewaffneten Krokodilsmaul trägt es dann die gerade geschlüpften Jungen behutsam wie in einer Wiege zu einer Wasserstelle, die es zuvor durch das Aufwerfen von Dämmen vor Feinden geschützt hat. In dieser Kinderstube begleiten Vater und Mutter die Jungen über mehrere Monate. Köstlich, wie der Verhaltensforscher Vitus B. Dröscher[27] diese Liebe in seinen Schilderungen »Krokodilsrachen als Kinderwagen« und »Alligatoren erfanden den Brutapparat« darstellt.

Junge Krokodile haben auf jeder Schuppe eine Sinnesknospe, die bei Berührung ein großes Wohlgefühl auslöst. Offenbar brauchen sie diese Berührung wie ein Menschenkind. Erinnern wir uns dazu an das Schildkröten-Kapitel (s. S. 271), wo es heißt:

> *Krokodile sind die, die aggressiv zeigen, dass sie Hunger und Kraft haben und zärtlich-aggressiv neues Leben aufziehen.*

Den Gegensatz zwischen lebenserhaltenden und lebensvernichtenden Aggressionen haben die alten Ägypter in Mythen vom Krokodil dargestellt. Sie haben das Verhalten ihrer Nilkrokodile differenziert in ihren Mysterienspielen unterschieden. Ihr Krokodil »Stinkgesicht« ist der aggressive Anteil von Seth, dem Gott des Chaos. In einem Papyros heißt es dazu: »Das Krokodil Stinkgesicht wird vertrieben. Zurückweichen muss seine Seele, sein Leib, sein Geist, sein Schatten«.

Die wahrheitssuchende kreative Aggression ist in den altägyptischen Mythen das Krokodil Sobek. Sobek ist der Herr des Nils, der die Teiche durchzieht; der Scharfsichtige, der die Ufer durchzieht; dem das Gartenland für seine Fangjagd gegeben ist – sein Name bedeutet »der schwanger oder fruchtbar macht«.

Sobek – altägyptishe Unterweltsbücher, 7. Stunde

Dieses Krokodil ist das Bild für die Aggression, die uns unsere Persönlichkeit bewusst machen will. Sie bricht sich aus dem Unbewussten Bahn, um uns – im geistigen Sinn – schwanger mit uns selbst werden zu lassen. Darum verlegen die Ägypter manchmal die Nachtfahrt der Sonne – das ist die Suche nach Licht im Unbewussten – in den Leib eines Krokodils. In der Abbildung sehen wir die Geburt eines Menschen aus der Erde – dem Gleichnis für die Kraft, uns selbst hervorzubringen. In dem Unterweltsbuch »Amduat« heißt es dazu: »Wer es kennt, ist einer, dessen Seele das Krokodil nicht verschlingt«. Deshalb wurde dieses lebensbringende Krokodil mit Fußringen und Ohrgehängen geschmückt.

Wie uns Krokodile in Träumen mit konstruktiven und destruktiven Aggressionen konfrontieren

Zu den negativen Aggressionen gehören auch diejenigen, die wir in uns selbst unterdrücken und die dann in unserem Gemüt Spannungen und immer größere Unzufriedenheiten auslösen. Ich möchte dazu den Traum einer Frau erzählen, die der Last des Haushaltes überdrüssig wurde und auf freiwillige Unterstützung der Familie hoffte, sie aber nicht anforderte. Sie verharrte in dieser depressiven Haltung. Da träumte sie

> *Ich versuchte, an einem in Dampf vom Auspuff gehüllten Lastwagen vorbeizukommen. In diesem Dampf sah ich den Schwanz eines Krokodils, der sich drohend hin und her bewegte.*

Diese Szene ist ein getreues Bild der Stimmungen, in die die Träumerin immer wieder hineinglitt. Sie war der Last-Wagen, der mit seinem Auspuff die Luft um sich verpestete – depressive Stimmungen schaffen das – und sie war das Krokodil, das mit dem Ausbruch von Aggressivität drohte – ein Bild hilfloser Unzufriedenheit.

Einer anderen Frau, die ebenfalls »kuschte« anstatt sich zu befreien, verhalf der Traum zu der Lösung, die wir allen aggressiven Stimmungen abringen sollten:

1. *Ich bin in meinem Haus. Da kommt durch eine gemauerte Röhre von schräg unten ein Krokodil hoch.*

2. *Ich habe Angst, denke aber, wenn ich weglaufe, wird es dich erwischen und beißen. Also bleibe ich ganz ruhig stehen.*

3. *Es kommt ganz nah und bleibt auch ruhig stehen; sein Kopf liegt an meinem Bein. Ich setze mich neben das Krokodil und halte ihm die Schnauze zu. Es »kuschelt« sich an mich. Meine Panik ist weg, aber ich bin noch angespannt.*

4. *Ich bin in meinem derzeitigen Massageausbildungsinstitut. Da steht mein Ausbildungsleiter Klaus ganz allein und vor ihm liegt auch ein Krokodil, allerdings in einem grünen Überzug verpackt, der aber die Konturen und Farben eines Krokodils hat.*

5. *Ich fragte ihn erstaunt »Du hast auch ein Krokodil?« Und Klaus sagt lächelnd: »Ja«.*
   Mein Gefühl ist Verwunderung.

Ein Haus ist im Traum die Wohnung, in der sich unsere Seele zurzeit eingerichtet hat. Die gemauerte Röhre ist der fest gebahnte Weg ihrer Aggressionen aus dem Keller der Kindheit, in dem sie diese angstvoll verbergen musste. Seitdem ist sie gewohnt, ihrem Krokodil die Schnauze zuzuhalten und zu kuschen, um nicht noch mehr verletzt zu werden. So bleibt sie angespannt und die Konflikte schwelen weiter.

In der vierten Szene begegnet die Träumerin ihrem Ausbildungsleiter. Vor diesem liegt auch ein Krokodil, aber in einen Stoffüberzug gehüllt, der genau Farben und Form des Krokodils nachzeichnet. Was schildert dieser Stoffbezug?

Wir sind im Traum stets der Weber aller Stoffe, mit denen wir uns bekleiden. Denn wir sitzen selbst am Webstuhl des Lebens und spinnen und weben die Fäden der Erkenntnis durch Kette und Schuss. Die Senkrechte ist die Kette unserer Bewusstwerdungen und das Schiffchen, das wir horizontal bewegen, ist die Kraft unseres Handelns. Diese duale Verbindung zwischen Senkrechte und Wagerechte, die sich auch im Kreuz versinnbildlicht, ist im Kapitel »Wasser« (S. 43) ausführlich dargestellt.

Ich fragte die Träumerin:

> Wie geht denn Ihr Ausbildungsleiter mit seinen Aggressionen um?
< Er spricht immer klar und ruhig aus, was ihm nicht gefällt.
> Er braucht nicht aggressiv zu werden um etwas zu klären?
< Nein, ich habe das noch nie bei ihm erlebt.
> Dann ist er der Weber dieses Krokodilsüberzugs. Er nutzt offenbar seine aggressiven Gefühle innerlich als Hinweis dazu, dass er dem anderen etwas verständlich machen muss, um wieder mit sich im Einklang sein zu können.

Er durchdenkt den Ärger, bevor er ihn ausspricht. Und zwar so, dass der andere sich nicht angegriffen fühlt, sondern zum Zuhören bewegt wird.

Wie ein Traum auf den konstruktiven Umgang mit aggressiven Gefühlen antwortete, erzählte eine andere Frau. Sie war durch Andeutungen, die ihre Weiterarbeit in der Firma in Frage stellten, tief verunsichert. Sie litt unter dem Verdacht, dass sie für die Interessen anderer herhalten sollte. In dieser Situation blieb sie kämpferisch gestimmt, schwärzte aber niemanden an. Aus dieser Haltung heraus entwickelte sich zwischen ihr und ihrem Vorgesetzten eine angenehme Atmosphäre, die zu einer guten Lösung für beide führte. In der Nacht darauf träumte sie

Vor mir liegt ein sehr großes blaues Krokodil, zu dem ich sage: »Na, na, von dir lasse ich mich nicht anknabbern.«

Wie klug von ihr! Blau ist die Farbe unserer geistigen Freiheit. Der Gefahr, aggressiv zu reagieren – und damit die Atmosphäre zu vergiften – entging sie durch die Klarheit, mit der sie eine sachliche Regelung anstrebte.

Vom Gleichnisdenken her ist es nun gar nicht mehr verwunderlich, dass die Krokodile den Vögeln so nahe stehen, sind doch Aggressionen – wenn sie konstruktiv sind – der Durchbruch zu neuen Freiheiten. Das Krokodil – der Wächter unserer Wahrheit –, tritt immer in Träumen auf, wenn es darum geht, Aggression als Nahrung für die eigene Erneuerung zu begreifen. Der nächste Traum lädt den Leser zu einer solchen »Mahlzeit« ein.

Tief beunruhigt und verwundert erzählte eine Frau:

1. *Mein Mann kochte*

2. *und servierte mir am Esstisch ein Krokodil.*

3. *Ich war schockiert und schob das Essen empört von mir.*

Die Empörung scheint im ersten Augenblick verständlich. Warum serviert er ihr nicht etwas Lustvolleres, nachdem sie doch alles für ihn tut? Da der Traum sie aber offensichtlich provozieren wollte, fragte ich:

» Kann Ihr Mann sehr deutlich sagen, was er möchte? Ist er aggressiv genug, um seine Belange anderen zu servieren?

« Oh ja, das ist überhaupt kein Problem für ihn.

» Und wie vertreten Sie ihre Wünsche? Tun Sie das denn auch so deutlich?

« Nein, nein, das geht doch nicht! Ich sage lieber nichts.

» Dann kosten Sie doch wenigstens einmal von dem Krokodil. Ich verspreche Ihnen, nach und nach essen Sie mit großem Appetit.

Das braucht Vertrauen! Ein Traum weist den Weg:

Es geht darum, das Inwendige zu zeigen, mehr Selbstverständlichkeit zu entwickeln, das zu sagen, was ich fühle, bis alles bereinigt ist.

Und nun noch einen Traum, in dem die Tragödie einer verschlingenden Aggression zu siegen drohte. Der Träumer fühlte sich am Vortag von einem Kollegen ausgenützt; er war gekränkt und geriet darüber immer mehr in Wut. Ein Traum antwortete auf seine Empörung, die er kaum noch bezähmen konnte:

1. *Die Szene findet im Wohnzimmer meines Elternhauses statt. Die Einrichtung entspricht der meiner Kindheit. In diesem Raum hält sich mein Sohn im jetzigen Alter auf und meine Mutter. Meine Mutter hält als Haustier ein Krokodil. Dieses Krokodil ist noch nicht ausgewachsen, aber sehr aggressiv, sobald es Hunger verspürt.*

2. *Das Krokodil greift meinen Sohn an. Mein Sohn verschwindet fast im Maul des Krokodils.*

3. *Da entreiße ich dem Krokodil meinen Sohn. Er ist merkwürdigerweise unverletzt.*

4. *Meine Mutter stellt nun dem Krokodil 2 kg Hackfleisch hin. Dieses Hackfleisch ist wunderschön rot und ganz mager – sozusagen »vom feinsten«. Mir geht durch den Kopf, dass das Fleisch doch viel zu schade für das Krokodil sei.*

5. *Das Krokodil beobachtet mich beim Fressen aus dem Augenwinkel heimtückisch und schuldbewusst.*

6. *In dem Augenblick überzeuge ich meine Mutter, dass wir das Tier bei der Wiederholung des Angriffes abschaffen müssten. Und schon griff das Krokodil wieder an, nach heftigem Kampf konnte ich das Krokodil töten.*

1: Die Szene will ihn daran erinnern, wie er als Kind seine Mutter erlebte. Hatte sie sich tatsächlich als Haustier ein Krokodil gehalten? Ja, denn sobald sie sich von der Familie ausgenützt fühlte, erwachte ihre Aggressivität wie ein hungriges Krokodil, das wütend um sich schlug. So hatte er als Kind erfahren, dass man sich auf solche Weise gegen Ausnützung wehren kann und eignete sich diese Strategie an.

Die zweite Szene erinnert ihn an einen unkontrollierten Zornesausbruch in einer Zeit, als er sich von seinem Sohn missbraucht fühlte, weil dieser keine Aktivität zeigte, etwas zu lernen. Da griff er ihn an. Der Traum zeigt unmissverständlich, wie er den Jungen dabei zu vernichten drohte.

3: Doch zum Glück kam er wieder zur Besinnung, wurde konstruktiv und half seinem Sohn, indem er ihm selbst Nachhilfestunden gab. So blieb der Junge seelisch unverletzt.

4: Daran sollte er sich erinnern. Denn in dem akuten Fall der am Vortag erlittenen Kränkung führte das Vorbild der Mutter wieder Regie. Wollüstig wollte er seine Aggression mit feinstem blutroten Hackfleisch füttern. Wohl kamen Zweifel in ihm auf, ob er wirklich zur Befriedigung seiner Wut so handeln und eine Freundschaft opfern sollte,

5: aber noch labte er sich an seinen aggressiven Gelüsten – wenn er sich auch inzwischen schuldbewusst und heimtückisch fühlte.

6: Dann aber – bevor er zuschlagen wollte – besann er sich wieder und bei dem nächsten aufsteigenden Wutanfall nahm er den Kampf mit seiner aggressiven Stimmung auf – löste sich aus der Identifikation mit der Mutter, schaffte es, das destruktive Verlangen zu überwinden und das Drama zu beenden.

Konstruktiv ist dagegen die Aggression, mit der ein Krokodil im Traum Frösche verschlingt, denn damit verschlingt und verdaut es die Ängste aus der Kindheit. Das gelang einer Träumerin:

1. *Ich habe mich in einer Hütte – einer Art Jagdhütte – versteckt.*
2. *Ich bin voller Angst, denn von draußen kommt irgendeine Bedrohung. Ich kann aber nicht sagen, welcher Art diese Bedrohung ist. Auf alle Fälle habe ich die Tür fest verschlossen und die Fensterläden zugemacht.*
3. *Ich höre draußen, in ziemlicher Ferne, nach mir rufen. Die Rufe kommen näher und ich erkenne die Stimme meines Vaters. Ich öffne vorsichtig die Tür. Draußen ist es dunkel, ich höre meinen Vater kommen. Er ruft nach mir.*
4. *Da entdecke ich auf dem Weg, direkt vor der Hütte, ein großes Krokodil.*
5. *Das Krokodil verschlingt eine Unmenge Frösche, die überall herumhüpfen.*
6. *Mein Vater kommt den Weg entlang auf mich zu. Ich will ihn vor dem Krokodil warnen. Er schenkt ihm keinerlei Beachtung, sondern steigt über das Krokodil hinweg, das auch ihn nicht beachtet und weiter Frösche frisst.*

Die Frösche hüpften und »quakten wie vor alter Zeit«. Der Vater ist der optimistische, tatkräftige Anteil der Träumerin, mit dem sie ihren resignativen Rückzug in melancholische Verhaltesweisen besiegte.

Wenn solch bewusste Aufarbeitung der Ängste nicht erreicht wird, verharren wir im Karussell unserer Nöte und Ängste. Ich besuchte in London einmal neugierig das »Musical of Love«. Dieses Musical entpuppte sich als ein Karussell von Liebesbeziehungen, die sich ständig gleichförmig wiederholten, anstatt die mögliche Reifung des Menschen durch die Auseinandersetzung in der Liebe zu einem anderen Menschen zu differenzieren und zu besingen. Dieses Anliegen kam gar nicht erst auf. Da träumte ich in der folgenden Nacht:

1. *Als Kinder schon Maschinen.*
2. *It's better to bear it.*
3. *Menschen, zu denen wir ständig auf der Reise sind.*

So knapp und bündig vertiefte der Traum das Thema dieses Musicals:

1: Aus dem Schutzbedürfnis in der Kindheit entwickeln sich im Menschen mechanische Reaktionen (Maschinen), durch die sich das Kind schützen will.

2: Und auch als Erwachsene scheint es für viele sicherer, ihre Not wie ein Schicksal zu tragen (to bear it) und das damit verbundene Nicht-Leben zu akzeptieren, anstatt die Angst aufzudecken und durch die Gegenkraft zu überwinden.

3: In unserem täglichen Leben begegnen wir ständig Menschen, die ihre Angst als unabänderliches Schicksal tragen.

Anstatt wie in dem Musical Menschen von Liebesbeziehung zu Liebesbeziehung hüpfen zu lassen, wäre es sinnvoller zu zeigen, wie uns die Liebe befähigt, die Not in uns selbst und in anderen zu lösen. In drei Träumen hieß es dazu:

Einander so lieben, dass das Vertrauen wächst, sich zeigen zu können mit dem Wunsch zu leben.
Es geht dabei um Bedürfnisse, die, wenn sie dann bewusst werden, Schwierigkeiten machen.
Darum: *gehe wirkungsvoller, gehe liebevoller.*

In dem nächtlichen Bild aus dem Unbewussten stellt sich die schöpferische Fähigkeit im Umgang mit Aggressionen dar. Links oben entstand ein Mund vor einer Blüte als Sinnbild für den Ausspruch eigener Wünsche.

Aber wie es dem anderen sagen, ohne ihn zu verletzen? Unter dem Krokodil blüht aus der Tiefe eines Gefäßes der Wunsch nach neuer Freiheit auf – die blaue Blüte. Es geht um einen Wunsch, der erst durch aggressive Gefühle bewusst geworden ist.

Um den anderen nicht angreifen zu müssen, kämpfen wir dann gegen den Aggressionsdruck in uns an und entschärfen ihn, indem wir unseren Wunsch klar, ruhig und einfühlsam aussprechen, statt Vorwürfe zu machen. So befreien wir unsere verpuppten Wünsche aus ihrem Kokon und können sie dem anderen schmetterlingsleicht und farbig mitteilen. Das ist die konstruktive Aggression, die das Herz des anderen erreicht.

Nächtliche Skizze der Autorin

7. Wale und Delphine – Huftiere gingen zurück ins Meer

Die Heimkehr emotionaler Kräfte
für verdrängte schöpferische Wünsche

Leben ist nicht nur das, was du wieder erinnerst,
es braucht noch ein Gefühl, das dich »ich bin ich« werden lässt.
»Ich bin ich« soll ergänzt werden mit dem »schöpferischen Selbst«,
das sich nicht getraut hat selbst zu leben

(Traumtext)

Wenden wir uns jetzt noch den Walen zu. Der Autor Heathcote Williams[28] beschreibt sie in seinem Buch ›Kontinent der Wale‹ als die größten Geschöpfe, die je auf Erden erschaffen wurden. Wale sind keine Fische, leben aber wie die Fische im Wasser und haben dazu eine Stromlinienform angenommen. Sie lebten in alter Zeit als Huf- oder Raubtiere auf dem Land und begaben sich dann im Zuge der Evolution zurück ins Meer. Dabei haben sie ihre Säugetiereigenschaften behalten. Wale tauchen 1000 m und tiefer hinab, sind aber wegen ihrer Lungenatmung gezwungen, regelmäßig an die Wasseroberfläche aufzutauchen um zu atmen. Sie können sehr viel Sauerstoff im Körper speichern und verständigen sich über Schall bis zu 100 km Entfernung.

Heathcote Williams beobachtete sie als heitere Schwimmer, die mehr Zeit mit Spielen zubringen als mit Nahrungssuche; die zu lächeln scheinen; sie singen und erfinden immer neue Strophen – und das seit rund 50 Mio. Jahren. Die friedlichen Riesen sind von hoher Intelligenz und verhalten sich sehr sozial. Sie lieben sich voller Sinnlichkeit und sind dem Menschen zugetan.

Begeistert schildert Williams in dem oben erwähnten Buch die Vereinigung der Wale in der Liebe:

> »Sie schlagen rhythmisch ihre riesigen Schwanzflossen
> und steigen auf, bis ihre Häupter aus dem Wasser ragen.
> Halten einander mit den langen Brustflossen fest umschlungen.
> die Akkordeonfalten ihrer gefurchten Bäuche sind wie verwoben.
> Ihre Schwanzflossen schlagen im Takt,
> ihre Körper pressen sich fester und fester aneinander:
> So steigen sie auf, durchstoßen die Wasseroberfläche.
> Aus den schimmernden grünen Schatten der Tiefe
> in das heitere Leuchten des Himmels.
> Mit einem letzten Schwung, unter dem mächtigen Taktschlag der Schwanzflossen,
> 15 Meter unter ihnen, schnellen sie aufwärts und in die Luft,
> während ein wahrer Wasserfall von ihren Leibern rinnt.
> Sekundenlang schwebend, erleben sie
> in der festen Umarmung ihren gewaltigen Höhepunkt.«

Wieder können wir nur über die Bilder dieser Welt staunen: Denn diese riesigen Tiere, die einstmals am Land lebten, sind in Träumen ein Bild für das vor langer Zeit verdrängte Bedürfnis nach Selbstgestaltung, das wir im Meer der unbewussten Gefühle verschwinden ließen, gerade wie der Walfisch, der vom Land ins Meer zurück ging. Die Liebe zu dieser Kraft hatten wir einst verloren, als wir uns noch vor Ängsten schützen mussten. Doch irgendwann drängt sich das Bedürfnis nach der eigenen Identität erneut ins Bewusstsein.

Der Blauwal hat sieben Mägen und wird über 30 Meter lang, das sind ungewöhnliche Maße für ein Tier. Diese Zahlen alarmierten mich, denn in der Zahlensymbolik ist die Sieben die Aufforderung zu erkennen, was in der Kindheit nicht leben durfte und ins Meer der unbewussten Gefühle von uns verdrängt werden musste. Und die 30er Zahlen sind in Träumen stets ein Appell zur Selbsterneuerung. Und ausgerechnet der Blauwal verkörpert diese Zahlensymbolik; Blau aber symbolisiert die geistige Freiheit und diese ist die tragende Kraft für die Neugestaltung unseres Lebens..

Ein Walkalb wird nach elf Monaten Tragezeit geboren. Wieder treffen wir auf die merkwürdige Übereinstimmung mit der Zahlensymbolik. Die 11 ist, wie in »Grundstruktur der Träume« (S. 31) ausgeführt, der Beginn der Suche nach dem verlorengegangen schöpferischen Wunsch aus der Kindheit, der sich immer wieder aus dem Unbewussten als Sehnsucht in Erinnerung bringt.

Wenn Wale in Träumen unsere Sehnsucht nach Selbstverwirklichung begleiten

Eine Frau hatte eine Jugend durchlebt, die von Trunksucht des Vaters und Armut geprägt war, und sehr darunter gelitten. Um sich aus diesem Milieu zu lösen, begann sie zu studieren, denn sie wollte nach oben, das heißt, sich eine gute berufliche Existenz aufbauen. Aber noch bevor sie ihr Studium abschließen konnte, lernte sie einen Mann kennen, in den sie sich verliebte und den sie heiratete. Ihr Mann konnte ihr all das bieten, was sie über die vielen Jahre ihrer Kindheit und Jugendzeit entbehrt hatte: Liebe, Verständnis, Geborgenheit, aber auch alle Wünsche des täglichen Lebens erfüllen, da er vermögend war. Trotzdem bedrängte sie nach und nach das Gefühl »irgend etwas fehlt mir – ich bin nicht im Frieden mit mir selbst«.

Da träumte sie:

1. *Ich bin in einem großen Kaufhaus, wo überall die schönsten Waren angeboten werden.*
2. *Aber ich will das alles nicht sehen. Ich suche nach anderen Angeboten und fahre mit einer Rolltreppe nach unten.*
3. *Ich komme in einem dunklen, stinkenden Keller an und versuche, mich zurechtzufinden. Ich bin angewidert, laufe hin und her.*
4. *Plötzlich stoße ich an etwas Großes, Glitschiges – es ist ein Wal, der hier ohne Wasser, anscheinend schwer verletzt und dem Tode nahe liegt.*

Die schönen Waren, die der Träumerin in der ersten Szene angeboten werden, symbolisieren ihren aktuellen Lebensstandard. Sie lebt im Überfluss.

Doch sie sucht unruhig nach einem eigenen Lebensinhalt.

Dazu soll sie – so sagt der Traum – in den Keller ihres Lebens schauen und sich mit ihrer trostlosen Kindheit konfrontieren. Dabei wird sie sich noch einmal bewusst werden, dass sie sich damals daran gewöhnt hat, persönliche Bedürfnisse zu verdrängen.

Im Traum stolpert sie über einen auf dem Rücken liegenden sterbenden Wal. Nach einer Sehnsucht befragt, empfindet sie spontan, dass es nur um den Wunsch gehen kann, ihr Studium doch noch zu beenden, denn sie fühlt sich nicht glücklich, nur Nutznießerin zu sein. Sie möchte so gerne selbst etwas erreichen.

Um die Erfüllung einer Sehnsucht ging es ebenfalls in einem geradezu surrealistischen Waltraum, den ich träumte, als ich nach langem Zögern das Bedürfnis, meine Traumarbeit auch nach außen zu vertreten, in die Tat umsetzte. Die schmerzvolle Kindheitserfahrung »ich werde doch nicht gehört« begann, einem neuen Vertrauen zu mir selbst zu weichen. Da sah ich im Traum

> *einen riesigen Wal, der sein Maul öffnete. In dieses Maul glitt ein Zug hinein und durchfuhr den Wal mit erleuchteten Fenstern in seiner ganzen Länge.*

Ein außergewöhnliches Bild. Es war das achte von zehn kurzen Bildern, die nacheinander in folgender Reihenfolge auf mich einstürmten:

1. *Fenster*
2. *Pferd*
3. *aus einem Stadttor kommt ein Pferd mit Wagen*
4. *bei allen drei vorangegangenen Bildern und jetzt die Melodie der Polonaise »Happy Birthday«*
5. *Pferd mit Schlitten*
6. *Kreuz mit Judenstern*
7. *im Freien eine Kleiderstange mit konventionellen Herrenanzügen; diese waren in der Schulterpartie gekräuselt*
8. *Wal – öffnet das Maul, durch den Wal fährt ein Zug mit erleuchteten Fenstern von einer Seite zur anderen*
9. *Türme über einer Stadt aus Stahlgerüst; sie fallen um*
10. *abgeerntete Felder*

Und so habe ich diese merkwürdige Bilderfolge im Gleichnisdenken und im Rhythmus der Zahlensymbolik entschlüsselt:

1: Es geht um den bewussten Kontakt nach außen (Fenster).

2: Ich brauche dazu die Vitalität meiner Gefühle (Pferd),

3: die aus dem Zentrum meines Wesens kommt (Stadt).

4: Das aber heißt, aus dem Vertrauen zu mir selbst endlich über das sprechen zu können, was mir am Herzen liegt und dadurch neu geboren zu werden (Happy Birthday).

5: Noch verbindet sich meine Vitalität mit gefrorenen Gefühlen (Pferd mit Schlitten).

6: Noch immer fühle ich mich abgelehnt, wenn ich über die Gleichnissprache der Träume zu anderen spreche, weil ihnen diese Sprache so fremd ist. Es ist mein »Kreuz« – meine Angst »ich werde nicht gehört« – die ich offenbar in der »Diaspora« auflösen muss (Kreuz mit Judenstern).

7: Ich wecke gerade erst die Bereitschaft in mir, die distanzierte Haltung gegenüber anderen aufzulockern (Herrenanzug mit gekräuselter Schulterpartie).

8: Ich soll meine schöpferische Suche im Unbewussten (Wal im Meer) in der Weise zielbewusst (Zug) fortsetzen, indem ich mich nach außen – zur Umwelt – zeige (erleuchtete Fenster).

9: Die stählernen Wachtürme, einst als Schutz gegen den Schmerz des Nichtgehört-werdens gebaut, können umfallen,

10: denn die alten Felder aus der Kindheit zu diesem Problem sind nunmehr abgeerntet. Ich kann jetzt den schöpferischen Umgang mit meiner Sprache neu wachsen lassen.

Ist es nicht verblüffend, wie die innere Logik der Bilderfolge sich zu einer so klaren Handlungsanweisung verdichten konnte? Lesen Sie doch dazu noch einmal in der Theorie die Zahlen 1 bis 12 (S. 31) nach und vertiefen Sie sich in die Gleichniskraft der Bilder, damit sie Vertrauen zu solch kurzen Impressionen bekommen.

Die Bedeutung des Wals können wir auch dem Jona-Gleichnis aus den Prophetenbüchern des Alten Testamentes entnehmen: Jona hatte einem Auftrag Gottes nicht Folge geleistet, weil er sich fürchtete, und wurde deshalb ins Meer geschleudert. Ein Wal rettete ihn – aber drei Tage lang musste er in seinem dunklen Bauch verharren, bis der Wal ihn ans trockene Land spie. Danach konnte Jona den Auftrag, vor dem er sich so gefürchtet hatte, erfüllen.

Pottwale sind riesenhafte Geschöpfe, die bis zu 20 m lang werden können. Platz genug für einen Menschen – doch auch im Alten Testament ist die Jona-Geschichte als Gleichnis gedacht; die Dauer von drei Tagen weist auf einen symbolischen Inhalt hin. Die Zahl 3 enthält die drei Stufen, die wir zur Erkenntnis eines Wunsches bewältigen müssen. Sobald Fühlen und Denken auf der dritten Stufe zur Harmonie gelangen, erkennen wir den Wunsch, der uns zu unserer neuen Selbstverwirklichung lenkt. Jona erkennt, dass er den längst erkannten Auftrag nicht mehr verdrängen darf und dass er auf seine bisher gewohnte Sicherheit verzichten muss, wenn er sich treu bleiben will.

Die Delphine und ihre geheimnisvolle Nähe zu den Menschen

Delphine verbinden sich oft in großen Schwärmen zur Teamarbeit, wenn sie auf Jagd gehen. Wie alle Wale schnellen sie dabei immer wieder mit voller Kraft aus dem Wasser und scheinen fast zu fliegen. Sie jagen ihre Beutetiere mit der Treffsicherheit eines Raubvogels, der aus größter Höhe eine Maus erspäht. Mit ihrem hochentwickelten Sonarorgan empfangen sie Ultraschallbilder. Dieses so genannte »Echoortungssystem« befähigt die Delphine, sich ganz individuell auf andere Lebewesen einzustellen.

Delphine sind für mich die geheimnisvollsten Tiere dieser Erde. Ihr Name kommt aus dem Griechischen »Delphỹs« und bedeutet »Gebärmutter«. Der griechische Gott Apollo hatte sich in Delphingestalt ins Meer gestürzt, drängte dann in dieser Gestalt die Besatzung eines Schiffes zu ihrer Rettung an Land und gründete dort mit diesen Menschen die Orakelstätte Delphi. Orakel dienten dazu vorauszusagen, Ratlose zu beraten und weise Lehren zu verbreiten. Oft waren Orakel zweideutig wie Träume, deren Gleichnisaussage man erst verstehen lernen musste. Aber Gebärmutter? Welch seltsamer Name für ein Tier. Kommt dieses einst ins Meer zurückgekehrte Säugetier einem Orakel gleich? Wurde es als Schoß neuen Lebens verstanden?

Was wir wissen ist, dass Delphine sich nicht nur in allen Notlagen gegenseitig helfen und retten, sondern auch eine geheimnisvolle Nähe zum Menschen haben. In nahezu unfassbaren Berichten lesen wir über die Heilungskraft dieser Tiere. Behinderte Kinder und durch Unfälle verletzte Erwachsene empfingen von Delphinen entscheidende Impulse, die eigene Selbstheilungskraft zu aktivieren. Kirsten Kuhnert[29], Gründerin der Dolphis-aid e.V. schildert in Natur und Heilen die innige Beziehung zwischen Delphin und kranken Menschen. Mit außergewöhnlicher Sinneskraft, einem hochentwickelten Gehirn und einer differenzierten »Sprache« kommunizieren sie untereinander. Auch mit Menschen können sie in spielerischer Kreativität in Kontakt treten und dadurch seelische Blockaden in Kranken – besonders bei Kindern – öffnen, so als ob die Kraft zur Intuition sich zwischen beiden in gegenseitiger Zuneigung entwickelt. Was nur ist das Geheimnis der Intuition? Ist das eine innere Gewissheit, die keiner Reflexion bedarf? Eine Eingebung, doch woher?

Wozu ist ein solch intelligentes, liebendes und heiteres Tier wohl erschaffen worden? Soll es uns im Gleichnis zeigen, zu welch spielerischer Kreativität auch wir fähig sind, wenn wir frei von Ängsten und Aggressionen leben? Wenn wir unseren Wunsch nach emotionaler Freiheit nicht mehr verdrängen müssen, dann öffnet sich Delphŷs – der Schoß unserer schöpferischen Kraft – und gebiert kreative Wünsche, die unserem Leben eine neue Gestalt geben – weil wir angstfrei, heiter und liebend im Umgang mit uns selbst und anderen Menschen sind. Plinius der Ältere (24-79 n.Ch.) beschrieb Delphine als Wesen, die nicht nur Menschen freundlich gesinnt sind, sondern auch Musik lieben. Melodiöse Konzerte – besonders die Klänge der Wasserorgel – würden sie entzücken.

Heiterkeit ist ein Bewusstseinszustand. Heiterkeit braucht den Wunsch nach Heiterkeit. Sehen wir uns dazu noch einen weiteren Traum der Frau an, deren Schlange sich in eine Eidechse (s. Schlangenkapitel) verwandelt hatte. Nachdem ihr Mann gestorben war, wollte sie ihr Leben neu gestalten. Sie war lange Zeit durch dramatische Ängste ihres Mannes in ihrer Bewegungsfreiheit und Lebensfreude eingeengt gewesen. Jetzt suchte sie nach Orientierung, in welcher Weise sie weiterleben könnte. Da träumte sie:

1. *Ich stehe vor einer großen massiven Holzschublade, die viele Spiele beinhaltet.*
2. *Ich sage: »Ich wünsche ein Spiel mit Fischen.«*
3. *Dann sehe ich in der Mitte der Schublade, in der viele Spiele aufgestapelt sind, ein Spiel, auf dem zwei große Delphine abgebildet sind.*
4. *Der obere Delphin schwimmt von rechts nach links und der untere von links nach rechts. Alles ist blau getönt.*
5. *Ich freue mich sehr darüber, weil ich Delphine so liebe.*

1: Die Träumerin kommt in Kontakt mit ihrer spielerischen Freude am Leben, die lange Zeit für sie verloren schien.

2: Sie sagt sich: Ich möchte, dass sich meine Bedürfnisse wie Fische im Teich tummeln können und das Leben in mir wieder spielen lassen.

3: Da sieht sie ein Spiel mit zwei Delphinen – unter vielen anderen Möglichkeiten; zwei Sehnsüchte, die sich verwirklichen wollen.

4: Der eine Delphin kommt von rechts aus dem Bewusstseinsbereich, das ist der Wunsch nach Neugestaltung ihres Berufslebens als Ärztin. Und der andere von links aus dem Gefühlsbereich ist die Sehnsucht nach einem heiteren Lebensgefühl,

5: denn sie liebt Delphine so wegen ihres »sozialen Engagements« und ihrer heiteren Art und fühlt diese Eigenschaften auch in sich.

Ein weiterer Delphin-Traum half einer anderen Frau zur Zuversicht, dass sie in ihrer Not nicht allein gelassen wird. Ihr war vorgeworfen worden, mit dem Auto einen Radfahrer angefahren und dann Fahrerflucht begangen zu haben. Der Radfahrer war im Krankenhaus gestorben und die Frau wurde wegen fahrlässiger Tötung und Fahrerflucht angeklagt. Sie hatte die Tat nicht begangen, fürchtete aber, ihre Unschuld nicht beweisen zu können, obwohl ihr Anwalt einen Zeugen für ihre Unschuld hatte. Die Angst der Ausweglosigkeit überschwemmte sie:

1. *Ich bin im Garten und will die verblühten Heckenrosen etwas beschneiden.*
2. *Dabei verheddere ich mich in die Zweige und werde von den Dornen derart festgehalten und zerkratzt, dass ich mich nicht mehr befreien kann.*
3. *Meine Schwester will mich zwingen, eine dunkle Treppe nach oben zu gehen, aber ich weigere mich, denn ich habe Angst, was ich dort entdecken könnte.*
4. *Ich stehe am Meer und beobachte Delphine, die miteinander spielen. Es ist ein beruhigendes Bild.*

1: Die Rosen im Garten der Träumerin, ihre Liebe zu sich selbst, sind verblüht.

2: Sie hat sich im Dickicht der Zweige – in den verletzenden Dornen der Anklage – verfangen.

3: Die Schwester ist eine resolute Frau und dieser Anteil in der Träumerin bedrängt sie, sich mit den Fakten bewusster auseinanderzusetzen (Treppe). Doch sie verweigerte sich, denn eine alte Angst aus der Schulzeit schlug zu. Damals wurde einer ganzen Gruppe von Mädchen nicht geglaubt, sondern sie wurden der Lüge bezichtigt. Diese Erfahrung hatte sich in ihr eingenistet und löste in der akuten Situation die Panik aus.

4: Das beruhigende Spiel der Delphine, die liebevoll füreinander eintreten, forderte sie nun auf, der Hilfe durch den Anwalt und seinem Zeugen zu vertrauen. Und sie wurde freigesprochen.

Lassen wir abschließend die sieben Tiergruppen, deren Gleichnisaussagen wir jetzt kennen gelernt haben, noch einmal an uns vorüberziehen. Dabei machen wir die ganz erstaunliche Entdeckung, dass sie den Schritten der Zahlen 1 bis 7, die ich in der Theorie vorgestellt habe, zuzuordnen sind.

Rückblick zu den sieben Tiergruppen, die das Werden in der Kindheit und Jugend spiegeln:

1		Ein Kind möchte sein Bedürfnis befriedigen	**Fische**
2		Aber Widerstände verunsichern seinen Sprung ins Leben	**Amphibien**
3		Aus seinen Erfahrungen entfaltet jedes Kind eine individuelle Lust, Lebensraum zu erobern	**Echsen**
4		und verpanzert den Wunsch, der ihm zu viel Angst macht.	**Schildkröten**
5		Dabei entwickelt sich neben seinem Lebenstrieb ein Angsttrieb.	**Schlangen**
6		Und das führt entweder zu – unterdrückten Aggressionen, – destruktiven Aggressionen oder – konstruktiven Aggressionen.	**Krokodile**
7		Erwachsen geworden, sollten wir die verlorene Fährte zu unserer Identität wieder suchen gehen.	**Wale**

Betrachtungen

Zur Auseinandersetzung zwischen Naturwissenschaft, Philosophie und Religion

*Gott kann nicht nur gefühlt,
sondern muss auch gedacht werden dürfen*

(Traumtext)

Lieber Freund,

In allen Kapiteln dieses Buches habe ich dargestellt, wie die Natur die geistige Entwicklung des Menschen spiegelt und wie Träume die Natur als Metapher nutzen, um uns Frieden bewusst zu machen.

Darum frage ich Dich, sollte es die Weltidee sein, dass uns die Natur vorlebt, welchen Weg wir gehen müssen, um uns Leben immer bewusster machen zu können? Wenn die Natur der Spiegel für unseren geistigen Weg ist, dann brauchen wir die Liebe dazu, dies allen Menschen wieder nahe zu bringen. Du zögerst? Du meinst, die Menschen hören nicht tief genug hin? Sie hätten kein Vertrauen in eine Idee, die verlangt, dass wir die Wahrheiten in uns selbst finden müssen, indem wir mit aller Aufmerksamkeit die Widersprüche zwischen Fühlen und Denken auflösen? Eigentlich wissen wir doch, dass es nur dann Frieden zwischen den Menschen geben kann; Streit, der autoritär entschieden wird und nicht die Bedürfnisse der streitenden Parteien klärt, ist ein Zeugnis mangelnder Wahrhaftigkeit, da Macht, Überheblichkeit, Aggressivität, Habgier und ähnliches Verhalten siegen. Sie sind in Auseinandersetzungen lediglich Ausdruck von Unzufriedenheit – ohne Zufriedenheit zu stiften.

Dazu kommt mir dieses Gedicht von Rose Ausländer[5] in den Sinn:

> Doppelspiel
> Wir verwalten
> die Erde
>
> Verwandeln sie in
> Gärten
> Worte
> Scheiterhaufen
>
> Dieses Doppelspiel
> Blumenworte
> Kriegsgestammel.

Bei vielen Menschen spielen Scheinharmonien offenbar eine verführerische Rolle. Sie verdrängen ihre Sehnsucht nach der eigenen Wahrheit immer wieder und sättigen sich mit oberflächlichen Reizen. Solange, bis sie die Leere fühlen, die ihre Stimmungen verdunkeln.

Ich denke, wir brauchen das Zusammenwachsen aller kulturellen Bereiche. Dazu ist es meines Erachtens nötig, dass sich Religion, Philosophie, Literatur und die Naturwissenschaften – jeder auf seine Weise und doch gemeinsam – mit der Frage beschäftigen: »Was ist Leben?« Dann könnten wir wieder eine Kultur entwickeln, die der Frage nach dem Sinn des Lebens nachgeht und im Individuum das Vertrauen weckt, dass jeder Mensch seine eigene Freiheit finden und seine individuellen schöpferischen Kräfte zum Ausdruck bringen sollte. Der islamische Mystiker Dschalaladdin Rumi bringt die hierzu erforderliche Entschiedenheit zum Ausdruck, wenn er sagt:

> Im Innern dieser neuen Liebe
> stirb …
> werde Himmel.
> Richte die Axt wider die Gefängniswand.
> Entkomme.
> Tritt ins Freie, wie jemand,
> der plötzlich in Farbe geboren wird.

Herzlich

In den vorangegangenen Kapiteln habe ich mich mit der Gleichnissprache der Natur in Träumen auseinandergesetzt und immer wieder auch Beispiele aus der Dichtung herangezogen, die dem bildhaften Denken in Träumen nahe kommt. Zu diesem Denken träumte ich einmal:

> *Die Welt ist das Bilderbuch, in dem die Menschen lesen lernen können, um den Geist Gottes zu suchen.*

Um dieses »Lesen-Lernen« geht es mir, wenn ich nun noch einige Fragen und Antworten zum Weltverständnis aufgreifen möchte, die in Philosophie, Religion, Literatur und Naturwissenschaft diskutiert werden. Ich wende mich dazu ausdrücklich nur einzelnen Fragen und Antworten zu – denjenigen, die ich während meiner persönlichen Suche angetroffen habe und die ich in den Botschaften der Träume tiefer verstehen lernte.

Ich greife zuerst einige Auseinandersetzungen zwischen Naturwissenschaft und Religion auf, die zum Ausbruch eines merkwürdigen Krieges führten: Besonders in Amerika kämpfen evangelikale Gläubige um die wörtliche Auslegung der biblischen Schöpfungsgeschichte und beharren darauf, dass Gott die Erde in sechs Tagen erschaffen hat. Natürlich schütteln die Naturwissenschaftler nur den Kopf über soviel Ignoranz der evolutionären Entwicklung.

Ein Teil der Naturwissenschaftler aber fühlt sich berufen, die Idee des Göttlichen gleich mit ad absurdum zu führen. Sie führen uns mit ihrem Wissen fast bis zum Urknall zurück – immer von der Vorstellung begleitet, dass sie die Weltidee vom Gottesbegriff reinigen müssten. Sie begründen ihre Ansichten durch mathematische Feinabstimmungen und lassen uns diese Feinabstimmung bewundern, dabei unterdrücken sie aber jeden Gedanken, welchem Geist diese Präzision entsprungen sein könnte. Gesetzmäßigkeiten, die Menschen nur durch Nach-Denken erkennen können, müssten meines Erachtens jedoch logischerweise schon zuvor gedacht worden sein. Und zwar in Differenzierungen, die den menschlichen Geist unendlich übersteigen.

Sie sagen: »Am Anfang muss im Kosmos die Symmetrie geherrscht haben, die dann, als sie brüchig wurde, erst das Leben ausgelöst hat«. In dieses Werden ist der Mensch eingebunden, doch als ein durch Denken und Fühlen sich selbst reflektierendes Wesen. Der Motor seines Werdens ist ebenfalls die Brüchigkeit, denn wenn der Mensch in seinem Lebensgefühl die Symmetrie verliert, muss er sein Bewusstsein für die Gesetzmäßigkeit von Leben erweitern, um die Annäherung an die Symmetrie wieder herzustellen. Wo ist dazu eine Entsprechung in der Physik? Denkt die Physik selbst – oder ist sie gedacht worden?

Ich möchte hierzu die Gedanken von Hans Küng[30] aus seinem Buch ›Der Anfang aller Dinge‹ einbeziehen, die er sich über das Gleichnis zwischen dem Sonnenlicht und dem Geheimnis Gottes macht. Er berichtet darin, dass der Atomphysiker Niels Bohr für das Licht, das widersprüchliche Eigenschaften zu haben scheint, weil es sich manchmal als Welle und manchmal als Quantenteilchen zeigt, den Begriff »Komplementarität« eingeführt hat. Er sagt: »Beide gegensätzlichen Bilder braucht es, um das Geheimnis des Lichtes zu beschreiben.

Und solcher Komplementarität gegensätzlicher Begriffe braucht es auch, um das Geheimnis Gottes zu umschreiben.«

Dazu möchte ich fragen: Könnte nicht Geist und Materie ein sich gegenseitig bedingendes komplementäres Paar sein, das heißt, könnte die Materie nicht einen schöpferischen Geist offenbaren? Einen Geist, der das ganze Weltall bewegt und uns im Rahmen unserer Erde die Aufgabe stellt, selbst schöpferisch zu werden?

Der Naturwissenschaftler und Jesuitenpater Teilhard de Chardin versuchte schon in der Mitte des vorigen Jahrhunderts, Naturwissenschaft und Religion zur Übereinstimmung zu bringen, indem er sagte: »Es gibt in der Welt weder Geist noch Materie. Der Stoff des Universums ist Geist-Materie«. Und er fragte sich: »Steckt hinter der Evolution des Menschen ein geistiges Programm, ein Ziel? Erweitert sich das menschliche Bewusstsein zu höherer Intelligenz und Spiritualität?« und kam zu dem Schluss: »Die Menschheit ist auf etwas ausgerichtet, das größer ist als sie selbst«. Der Theologe Hans Küng[30] zitiert dazu Teilhard de Chardin:

»Ich glaube, dass die Welt eine Evolution ist.
Ich glaube, dass die Evolution auf den Geist hinstrebt.
Ich glaube, dass sich der Geist im Personalen vollendet.«

Das wird auch in den Träumen offenbar.

In diese Debatte brachte sich schon 1814 Gotthilf Heinrich von Schubert[31] ein: In seiner Schrift ›Symbolik des Traumes‹ bezeichnet er den Traum als einen Wegweiser zur verlorenen Sprache der Natur. Er sah die Traumbilder als Bilder einer göttlichen Offenbarung, die eine verborgene Logik des Unbewussten ausdrücken.

Und Albert Einstein zeigte den Weg, auf dem wir uns Schritt für Schritt der Beziehung zwischen Geist und Materie nähern können, als er sagte:

»Alles, was wirklich zählt, ist Intuition. Der intuitive Geist ist ein heiliges Geschenk und der rationale Geist sein treuer Diener. Wir haben eine Gesellschaft erschaffen, die den Diener ehrt und das Geschenk vergessen hat.«

Der Querdenker John Carew Eccles (1903-1997)[32], der für seine neurologischen Forschungen 1963 den Nobelpreis erhielt, wurde noch deutlicher:

»Da unsere erlebte Einmaligkeit mit materialistischen Lösungsvorschlägen nicht zu erklären ist, bin ich gezwungen, die Einzigartigkeit des Selbst oder der Seele auf eine übernatürliche spirituelle Schöpfung zurückzuführen ...«

und weiter stellt er fest, dass die biologische Evolution sich selbst transzendiert, indem sie mit dem menschlichen Gehirn die materielle Basis für selbstbewusste Wesen schafft, deren Natur es ist, nach Hoffnung zu streben und nach Sinn zu forschen auf der Suche nach Liebe, Wahrheit und Schönheit. Diese Gedanken hat John C. Eccles noch weiter entwickelt, als er sich zu der Vorstellung bekannte, dass wir einem immanenten Gott unser Dasein verdanken, einem Gott, der uns innewohnt.

Die Immanenz Gottes erfahren wir in den Träumen, indem sie uns in gedanklicher Strenge und sinnlicher Phantasie bewusst machen, wo wir uns unserem Werden noch versagen. Dazu geben sie uns Rätsel auf, die sich nur durch ein eigenes genaues Denken und Fühlen lösen lassen. Jeder Mensch ist offenbar als Individuum gedacht. Rilke wusste es, als er schrieb

> Gott spricht zu jedem nur, eh' er ihn macht,
> dann geht er schweigend mit ihm aus der Nacht.
> Aber die Worte, eh' jeder beginnt,
> diese wolkigen Worte sind:
>
> Von deinen Sinnen hinausgesandt,
> geh' bis an deiner Sehnsucht Rand;
> gieb mir Gewand.
>
> Laß Dir alles geschehen: Schönheit und Schrecken.
> Man muss nur gehen: Kein Gefühl ist das fernste.
> Laß dich von mir nicht trennen.
> Nah ist das Land,
> das sie das Leben nennen.
> Du wirst es erkennen,
> mit seinem Ernste.
> Gieb mir die Hand.

Unsere Welt ist zurzeit verstrickt in einem Teufelskreis von materiellen Hoffnungen und Niederlagen. Die Frage nach dem Sinn des Lebens, die viele vergangene Kulturen geprägt hat, treibt wie ein steuerloses Schiff im Meer. Sind wir inmitten eines Bebens, das jedem neuen Werden vorausgeht?

Vor über einem Jahrhundert – zwischen 1863 und 1875 – schrieb schon Friedrich Albert Lange[33], mein Urgroßvater, – Professor der Philosophie in Zürich und Marburg in seinem Werk ›Die Geschichte des Materialismus‹ folgende weitsichtige Gedanken dazu. Ich gebe sie ungekürzt wieder, weil in ihnen so gravierend zum Ausdruck kommt, wie lange lebenvortäuschende Entwicklungen dauern können:

»So steht der materialistische Streit unserer Tage vor uns als ein ernstes Zeichen der Zeit. Heute wieder, wie in der Periode vor Kant und der französischen Revolution, liegt eine ungemeine Erschlaffung des philosophischen Strebens, ein Zurücktreten der Ideen der Ausbreitung des Materialismus zugrunde. In solchen Zeiten wird das vergängliche Material, in dem unsere Vorfahren das Erhabene und Göttliche ausprägten, wie sie es eben zu erfassen vermochten, von den Flammen der Kritik verzehrt, gleich dem organischem Körper, der, wenn der Lebensfunke erlischt, dem allgemeinen Walten chemischer Kräfte verfällt und in seiner bisherigen Form zerstört wird. Allein wie im Kreislauf der Natur allem Zerfallen niederer Stoffe sich ein neues Leben hervorringt und Höheres in die Erscheinung tritt, wo das Alte vergeht: so dürfen wir erwarten, dass ein neuer Aufschwung der Idee die Menschheit um eine neue Stufe emporführen wird.

Inzwischen thun die auflösenden Kräfte nur ihre Schuldigkeit. Sie gehorchen dem unerbittlichen kategorischen Imperativ des Gedankens, dem Gewissen des Verstandes, welches wach gerufen wird, sobald in der Dichtung des Transcendenten der Buchstabe auffallen wird, weil der Geist ihn verlässt und nach neuen Formen ringt. Das allein aber kann endlich die Menschheit zu einem immerwährenden Frieden führen, wenn die unvergängliche Natur aller Dichtung in Kunst, Religion und Philosophie erkannt wird, und wenn aufgrund dieser Erkenntnis der Widerstreit zwischen Forschung und Dichtung für immer versöhnt wird. Dann findet sich auch eine wechselvolle Harmonie des Wahren, Guten und Schönen, statt jener starren Einheit, an welche unsere freien Gemeinden sich jetzt anklammern, indem sie die empirische Wahrheit allein zur Grundlage machen. Ob die Zukunft wieder hohe Dome baut oder ob sie sich mit lichten, heitern Hallen begnügen wird; ob Orgelschall und Glockenklang mit neuer Gewalt die Länder durchbrausen werden, oder ob Gymnastik und Musik im hellenischen Sinne zum Mittelpunkt der Bildung einer neuen Weltepoche sich erheben – auf keinen Fall wird das Vergangene ganz verloren sein und auf keinen Fall das Veraltete unverändert sich wieder erheben. In gewissem Sinne sind auch die Ideen der Religion unvergänglich. Wer will eine Messe von Palestrina widerlegen, oder wer will die Madonna Raphaels des Irrthums zeihen? Das Gloria in excelsis bleibt eine weltgeschichtliche Macht und wird schallen durch die Jahrhunderte, solange noch der Nerv eines Menschen unter dem Schauer des Erhabenen erzittern kann. Und jene einfachen Grundgedanken der Erlösung des vereinzelten Menschen durch die Hingabe des Eigenwillens an den Willen, der das Ganze lenkt; jene Bilder von Tod und Auferstehung, die das Ergreifendste und Höchste, was die Menschenbrust durchbebt, aussprechen, wo keine Prosa mehr fähig ist, die Fülle des Herzens mit kühlen Worten darzustellen; jene Lehren endlich, die uns befehlen, mit dem Hungrigen das Brod zu brechen und dem Armen die frohe Botschaft zu verkünden – sie werden nicht für immer schwinden, um einer Gesellschaft Platz zu machen, die ihr Ziel erreicht hat, wenn sie ihrem Verstand eine bessere Polizei verdankt und ihrem Scharfsinn die Befriedigung immer neuer Bedürfnisse durch immer neue Erfindungen.

Oft schon war eine Epoche des Materialismus nur die Stille vor dem Sturm, der aus unbekannten Klüften hervorbrechen und der Welt eine neue Gestalt geben sollte. Wir legen den Griffel der Kritik aus der Hand, in einem

Augenblick, in welchem die sociale Frage Europa bewegt; eine Frage, auf deren weitem Gebiet alle revolutionären Elemente der Wissenschaft, der Religion und der Politik ihren Kampfplatz für eine große Entscheidungsschlacht gefunden zu haben scheinen. Sei es, dass diese Schlacht ein unblutiger Kampf der Geister bleibt, sei es, dass sie einem Erdbeben gleich die Ruinen einer vergangenen Weltperiode donnernd in den Staub wirft und Millionen unter den Trümmern begräbt; gewiss wird die neue Zeit nicht siegen, es sei denn unter dem Banner einer grossen Idee, die den Egoismus hinwegfegt und menschliche Vollkommenheit in menschlicher Genossenschaft als neues Ziel an die Stelle der rastlosen Arbeit setzt, die allein den persönlichen Vortheil ins Auge fasst.

Wohl würde es die bevorstehenden Kämpfe mildern, wenn die Einsicht in die Natur menschlicher Entwicklung und geschichtlicher Processe sich der leitenden Geister allgemein bemächtigte, und die Hoffnung ist nicht aufzugeben, dass in ferner Zukunft die grössten Wandlungen sich vollziehen werden, ohne dass die Menschheit durch Brand und Blut befleckt wird. Wohl wäre es der schönste Lohn abmattender Geistesarbeit, wenn sie auch jetzt dazu beitragen könnte, dem Unabwendbaren unter Vermeidung furchtbarer Opfer eine leichte Bahn zu bereiten und die Schätze der Cultur unversehrt in die neue Epoche hinüberzuretten; allein die Aussicht dazu ist gering, und wir können uns nicht verhehlen, dass die blinde Leidenschaft der Parteien im Zunehmen ist, und dass der rücksichtslose Kampf der Interessen sich mehr und mehr vor dem Einfluss theoretischer Untersuchungen verschliesst. Immerhin wird unser Streben nicht ganz umsonst sein. Die Wahrheit, zu spät, kommt dennoch früh genug; denn die Menschheit stirbt noch nicht. Glückliche Naturen treffen den Augenblick; niemals aber hat der denkende Beobachter ein Recht zu schweigen, weil er weiss, dass ihn für jetzt nur wenige hören werden.«

Könnte eine rein naturwissenschaftliche Betrachtung des Lebens solche Visionen entwickeln? Ich denke nicht! Die Frage nach dem Sinn des Lebens und seiner geistigen Ordnung ist für uns Menschen unverzichtbar.

Vielleicht hat das geschüttelte Deutschland gegenwärtig eine Reifezeit zu bestehen, die die Menschen wieder bereiter macht, über das Leben tiefer nachzudenken, um zu einer neuen Spiritualität und Solidarität vorzudringen.

Ich träumte einmal:

Politische Wege und religiöse Gedanken gehören zusammen

Es muss einen Weg geben, der zeigt, wie diese Traumbotschaft Wirklichkeit für uns werden könnte. Spirituelle Gedanken brächten dann Erkenntnisse auf den Weg, für die der Staat nach realistischer Gestaltung sucht. Deutschlands große und kleine Akademien, die sich mit solchen Fragen auseinandersetzen, könnten auch Schrittmacher auf diesem Weg sein, um zu einem tieferen Weltverständnis zu gelangen.

> Die Welt ist nicht wahr,
> aber sie will durch
> den Menschen und die Wahrheit
> zur Heimkehr gelangen,
>
> (Ernst Bloch)

Zum Gleichnisdenken in der Schöpfungsgeschichte des Alten Testamentes (Genesis, Kap. 2-3)

Was ist Wahrheit? Was ist wahres Leben? Die Träume zeigten, wie der Mensch sich im Gegensatz zum Instinktverhalten der Tiere sein Leben selbst bewusst machen muss. Er hat zu klären, welche Bedürfnisse in seinem Lebenstrieb auftauchen, und sich dann mit diesen Bedürfnissen so intensiv zu befassen, bis sich aus den auftauchenden Widersprüchen der Wunsch herauskristallisiert, der ihm Befriedigung verspricht. Und in der darauffolgenden Lebensphase wird die Suche nach Erfüllung des Wunsches durch Erkennen und Tun solange befruchtet, bis der Wunsch Gestalt gewonnen hat.

Wie genau wir uns dazu am Fluss unserer Gefühle orientieren können, zeigen alle Träume.

Gefühle entstehen aufgrund von Reaktionen,
auf neue Gedanken und auf neue Gefühle.
Sie sind Antworten.
Es ist ein Dialog mit MIR.

Das sagte mir ein Traum und ein anderer ermahnte mich in der Folge:

Meine Erkenntnis in meinen Gefühlen und Gedanken
braucht das Handeln, das dazu stimmig ist.

Nur dann erfüllen wir das Christuswort: »Ich bin der Weg, die Wahrheit und das Leben«. Denn diesen Ausspruch können wir so verstehen:

Ich bin der Weg – was ist das? Das ist die Wahrheit – was ist das? –
Das ist das Leben.

Für fast alle unsere Ängste und Schutzhaltungen gibt es, wie wir sahen, ein Keimereignis in der Kindheit, bei dem unsere Flügel verletzt wurden. Diese Angst bleibt so lange als gefallener Engel in uns, bis wir uns aus der Verletzbarkeit wieder erlösen. Das ist der schwierige Weg der Wahrheit in jedem einzelnen Menschen.

Wie schwierig dieser Weg ist, zeigen uns verschiedene Aussagen in der Schöpfungsgeschichte des Alten Testamentes, Kapitel 2 und 3. Ich möchte auf einzelne Aussagen eingehen, die mich nachdenklich stimmten und die – gleich in welcher Übersetzung – offenbar in paradoxer Weise zum Nachdenken über die

Wahrheit von Leben herausfordern. Dazu nutze ich die Erkenntnis aus der Bildersprache, die ich durch die Traumarbeit gewonnen habe.

Natürlich war für mich in der Schöpfungsgeschichte das größte Ärgernis, dass Adam offenbar Privilegien genoss. Eva sollte sich in Sehnsucht nach ihm verzehren, obwohl er über sie Macht hatte. Im Text heißt es dazu:

> ... doch geht Dein Verlangen hin zu Deinem Manne, obschon er waltet über Dich. (Gen. 3/16)

Welche Frau hört das nicht mit Befremden? Zwiespältig schaute ich auf die unbeschreibliche Wirkung dieser Geschichte, die Gottes Wort sein sollte. Nicht weniger befremdlich wirkte das absurde Verbot, nicht wissen zu dürfen, was Gut und was Böse ist. Schließlich irritierte mich auch die Naivität, mit der die Welterschaffung beschrieben wurde. Und so habe ich mich aggressiv und neugierig, doch zugleich sehr behutsam, auf die Geschichte immer tiefer einlassen müssen, ungeachtet dessen, ob es rechtens ist, wenn ein theologischer Laie das tut. Schon auf halbem Wege wurde ich dann gewahr, dass die Schöpfungsgeschichte scheinbar etwas zu verbergen hatte. Ist sie eine Sphinx?

Ich fing an zu suchen. Mein Ariadnefaden in diesem Labyrinth blieb der Protest. Und so rückte ich vorerst all den Textstellen auf den Leib, die mich schockierten. Was ich dabei fand, ist nichts anderes, als das, was jeder findet, wenn er dort zu denken beginnt, wo das Denken verboten wird. Ich vertraute meinem Widerspruchsgeist, horchte auf das, was mich störte – nahm aber zugleich den Text sehr ernst. Nach und nach machte ich mir dabei bewusst, dass die Wahl der Gleichnisse, die Kunst, die Worte zu setzen, die Aussage vor dem Zugriff »Unmündiger« schützen soll. Das aber sind für mich diejenigen Menschen, die sich nicht zu zweifeln trauen und die sich nicht – so wie die Kirche es ja auch lehrt –, an der »felix culpa« der »glücklichen Schuld« begeistern dürfen. Denn der Zweifel im Menschen ist notwendig, um selbstständig denken zu lernen und sich nicht mehr hinter der allgemeinen Meinung zu verschanzen.

So schützt die Form der paradoxen Aussage einerseits den Inhalt vor dem Verlust, etwa zerredet zu werden und gibt zum anderen dem Einzelnen die Chance, sich diesen Inhalt durch eigene Erkenntnisse in einem eigenen Entscheidungsprozess einzuverleiben. Die Paradoxie – das Spiel mit dem Gegensatz – aber hilft nicht nur demjenigen, der selbstständig werden, sondern auch dem, der noch unselbstständig bleiben will. Denn die Naivität des Textes beschützt naive Menschen, um sie nicht durch den Inhalt zu überfordern und gibt ihnen die notwendige Geborgenheit so lange, bis sie reif dafür sind, selbst zu hinterfragen. Das ist der Schutz der Herde und dieser ist legitim, denn in der Herde sein ist ein Teil der menschlichen Entwicklung. Lamm und Löwe sind extreme Symbole von Christus und beide gehören zur Menschwerdung.

Wie mögen diese Texte wohl entstanden sein? Ich denke, dass sich Menschen darauf eingelassen haben, meditativ nach Innen zu hören, so, wie ich es von meinen nächtlichen Traumtexten her kenne.

Das größte Gleichnis der Schöpfungsgeschichte ist offenbar der Mensch, denn es heißt:

> Gott schuf den Menschen als sein Bild (Gen. 1/27)

Und da alles andere Leben auf Erden im Sinn des Alten Testamentes dazu geschaffen wurde, damit es den Menschen untertan werde, muss alles, was Lebensgeist in sich hat, in dem Gleichnis vom Menschen enthalten sein. Das stimmt auch mit den Forschungen zur Evolution überein. Denn so wie im Fisch biologisch schon der Vogel enthalten ist und in der Alge der Baum, so muss der Lebensgeist von Tieren und Pflanzen im Menschen enthalten sein, wenn der Mensch das Gleichnis Gottes und Gott der Inbegriff von Leben ist. Das größere Gleichnis muss das kleinere enthalten.

Die Schöpfungsgeschichte scheint eine geschlossene Gestalt zu sein und darauf hin zu zielen, den Lebensbaum zu bewachen. Und darum frage ich mich, welche Unschuld haben wir eigentlich damals verloren, als Eva und Adam in den Apfel bissen? Die Unschuld zu verlieren ist offenbar ein Phänomen, das zu unserer Entwicklung gehört. Denn wurde uns wirklich das Denken verboten, als Gott sprach:

> ... von allen Bäumen im Garten darfst du nach Belieben essen. Nur von dem Baume, der Gutes und Böses kennen lehrt, darfst du nicht essen. Denn sobald du von ihm issest, bist du des Todes. (Gen. 2/16,17)

Ich habe meine Gedanken dazu schon im Kapitel »Bäume« ausgebreitet und möchte sie hier nur noch ergänzen:

Am Anfang, so hören wir, war ein Verbot und das Verbot war bei Gott und besagte: »Du darfst nicht wissen, was Gut und was Böse ist.« Heute ist das Verbot »selbst erkennen zu wollen« zuweilen beim Staat, bei der Kirche oder bei den Eltern. Verbote vereinfachen den Umgang zwischen Menschen. Es gibt viele Institutionen, die uns gerne versichern, dass sie es besser wissen als wir selbst und wir verstärken sie in dieser Vorstellung, wenn wir von ihnen dafür »Verkehrssicherheit« garantiert bekommen.

Die Schlange hingegen gab Eva grünes Licht mit einem einzigen Gedanken:

> ... sobald ihr davon esset, gehen euch die Augen auf und ihr seid wie Gott, erkennend Gutes und Böses (Gen. 3/5)

Wie lange aber brauchen wir, bis wir die Verbote von Eltern, Gesellschaft und Kirche verdaut haben? Ist es so gefährlich? Es muss etwas mit der Unsicherheit zu tun haben, die Menschen widerfährt, die nach Veränderung streben. Denn das beunruhigt alle diejenigen, die nicht mehr wissen wollen als das, was ihnen

Sicherheit zu geben scheint. Aber es gab zu allen Zeiten Menschen, die das Risiko auf sich nahmen, auf die Geborgenheit, durch andere akzeptiert zu werden, zu verzichten. Und während die einen in ihren Vogelkäfigen lebten, als ob das Leben so sei – nicht erkennend, dass sie ihre Freiheit mit ihrer Buchstabentreue vergitterten, zerbrachen jene lieber die Gesetzestafeln der herrschenden Meinungen, Tabus und Verbote als »unschuldig« zu bleiben. Denn sie erkannten, was es heißt, nicht wirklich leben zu können.

Sicher gibt es eine Menge Gebote, Verbote, Tabus, die sozialen Schutz gewähren und gewähren sollen. Die Entscheidung aber, ob ich ein geschriebenes oder ungeschriebenes Gesetz akzeptieren darf, bringt einzig die Frage nach dem Leben in diesem Gesetz. Was Leben in mir verhindert, anstatt es zu bewirken, gegen das muss ich schuldig werden, um unschuldig im Sinne von Leben zu bleiben.

Was wir im Paradies über den Anfang zur Erkenntnis von Leben erfahren, ist die Feststellung

... und da gingen ihnen die Augen auf und sie erkannten, dass sie »nackt« waren. (Gen. 3/7)

Was erkannten sie eigentlich? Ich denke, beide nahmen offenbar ihre Verschiedenheit im Geschlecht wahr. Was aber beschämte Adam und Eva dabei in ihrer Hoffnung, wie Gott zu werden? Möglicherweise doch die Erkenntnis, dass jedem von beiden etwas fehlte, was der andere hat und somit keiner von beiden vollkommen ist. So mussten sie erkennen: »So, wie wir sind, können wir ja gar nicht wie Gott sein, denn wir sind beide von einander abhängig, um neues Leben zu zeugen. Gott aber ist der Schöpfer von Leben allein aus sich selbst heraus. Diese Sicht verstärkt offenbar der Text aus Genesis 1:

Und Gott schuf den Menschen als sein Bild.
Als Gottesbild schuf ER *ihn*. ER schuf *sie* als Mann und Weib. (Gen. 1/27)

Um an den Sinn heranzukommen, habe ich bei der Deutung den Wechsel von Singular und Plural zugrunde gelegt. Es gibt folglich »den« Menschen, der als Hermaphrodit gedacht ist. Doch um die Dynamik zwischen den weiblichen und den männlichen Lebenskräften zu erfahren, denke ich, musste sich der Mensch in Mann und Frau teilen lassen, damit er die Liebe zum Schöpferischen in der Beziehung zum anderen Menschen lernt.

Angelus Silesius wusste wohl um diese Bedeutung als er schrieb:

»Was sein kann zwischen Mensch und Mensch, das ist der Sprung dorthin.«

Die Formulierung, dass die Frau dem Manne untertan sein solle, verstehe ich daher im tieferen Sinn als Hinweis auf den Vollzug von Leben in jedem Menschen. Eine Frau, die neues Leben im Innern empfängt und ein Mann, der Leben von Innen nach Außen zeugt, beschreibt im Gleichnisdenken, dass die weibliche – das heißt die erkennende Kraft im Menschen – der männlichen – der handelnden Kraft – untertan sein soll. Denn Erkenntnisse, die nicht sichtbar in Handlungen umgesetzt werden, gehen verloren (s.o. »Elementare Lebensräume, Luft«, Abschnitt »Fliegendes Pferd«, S. 66).

Die biblische Anweisung wurde jedoch als Machtangebot verstanden und dadurch zum trojanischen Pferd der Menschheitsgeschichte schlechthin. Es hat aus seinem Bauch eine schier unerschöpfliche Legion von Kämpfern gegen die Freiheit geworfen: Frauen, die nicht selbstständig werden durften, und Männer, die der Macht anstatt der Liebe vertrauten. Und so lebten sie, wie das »Gesetz« es befahl.

Die Heilkraft des Paradoxen beruht auf der Verstärkung des Symptoms bis hin zur Absurdität und arbeitet damit, dass sich der Sinn erst im Gegensinn enthüllt. Offenbar hatte diese Paradoxie zum Ziel, vorerst die Angst des Menschen vor den anderen durch soziale Strukturen zu mindern; sie mindert sie jedoch nur vorübergehend. Sie schafft zwar einen Rettungsring aus Macht und Ohnmacht, aber sie verhindert Partnerschaft als freiheitliche Bindung so lange, bis der Unterdrückte oder der Unterdrücker den Mangel an Liebe und Freiheit bewusst empfindet und bereit ist, sich zu ändern. So erfüllt die Paradoxie ihre Aufgabe: Sie provoziert die Liebe und diese löst die Macht auf.

Wieder ist es Rainer Maria Rilke, der die Liebe als menschliche Beziehung in vollkommener Weise beschreiben konnte, denn er hat mit einem einzigen Gedanken das Paradies von hinten wieder aufgeschlossen, als er sagte

Lieben – das heißt, die Freiheit des anderen bewachen.

Darum ist einer der gefährlichen Gegner der Liebe die Fehlinterpretation des Christuswortes »Du sollst Deinen Nächsten lieben wie Dich selbst«, sobald daraus wurde »... mehr als Dich selbst«. Aus diesem Verlust, sich selbst nicht so lieben zu dürfen wie den anderen, entstand allein ein Meer von Tränen bei allen, die blind folgten. Sie kamen dem Verlangen der Kirchen nach Selbstlosigkeit bis zur Selbstaufgabe nach und vernichteten viel Leben in sich, weil sie die Liebe zu sich selbst nicht riskierten.

Werfen wir noch einen weiteren Blick ins Paradies. Wie eigenartig, dass dort zwei Bäume stehen: Der Baum der Erkenntnis von Gut und Böse und der Baum des Lebens. Der Baum der Erkenntnis ist offenbar die Voraussetzung dafür, an den Baum des Lebens heranzukommen. Denn Gott sprach:

... der Mensch ist jetzt wie unsereiner im Erkennen von Gut und Böse. Dass er nicht seine Hand ausstrecke und gar vom Lebensbaum esse und ewig lebe. (Gen. 3/22)

Die beiden Bäume sind vom Wesen her gleich. Das aber weist darauf hin, dass das Ziel auch der Weg ist. Und so haben wir in jedem Augenblick, in dem wir Gut und Böse für unser Leben entscheiden, bereits Anteil am Lebensbaum –

vorausgesetzt allerdings, dass die Frucht unserer Entscheidung auch schmeckt. Sonst sind wir nicht auf dem Weg zur Erkenntnis, denn es heißt:

> ... der Baum war köstlich zum Speisen und Wollust den Augen. Und berückend war der Baum, um zur Erkenntnis zu gelangen. (Gen. 3/6)

Wir sehen, um zur Erkenntnis zu kommen, müssen wir schuldig gegen Tabus werden, die Menschen in jeder Generation neu erfinden, um ihr Leben zu regeln. Doch um Geschmack am Leben zu finden, dürfen wir *nicht essen, was nicht schmeckt*. Die Liebe zur Wahrheit setzt Risikobereitschaft voraus. Zu solchem Risiko heißt es bei der Vertreibung aus dem Paradies:

> Gott verstieß den Menschen und lagerte östlich von Edens Garten Cherube und die zuckende Schwertflamme, um den Weg zum Lebensbaum zu bewachen. (Gen. 3/24)

Diese Schwertflamme brennt aber tief im Herzen der Menschen, weil sie sich für die Entscheidung zwischen Gut und Böse aus Liebe zum Leben in das Feuer ständiger Wandlung begeben müssen.

Denn, so zitierte ich schon im Schlangenkapitel (s.o. S. 284):

Lieben ist so leicht nicht;
der Mensch ist darin der, der sich ständig häuten muss.

Der »Sündenfall« in Franz Kafkas Prolog vor dem Gesetz

Keiner hat den Sinn des Verbotes so faszinierend geschildert wie Franz Kafka[34] in seinem »Prolog vor dem Gesetz«. Kafkas Torhüter behütet das Gesetz der Individuation mit der paradoxen Anweisung geradeso wie der Bibeltext. Er verwehrt einem Mann vom Land den Eintritt in das Gesetz des Lichtes, indem er sagt, dass er ihm den Eintritt jetzt nicht gewähren könne und fügt hinzu: »Wenn es dich so lockt, versuche aber, trotz meines Verbotes hineinzugehen. Merke aber, ich bin mächtig«. Der Mann wagte es bis ins hohe Alter nicht. Aber er fragte den Torhüter noch: »Alle streben doch nach dem Gesetz. Wieso kommt es, dass in den vielen Jahren niemand außer mir Einlass verlangt hat?« Da brüllte ihm der Türhüter in sein vergehendes Gehör: »Hier konnte niemand sonst Eintritt erhalten. Denn dieser Eingang war nur für dich bestimmt. Ich gehe jetzt und schließe ihn«.

Wo ist die Selbstkränkung des Menschen, das Risiko seines Lebens nicht eingegangen zu sein, je so ehrlich und bitter ausgesprochen worden?

Die befreiende Erkenntnis im Mythos von Parzival

Auch dieser Mythos beschäftigt sich intensiv mit der Frage, wie sich unsere Menschwerdung vollzieht. Die Geschichte beginnt mit Herzeloydes Wunsch, Parzival zu verschweigen, wie die Welt wirklich ist. Er soll »nicht wissen – damit er nicht etwa sterben müsse«. Um das zu erreichen, lässt sie ihn völlig naiv unter den Tieren des Waldes heranwachsen und umgibt Parzival mit einer Art Paradies aus Unwissenheit und heiler Welt. Sie belehrt ihn nicht, dass es Gut und Böse gibt. Die Nähe zur Geschichte des Sündenfalls ist unverkennbar.

Als Parzival dann schließlich aus eigener Kraft in die Welt hineinwill, gibt ihm Herzeloyde als Schutz unter anderem die Regel mit, jedem Menschen höflich zu begegnen. Der Mangel an Erfahrung von Gut und Böse und die Rüstung aus Anstandsregeln macht Parzival aber taub für Anfortas' Lebensproblem. Er wollte den kranken Anfortas erlösen, aber in seinem naiven Zustand war er nicht dazu in der Lage. Er musste erst durch eigenes Leid und Auseinandersetzungen gehen, bis er begriff, dass Leben nicht aus Regeln besteht, die ihm andere abfordern, sondern aus solchen, die von ihm selbst erkannt werden müssen.

Als er danach wieder vor Anfortas stand, war er imstande, die Zauberfrage zu finden, die er zur Erlösung brauchte, und die ihm niemand zuvor verraten durfte. So erkannte er Anfortas mit der Frage: »Was fehlt dir? Was wirret dich?« Und das ist die Frage nach dem, was dem anderen zum Leben fehlt. Damit schenkte er ihm die Liebe des Mitfühlens und Mitdenkens, um den Weg in die Selbsterlösung zu finden. Der Prozess, selbst erfahren zu müssen, was Leben ist, ist auch in Parzivals Namen symbolisiert, seine Übersetzung lautet: »Mitten hindurch gehen«. Und dieses »Mitten-hindurch-Gehen« heißt, sich selbst im Dialog mit dem Leben kennen und verwirklichen zu lernen. Nur auf diesem Weg konnte Parzival zum König seiner selbst – zum Gralskönig – werden.

Der Gandhi-Weg

Jede Religion stellt offenbar einen Aspekt besonders heraus. Das kommt in dem Traum einer Frau zum Ausdruck, die mit ansehen musste, wie Sparmaßnahmen des Staates ihr soziales Lebenswerk auszulöschen drohten. Tief verletzt, fühlte sie sich ihren Aggressionen ausgeliefert und konnte nur mühsam gegen sie ankämpfen.

> 1. *Ich schaue auf die große Christus-Statue über Rio de Janeiro und sehe, dass genau gegenüber dieser Statue – ebenfalls auf einem Berg – sich eine Buddha-Statue in den Himmel erhebt. Zwischen den beiden – die sich liebevoll anlächeln – ist ein großes Fischernetz aufgespannt, in dem ich meine verstorbenen Freunde entdecke; Kristin, Christian, Karl-Heinrich, Klaus und Alice. Sie fühlen sich wohl – wie in einer Hängematte.*

2. *Plötzlich nimmt Christus sein Herz aus der Brust, das wie ein großer roter Ball aussieht. Er wirft es Buddha zu. Dieser wirft es in eine riesige Menschenmenge, die sich unter den Statuen versammelt hat. Plötzlich kommt ein zweiter Ball dazu und nach kurzer Zeit ist über dem Platz und den Menschen ein Meer von bunten Bällen/Luftballons zu sehen.*

3. *Es ist ein großes Spiel: Die Menschen nehmen ihre Herzen aus der Brust, werfen sie wie bunte Bälle in die Luft – und jeder fängt gleichzeitig den Ball eines anderen – ein ihm bisher unbekanntes Herz. Wer sein Herz verschenkt hat, bekommt mit Sicherheit eines wieder – nur welches, ist unklar. Ich spiele mit und es ist ein großes Freudenfest.*

4. *In einem Viereck stehen sich Christus, Buddha, Gandhi und Mohammed gegenüber. Alle in langen weißen Gewändern; Gandhi, nur mit dem Tuch umhüllt, hat einen Wanderstab in der Hand.*

5. *Das Gesicht von Mohammed ist halb verdeckt, und in die Stille hinein sagt er: »Ich habe mein Gesicht verloren!«.*

6. *Christus und Buddha zeigen mit liebevollem Blick auf Gandhi und machen mir wiederum durch die Augen deutlich, dass es auf ihn ankommt; er ist im Moment der Wichtigste. Dann höre ich den Satz: »Don't stay. Go! Go! Go! Suche und bringe das Salz!«*

1: Es geht um die Bedürfnisse der Menschen. Zwischen Buddha, der die Überwindung allen Leidens lehrt, und Christus, der die Auferstehung aus der Kreuzigung durch die eigene Wahrheit gefunden hat, ist das Netz gespannt, in dem die Menschen Frieden finden.

2: Denn durch die Klärung ihrer Gefühle und Gedanken und der damit verbundenen Auflösung ihres Leidens können sich Menschen voller Leichtigkeit und Farbigkeit begegnen (bunte Bälle/Luftballons).

3: Und wenn sie sich dann gegenseitig ihre Herzenskraft schenken, dann wird das Leben zum Freudenfest, denn die Herzenskraft, die sie anderen zuwenden, kommt auf irgendeinem Weg zu ihnen zurück.

4: Um im Leben dem Wunsch nach Freiheit Gestalt geben zu können (das ist das Viereck) müssen wir unseren seelischen Bedürfnissen folgen, durch die das einst in uns gestorbene Leben auferstehen kann (Christus). Dazu aber müssen wir Leiden auflösen lernen (Buddha); uns Gottes Geist hingeben (Mohammed) und den gewaltlosen Widerstand erlernen (Gandhi).

5: Mohammed sagt, er habe sein Gesicht verloren, das heißt, er weiß, dass Verbitterung und Aggressionen weder zum Frieden noch in die Lebensfreude führen. Gandhi dagegen lehrte durch den Salzmarsch den gewaltlosen Widerstand und befreite Indien von der Fremdherrschaft.

Mit der Aufforderung »Don't stay – go, go go – suche und bringe das Salz« bekommt die Träumerin somit die Aufgabe, ihre Aggression schöpferisch zu bewältigen und die Idee des gewaltfreien Widerstandes zu entwickeln.

Ein Traumtext zeigt, wie sie diesen Weg findet:

Die Liebe ist die Exaktheit im Detail,
und dabei geht es um das Vertrauen in das Gesetz der harmonischen Welt.

Unser Land braucht Schmetterlinge

Solange der Tanz um das Goldene Kalb die Herzen verhärtet,
solange Macht die Wahrheit beugt,
solange die Diskussion über den Sinn des Lebens aus der Bildungspolitik ausgeschlossen bleibt.
solange Naturwissenschaft und Geisteswissenschaft nicht zusammenwachsen –

solange sterben alle Reformversuche den Kältetod, denn es geht um die Bewusstwerdung von Leben, um die Liebe zur Schöpfung. In der Chaostheorie der Physik heißt es, dass der Flügelschlag eines Schmetterlings ein Gewitter auslösen könnte – ich denke, unser Land braucht Schmetterlinge.

Dazu ein Traum:

1. *Ich befinde mich mit vielen Menschen in einem Raum, in dem Gottesdienst gefeiert wird. Wir sitzen hufeisenförmig zusammen, ich ganz hinten in der Mitte, vorne ist der Pfarrer.*

2. *Auf einmal geht der Pfarrer auf zwei Männer los, die in der Mitte der ersten Reihe sitzen – Schulter an Schulter – und fährt ganz brutal zwischen die beiden. Ich bekomme wahnsinnige Angst, es könnte zu noch größerer Brutalität kommen.*

3. *Ich werde aufgeregt und stehe entschlossen auf und sage: »Gewalt in der Kirche dulde ich nicht. Lasst mich raus.« Vor allen Menschen gehe ich durch die Reihe und verlasse den Raum.*

Sofort wache ich auf. Ich habe Herzklopfen. Dann schlafe ich wieder ein:

4. *Nun blicke ich zum Nachthimmel auf und sehe einen Haufen ungeordneter Sterne. Während ich noch hinsehe, ordnen sich die Sterne zum Bild eines Schmetterlings.*

Diesmal wache ich sehr glücklich auf.

Ich fragte die Träumerin:
» Was bedeutet für dich die Kirche?
« Sie ist mein Zuhause. In der Gemeinde werde ich wahrgenommen. Dort

kann ich mich einbringen. Ich war lange Zeit als evangelisches Kirchenmitglied Chorleiterin in der katholischen Kirche.

» Du freust dich, dort wahrgenommen zu werden. War das in deinem Leben nicht immer so?

« Nein, ich bin mit meinen beiden Geschwistern sehr verschüchtert aufgewachsen, aus Angst vor Gewalt und Unfrieden zwischen meinen Eltern.

» Was ging dem Traum voraus, auf das er Bezug nehmen könnte?

« Das war wohl der Erlass des Bischofs, mit dem er uns verbot, einen ökumenischen Gottesdienst am Sonntagvormittag zu halten. Viele Gemeindemitglieder waren voller Protest darüber, weil wir in einer schönen ökumenischen Gemeinschaft leben.

» Sehen wir einmal, ob der Traum darauf eine Antwort gibt: Du bist im Gottesdienst. Dort sitzen zwei Männer Schulter an Schulter und werden gewaltsam vom Pfarrer getrennt. Du bekommst Angst, dass sich daraus eine größere Brutalität entwickeln könnte.

« Ja, wenn die beiden Männer die evangelischen und katholischen Kirchenmitglieder versinnbildlichen – die eigentlich Schulter an Schulter stehen wollen –, dann ist das genau die Angst, die ich bei Gewalt fühle.

» Aber du musst deine Angst schon überwinden können, denn im dritten Bild trittst du ja sehr entschlossen auf und protestierst.

« Das stimmt.

» Erzähl ein Beispiel.

« Einmal hat mir ein katholischer Priester die Kommunion verweigern wollen. Ich bin dann gegen seinen Willen doch zur Kommunion gegangen; habe ihm fest dabei in die Augen geschaut und er hat nachgegeben.

» Wovor hast du diesmal Angst?

« Die Kirche ist mein Zuhause, und ich will mein Zuhause nicht verlieren.

» Es ist beeindruckend, wie klar du in dem Traum sagen kannst: »Gewalt in der Kirche dulde ich nicht«.
Was denkst du, meinen die Sterne im Traum?

« Sterne sind jeder eine Welt für sich. Im Sternenhaufen stehen die Sterne beieinander und haben eine gemeinsame Eigenbewegung, die sich zu einer Gestalt gruppiert.

» Ja, diese Sterngruppen gleichen Menschen, die sich abzugrenzen gelernt haben und doch mit dem anderen verbunden sind. Die Sterne zeigen dir im Traum dein Wunschbild: eigenständig zu bleiben und doch in der Gemeinschaft zu sein?

« Aber die Sterne sind im Traum anfangs ein ungeordneter Haufen.

» Doch sie ordnen sich – noch dazu zum Bild eines Schmetterlings.

« Was kann uns der Schmetterling für eine Botschaft bringen?

» Schmetterlinge gehören zu den farbigsten und zartesten Wesen der Natur. Schwerelos fliegen sie von Blüte zu Blüte. Sie leben vom Nektar, vom süßen Blütentau, der sich leicht in Energie umsetzen lässt und dabei bestäuben sie ihren Wirt. Aber am Anfang ihres Lebens schlüpfen sie als Larve aus einem Ei, werden zu gefräßigen Raupen und müssen sich im Laufe ihres Wachstums immer wieder häuten, um weiterfressen zu können.

Die Raupe aber ist das Stadium, in dem wir noch viele Erfahrungen von Leben in uns aufnehmen müssen, ohne schon ein Bild davon zu gewinnen, wie wir das entwickeln können, was wir uns im tiefsten Herzen wünschen.

« Dann ist das Puppenstadium die Zeit, in der wir das, was wir vom Leben dazu erfahren haben, verarbeiten.

» Ja, der Schmetterling ist der geistige Zustand der Freiheit, den wir uns durch die Mühe einer Metamorphose erwerben. Danach erst können wir wie der Schmetterling fliegen, um aus unseren Herzenswünschen den Honig zu holen, so wie der Schmetterling ihn aus den Blüten saugt.

Ich denke, du hast ein feines Empfinden für Wahrheit und Unwahrheit in deinem kirchlichen Zuhause, so dass du, um dir selbst treu zu bleiben, keine andere Wahl hast, als Farbe zu bekennen.

« Ich verstehe. Das verlangt von mir, mich mit meinen Gefühlen und Gedanken zu zeigen und die ängstliche Haltung aus der Kindheit immer wieder zu überwinden.

» So ist es! Das Bild verspricht aber, dass du in dieser Auseinandersetzung nicht alleine bleibst, sondern dass andere Kirchenmitglieder angeregt werden, um ihre ökumenische Gemeinsamkeit zu kämpfen, und so die ganze Gruppe zum Schmetterling wird. Eine schönere Botschaft konntest du nicht bekommen.

Die außergewöhnliche Bedeutung, die die Freiheit für den Menschen hat, zu der eigenen Wahrheit zu stehen, findet in allen Träumen ihren Niederschlag.

Verantwortlich für diese Lehre sollten eigentlich auch die Kirchen sein. Dazu träumte ich:

1. *Man geht in die Kirche.*

2. *Doch es ist keinem Menschen bewusst gemacht worden, wie er Gott finden kann.*

3. *Und dass er ihn nicht anders finden kann, als durch die Suche nach dem Glück.*

4. *Das Glück ist die Liebe.*

5. *Die Liebe aber ist das Schöpferische.*

Der Dialog zwischen Gott und Mensch

Träume fordern uns auf, das Leben zu entdecken – *aus dem Sichtbaren das Unsichtbare ableiten zu lernen.*

Träume sind Gewebe. Sie werden gewoben. Wir werden durch sie gewoben. Sie wollen uns mit der Wahrheit unseres Lebens bekleiden.

Träume senken Bilder in unsere Seele, die darum werben, von uns wahrgenommen zu werden:

Doch dazu muss im Herzen der Menschen erst noch eine Liebe entstehen, die sich mit sich selbst so tief auseinandersetzt,

Nur dann werden wir zu Fängern des Balls, den uns das Leben im Traum zuwirft.

Wir fragen und Gott antwortet uns auf der Suche nach Einklang mit uns selbst. Die Botschaften sind in bildhaften Darstellungen verschlüsselt, wir treten durch sie in den Dialog mit dem Leben, das sich in uns entwickeln möchte.

Wir sind der Schritt im Unbewussten und Gott antwortet, um in jedem Menschen eine Heimat für das Leben zu erschaffen. Dazu sagte mir ein Traum:

Du kannst es jetzt erkennen, dass die Wege der Liebe sehr schwer sein können und müssen, um Leben zu lieben.

Und in einem weiteren Traum:

Gott muss es leisten, aber der Mensch muss es auch leisten.

Doch wer ist Gott, wenn ER mit jedem Menschen in den Träumen persönlich spricht? Dazu bekam ich inmitten einer Nacht im halbwachen Zustand diese Botschaft:

Du bist du.
ICH bin ICH,
Du kannst es nicht verwechseln, da es mehr nicht gibt.
ICH bin dein Selbst.
ICH bin das Selbst von allen Menschen.
ICH bin das selbstgelebte, geliebte Leben.
ICH bin das ganze All.
ICH bin das Ganze.
ICH bin dein lebendiges Selbst.
ICH bin das, was du sein möchtest, aber noch nicht bist.
ICH weiß, dass ich dir oft weh tue, aber das geht nicht anders.
ICH will dir nicht das Leben schwer, ICH will es dir leichter machen.
Du sollst es dadurch lernen.

Die Botschaft setzte sich in einer anderen Nacht fort:

Es ist nicht mehr so schwer, wie es war. Du bist jetzt nicht mehr so taub und so ängstlich. Aber nur zuhören geht nicht. ICH fühle mich nicht in dich hinein, um dich zu füllen, sondern um dich anzulocken.

ICH will es dir nicht schwer machen, aber du hast dich noch nicht genug dem Leben geöffnet. Du musst dich mehr öffnen und dich trinken wollen.
ICH bin deine eigene Seele.
ICH bin deine eigene Lust.
ICH bin deine eigene Freude in dir.
ICH bin ICH und
du bist du.
ICH bin das Leben.
ICH bin der Tod.
ICH bin dein Gott in dir.
ICH bin dein Gott – ICH bin ein Gott in dir.
ICH bin Millionen und Billionen Götter.

Danksagung

Ich danke allen Freunden, die mich auf meiner Suche, auf dem Weg, dieses Buch zu gestalten, begleitet und herausgefordert haben - insbesondere Ulla Hahn, Gerd Heidenreich, Annelie Keil, Friedrich Wilhelm Schwartz, Uwe Tewes, Heide Nullmeyer und Frankie Wedekind.

Elke Brandmayer danke ich für die Geduld und Bereitschaft, bei der Entstehung des Buches unermüdlich mitzufühlen und mitzudenken.

Vor allem danke ich all den Menschen, die mir im Laufe der vielen Jahre ihre Träume anvertraut haben und so zum Werden dieser Traumarbeit beigetragen haben.

Anhang

Stichwortverzeichnis nach Sachgebieten

In diesem Verzeichnis werden Begriffe nur dann aufgeführt, wenn sie außerhalb des eigentlichen Themenkapitels vorkommen, sie sind hauptsächlich Träumen und weiterführenden Zusammenhängen entnommen.

Wasser

Brandung 43
Ebbe 130
Eis, gefrieren 45, 54, 168
Fluss 41, 50, 53, 164
Flut 40, 41, 50, 130
Fontäne 79
Fruchtwasser 214
Meer 42, 43, 44, 48, 49, 50, 70, 79, 197, 214, 227, 269, 317, 320
Pfütze 274
Quelle 90, 233
Regen 126, 146
Salzwasser 51, 209, 216
Schlamm 144, 241
Schnee 168, 233, 294
See 125, 126, 169, 224
Süßwasser 51, 216, 227
Stromschnellen 227
Überschwemmung 16, 135, 146
Wasser 39ff., 86, 100, 102, 109, 123, 133, 144, 146, 266, 294
Wellen 29, 50, 55, 169, 273
Wellenbrecher 43
Wolken 93, 126, 302, 338

Luft

Atem 58, 192
fliegen 59, 61, 131
Flügel 62, 66, 81
Himmel 66, 94, 270, 339
Kiemenatmung 47, 241
Luft 46, 47, 57ff., 144, 146, 287
Luftballon 61, 338
Luftblase 68, 70

Nebel 29, 44, 97
Schall 59, 243, 314
Sturm 55
Wind 41, 59, 60, 62, 107, 210

Erde

Beerdigung 95, 192
Berg 79, 82, 93, 99, 126, 189, 233, 269
Beton 34, 80, 97
Blei 111ff.
Edelstein 117ff.
Edelstein, unecht 81
Eisen 88, 102ff., 144, 189
Erdbeben 79, 93
Erde 16, 75ff., 224
Erde öffnen 78
Erdmagnetismus 77, 102
Erdschacht 90
Fels 47, 50, 82, 84, 204, 252, 277, 294
Friedhof 89ff., 92, 93, 95, 166
Gebirge s. Berg
Gipfel 99
Gold 110ff., 154, 156, 188, 203, 228, 242, 298
Grab s. Friedhof
Graben s. Schlucht
Hang 95ff., 203, 261, 274
Höhle 99, 233
Insel 289
Kies, Kieselstein 50, 164, 202
Klärschlamm 86,
Klippen 49
Krater 129
Kupfer 107ff.
Lava 79
Lehm 87

Marmor 97
Metall 102ff., 109
Norden 44, 77, 102, 124
Osten 44, 77, 126
Ost-West 77
pflügen 119
Pole 77, 78
Rubin 118, 168, 298
Salz 302, 338
Saphir 118
Schlamm 114
Schlucht 96, 99
Silber 110ff., 203
Smaragd 118
Stahl 102
Stein 77, 79ff., 149, 170, 230, 233, 243, 261, 267, 285
Steinmetzarbeit 85
Steinlawine 93
Steppe 291
Strand 103, 273
Süden 44, 77, 102, 187
Tonerde 86ff.
Vulkan 79, 289
Westen 44, 126
Wüste 162, 165, 282, 291

Sonne–Feuer, Mond–Sterne

Abendsonne 196
Blitz 69
Flamme 82, 277
Licht 23, 53, 59, 66, 108, 114, 157, 236, 336
Lichtquanten, Lichttrichter 134, 152
Meteor 129
Mond 29, 129ff., 247
Regenbogen 72, 126, 127, 153

Schatten, verschattet 123, 129, 134ff., 304
Schattensonne 135
Schwertflamme 185, 336
Sonne 29, 44, 108, 121ff., 169, 187, 191, 210, 253, 266, 270, 274
Sonnenenergie 158
Sonnenlauf 77
Sterne 339

Farben

Blau 59, 70, 143, 152, 220, 229, 257, 261, 274, 286, 307, 319
bunt 282, 338
Farben 70, 143ff., 257, 298
Farblos 160, 203
Fuchsrot 145
Gelb 30, 53, 143, 152, 172, 192, 274, 293
Grau 131, 277, 282, 294
Grün 51, 87, 98, 125, 143, 152, 158, 172, 192, 257, 274, 294, 296, 306
Ocker 87
Orange 152, 294
Rosa 64, 145, 167, 25
Rot 30, 64, 87, 93, 94, 108, 125, 129, 143ff., 172, 176, 189, 196, 223, 277, 290, 308
Schwarz 93, 116, 131, 166, 190, 231, 233, 282, 283, 284, 290, 294,
Schwarzrot 144
silbern 130, 131, 197, 262
Türkis 153, 243, 244, 299
Violett 152
Weiß 98, 163, 164, 196, 274, 290, 338,
Ziegelrot 144, 151

Pflanzen

Apfel 183, 185, 187, 297, 333
Baum 15, 163, 179ff., 268, 333

Baumstämme 197
Baumwipfel 241, 252
Bernstein 197
Blüte 162, 164, 175, 185, 208, 310, 341
Blume 77, 160ff., 260, 298
Bovist 204
Brombeere 193
Dinkel 173
Dschungel 100
Fichte 188, 190
Föhre 261
Früchte 79, 148, 171ff., 185, 188, 208, 229
Garten 158, 187, 259
Getreide 173
Halimasch 203
Harz 197
Holz 167, 231
Honigklee 162
Kakteen 127, 162
Kartoffel 171
Kiefernnadeln 261
Kirschbaum 130
Lotusblume 130
Lupinen 172
Mango 187
Möhren 148
Mycel 202, 204
Nektar 341
Paprikaschote 172
Pfingstrose 147
Pflanzen 60, 108, 155ff., 160
Pflanzenrohr 223
Pilze 201ff.
Rose 30, 34, 149, 151, 164ff., 284, 320
Rose von Jericho 165
Rosenstrauch 284
Samen 60, 157, 161
Spelzen 173,
Sternblüte 98
Stiefmütterchen 162
Symbiose 202
Weide 50, 92, 192
Wein 45, 145, 156, 173ff., 276
Weizen 173
Wiese, Gras 66, 96, 169, 262, 294

Biologie, Chemie, Physik

Antibiotikum 202
Chlorophyll 108
Dipol-Spannung 158
Droge 89, 203
Echoortungssystem 318
Elektron 111, 123
Evolution 213, 214, 226, 240, 252, 327
Glukose 159, 202, 207
Gravitationskraft 130
Halluzinogen 202
Helium 123, 125, 207
Hämoglobin 108
Kohlendioxid 60, 159, 207
Kohlenstoff 60, 167, 207
Komplementarität 326
Licht (Quanten, Wellen) 316
Metamorphose 168
Neutron 123ff.
Periodensystem 125
Physik 226
Photosynthese 158
Protonen 123ff.
Sauerstoff. 47, 60, 62, 108, 220, 228, 266, 314
Stärke 159, 207
Stickstoff 60, 172
Stoffwechsel 60, 144
Symbiose 202
Wassermolekül 158
Wasserspaltung 159
Wasserstoff 108, 123, 207
Zucker s. Glukose

Tiere

Adler 182, 199
Affen 277
Ameise 15, 97, 189
Amsel 268
Aquarium 243
Balzen 257
Biene 268
Blauwal 314
Blauzungenskink 257
Blindschleiche 252, 256
Blut 154, 226, 255

Blutfarbstoff 257
Bruträuber 227
Buntspecht 196
Chamäleon 185, 256
Darm 255
Delphin 318ff.
Duftstoffe 287
Ei 266, 288, 304
Eichhörnchen 182
Echse 251ff., 282
Eidechse 283, 284
Elefant 101, 108, 189
Elfenbein 99
Ente 109
Erdnest 266
Esel 185, 268
Falke 292
Fasan 294
Federn 81, 261, 294
Fell 184
Fisch 47, 54, 71, 125, 175, 195, 213, 220, 224, 225ff., 319, 333
Fische, fliegend 228
Flamingo 64
Fliege 146, 223
Flügel, flügellos 66, 81, 164, 339
Flugdrache 255
Forelle 227
Frosch 13, 239ff., 286, 309
Froschperspektive 242
Fuchs 77, 91, 145, 213
Fußkissen 254
Gans 34, 110
Gecko 254, 259
Gift 248, 286, 290, 291
Gliedmaßen 252
Goldfisch 228
Greifvögel 64, 337
Grillen 268
Hai 228, 236
Hase 173
Haut, häuten 219, 241, 282, 284, 341
Hemipenis 258, 288
Herde 33, 136, 213, 332
Hirsch 182
Hummer 271
Huhn 119

Hund 34, 77, 78, 91, 187, 230, 259, 287
Igel 185, 247
Insekten 100, 143, 146, 196, 223, 260
Jakobsonsches Organ 256
Kamel 162
Katze 69, 77, 103, 127, 149, 194, 268, 287
Kaulquappe 221
Kaviar 233
Kiemenatmung 47, 220, 234, 241
Kobra 135, 286, 291
Königskobra 288
Kopulation 219, 288
Krabben 215ff.
Kröte 248ff., 286
Krötenechse 255
Krötenfliegen 248
Krokodil 271, 301ff.
Kuh 83, 84, 138
Lachs 227
Laich 227, 248
Lamm 213, 332
Larven 220, 297, 341
Leguan 252, 255, 257
Löwe 53, 78, 213ff., 332
Lungentaschen 228
Lurche 248
Made 283
Makrele 125
Maus 77, 185, 286, 291
Mensch-Fisch-Wesen 70
Metamorphose 69, 168, 267, 341
Milch 82
Mistkäfer 137
Molche 240, 262
Mücke 146, 147, 223
Muschel 46, 70, 98, 243
nachtaktiv 266
Nahrungskette 220
Nilkrokodil 304
Nilpferd 247
Nordseekrabbe 224
Paarung 288
Panzer 266, 267
Panzergürtelschweif 256
Panther 294
Perlen 46ff., 70

Pfau 261
Pferd 66, 119, 131, 268, 278, 316
Piranhas 228, 235
Plattfisch 231
Pottwal 317
Python 288
Rabe 246
Raupe 341
Reh 185
Revolvergebiss 235
Rogen 234
Rosenkäfer 168
Salamander 240
Saurier 61
Schafe 185
Schildkröte 243, 248, 265ff., 282
Schlange 30, 93, 135, 182, 183, 248, 249, 269, 276, 281ff., 333
– Schlange gefiedert 297
– Regenbogenschlange 290
– Schlangengrube 290
Schmetterling 69, 115, 339
Schuppenhaut 230, 252, 260
Schwalben 63
Schwanz 254
Schwimmkrabbe 219
Sinnesknospen 30
Skarabäus 137, 168
Skink 254
Spinne 115, 223
Stier 231
Stör 234
Strandkrabben 219
Süßwasser- und Landkrabbe 218
tagaktiv 266
Taschenkrebs 218, 219
Tausendfüssler 130
Tier 77, 81, 99, 160, 211ff., 214, 216, 261
Tiger 69,
Ungeziefer 227
Viereckkrabbe 223
Vogel 29, 61ff., 146, 175, 196, 247, 248, 299, 307, 333

347

Wal 228, 313ff.
Walkalb 315
Waran 256
wechselwarme Tiere 240, 285
Wespe 268
Widder 229, 296
Wiederkäuer 168
Wiesel 244
Wildgans 110
Wildschwein 247
Winkerkrabbe 219
Winterschlaf 253
Wollkrabbe 217
Zehnfußkrebse 216
Zunge 241, 256, 257, 287

Religion, Mythen und Märchen

Aborigines (Australien) 209
Adam (AT) 58, 183, 282, 332
Äskulapstab (griech.) 287
Allah (Islam) 45, 153
Altes Testament (AT) 41, 86, 123, 153, 182, 317, 331
Apollo (griech.) 318
Apophisschlange (ägypt.) 282
Asklepios (griech.) 287
Auferstehungsblume (hebräisch) 165
Baum der Erkenntnis (AT) 19, 51, 182, 189, 258, 335
Baummythe (nord.) 181
Brahma (ind.) 269
Buddha (ind.) 337
Chepre (ägypt.) 137, 168
Dämonen 269
David (AT) 165
Delphi (griech.) 318
Doppelschlange (Alt-Peru, Sumer) 288
Dornröschen (Gebr. Grimm) 135
Drache 58, 182, 283, 288
Engel 173, 331

Erbsünde-Sündenfall (AT) 84, 258
Eva (AT) 183, 258, 282, 332
Falkengott Horus (ägypt.) 136
Froschkönig (Gebr. Grimm) 242
Gegenhimmel (Unterwelt) 135
Goldmythos (Inka) 113
Gott des Chaos Seth (ägypt.) 13, 135, 240, 304
Gottesdienst 293, 339
Gralskönig (kelt.) 337
Himmel und Erde als Ehepaar (versch. Kult.) 95
Immanenz Gottes 328
Isis (ägypt.) 136
Jesus Christus 82, 112, 331, 332, 337
Jona (AT) 317
Judas (NT) 112
Kirche 166, 341
Kobra (ägypt.) 135
Königreich 291
Kreuz 43, 90, 306, 316
Krokodilsgott Sobek, (ägypt.) 137, 304
Krokodil Stinkgesicht (ägyp.) 304
Kuh (ägypt.) 84, 137
Lebensbaum (AT) 182, 333, 335
Lotusblüte (ägypt.) 130
Milchmeer (ind.) 269
Mohammed (Islam) 338
Mythologie (allgem.) 68, 135, 148, 209, 268, 271, 289
Mythos der Sonne (ägypt.) 135ff.
Nachtfahrt der Sonne (ägypt.) 305
Neues Testament (NT) 73, 118, 174
Osiris (ägypt.) 136
Osterhasen 174
Paradies (AT) 336
Parzival (kelt.) 337

Pegasus (griech.) 67
Petrus (NT) 82
Pilzwuchs-Palast (China) 203
Regenbogenschlange (Australien) 209
Schlange (ind.) 286
Schlangenstein (ägypt.) 81
Schildkrötenmythe (ind.) 268
Schildkröte (ägypt.) 270
Schneewittchen 95
Schöpfungsgeschichte AT 58, 282
Schöpfungsmythe (babyl.) 86
Schöpfung spirituell 327
Seth s. Gott des Chaos
Shiva (ind.) 286
Sobek s. Krokodilsgott
Sonnengott Re (ägypt.) 130, 135, 270, 282, 286
Sphinx (ägypt.) 53
Totenbuch (ägypt.) 63, 270
Tausend (ägypt.) 130
Uräusschlange (ägypt.) 135, 282, 286
Uroborus 289
Vishnu (ind.) 269
Webegöttin 68, 164
Weihnachten 94, 291
Weihnachts-/Christbaum 188, 190
Weltenberg (ind.) 269
Weltenschlange (ind.) 269
Widdergott Chnum (ägypt.) 86, 135

Körper

Arm 43, 109
Arterienblut 144
Augen 47
Bauch 105
Bein 259
Blut 64, 108, 126, 144, 170, 175
Embryo 169, 214
Fruchtwasser 214
Fuß 133, 221, 274
Gehörgang 223

Haut, häuten 106, 284, 336
Herz 78, 114, 115, 126, 161, 338
Herz-Chakra 106
Kopf 43, 104, 194
Leib 144
lebendig 85
links 59, 61, 66, 87, 113, 231, 294, 319
Lippen 148
Mund 310
nackt 184, 232, 274, 334
rechts 61, 87, 113, 231, 294, 319
Rücken 260
Schoß 43
schwanger 305
Sexualität 35, 66, 150, 219
Skelett 235
sterben 16
Stoffwechsel 60, 144
Torso 44
Tod 24, 89, 94
tot und lebendig 85
Tränen 46, 335
Übergewicht 277
Venenblut 144
Verdauungssystem 43, 83
zeugen und empfangen 66, 183, 258, 288

Personen und Berufe

Baby 15, 162
Braut 35
Ehepaar 66
Feind 291
Fischer 71
Frau/weiblich 35, 66, 124, 150, 184, 204, 335
Fremder 291
Gärtner 161, 169
Gandhi 338
Goldschmied 118
Herrscher 291
Kind 36, 48, 71, 277
Krieger 44
Liebespaar 68
Mann/männlich 35, 66, 124, 150, 184, 204, 335

Mensch-Fische-Wesen 70
Musiker 86
Nonne 188
Pfarrer 339
Reiter 66, 119, 231
Skifahrer 277
Steinmetz 85
Untergrundkämpfer 42
Wickelkind 47

Gebäude

Bauplatz 97
Bausteine 79
Brücke 94, 115, 145
Büro 274
Dach 98, 113, 144, 175, 231
Elternhaus 55, 112, 195, 308
Ferienhaus 261
Fenster 147, 247, 309, 316
Friedhofsmauer 259
Gewölbe 105
Gitter 87, 277
Haus 84, 85, 127, 144, 274
Holzdecke 236
Holzhütte 166
Jagdhütte 309
Kaufhaus 315
Keller 103, 104, 262, 315
Kerker, Verlies 87
Kirche 339, 341
Kirchturmspitze 291
Mauer 62, 127, 169
Plattenbau 220
Röhre 306
Schindeln 113
Schlafzimmer 298
Stadt und Stadttor 87, 316
Stahlgerüst 316
Tempel 22, 53
Totenkammer 90
Terrasse 197, 260, 274
Toilette 274,
Treppe 116, 187, 320
Tunnel 97
Turm 169, 196
Wohnung 298
Ziegel 86, 144

Fahrzeuge

Auto 34, 50, 96, 223, 245, 259
Boot und Kahn 53, 55, 107, 133, 231, 236
Bus 147, 232
Fahrrad 87
Flugzeug 149
Hubschrauber 172
Kriegsschiff 49
Lastwagen 305
Traktor 96
Zug 108, 221, 316

Gegenstände

Angelrute 71
Anker 175
Ankerkette 70
Bett, Bettdecke 13, 24, 221, 259, 283
Fischernetz 230, 337
Glocke 88
Hammer 243
Holzbrett 262
Holzschublade 319
Kanone 195
Kompass 44, 77
Kopierapparat 258
Lampe 190
Leiter 62
Maschine 310
Ohrgehänge 305
Puppe 87
Ring 149, 203, 283, 298
Sarg 195
Schwert 102
Telefon 148
Webstuhl 68, 306
Weinglas 272

Kleidung, Stoffe

Gewand 338
Gewebe 342
Herrenanzug 316
Kette und Schuss 306
Kleid 66, 93, 103, 164, 203
Segel 107

349

Weben 68, 164
Überzug 306

Zahlen und Geometrie

Eins 148
Eineinhalb 114, 204
Eins bis Vier 85, 232, 297
Eins bis Fünf 32, 98
Eins bis Sieben 320
Eins bis Zwölf 31 ff.
Zwei 78, 93, 197, 259, 291, 308
Zwei x Zwei 243
Zweieinhalb 230
Zwei bis Drei 293
Drei 106, 160, 165, 205, 232, 243, 317
Vier 124, 163, 228, 243
Fünf 33, 114, 164, 208, 241, 243
Sechs 154
Sieben 32, 154, 213, 314
Acht 32, 297
Zehn 216, 276
Elf 32, 315
Zwölf 32, 104
Dreizehn 134
Dreißig 111, 112, 314
Vierzig 262, 283
365 116
Tausend 130
Millionen, Billionen 343
Dreieck 208, 217
Kreis, rund 208, 217
Quadrat, Viereck 109, 111, 176, 197, 208, 291, 338
Pentagramm 208
Hexagramm 208
Oktogramm 208

Basiskräfte zur Auseinandersetzung mit dem Leben

Lebenstrieb 81, 94, 135, 182, 249, 277, 281 ff., 321
Aggression, Gewalt 34, 48, 50, 53, 80, 100, 236, 241, 253, 256, 302, 303, 339
Fühlen und Denken – Zwei-Wege-Erkenntnis 25, 67, 113, 119, 152, 253, 317
Erkennen und Tun 35, 43, 66, 124, 150, 184, 285
Freiheit und Schöpfungsdrang 124, 135, 197, 205, 258, 262, 288, 299
Harmoniesuche 20, 23, 24, 28, 31, 67, 72, 73, 121, 141 ff., 172, 174, 239, 257, 324, 339
Vom Wesen der Liebe 21, 25, 55, 72, 73, 89, 94, 98, 114, 120, 128, 133, 142, 145, 160, 161, 165, 227, 303, 336, 339, 341, 342, 343

Literatur

a) zitierte Literatur

1. Grön, Ortrud: Fenstersprung in die Wahrheit. In: Zeitschrift für Sozialpsychiatrie, Literatur, Kunst, Band 12/1996. Sinn und Wahn – Berichte aus dem Hinterland der Augen; Brückenschlag, Verlag Paranus Neumünster, Seite 13
2. Carsten, Catarina: Meine Hoffnung hat Niederlagen – Gedichte. Otto Müller Verlag Salzburg 1989, Seite 16
3. Humberto R. Maturana, Francisco J. Varela: Der Baum der Erkenntnis – die biologischen Wurzeln menschlichen Erkennens. Scherz Verlag, Bern/München 1987, Seite 35
4. Dohnanyi von, Klaus: unveröffentlichtes Gedicht, Seite 58
5. Ausländer, Rose: Gesammelte Gedichte – Hrsg.: H.E. Käufer, B. Mosblech. Literarischer Verlag Helmut Braun KG; Köln 1977, Seiten 60, 134, 154, 237, 324
6. Atkins, P.W.: Im Reich der Elemente. Spektrum Heidelberg/Berlin, 2000, Seite 60
7. Biertümpfel, Waltraud: unveröffentlichtes Haiku, Bremen 2004, Seite 62
8. Faryad Fazil, Omar: Das Leuchten aus der Stimme – Moderne kurdische Lyrik / Rosnayi La Dangawa. Berlin: Kurdische Studien, 1988, Seite 65
9. Franz, Marie Louise: Schöpfungsmythen. Kösel Verlag München 1990, Seite 72
10. Atabay, Cyrus: Schutzfarben – Liebesgedichte von Hafis und Cyrus Atabay. Inselverlag, Frankfurt 2004, Seite 92
11. Hahn, Ulla: Liebesgedichte. DVA, Stuttgart 1993, Seite 128
12. Arp, Hans, Gesammelte Gedichte III. Gedichte 1957-1966. Hg. v. Aimée Bleikasten ©1984 by Arche Literatur Verlag AG, Zürich-Hamburg, Seite 129
13. von der Vring, Georg: Die Gedichte; Gesamtausgabe. ©1989, 1996 Langewiesche-Brandt, Ebenhausen bei München, Seite 151
14. Küppers, Harald: Das Grundgesetz der Farbenlehre. DuMont Buchverlag, Köln 1978, Seite 151
15. Rohrbacher, Hubert: Einführung in die Psychologie. Urban und Schwarzenberg, Wien-Innsbruck 1963, Seite 151
16. Roth, Eugen: »Als sich die Rose erhob, die Bürde ihres Blühens und Duftens zu tragen«, Seite 167
17. Kästner, Erich: in Hagstedt, Lutz; Mann, Dieter; Sander Otto: Die Lieblingsgedichte der Deutschen. Artemis und Winkler, Düsseldorf 2001, Seite 177
18. Carsten, Catarina: Zwischen Rose, Chimäre und Stern. Edition Doppelpunkt, Wien 1996, Seite 184
19. Hesse, Hermann: Bäume. Insel-Tb 455, Frankfurt 1984, Seite 188
20. Heinrichs, Siegfried: Traum eines Gefangenen. ©Oberbaum Verlag GbR, Berlin 2006, Seite 192
21. Kästner, Erhart: Ölberge – Weinberge. Insel-Tb, ©Suhrkamp Verlag GmbH & Co. KG, Frankfurt 1974, Seite 210
22. Hagelstange, R.: Fabeln des Aesop. Ravensburger Verlagsanstalt, Ravensburg, Seite 213
23. Urania Tierreich, Die große farbige Enzyklopädie in zwölf Bänden. Leipzig, Jena, Jena, Berlin 1992, Seite 216
24. Attenborough David: Das Leben auf unserer Erde. Verlag Paul Parey, Münster 1979, Seite 226
25. Zimmer, Heinrich: Mythen und Symbole der indischen Kunst und Kultur. Rascher Verlag Zürich, 1951, Seite 268

26. Greene, Harry W.; Fogden Michael & Patricia: Schlangen – Faszination einer unbekannten Welt. Birkhäuser Verlag Basel 1997, Seite 295
27. Dröscher, Vitus B.: Ein Krokodil zum Frühstück. Ullstein, Frankfurt 1996
28. Williams, Heathcote: Kontinent der Wale. 2001 Verlag 1988, Seite 314
29. Kuhnert, Kirsten: Dolphin Aid. In: Natur + Heilen Nr. 7/2004 München 2004, Seite 318
30. Küng, Hans: Der Anfang aller Dinge. Piper Verlag München 2005, Seite 326ff.
31. Benedetti, Gaetano: Botschaft der Träume. Vandenhoeck & Ruprecht, Göttingen 1998 (enthält den Hinweis auf das Buch von G.H. Schubert), Seite 327
32. Eccles, John. C.: Die Evolution des Gehirns – die Erschaffung des Selbst; Serie Piper 1699; Verlag R. Piper GmbH & Co. KG, München 1989, Seite 327ff.
33. Lange, Friedrich Albert: Geschichte des Materialismus und Kritik seiner Bedeutung in der Gegenwart. Baedeker-Verlag, Leipzig 1896, Seite 328
34. Raabe, Paul (Hrsg): Kafka, Franz - Sämtliche Erzählungen. Fischer Taschenbuch Verlag Frankfurt/Main und Hamburg 1970, Seite 336

b) Grundlagenliteratur

Naturwissenschaft

Bayrhuber, Horst; Kull, Ulrich (Hrsg.): Linder Biologie – Lehrbuch für die Oberstufe. J.B: Metzlersche Verlagsanstalt Stuttgart 1989

Ciompi, Luc: Affektlogik. Klett-Cotta – Konzepte der Humanwissenschaften, Ernst Klett Verlag, Stuttgart 1982

Cogger, Harold; Zweifel, Richard G. (Hrsg.): Enzyklopädie der Tierwelt, Bildband – »Reptilien und Amphibien«. Orbis-Verlag München 2002

Dickerson, Richard E.; Geis, Irving: Chemie – eine lebendige und anschauliche Einführung, VCH-Verlagsgesellschaft, Weinheim 1986

Egli, Hans: Das Schlangensymbol – Geschichten, Märchen, Mythos. Walter Verlag Olten-Freiburg/Breisgau 1985

Ekrutt, Joachim W.; Rolf Winter (Hrsg.): Die Sonne – die Erforschung des kosmischen Feuers. GEO im Verlag Gruner und Jahr Hamburg 1991

Emmermann Rolf; Ollig Reinhold (Hrsg.): Planet Erde – Welt der Geowissenschaften: Feuer, Wasser, Erde, Luft. Verlag Wiley-VCH, Weinheim 2003

Griehl, Klaus: Schlangen – Schlangen verstehen lernen. 3. Auflage München 1987

Kothe, Hans u. Erika: Pilzgeschichten. Springer-Verlag Berlin Heidelberg 1996

Lovelock, James: GAIA – Die Erde ist ein Lebewesen. Scherz Verlag Bern 1992

Lurker, Manfred: Adler und Schlange – Tiersymbolik im Glauben und Weltbild der Völker. Rainer Wunderlich-Verlag Hermann Leins Tübingen 1983

Moncuit, Teddy; Daoues, Karin; Starosta, Paul: Reptilien. Knesebeck-Verlag München 2004

Raven, Peter H.; Evert, Ray F.; Curtis Helena: Biologie der Pflanzen. Walter de Gruyter Verlag Berlin-New York 1985

St. John, Jeffrey und die Redaktion der Time-Life-Bücher: Edelmetalle – der Planet Erde. Verlag: Time-Life-Bücher Amsterdam 1984

Zimniok, Klaus: Haie und andere Räuber der Meere. Landbuch Verlag Hannover, 1993

Zimniok, Klaus: Die Schlange, das unbekannte Wesen – in der Kulturgeschichte, freien Natur und im Terrarium. Landbuch Verlag Hannover 1984

Ägyptologie

Bonnet, Hans: Reallexikon der ägyptischen Religionsgeschichte. 2. Auflage. Verlag Walter de Gryter Berlin-New York 1971
Brugsch, Heinrich: Religion und Mythologie der alten Ägypter. Zentralantiquariat der Deutschen Demokratischen Republik Leipzig 1969
Helck, Wolfgang; Otto, Eberhard; (Westendorf, Wolfh. Hrsg.): Lexikon der Ägyptologie, Verlag Otto Harrasowitz Wiesbaden 1980
Hopfner, Theodor: Plutarch über Isis und Osiris. Georg Olms-Verlag Hildesheim-New York 1974
Hornung, Erik: Totenbuch der Ägypter, Artemis-Verlag Zürich-München 1979
Hornung, Erik: Ägyptische Unterweltsbücher. 2. Auflage, Artemis-Verlag München-Zürich 1984
Hornung, Erik: Tal der Könige – die Ruhestätte der Pharaonen. Artemis-Verlag München-Zürich 1982
Ions, Veronika: Die Götter und Mythen Ägyptens. Neuer Kaiser Verlag Klagenfurt 1988
Ions, Veronika: Ägyptische Mythologie, Emil Vollmer-Verlag Wiesbaden 1968
Kees, Hermann: Der Götterglaube im alten Ägypten. Akademie-Verlag Berlin 1987
Roeder, Günther: Urkunden zur Religion des alten Ägypten. Eugen Diederichs-Verlag, Düsseldorf-Köln 1978

Symbolkunde

Biedermann, Hans: Knaurs Lexikon der Symbole, 2. Auflage 1989, München 1994
Eberhard, Wolfram: Lexikon Chinesischer Symbole – Geheime Sinnbilder in Kunst und Literatur, Leben und Denken der Chinesen. Eugen Diederichs-Verlag Düsseldorf-Köln, 2. Auflage Köln 1985
Oesterreicher-Mollwo; Herder Verlag (Hrsg): Herder Lexikon Symbole. Herder Verlag Freiburg 1978

Bibelzitate

Alle Bibelstellen im Buch wurden entnommen aus: Heilige Schrift des Alten und Neuen Bundes. Übers. Paul Riessler und Rupert Storr, Matthias-Grünewald-Verlag, Mainz, 1952

Abbildungsverzeichnis

Titelbild: Adam und Eva: Frankreich, 13. Jahrhundert: © British Library London

Seite 39 Brandung
Seite 155 Rosen
Seite 159 Photosynthese
sowie alle Kapitel-Vignetten: © Jürgen Wolf, Berlin

Seite 57 Magritte, Die große Familie
Seite 76 Magritte, Die vertraute Welt
Seite 233 Die kollektive Empfindung: © VG Bild-Kunst Bonn 2006, entnommen aus: Abadie Daniel (Hrsg): Rene Magritte. Belser Verlag Stuttgart 2003

Seite 179 Magritte, Die Suche nach dem Absoluten
Seite 199 Magritte, Verzauberte Gegend: © VG Bild-Kunst Bonn 2006, entnommen aus: Gollwitzer, Gerda: Bäume – Bilder und Texte aus 3 Jahrtausenden. Schuler Verlagsgesellschaft Herrsching 1980

Seite 74 Blume und Vogelkopf
Seite 175 Vogel, Traube Anker
Seite 175 Fisch mit Blume und Samenkapsel
Seite 176 Traube und Fisch
Seite 270 Schildkröte
Seite 271 Schildkröte
Seite 272 Schildkröten
Seite 296f. Die grüne Schlange, die widderköpfige Schlange, Schlange mit gehörntem Stierkopf, gefiederte Schlange
Seite 299 Vogel und Schlange zwischen Himmel und Erde
Seite 311 Krokodil mit Herz-Maul und Blüte
Seite 342 Vogel DU-ICH: © Ortrud Grön: Nächtliche Skizzen aus dem Unbewussten

Seite 84 Kopf der Hathor
Seite 84 Krokodilgott Sobek; beide entnommen aus Hornung, Erik: Totenbuch der alten Ägypter, Artemis-Verlag Zürich-München 1979

Seite 84 Fisch und Widderkopf
Seite 101 Kuh und Elefant
Seite 318 einzelner Delphin: Töpferarbeiten und Zeichnung © Jutta Wiesermann

Seite 121 Sonnenaufgang: © Jürgen Schade, Stöttwang

Seite 132 Fliegendes Pferd: © Ursula Correns, Tutzing

Seite 136 Relief Widdergott Chnum
Seite 137 Krokodilgott Sobek mit Hörnern und Sonnenscheibe des Ra
Seite 138 Kuhgöttin Hathor: alle drei entnommen aus: Ions, Veronica: Die Götter und Mythen Ägyptens, Neuer Kaiser Verlag Klagenfurt 1988

Seite 136 Sonnengott Ra als Horusfalke: Entnommen aus: Rossiter, Evelyn: Die ägyptischen Totenbücher, Parklandverlag, CH Fribourg-Geneve

Seite 137 Käfer Chepre mit Sonnenscheibe: Entnommen aus: Müller, Wolfg., Thiem, Eberhard: Die Schätze der Pharaonen, Battenberg-Verlag – WeltBild Verlag GmbH Augsburg 1998

Seite 138   Kuhgöttin Hathor mit Sonnenscheibe: Entnommen aus: Dondelinger, E.: Der Jenseitsweg der Nofretari. Akademische Druck- und Verlagsanstalt Graz 1977

Seite 141   Regenbogen über dem Wald
Seite 201   Steinpilze
Seite 211   Löwe
Seite 215   Krabbe
Seite 225   Fisch
Seite 237   zwei Fische am Grund
Seite 239   Laubfrosch
Seite 251   Echse auf Stein
Seite 257   Blauzungenskink
Seite 281   Schlange: Reinhard-Tierfoto, 9253 Heiligkreuzsteinach

Hintere Buchumschlagseite Farbkreis
Seite 181   Esche Yggdrasil: aus dem Internet – Urheber nicht zu ermitteln

Seite 183   Die Eva des Meisters Gislebertus; ehemaliges Nordportal Saint-Lazare, Autun; jetzt im Musée Rolin, Autun: Entnommen aus Hirmer, Rupprecht: Romanische Skulpturen, Hirmer Verlag München 1975

Seite 217   Einsiedlerkrebs mit Muschelhut
Seite 273   Karettschildkröte: Alstills 53 N/Bilderberg

Seite 265   Landschildkröte: Fuchs, Wolfgang/Bilderberg
Seite 301   Krokodil: Helmann, Jörg/Bilderberg
Seite 313   springende Delphine: Baumgartl, Nomi/Bilderberg

Seite 241   Frosch im Vogelhaus: © Marius Scrinzi

Seite 282   Schlangen und Schildkröten: Chinesischer Druck im Besitz der Autorin

Seite 288   Zwei einander ergänzende Schlangen mit je 2 Köpfen – Keramik der Nazca-Kultur, Altperu

Seite 288   Weihgefäß Gudeas von Lagasch, Sumer, etwa 2050 v.Chr.: beide entnommen aus: Lurker, Manfred: Adler und Schlange. Rainer Wunderlich Verlag Hermann Leins Tübingen 1983

Seite 289   Uroborus – die sich in den Schwanz beißende Schlange
Seite 289   Holzschnitt Sonnengott mit Schlangenring aus »Abraham Elazar« 1760: beide entnommen aus: Biedermann, H.: Knaurs Lexikon der Symbole, Welt-Bild Verlag Augsburg 2000 © Droemer-Knaur Verlag München 1989, 1994, 1998

Seite 289   Weltenei mit spiraliger Schlange: Darstellung in J: Bryant, Analysis of Ancient Mythology, 1774. Entnommen aus: Herder Lexikon der Symbole, bearbeitet von Marianne Oesterreicher-Mollwo, Herder Verlag Freiburg Breisgau 1978

Seite 323   Im Wir verwurzelt: ©Jennifer Wenzel

Sollten trotz sorgfältiger Recherchen durch Autorin, Herausgeber und Verlag nicht alle Bildrechte korrekt ermittelt worden sein, dann bitten wir die Rechteinhaber hiermit, sich an den Verlag zu wenden.

Ausbildung in Traumarbeit nach Ortrud Grön

für Ärzte, Diplompsychologen, Psychotherapeuten Theologen, Sozialpädagogen, Soziologen, Philosophen und andere im sozialen bzw. therapeutischen Feld tätige Menschen

2,5-jähriger Ausbildungsgang mit Zertifizierung

Tages-, Wochenend- und Ferienseminare
in Deutschland, Österreich, Griechenland, Teneriffa

Information: www.bayerische-akademie-fuer-gesundheit.eu

Heide Nullmeyer

DEM TRAUM DES LEBENS AUF DER SPUR

Teil I: Porträt der Traumforscherin Ortrud Grön (45 Minuten)
Teil II: Module zur Traumarbeit – Statements und Interviews mit Ortrud Grön (90 Minuten)

Kamera: Frank Günther Wedekind
Sprecher: Gert Heidenreich, Erika Pluhar

Ergänzend zum Buch von Ortrud Grön ist eine Doppel-DvD der renommierten Filmemacherin und Autorin Heide Nullmeyer (ARD Fernsehreihen »Frauengeschichten« und »höchstpersönlich«) erschienen.
    Die Biografie von Ortrud Grön ist ein gelebtes Plädoyer für die Fähigkeit des Menschen, sich selbst zu erkennen und das eigene Leben immer wieder neu gestaltend in die Hand zu nehmen. Die faszinierende Traumforschung und fundierte Traumarbeit zeigt Wege auf, diese Herausforderung anzunehmen und gibt Einblicke in den kreativen Prozess, den Menschen bei der Arbeit mit ihren Träumen durchlaufen.

Bestellungen über den Verlag: (www.ehp-koeln.com)
oder über: rwmotion2media.de - www.heide-nullmeyer.de

Kirsten Kaya Roessler

SPORT AUF REZEPT

Bewegung, Krise, Gesundheit

EHP-PRAXIS
ISBN 978-3-89797-035-9 · 143 S., zahlr. Abb.

›Jetzt will ich aber endlich abnehmen! Das sage ich jeden einzelnen Tag zu mir selbst. Und dann klappt es wieder nicht‹, sagt die 54-jährige Patientin, die aufgrund ihres erhöhten Blutdrucks an das Programm für Gesundheitssport überwiesen wurde.

Die meisten Menschen bewegen sich zu wenig, und ein ausgesprochener Wunsch nach Gesundheit und eine gleichzeitige Anfälligkeit für Krisen und Rückfälle gehen oft Hand in Hand. Das vorliegende Buch versucht sowohl die medizinischen Effekte des Gesundheitssports zu beschreiben als auch ein Verständnis für die psychologischen und kulturellen Hintergründe von Bewegung zu schaffen.

Die Autorin geht von der Berührungsfläche zwischen Gesundheits- und Sportwissenschaft aus und stellt neben den medizinischen Zugang die sportpsychologische Frage, warum Menschen die Balance verlieren, unbeweglich werden.

Fälle illustrieren Bewegung als Ausdruck für einen Lebenslauf, für die Entwicklung von Körpergewohnheiten, von Haltungen, von Bewegungsmotiven. Für alle im Bereich Gesundheit, Sport, Pädagogik Tätigen, für interessierte Patienten sowie sportliche und weniger sportliche Leser.

Irvin D. Yalom

EXISTENTIELLE PSYCHOTHERAPIE

ISBN 3-926176-19-9 · 640 S.

Zum 25. Jubiläum der Erstausgabe von *Existentielle Psychotherapie* erscheint die vierte deutsche Auflage. Sie ist erweitert um einen aktuellen Text von Irv Yalom und ein Interview mit dem Autor von Ulfried Geuter.

»Das große Standardwerk der Humanistischen Psychologie – kaum ein Werk ist so inhaltsreich. Und dabei schreibt Yalom so lesbar wie in seinen Romanen, so dass er auch vielen Laien moderne Psychotherapie verständlich machen kann – auf den Schreibtischen der Profis liegt er eh'.«

»Ein Fehler, dieses Buch nur Psychiatern und Psychologen zu empfehlen, denn jeder, der sich für Motive des menschlichen Daseins interessiert, wird hier Anregungen finden.«

Rollo May

»Wenn mich Leser fragen, welches meiner Bücher mir am liebsten ist, fällt mir die Antwort nicht leicht. Wie die meisten Autoren bin ich meist in das Buch verliebt, das ich gerade schreibe. Aber wenn ich wüsste, dass ich meine Feder für immer niederlegen müsste, würde ich wohl antworten, dass ich besonders stolz auf das Buch Existentielle Psychotherapie *bin.«*

Irvin Yalom, Nachwort zur 4. dt. Aufl.

Christoph J. Schmidt-Lellek

RESSOURCEN DER HELFENDEN BEZIEHUNG
Modelle dialogischer Praxis und ihre Deformationen

ISBN 978-3-89797-040-3 · 390 S.

Der Autor wendet sich an Professionelle in allen helfenden und beratenden Berufen und an Studierende (Psychologie, Psychotherapie, Medizin, Sozialarbeit, Sozialpädagogik, psychosoziale Beratung, Seelsorge, Supervision, Coaching) und lenkt die Aufmerksamkeit auf eine zentrale Kategorie für die Qualität helfenden Handelns: auf das Beziehungsgeschehen zwischen den Beteiligten; die Bedeutung der dialogischen Haltung für helfendes Handeln und deren Merkmale; die kulturgeschichtlichen, religiösen und philosophischen Ressourcen dieser Haltung, die eine Reflexionskultur in den helfenden Berufen unterstützen.

Diese Ressourcen werden Praktikern hier zum ersten Mal zugänglich gemacht. Eine differenzierte Auseinandersetzung mit Ressourcen und Modelltypen erleichtert es, deren Bedeutung für die Praxis zu erkennen und zugleich ihre möglichen Ambivalenzen (»Helfer-Kitsch«, Grenzverletzungen, Machtmissbrauch) wahrzunehmen und zu reflektieren.

»*Eine bedeutende Erweiterung des Wissens, auch in beruflicher und praktischer Hinsicht.*« (Prof. Dr. Nando Belardi, Technische Universität Chemnitz)

»*Die Darstellung hat eine Qualität, die auch Studierenden und interessierten Laien zugänglich ist.*« (Prof. Dr. Bernhard Koring, Technische Universität Chemnitz)

»*Der Autor behandelt die Thematik der Helferberufe aus einer disziplinübergreifenden Perspektive, was nicht nur ein neuer Ansatz ist, sondern auch zu höchst differenzierten, bisher nicht berücksichtigten Forschungsergebnissen führt.*« (Prof. Dr. Dr. Werner Wiater, Universität Augsburg)

Uwe Tewes / Elke Brandmayer

DIE ANGST DES HERZPATIENTEN

Ängste und Angstverarbeitung bei Herzerkrankungen

SCHRIFTEN DER BAYERISCHEN AKADEMIE FÜR GESUNDHEIT
ISBN 978-3-89797-046-5 · 200 S., Abb.

Die akute Herzerkrankung ist meistens von starken seelischen Belastungen begleitet. Bei etwa einem Drittel der Patienten kommt es zu derart intensiven Ängsten oder Depressionen, dass eine psychotherapeutische Behandlung in Erwägung gezogen werden muss. Zusätzlich zu den körperlichen Beschwerden tragen diese seelischen Beeinträchtigungen stark zur Minderung der Lebensqualität bei. Außerdem beeinflussen sie sowohl die Entstehung und den Verlauf der Erkrankung, als auch die Bereitschaft des Patienten zur Zusammenarbeit mit den Ärzten und zur Änderung seines Lebensstils. Wie erfolgreich der Patient seine gesundheitlichen Probleme in den Griff bekommt, ist auch davon abhängig, wie gut es ihm gelingt, sich von seinen Ängsten frei zu machen. Dieses Buch soll den Patienten helfen, sich über den Ursprung seiner Ängste klar zu werden, zu verstehen, welchen Einfluss sie möglicherweise auf den Krankheitsverlauf haben, sich vor unvernünftigen gefühlsbetonten Reaktionen zu schützen und mit seiner Krankheit so umzugehen, dass er eine möglichst günstige Prognose hat.